Adrian Loretan

Wahrheitsansprüche im Kontext der Freiheitsrechte

T V Z

Adrian Loretan

Wahrheitsansprüche im Kontext der Freiheitsrechte

Religionsrechtliche Studien 3

EDITION **NZN**
BEI **TVZ**
Theologischer Verlag Zürich

Der Theologische Verlag Zürich wird vom Bundesamt für Kultur mit einem Strukturbeitrag für die Jahre 2016–2018 unterstützt.

Bibliografische Information der Deutschen Nationalbibliothek
Die Deutsche Nationalbibliothek verzeichnet diese Publikation
in der Deutschen Nationalbibliografie; detaillierte bibliografische Daten
sind im Internet über http://dnb.d-nb.de abrufbar.

ISBN: 978-3-290-20159-3

Umschlaggestaltung: Simone Ackermann, Zürich

Satz und Layout: Satzsystem metiTec, me-ti GmbH, Berlin

Druck: AZ Druck und Datentechnik GmbH, Kempten

www.edition-nzn.ch

Inhaltsverzeichnis

Wahrheit und Freiheitsrechte

St. Just: «Soll eine Idee nicht ebenso gut wie ein Gesetz der Physik, vernichten dürfen, was sich ihr widersetzt? Soll überhaupt ein Ereignis, was die ganze Gestaltung der moralischen Natur d. h. der Menschheit umändert, nicht durch Blut gehen dürfen? [...] Moses führte sein Volk durch das Rote Meer und in die Wüste bis die alte verdorbene Generation sich aufgerieben hatte, ehe er den neuen Staat gründete. Gesetzgeber! Wir haben weder das Rote Meer noch die Wüste aber wir haben den Krieg und die Guillotine.»[1]

Papst Franziskus: Die Verkündigung «darf die Wahrheit nicht aufzwingen und muss an die Freiheit appellieren»[2].

Institutionen der Freiheit, wie die Französische Revolution und Verfassungsstaaten, können jederzeit die Freiheitsrechte verspielen.
Institutionen, die der Wahrheit verpflichtet sind (Weltanschauungen, Religionen, Universitäten), haben die individuellen Freiheitsrechte zu respektieren.

---

1 BÜCHNER, *Tod* 47 f.

2 FRANZISKUS, *«Evangelii gaudium»* Nr. 165.

Vorwort

«Wie denken Sie Freiheit und Wahrheit zusammen?», fragte mich Prof. Dr. Ansgar Hense nach meinem Vortrag an der Rechtswissenschaftlichen Fakultät der Universität Potsdam im Juli 2015. Wie ist der Wahrheitsanspruch im Kontext der modernen Freiheitsrechte zu denken, d. h. im Kontext der modernen Verfassung nach der Französischen Revolution? Die Gläubigen müssen sich auf die Prämissen des Verfassungsstaates einlassen. Die Mitglieder und die Leitungspersonen einer Weltanschauung oder Religion müssen lernen, ihren jeweiligen Wahrheitsanspruch im Rahmen der säkularen Freiheitsrechte zu entfalten. «Aus Sicht des liberalen Staates verdienen nur die Religionsgemeinschaften das Prädikat ‹vernünftig›, die aus eigener Einsicht auf eine gewaltsame Durchsetzung ihrer Glaubenswahrheiten und auf den militanten Gewissenszwang gegen eigene Mitglieder»[3] verzichten. «Erst die Schändung menschlicher Würde im Zeitalter der Weltkriege löste einen Prozess des Umdenkens»[4] bei den christlichen Kirchen aus. Die Konzilserklärung über die Religionsfreiheit (1965) begründet die Religionsfreiheit jedes Menschen mit der Menschenwürde (säkulare Vernunft) und mit der Ebenbildlichkeit Gottes (theologische Vernunft). Freiheit wird also aufgrund der Würde der menschlichen Person anerkannt. Freiheit wird durch die Freiheitsrechte bzw. Grundrechtskataloge am Anfang der Verfassungen geschützt. Dies wird von den Wahrheitsansprüchen vieler Weltanschauungen und Religionen bis heute nicht zur Kenntnis genommen, was zu Unterdrückung und Terror Andersdenkender in den eigenen Reihen und ausserhalb führt.

Ich danke all jenen Menschen, die mein Bekenntnis zur Menschenwürde jedes Menschen und damit zu den Menschenrechten seit meiner Jugend gestärkt haben: Martin Luther King, Johannes XXIII., Mahatma Gandhi! Stellvertretend für viele möchte ich Frau Prof. Marianne Heimbach-Steins, Herrn PD Dr. Peter Kirchschläger und Prof. Dr. Burkhard Josef Berkmann danken sowie all jenen, die mich in Europa und Indien herausgefordert haben mit ihren Einladungen an ihre Universitäten.

Ohne die redaktionelle Arbeit meiner wissenschaftlichen Mitarbeiterin, Frau MTh Sabine Baggenstos, wäre das Buch wohl noch lange liegen geblieben. Ihr gebührt ein spezieller Dank, ebenso dem Lektor, Herrn Markus Zimmer, bei dem ich das Buch in guten Händen wusste, wie schon die vorausgehenden Bände.

---

3 HABERMAS, *Glauben* 7–31, 13 f.

4 HUBER, *Grundrechte* 518–544, 520.

Herr Titus Benz hat als langjähriger Korrektor seine Aufgabe mit grosser Präzision ausgeführt, wofür ihm grosser Dank gebührt.

Dem Synodalrat der Katholischen Kirche im Kanton Zürich möchte ich für den grosszügigen Publikationsbeitrag danken.

A) Teil 1: Grundlagen

«Wie universell sind die Menschenrechte?» In einer Radiosendung mit diesem Titel[5] hat der Berner Völkerrechtler Walter Kälin verlangt: Die Menschenrechte müssen in den verschiedenen Religionen theologisch begründet werden, damit individuelle Freiheitsrechte auch dort ihren Platz finden. Der islamische Gelehrte Abdullahi A. An-Na'im hat gefordert, dass der Dialog zwischen Freiheitsrechten und den Wahrheitsansprüchen der Religionsgemeinschaft theologisch geführt werden muss. «Human rights must also be legitimated in the context of different religious traditions [...] This process of religious legitimation requires creative approaches to theological questions.»[6]

Im Folgenden soll dieser Dialog zwischen Wahrheitsanspruch und Freiheitsrechten im Bereich des Christentums und des Judentums entwickelt werden, die beide auf ihre Weise das Entstehen des freiheitlichen Rechtsstaates in Westeuropa mitgeprägt haben. Im zweiten Teil wird dann die Rechtsstellung des Islams im öffentlichen Recht diskutiert.

Freiheitsrechte als Kriterium werden einleitend geprüft, um einem vor Terrorismus nicht zurückschreckenden Wahrheits-Fundamentalismus zu begegnen. Im Grundlagenteil wird gefragt, wie die «Rule of Law», zu Deutsch der Rechtsstaat, sich entwickeln konnte im Dialog zwischen Kirche und Staat (I. A). Wie steht es heute um die Freiheitsrechte in der katholischen Kirche (I. B)? Der die Freiheitsrechte garantierende Rechtsstaat und die Religionsgemeinschaften (I. C) haben beide die Herausforderungen des weltanschaulichen Pluralismus (II. A) zu bestehen. Eine in die Zukunft weisende Antwort auf die Fragestellung der Freiheitsrechte in Religion und Staat hat Moses Mendelssohn 1783 mit seinem Buch «Jerusalem» gegeben (II. B), wie Immanuel Kant sofort erkannte.

---

5 RADIO DRS 2, *Sendung «Kontext»*, 24. Mai 2010.

6 AN-NA'IM, *Islam*, Concluding Remarks.

Freiheitsrechte als Kriterium

Wie werden Menschen in den westlichen Gesellschaften in Frieden zusammenleben? Das Modell der gezielten Säkularisierung[7] nicht nur des Staates, sondern auch der Gesellschaften wird durch die Einwanderungsströme radikal infrage gestellt. Welche Rolle spielen dabei Religionsgemeinschaften? Wie sind religiöse Wahrheitsansprüche mit den modernen individuellen Freiheitsrechten der Verfassungen zusammenzudenken? Der moderne Verfassungsstaat ist entstanden, um ein friedliches Nebeneinander verschiedener konfessioneller Richtungen des Christentums nach den Religionskriegen zu ermöglichen. John Locke forderte in England nach den staatlich geförderten Religionsverfolgungen «to distinguish exactly the business of civil government from that of religion and to settle the just bounds that lie between the one and the other»[8]. Diese Trennung von Staat und Kirche ist seither eine Grundlage des Religionsfriedens in Westeuropa. «Die politische Neutralisierung religiöser und konfessioneller Wahrheitsansprüche [...] ist vielmehr die Antwort auf die Frage, wie Friede unter Bedingungen konkurrierender Wahrheitsansprüche insbesondere dann, wenn Eiferer sie vertreten, sich wiederherstellen und sichern lässt. Es ist diese Friedensräson, die der Praxis religiöser Toleranz ursprünglich zugrunde liegt.»[9]

Die Säkularisierung der Staatsgewalt und die Religionsfreiheit sind zwei Voraussetzungen des friedlichen Zusammenlebens und damit zwei Seiten derselben Medaille[10]. Weltanschauungsgemeinschaften (z. B. Sozialismus) und Religionsgemeinschaften (z. B. Christentum, Islam) können nicht mit der ideologischen Unterstützung des weltanschaulich neutralen Staates rechnen. Der weltanschaulich neutrale Rechtsstaat steht nicht mehr für die Wahrheit, sondern für den Frieden. Weltanschauungsgemeinschaften sollten nicht mehr für blutige Religionskriege instrumentalisiert werden. Religiöse Staaten dagegen (z. B. Saudi-Arabien, Syrien, Iran etc.) identifizieren sich mit der einzig richtigen Interpretation des Islams und sind bereit andere religiös-politische Interpretationen des Islams militärisch zu bekämpfen[11], was entsprechende Migrationsströme u. a.

---

7 LÜBBE, *Säkularisierung*.

8 LOCKE, *Letter* 7. Vgl. MCCORD, *Wahrheit* 47 f.

9 LÜBBE, *Religion* 76.

10 LORETAN, *Seiten* 3–22.

11 Vgl. HUSAIN, *Fundamentalism* 69–76, 73. Z. B. akzeptiert der Salafismus bzw. der Wahhabismus Saudi-Arabiens weder die schiitischen Muslime noch die breite Tradition von Poesie, Metaphorik,

nach Europa auslöst. Ein säkularer Rechtsstaat, der nicht für die Wahrheit der richtigen Religion einsteht, ist in Teilen der Welt unvorstellbar. Auch hier gilt es zu differenzieren und zwischen einem antireligiösen Säkularismus und einem säkular wertneutralen Rechtsstaatsmodell – beide mit Schattierungen – klar zu unterscheiden.[12] Der religiös neutrale Staat steuert eine Friedensordnung an und dient nicht mehr dem Recht der Wahrheit. Die Verfassung eines säkularen Rechtsstaates ist die Voraussetzung für ein friedliches Zusammenleben verschiedener Religionen und Weltanschauungsgemeinschaften. Daher ist die Friedensordnung von allen zu achten.

Der Verfassungsstaat kann nur dann ein friedliches Zusammenleben ermöglichen, wenn seine säkularen und religiösen Bürgerinnen, Migranten und Einwohner lernen, aus Überzeugung in einer (direkt-) demokratischen Verfassungsordnung zusammenzuleben. Religiöse und säkulare Teilnehmerinnen und Teilnehmer an öffentlichen Debatten haben aufeinander zu hören und sich so gegenseitig anzuerkennen. Diese politische Öffentlichkeit kann durch populistische Angstszenarien empfindlich gestört werden, was die institutionellen Grundlagen des friedlichen Zusammenlebens gefährdet. Aber auch eine politische Kultur und eine Kultur-Szene, die sich entlang der Bruchlinie säkular religiös unversöhnlich polarisieren, stellen den staatsbürgerlichen Commonsense (Gemeinsinn) auf die Probe.

Die liberalen Freiheitsrechte und das damit verbundene staatsbürgerliche Selbstverständnis fordern die reflexive Vergewisserung von Grenzen sowohl des Wissens als auch des Glaubens, soll nicht «zwischen den Wortführern der organisierten [säkularen] Wissenschaft und der Kirchen ein Kampf der Glau-

---

Wissenschaftlichkeit des Islams, noch die vier allgemein anerkannten Rechtsschulen des Islams und unterschiedliche Interpretationen des Islams als Islam.

12 Was ist ein säkularer Staat? Gemäss Ade P. Dopamu deutlich zum Ausdruck kommt: «(a) A state where religion is suppressed.
(b) A state where religion is not given official recognition
(c) A state where the government is neutral in matters of religion
(d) A state where there is freedom of worship
(e) A state where no religion is imposed on the people or where there is no state religion
(f) A state where advancing science and technology have limited the sphere of influence of religion
(g) A state where there is a waning of institutional religion of where fewer people regularly attend religious services
(h) A state where there is a separation of religious from political, legal, economic or other institutions».
DOPAMU, *Religion* 177–189.

bensmächte»[13] entbrennen. Die zum Suizid entschlossenen Mörder vom 11. September 2001, «die zivile Verkehrsmaschinen zu lebenden Geschossen umfunktioniert und gegen die kapitalistischen Zitadelle in der westlichen Zivilisation gelenkt haben, waren [...] durch religiöse Überzeugungen motiviert»[14]. Diese fundamentalistischen Kämpfer, die u. a. im Islamischen Staat noch radikalere Nachfolger gefunden haben, und nicht nur sie, lehnen die säkulare Trennung von Staat und Religion in den pluralistischen Verfassungsstaaten ausdrücklich ab. Auch für ein russisch-orthodoxes Christentum ist eine Pluralisierung schon der christlichen Bekenntnisse in Russland schwer vorstellbar.[15]

Der säkulare Staat fordert von Religions- und Weltanschauungsgemeinschaften eine Anpassung an die Voraussetzungen des Rechtsstaates – u. a. die Menschenrechte –, die sich auf eine säkulare Moral abstützen.[16] Wie ist der kollektive Wahrheitsanspruch einer Weltanschauungs- oder Religionsgemeinschaft mit den individuellen Freiheitsrechten der modernen Verfassungen zusammenzudenken? Die Konfrontation mit den Freiheitsrechten der individuellen Person setzt die Kollektive der Religions- und Weltanschauungsgemeinschaften vor grosse Herausforderungen. Der Autor entwickelt in diesem Buch exemplarisch Lösungsansätze für ein friedliches Zusammenleben in einer pluralistischen Gesellschaft. Dabei sind religiöse und säkulare Normvorstellungen zu kontrastieren mit den Freiheitsrechten. Die Freiheitsrechte, die im Grundrechtskatalog der modernen Verfassungen und im internationalen Recht geschützt werden, werden als Kriterium aufgestellt. «Internationale Menschenrechte sind die durch das internationale Recht garantierten Rechtsansprüche von Personen gegen den Staat oder staatsähnliche Gebilde, die dem Schutz grundlegender Aspekte der menschlichen Person und

---

13 HABERMAS, *Glauben* 9–31, 9.

14 Ebd.

15 Deshalb ist ein Treffen des russisch-orthodoxen Patriarchen mit den Päpsten Johannes Paul II., Benedikt XVI. und Franziskus immer wieder verschoben worden. Nach fast einem Jahrtausend haben sich nun aber die beiden Kirchenführer Franziskus und Kyrill getroffen im Flughafengebäude von Havanna. Sie sind als Gäste von Kubas Staatschef Raúl Castro empfangen worden, der gleichzeitig den Raum betreten und verlassen hat. Als offizieller Grund wurde u. a. eine engere Zusammenarbeit der Kirchen wegen des Völkermords an den Christen im Nahen Osten gefordert. «Der wegen des Syrien-Konflikts zunehmend isolierte Putin dürfte den gemeinsamen Auftritt ‹seines› Patriarchen mit dem Papst aber wohl vor allem auch als willkommenen Prestigegewinn auf der Weltbühne sehen.» (SPALINGER, *Kirchengipfel* 7) Gleichzeitig wäre auch zu fragen, warum der russische Patriarch ein Land des immer noch real existierenden Sozialismus besucht, der die russisch-orthodoxe Kirche in der Sowjetunion über einige Jahrzehnte bekämpft hat.

16 Vgl. HABERMAS, *Glauben* 9–31, 14.

ihrer Würde in Friedenszeiten und im Krieg dienen.»[17] Diese Verrechtlichung der Menschenrechte als juristische Rechte[18] garantieren eine höhere Durchsetzbarkeit und eine Evolution des modernen Menschenrechtsschutzes beginnend mit der «Allgemeinen Erklärung der Menschenrechte» von 1948. Moralisch beglaubigte Menschenrechte werden durch einen politischen Meinungsbildungs- und Entscheidungsfindungsprozess in rechtliche Menschenrechte übersetzt und finden Eingang in den Kanon der Menschenrechte. Staaten, Wirtschaftsunternehmen, Religionsgemeinschaften haben Menschenrechte einzuhalten, weil es sonst für sie schwieriger wird, hoch qualifizierte Mitarbeiterinnen und Mitarbeiter in westlichen Gesellschaften zu finden. Im Zeitalter der Personalknappheit wird dieses Argument immer bedeutender. Unternehmen und Weltanschauungsgemeinschaften, die ganz offensichtliche Diskriminierungen vertreten, haben Mühe exzellente Mitarbeitende zu rekrutieren in einer Gesellschaft, in der die Menschenrechte als Standard gelten. Wer möchte in einem Unternehmen oder in einer Religionsgemeinschaft arbeiten, in denen Diskriminierungen gottgegeben sind?[19] «Man gewinnt eher motivierte Leute, wenn die Firma Vorbildcharakter hat.»[20] Wie können Institutionen zur Gleichstellung von Frau und Mann erziehen? Wer übernimmt die Aufgabe, z. B. gleichstellungsfreie Parallelgesellschaften zu verhindern?[21]

Die Anerkennung des Anspruchs aller Menschen auf ein gleiches Mass an Würde und entsprechenden Freiheitsrechten wird vorausgesetzt. Menschenrechte können eingefordert werden in jedem Rechtssystem, das diese mit Füssen tritt. Martin Luther King hat dieses Einfordern von Menschenrechten mit der philosophischen Naturrechtstradition verbunden: «An unjust law is a code that is out of harmony with the moral law. To put it in the terms of St. Thomas Aquinas: An unjust law is a human law that is not rooted in eternal law and natural law. Any law

---

17 KÄLIN, *Einführung* 14–37, 17.

18 Diese Verrechtlichung der Menschenrechte erfolgt auf nationaler, regionaler und internationaler Ebene, vgl. z. B. Internationaler Pakt über bürgerliche und politische Rechte (vom 16. Dezember 1966, United Nations Treaty Series Bd. 999, 171) und Internationaler Pakt über wirtschaftliche, soziale und kulturelle Rechte (vom 19. Dezember 1966, United Nations Treaty Series Bd. 993, 3) etc. Vgl. als ein Beispiel dieser Verrechtlichung auf nationaler, regionaler und internationaler Ebene: AHLERS, *Gleichstellung* 7–49.

19 Die gottgegebene Diskriminierung ist im Übrigen ein Argument gegen den Gottglauben, das aber von den Theologien noch wenig rezipiert wurde.

20 EISENRING, *Ethik* 31.

21 «Eine der erfolgreichsten Initiativen in Neukölln ist ‹Heros›: ‹ein Projekt gegen Unterdrückung im Namen der Ehre und für Gleichberechtigung›. Der deutsch-palästinensische Psychologe Ahmad Mansour und der türkischstämmige Theaterpädagoge Yilmaz Atmaca haben ein Training konzipiert, das in wöchentlichen Sitzungen ein Jahr dauert.» GEISEL, *Frage* 39.

that uplifts human personality is just. Any law that degrades human personality is unjust. All segregation statutes are unjust because segregation distorts the soul and damages the personality. It gives the segregator a false sense of superiority and the segregated a false sense of inferiority.»[22] Martin Luther King Jr. argumentiert im Gefängnis von Birmingham in bester Naturrechtstradition: «There are two types of laws: just and unjust. I would be the first to advocate obeying just laws. One has not only a legal but a moral responsibility to obey just laws. Conversely, one has a moral responsibility to disobey unjust laws. I would agree with St. Augustine that ‹an unjust law is no law at all.›»[23]

1. Freiheitsrechte als Kriterium des Sozialismus

Den «Sozialismus» hat Axel Honneth konfrontiert mit den Freiheitsrechten. Er aktualisiert die «Idee des Sozialismus»[24] auf ein Ideal solidarischer Gemeinschaftlichkeit hin. Die individuellen Freiheitsrechte werden mit dem Wahrheitsanspruch der «sozialen Freiheit» zusammengedacht. Der Sozialismus ist für ihn eine Lebensform, in der die individuelle Freiheit sich auf rechtsstaatlicher Basis zu einer solidarischen Gesellschaft entwickeln kann. Freiheit, Gleichheit sind aber nur gegeben, wenn beide in der Brüderlichkeit bzw. Geschwisterlichkeit ankommen. «Nur wenn jedes Gesellschaftsmitglied sein mit jedem anderen geteiltes Bedürfnis nach körperlicher und emotionaler Intimität, nach ökonomischer Unabhängigkeit und nach politischer Selbstbestimmung derart befriedigen kann, dass es sich dabei auf die Anteilnahme und Mithilfe seiner Interaktionspartner zu verlassen vermag, wäre unsere Gesellschaft im vollen Sinne des Wortes sozial geworden.»[25] Diese auf die Zukunft ausgerichtete Denkweise zeigt, dass hier die Freiheitsrechte mit dem Prinzip Hoffnung gelesen werden, was im christlich-jüdischen Kontext als Eschatologie verstanden wird. «Das Prinzip Hoffnung» von Ernst Bloch, das dieser zwischen 1938 und 1947 im US-amerikanischen Exil geschrieben hat, endet mit dem Satz, der die Zukunftsdimension auch der Freiheitsrechte thematisiert: «Hat er [der Mensch] sich erfasst und das Seine ohne Entäusserung und Entfremdung in realer Demokratie begründet, so entsteht in der Welt etwas, das allen

---

22 KING, *Letter.*

23 Ebd.

24 HONNETH, *Idee.*

25 A. a. O. Schlusssatz des Werkes.

in die Kindheit scheint und worin noch niemand war: Heimat.»[26] Diese auf die Zukunft ausgerichtete Perspektive der Freiheitsrechte könnte auch umschrieben werden mit Blochs Worten: «Die wirkliche Genesis ist nicht am Anfang, sondern am Ende.»[27]

Der Rechtsstaat hält aber Standards fest, die schon im Jetzt, nicht erst in der Zukunft einzuhalten sind:

- Die rechtsstaatlichen und demokratischen Institutionen gewähren die politischen Freiheitsrechte.
- Die normativen Grundlagen der politischen Freiheitsrechte sind verknüpft mit den moralischen Ansprüchen, die die universellen Bürger- und Menschenrechte postulieren. Dieses Potenzial der Freiheitsrechte, die in den liberalen Grundrechtskatalogen der Verfassungen Eingang fanden,[28] wurde sowohl von Weltanschauungen wie z. B. dem Sozialismus als auch von Religionsgemeinschaften lange übersehen.

Dabei könnten Überlegungen des aufgeklärten Rechtsstaates und der Staatsphilosophie im Sinne Immanuel Kants Antworten liefern, die aus dem bisherigen Gegenüber von Rechtsstaat und Sozialismus oder Rechtsstaat und Kirche führen. Denn diese liberale Denktradition anerkennt die Idee der vernünftigen Freiheit. Damit kann jede individuelle, rational egoistische Zwecksetzung entlarvt werden.

Es wird bei Honneth nicht von der Trostlosigkeit des real existierenden Sozialismus[29] ausgegangen, sondern von der individuellen Freiheit, die erst dann ganz am Ziel ist, wenn sie als «soziale Freiheit» gedacht werden kann. Axel Honneth, der Autor von «Das Recht der Freiheit»[30], versucht von Kants Freiheitsverständnis her (Rechtsstaatlichkeit und universelle Bürger- und Menschenrechte) die Idee des Sozialismus neu zu buchstabieren.[31] Freiheit wird dabei nicht als eine bloss

---

26 BLOCH ERNST, *Prinzip* 1628.

27 Ebd.

28 In der Schweiz wurde dieser Prozess, der mit der Allgemeinen Erklärung der Menschenrechte vom 10. Dezember 1948 begann, erst mit der Bundesverfassung von 1999 auf Bundesebene umgesetzt.

29 Vgl. «Barbara», ein deutscher Spielfilm von Christian Petzold aus dem Jahr 2012. Das Drama, für das Petzold auch das Drehbuch verfasste, ist zur Zeit der DDR im Jahr 1980 angesiedelt und stellt eine Ärztin in den Mittelpunkt, die an ein Provinzkrankenhaus versetzt wird, nachdem sie einen Ausreiseantrag gestellt hat. «Barbara» wurde in Zusammenarbeit mit dem ZDF und Arte produziert. Christian Petzold erhielt 2012 den Silbernen Bären für die beste Regie an den Internationalen Filmfestspielen Berlin.

30 HONNETH, *Recht.*

31 Vgl. KOHLER, *Ende* 41.

private Interessenverfolgung verstanden, sondern als ein solidarisches Sich-Ergänzen. Jeder begreift die von ihm verfolgten Zwecke zugleich als Bedingung der Realisierung der Zwecke des jeweils anderen. Die Zukunft der sozialen Freiheit gibt es nur dann, wenn die individuellen Absichten derart ineinandergreifen, dass im Namen der Privatautonomie die Ausbeutung des Menschen durch den Menschen rechtlich nicht mehr zugelassen ist. Hier wurde eine Weltanschauungsgemeinschaft, die totalitäre Strukturen entwickelt hat im real existierenden Sozialismus, von den modernen Freiheitsrechten her neu gedacht.

2. Freiheitsrechte als Kriterium des Christentums

Auch das Christentum wird im Folgenden mit den Freiheitsrechten konfrontiert. Auch christliche Repräsentanten haben totalitäre Strukturen im Namen der Wahrheit (Inquisition; Religionskriege) entwickelt. Bei den Beamten der religiösen Wahrheit wurde die strukturelle Dimension der Macht vernachlässigt. Den Pfarrern wurde als Vertretern der christlichen Wahrheit vielfach eine paternalistische Hoheit[32] über die Menschen gegeben, die kaum die Würde der menschlichen Person und die damit verbundenen Freiheitsrechte zu beachten hatte. Nach dem Zusammenbruch des totalitären nationalsozialistischen Regimes wuchs den Kirchen in der neu entstehenden Bundesrepublik Deutschland eine sehr bedeutende gesellschaftliche Rolle zu, die verhinderte, sich mit den Grundrechten in den eigenen Reihen auseinandersetzen zu müssen.[33] Es galt wieder: Wie einem guten Hirten[34] (Pfarrer) hat die Herde der Schafe (Subjekte der Gemeinde) zu folgen (vgl. Joh 10,11–21).

Es war das zentrale philosophische Anliegen Immanuel Kants, diese Situationen des Zwangs und der Gewalt im Namen der Wahrheit zugunsten von Vernunft und Recht zu überwinden. Er entwickelte sowohl eine Kritik des Politischen als auch eine Kritik der Religion. Wegen Letzterer musste er ab 1792 einer mehrjährigen Auseinandersetzung mit der preussischen theologischen Zensurbehörde entgegensehen. «Aufgrund des ‹Censur Edikts› von 1749 mussten alle

---

32 Vgl. z. B. das alte Gesetzbuch der katholischen Kirche, den CIC/1917. «Nicht ganz grundlos wurde nämlich das bisherige Gesetzbuch als einseitiges Kleriker-Recht beurteilt.» STOFFEL, *Recht* 60.

33 Vgl. KÖHLER/VAN MELIS, *Siegerin.*

34 Vgl. STEINKAMP, *Macht.*

im Inland gedruckten Schriften [mit wenigen Ausnahmen] von den zuständigen Behörden geprüft werden.»[35] Kant kommentierte diese Auseinandersetzung mit der Zensurbehörde wie folgt: «Hiob würde wahrscheinlicher Weise vor einem jeden Gerichte dogmatischer Theologen, vor einer Synode, einer Inquisition, einer ehrwürdigen Classis, oder einem jeden Oberkonsistorium unserer Zeit [...] ein schlimmes Schicksal erfahren haben.»[36]

Die pastorale Macht hat auch der Philosoph und Historiker Michel Foucault in zwei Texten kurz angesprochen: «Warum ich Macht untersuche: Die Frage des Subjekts»[37] und «Omnes et singulatim. Für eine Kritik der politischen Vernunft»[38]. Foucault interessiert sich für die kirchliche Pastoralmacht, weil sie eine Art Vorbildfunktion für die staatlich-politische Macht hat. So bezeichnen sich heute noch die Regierenden als Diener bzw. lateinisch als Minister (vgl. *Joh* 13,1–20).

Die verhinderte Subjektwerdung wurde von Immanuel Kant in die Definition von Aufklärung aufgenommen: Diese wird bekanntlich verstanden als «der Ausgang des Menschen aus seiner selbst verschuldeten Unmündigkeit»[39]. Selbstverschuldet ist die Unmündigkeit deshalb, weil deren Ursache nicht im Mangel des Verstandes, sondern im Mangel des Muts gesehen wird, sich seines Verstandes ohne Leitung eines anderen zu bedienen. Als Beispiel für diesen Mangel an Mut nennt Kant jene Gläubigen, die sich auf ihre Seelsorgenden verlassen, damit sie sich nicht selbst zu bemühen brauchen.[40] Diese Herausforderung der Aufklärung an die Kirchen wurde schon bald vergessen, weil die Kirchen Stützen für die ethische Menschenrechtsbegründung wurden. Der Berner Staatsrechtler Peter Saladin forderte: «Der Auftrag der Kirchen hat heute besonderes Gewicht und besondere Aktualität: Die philosophischen Lehren, auf die sich die Schöpfer der grossen Menschenrechtserklärungen am Ende des 18. Jahrhunderts beriefen, sind heute brüchig geworden. Es ist eine Art ‹philosophisches Vakuum› entstanden mit der Folge, dass sich Unsicherheit breitmacht in der Frage, warum man sich überhaupt für Menschenrechte einsetzen soll.»[41]

Die christliche Theologie ist daran zu erinnern, wie sie an dem europäischen Säkularisierungsprozess beteiligt gewesen ist. Für Hegel sind im Christentum die

---

35 NOTI, *Religion* 134–145, 135.

36 A. a. O. 136.

37 FOUCAULT, *Macht* 243–250.

38 FOUCAULT, *Omnes* 65–93.

39 KANT, *Beantwortung* 167–176, 169.

40 Ebd.

41 SALADIN, *Vorwort* 7.

Nationen Europas «zum Bewusstsein gekommen, dass der Mensch als Mensch frei ist»[42]. Als Folge dieses christlich geprägten Bewusstseins – so Hegel – entstand eine politische Verfassung, die den Status des Bürgers und des Menschen begründet in der Französischen Revolution. In dieser Verfassung gilt «das Prinzip der selbstständigen in sich unendlichen Persönlichkeit des Einzelnen, der subjektiven Freiheit»[43]. Hegel hat dieses personale Prinzip als ein christlich begründetes Prinzip verstanden, das den wesentlichen Inhalt des politischen Willens der Französischen Revolution verkörpert. Diese Sicht wird sowohl von evangelischen[44] als auch katholischen[45] Theologen aufgenommen. Für Ernst Troeltsch sind es vor allem die «Stiefkinder der Reformation» (Täufertum und radikalisierter Calvinismus), die in den USA eine institutionelle Emanzipation der Glaubenden aus dem Staate bewirkt haben. Diesem Prozess verdanken sich – so Troeltsch – die Trennung von Staat und Kirche, der Pluralismus, die Religionsfreiheit bzw. die Freiwilligkeit in der Bildung des Kirchenkörpers. Seine Sympathie für die religiösen und politischen Traditionen der angelsächsischen Welt sind Sympathien für die Freiheitsrechte. Der Begriff Freikirche ist in diesem amerikanischen Kontext völlig deplatziert, weil alle Religionsgemeinschaften frei, d. h. nicht an den Staat gebunden sind.

Die weit verbreitete These, dass die «Stiefkinder der Reformation» zur institutionellen Trennung von Staat und Kirche beigetragen haben, hat die neuere Forschung widerlegt. In dem von Katholiken gegründeten Bundesstaat Maryland wurde erstmals die Trennung von Staat und Kirche eingeführt, weil die Katholiken immer wieder Verfolgungen von der entsprechenden Staatsreligion des jeweiligen Bundesstaates hinnehmen mussten. «Among all the early colonies, it was Maryland alone that established no official church. In 1649 the colonial government passed an Act of Toleration of the religious beliefs of all Christian settlers of Maryland. The law encompassed the first recorded use of the words ‹free exercise› with reference to religion.»[46] Mitglieder der katholischen Kirche in den USA steuerten bereits 1649 wesentlich zur Abschaffung der Staatskirche bei.[47] James Madison und Thomas Jefferson formulierten in Art. 16 der Virginia

---

42 HEGEL, *Vernunft* 62.

43 HEGEL, *Grundlinien* 167 (§ 185).

44 TROELTSCH, *Bedeutung*.

45 Vgl. z. B. SCHMIDINGER, *Mensch*.

46 STÜSSI, *Models* 86.

47 Religionsfreiheit ist von deren offiziellen Vertretern erst 1965 anerkannt worden. Das belegt die These, dass zwischen den Mitgliedern einer Religionsgemeinschaft (hier dem Katholizismus) und der offiziellen Vertretung derselben (hier der katholischen Kirche) klar zu unterscheiden ist.

Declaration of Rights von 1776: «That religion [...] can be directed only by reason and conviction, not by force or violence; and therefore all men are equally entitled to the free exercise of religion, according to the dictates of conscience.»[48] Dieses Modell von Religionsfreiheit war bald im ganzen Land verbreitet. Es waren vor allem diese staatlichen Verfassungstexte und nicht ökumenische Gespräche, die zur Toleranz beigetragen haben. Die Rationalisierung des Rechts habe die Freiheitsrechte in den USA und in Frankreich erst denkmöglich gemacht, so Max Weber. Das Recht (*ius*) hatte sich schon im römischen Recht als säkularisiertes Recht verselbstständigt gegenüber dem göttlichen Recht (*fas*[49]). Das «ius» trug zur Schlichtung der religiös indifferenten Interessenkonflikte der Menschen bei. Erst unter dieser Voraussetzung war dem Recht «eine autonome Entwicklung zu einem, je nachdem mehr logisch oder mehr empirisch gearteten, rationalen und formalen Recht möglich»[50]. Dieses Rechtsverständnis wurde sowohl im römischen als auch im kanonischen[51] Recht entfaltet.

Kant und Hegel haben gesehen, «dass die im Singular auftretende Vernunftmoral und die verfassungsrechtliche Institutionalisierung von Menschenrechten und Demokratie der Einbettung in den dichten Kontext einer Lebensform bedürfen. Allerdings gewinnen sie Schubkraft durch Einbettung in *die vielfältigen* Kontexte von Weltbildern und Lebensweisen, denen *konkurrierende* Endzwecke eingeschrieben sind.»[52] Der zu erwartende Dissens ist in der Öffentlichkeit zur Sprache zu bringen. Die legitime Vielfalt der Lebensentwürfe von Gläubigen, Andersgläubigen und Ungläubigen sind in der Sprache der Freiheitsrechte zu artikulieren. Den Stachel des religiösen Erbes im säkularen Bewusstsein haben Kant und Hegel noch wahrgenommen. «Aber erst Schleiermacher und Kierkegaard haben von der Philosophie gefordert, die Religion als ein Gegenüber auf gleicher Augenhöhe zu akzeptieren. Sie lösen das Christentum aus der Verbindung mit der griechischen Metaphysik und verteidigen oder kritisieren es, auf dem Kantischen Niveau nachmetaphysischen Denkens, gegenüber den Gebildeten und den Indifferenten unter seinen Verächtern.»[53]

Das aufgeklärte Selbstverständnis der Moderne ist ein Ergebnis der Säkularisierung, d. h. «der Ablösung von den Zwängen politisch machthabender Religio-

---

48 THORPE, *Federal* 3814.

49 Vgl. STOWASSER, *Schulwörterbuch* 210: Fas et iura: göttliches und menschliches Recht. Fas: Schicksal und Verhängnis.

50 WEBER MAX, *Wirtschaft* 468.

51 Vgl. BERMAN, *Recht*.

52 HABERMAS, *Grenzen* 216–257, 249.

53 A. a. O. 251.

nen»[54]. Die Errungenschaften der Moderne umschreibt Jürgen Habermas mit den Begriffen Selbstbewusstsein, Selbstbestimmung und Selbstverwirklichung. «Die Selbstbestimmung verdankt sich der Durchsetzung des egalitär individualistischen Universalismus in Recht und Moral.»[55] Damit verbunden ist eine Erschütterung des bisherigen Normbewusstseins, z. B. in der Überwindung des metaphysischen Naturrechts. Deshalb unterscheiden sich Theologien, ob sie sich in eine partiell voraufgeklärte Sicht zurückflüchten (Fundamentalismus) oder ob sie der Moderne intellektuell standhalten können. Letzteres setzt eine philosophische und theologische Bildung voraus, die die Wahrheiten der Tradition mit den Freiheitsrechten des Subjekts konfrontieren kann. Damit sind Kirchen auch institutionell Gesprächspartnerinnen der modernen säkularen Rechtsstaaten geworden, dessen Freiheitsrechte in den Grundrechtskatalogen der staatlichen Verfassungen sie ihren Mitgliedern nicht mehr vorenthalten. Aufgrund der unterschiedlichen Zielsetzungen und Voraussetzungen von Rechtsstaat und Kirche wird es keine lineare Übernahme staatlicher Grundrechte in der Kirche geben, sondern eine schöpferische Transformation. Eine solche Grundrechtspolitik ist «ein wichtiger Prüfstein der Glaubwürdigkeit der Kirche, die bedroht ist, wenn sie Persönlichkeitsrechte zwar gegenüber dem Staat propagiert, aber in ihrem Binnenraum nicht hinreichend achtet und schützt»[56], wie die institutionell noch wenig aufgearbeiteten sexuellen Übergriffe von Repräsentanten der Kirche[57] und auch der UNO[58] zeigen.

Eine «freiheitsfunktionale Konzeption des Rechtsbegriffs wurde bzw. wird in der rechtsphilosophischen Diskussion in sehr unterschiedlicher konkreter Ausformung vertreten. Sie bleibt aber gerade in den […] neoscholastisch-naturrechtlichen

---

54 A. a. O. 247.

55 Ebd.

56 LUF, *Grundlagen* (³2015) 42–56, 56.

57 Vgl. z. B. den Film «Spotlight» der 2016 mit einem Oskar in der Kategorie «Bester Film» ausgezeichnet wurde. Der Film basiert auf wahren Ereignissen und handelt von einem Team von Journalisten der Tageszeitung The Boston Globe, das den sexuellen Missbrauch in der römisch-katholischen Kirche in Boston aufdeckt. Regie führte Tom McCarthy, der zusammen mit Josh Singer auch das Drehbuch verfasste.

58 «Die Fälle von sexuellem Missbrauch durch Blauhelmsoldaten häuften sich in letzter Zeit. Erstmals erhält die UNO nun ein Instrument in die Hand, um Druck auszuüben auf Truppenstellerländer, die Missbräuche zu verhindern und zu bestrafen. Der Sicherheitsrat stimmte der entsprechenden Resolution zu. Nichts beschädigt den Ruf der Vereinten Nationen dermassen wie Fälle von sexuellem Missbrauch durch UNO-Blauhelmsoldaten. Wenn Helfer plötzlich zu Tätern werden.» SRF, Fernsehsendung «UNO macht Front gegen sexuellen Missbrauch durch Blauhelme», 12. März 2016.

bzw. in den verschiedenen rechtspositivistischen Ansätzen unberücksichtigt.»[59] Die Tradition der abendländischen Metaphysik könne nicht mehr herhalten für eine Ablehnung der modernen demokratischen Staatsverfassungen mit entsprechenden Freiheitsrechten, so Habermas. «In den folgenden Jahren habe ich deutlich den Affekt erkannt, der Geister wie [Martin] Heidegger, Carl Schmitt [...] einte. Bei ihnen allen verband sich die Verachtung der Masse und des Durchschnittlichen einerseits mit der Feier des herrischen Einzelnen, des Auserwählten und Ausserordentlichen, andererseits mit der Ablehnung des Geredes, der Öffentlichkeit und des Uneigentlichen. [...] Auf diese Weise definierte sich das jungkonservative Denken durch den schroffen Gegensatz zu jenem demokratischen Grundimpuls, der uns seit 1945 antrieb.»[60]

Immanuel Kant wendet sich in seiner Religionsphilosophie an die reflektierenden Mitglieder religiöser Gemeinden oder überhaupt kultureller Gruppen, die von starken identitätsprägenden Überlieferungen und Wahrheitsansprüchen bestimmt sind. «Wir leben aus der Gewissheit einer Lebensweise, wenn wir von deren Wert überzeugt sind. Nun gibt es aber verschiedene, gleichermassen authentische Lebensweisen, sodass in dieser Hinsicht Gewissheit und Wahrheitsgeltung interessanterweise auseinander klaffen. [...] Jedenfalls verbinden wir mit Wertorientierungen, die für uns – und Mitglieder wie uns – eine existenzielle Bedeutung haben, nicht den Anspruch auf universelle Anerkennungswürdigkeit.»[61] Kant hat also eine Unterscheidung von Glauben und Wissen eingeführt, «die den Bruch mit dem totalisierenden Erkenntnisanspruch der Metaphysik voraussetzt»[62]. Moderne Theologie unterscheidet sich von der klassischen Theologie eines Thomas von Aquin, die diese Unterscheidung in Glauben und Wissen ebenfalls kennt, vor allem im Argumentationsziel. Klassische und moderne Theologie nutzten jeweils die zeitgenössischen philosophischen Denkansätze[63] zur vernünftigen Rechtfertigung der kognitiven Bestandteile der jeweils eigenen religiösen Lehren.[64] Aber die moderne, aufgeklärte Theologie unterscheidet sich von der klassischen Theologie insofern, als die Erstere nicht mehr die Ablehnung der modernen Verfassung mit einem Katalog von Freiheitsrechten voraussetzt

---

59 LUF, *Grundlagen* (^{3}2015) 42–56, 54. «Legitimationsgrundlage wie zentrale Aufgabe des Rechts ist es daher, in einem System von Ordnung und Freiheit in institutioneller Form Realbedingungen des Freiheitshandelns nach allgemeinen, schlechthin geltenden Prinzipien zu garantieren.» Ebd.

60 HABERMAS, *Raum* 15–26, 24.

61 HABERMAS, *Grenzen* 216–257, 248.

62 A. a. O. 253.

63 Thomas von Aquin stützte sich auf den eben erst wiederentdeckten Philosophen Aristoteles.

64 Vgl. PEUKERT, *Wissenschaftstheorie*. ARENS, *Handlungen*.

und damit die Grundlagen einer säkularen, pluralistischen Gesellschaft und Rechtskultur mitträgt.[65]

Das Zweite Vatikanische Konzil hat mit der Erklärung der Religionsfreiheit (1965) das moderne Verfassungssubjekt anerkannt. Hinter diesen Schritt des Lehramtes kann katholische Theologie nicht mehr zurück. Sie betreibt eine kritische Reflexion der Glaubensüberlieferung für das moderne Subjekt, das durch die Verfassung des säkularen demokratischen Rechtsstaates mit in den Grundrechten garantierten Freiheitsrechten geschützt ist. Dies zeigt sich z. B. in der individuellen Religionsfreiheit, die einen religiösen Pluralismus nicht nur in der Gesellschaft, sondern auch in den Religionsgemeinschaften zur Folge hat. Dies hat aber auch Folgen für das Recht der Kirche. In traditioneller naturrechtlicher Terminologie hat Alexander Hollerbach schon 1987 gefordert: «Eine besondere Aufgabe dürfte in der Verbesserung und Verfeinerung der rechtlichen Standards in der Kirche überhaupt liegen (etwa: Ausbau von Mitwirkungsrechten, Gewährleistung von Verfahrensgarantien). Wenn die Kirche den Vorwurf der Doppelzüngigkeit vermeiden will, wird sie nicht den Staat auf das Naturrecht verpflichten und selbst einem Formalismus und Positivismus huldigen können.»[66] Die Glaubwürdigkeit des Glaubens ist auch an der Kirche als Institution der Umsetzung des Glaubens abzulesen.

3. Freiheitsrechte als Kriterium des schiitischen Islams

Kann ein nicht säkularer Staat, der sich sehr eng an den schiitischen Islam bindet, Freiheitsrechte gewähren? Im Folgenden soll als ein Beispiel des Ringens um Freiheitsrechte in islamischen Gesellschaften die Rechtsstellung der Frau in der iranischen Verfassung analysiert werden. Wie kann ein religiöser Staat wie der

---

65 Die theologische Ablehnung der Freiheitsrechte des modernen Verfassungssubjekts basiert auf einem verengten liberalistischen Freiheitsverständnis. Dieser Freiheitsbegriff hätte zum Inhalt «die Forderung nach maximaler Freisetzung individueller Willkür bei möglichstem Abbau hindernder Schranken, also das blosse Nebeneinander isolierter und egozentrischer Individuen. […] Im Gegensatz zu einer solchen liberalistischen Engführung handelt es sich vielmehr um ein Freiheitsverständnis, das vom Gedanken der Autonomie als kommunikativer Selbstbindung geprägt ist. Gemäss diesem kommunikativen Begriff der Freiheit ist der Mensch vor die unbedingte sittliche Verpflichtung gestellt, die Freiheit aller anderen anzuerkennen, um im Mitsein mit ihnen selbst seine eigene Freiheit verwirklichen zu können.» LUF, *Grundlagen* (^{3}2015) 42–56, 54. Vgl. KRINGS, *Preis* 228 f.

66 HÖFFE (I–III), DEMMER (IV 1–2), HOLLERBACH (IV 3,V), *Naturrecht* 1296–1319, 1314.

Iran nicht als «klerikale Theokratie»[67], sondern als Institution der Freiheit gedacht werden, fragt Parinas Parhisi. In ihrer Dissertation[68] unternimmt sie den Versuch, Frauenrechte und damit Menschenrechte in der iranischen Verfassung zu stärken. Die vorliegende Untersuchung hat zum Ziel, verschiedene Denkschulen «ungeachtet ihrer politischen Durchsetzbarkeit zu rezipieren und zugleich das Dogma einer vermeintlich unwandelbaren Scharia zu hinterfragen» (30)[69]. Der Begriff Islam wird im Kontext der im Iran herrschenden Staatsreligion in schiitischer Prägung gebraucht (17). Ist denn eine islamische Demokratie denkbar? Der Philosoph Jürgen Habermas hielt nach seinem Iranbesuch fest: Das westliche Bild einer «verstummten Gesellschaft» entspricht nicht der Wirklichkeit. «Während jede grössere Buchhandlung Teherans eine philosophische Abteilung mit Übersetzungen der Klassiker von Aristoteles bis Wittgenstein aufweist, würden wohl nicht wenige Europäer Ibn Sina (Avicenna) eher für einen Mann von al-Kaida denn für einen philosophischen Genius halten» (19).

Vorgehensweise

Die vorzustellende Arbeit der iranischstämmigen deutschen Staatsbürgerin Parinas Parhisi[70] überwindet stereotype Etikettierungen und zeichnet ein komplexes Bild der Frau im Iran. Die Autorin will zunächst den Ist-Zustand (*de lege lata*) der Frauenrechte wiedergeben. Die iranische Verfassung wird dabei nicht pauschal verurteilt, sondern es werden gekonnt deren Widersprüche aufgezeigt. Die Autorin diskutiert Verbesserungsvorschläge (*de lege ferenda*) für eine religiöse Verfassung mit einem Schariavorbehalt. Dazu kommen mentalitätsgebundene Werte des iranischen Kulturkreises. Die Herausforderung dieser Untersuchung liegt darin, dass die Autorin die Verfassung kontextgebunden diskutiert, «ohne wertende, qualitative oder quantitative Vergleiche zu Frauenrechten in Deutschland zu ziehen» (29). Die Autorin will in ihrer Untersuchung in methodischer Hinsicht «die möglichen Potenziale der iranischen Verfassung unter besonderer Berücksichtigung inneriranischer Positionen» darlegen.[71] Wo Rechtsfiguren der deutschen Staatslehre herangezogen werden, geschieht dies lediglich zum besseren Verständnis (102). Kritik wird aus jener Warte

---

67 Vgl. LORETAN, *Religionen* 15.

68 PARHISI, *Frauen*.

69 Die Zahlen in Klammern beziehen sich auf die Dissertation von Parinas Parhisi.

70 Dr. iur., Lehrbeauftragte an der Goethe-Universität Frankfurt a. M.; Referentin im hessischen Ministerium für Justiz, Integration und Europa.

71 Deshalb möchte man der Autorin raten, die Arbeit auch auf Farsi zu übersetzen, um diese Potenziale auch in die inneriranische Verfassungsdiskussion einzubringen.

geübt, die sich globalen Menschenrechten verpflichtet fühlt und so ihre Gewährleistungsmöglichkeiten im Kontext der iranischen Gegebenheiten sucht (103).

Ein Diskurs auf Augenhöhe

Folgende drei Thesen prägen den Diskurs auf Augenhöhe:

1. Die Frauenrechte im Iran sind am Massstab eigener soziokultureller Besonderheiten zu entwickeln. 2. Das Dogma der Unveränderlichkeit religiöser Vorstellungen hinterfragt die Autorin, um Normen nachhaltigen Korrekturen unterziehen zu können. 3. Der Rückgriff auf eigenes Kulturerbe – nicht nur auf die Religion – soll das Fundament der rechtlichen Überlegungen bilden. Von diesen Thesen ausgehend will die Autorin einen tabufreien Diskurs im Lande und einen Dialog mit der westlichen Rechtskultur ermöglichen. «Denn der Diskurs auf Augenhöhe und ohne vermeintliche Überlegenheit [...] würde für beide Seiten fruchtbare Ansätze hervorbringen» (31), so Parhisi.

Die Arbeit ist in fünf Kapitel gegliedert. Das erste Kapitel enthält die Einleitung mit einer Annäherung an das Thema für westliche Menschen und die Vorgehensweise. Das zweite Kapitel entfaltet die kontextbezogenen Analysemethoden für die zwei Grundsäulen: schiitischer Islam und persische Kultur. Dann folgt ein Kapitel zur staatlichen Verfassungsgeschichte unter besonderer Berücksichtigung der Frauenrechte. Im vierten Kapitel werden der inneriranische Verfassungsdiskurs und seine hermeneutischen Möglichkeiten zur Anpassung der Normen an die veränderte gesellschaftliche Realität der Frauen herausgearbeitet. Das fünfte Kapitel enthält eine Zusammenfassung. Die Hauptthese der Arbeit hält fest: Nicht der Islam per se ist der Grund für diskriminierende Frauenrechte im Iran, sondern primär die orthodox reduzierte islamische Sichtweise des Staates und sekundär die soziokulturellen Normen der Gesellschaft.

Islamisches Recht

Das islamische Recht stellt kein einheitlich kodifiziertes Rechtssystem dar. Die Bedeutung des Korans für das islamische Recht ist vom Islamwissenschaftler Yvon Linant de Bellefonds mit der Bedeutung der Bibel für das kanonische Recht verglichen worden: Wer «alles muslimische Recht im Koran wiederfinden [will], wird genauso aus der Fassung gebracht werden wie, wenn er hoffe, das kanonische Recht der katholischen Kirche allein unter Zuhilfenahme der [Heiligen] Schrift zu erlernen» (45). Indem die Schiiten den Begriff Vernunft in ihre Rechtsfindung inkorporieren und diesen neben Koran, Sunna und spezifischem schiitischem Konsens anführen, schaffen sie ein neues Prinzip. Das islamische Recht schiitischer Prägung gewinnt dadurch Spielräume für die Interpretation der Normen (60). Die Differenzierung zwischen sakralem und daher unveränderbarem Recht (Scharia) und der islamischen Rechtswissenschaft als Menschenwerk ist der Kernpunkt der inneriranischen Diskussion um die Vereinbarkeit des islamischen Rechts mit den Frauenrechten. Folgt man diesem Ansatz, so wäre eine zeitgemässe Änderung der Frauenrechte im Iran möglich, ist die Autorin überzeugt. Wenn für die islamische Rechtswissenschaft schiitischer Prägung Recht auf Vernunft basiert[72], dann müssten vor diesem Hintergrund Menschenrechte und damit Frauenrechte im Islam völlig akzeptiert werden, «sofern sie mit der (wohl islamisch geprägten) Vernunft vereinbar seien» (70).

Im islamischen Recht werden hauptsächlich zwei Rechte unterschieden: Die Rechte der Menschen sind diejenigen, die allein dem Menschen zukommen. Die Rechte der Gemeinschaft werden als das Recht Gottes verstanden (72). Damit ist auch deutlich gesagt, wie das Verhältnis zwischen Kollektiv und Individuum gelöst wird, nämlich als enge Verbindung des Individuums mit der Gemeinschaft und deren Rückkoppelung mit Gott. Dies ist für den islamischen Kulturraum charakteristisch. Ob unter diesem Gesichtspunkt individuelle Menschenrechte (z. B. Frauenrechte) gegenüber dem Kollektiv durchgesetzt werden können, scheint eher fraglich. Die Autorin stimmt dieser Aussage mindestens für das Verhältnis Staat–Religion zu: Denn «Religion als vermeintliche Identitätsklausel öffnet dem Staat Tür und Tor, […] jegliche Missachtung der Menschenrechte durch den Scharia-Vorbehalt erfolgreich legitimieren zu können»[73] (97). Die staatliche Kontrolle bezüglich der Einhaltung religiöser Pflichten basiert auf der Annahme, dass die Nichteinhaltung derselben (z. B. wegen Religionsfreiheit) eine Verletzung der Religion darstellen würde.

Verfassungsdiskussion

Nach der vorislamischen Kulturgeschichte Persiens entwickelte sich seit dem 16. Jahrhundert ein Staatswesen, das sich mit dem Bekenntnis zur Schia von der mehrheitlich sunnitischen Welt abhob. Die vom Geistesleben der Europä-

---

72 Damit gäbe es einen Anknüpfungspunkt zur westlichen Rechtsphilosophie, z. B. zu Immanuel Kant.

73 «Anders als der Gottesbezug in der deutschen Verfassung, welcher ein Ausdruck von ‹Religionsverfassungsrecht› und damit des Bildes vom Menschen darstellt, ist ein Scharia-Vorbehalt in dem Vielvölkerstaat Iran, als ein starker Ausdruck der Identifikation des Staates mit einer bestimmten Religion, […] eher als problematisch zu werten» (97).

er (parlamentarische Demokratie, Justizsystem, Industrialisierung, Pressefreiheit) begeisterten iranischen Botschafter traten öffentlich dafür ein, iranischen Frauen dieselben Fähigkeiten zuzubilligen, die sie bei europäischen Frauen vorfanden. Indes lehnte der schiitische Klerus aus Angst vor Autoritätsverlust alles ab, was aus der Welt der «Ungläubigen» kam (104). Die konstitutionelle Ära zeigt die Auseinandersetzung zwischen Intellektuellen und dem Klerus über die europäische Verfassungsstaatlichkeit: Demokratie und Menschenrechte. Die iranische Verfassung ist eine Verknüpfung von religiöser und verfassungsmässiger Herrschaftslegitimation (152). Eine radikale Modernisierung scheiterte an diesem Gegensatz zwischen säkularem und religiösem Lager. Die Notwendigkeit sozialer Veränderungen mündete in die *konstitutionelle Revolution (1906–1911)*, die die erste iranische Verfassung nach französischem oder belgischem Vorbild hervorbrachte. Dennoch wurde der Islam als Staatsreligion darin stark betont und der schiitischen Geistlichkeit eine dominierende Stellung eingeräumt. Die «Religionspolizei» kontrollierte das Leben der Einzelnen, insbesondere der Frauen. Die Aufrechterhaltung der «Geschlechterapartheid» (109) zeigte sich darin, dass die Frauen den Apostaten und Verbrechern gleichgestellt und so vom Wahlrecht ausgeschlossen, sowie in diskriminierenden Ehe- und Scheidungsgesetzen, die von Frauenzeitschriften entsprechend thematisiert wurden. In einem zweiten Schritt wurde die europäische Staatsform unter Reza Shah Pahlavi (1925–1941) und unter dessen Sohn Mohammad Reza Shah Pahlavi (1941–1979) durchgesetzt. Nach dem Vorbild Kemal Atatürks (1891–1938) wurde damit eine autoritäre Modernisierung versucht. Ein Negativbeispiel dieses Modernisierungskonzepts war die Kleiderordnung. Das gesetzliche Verbot der traditionellen Kleidung führte dazu, dass die Frauen aus religiös-traditionellen Familien das Haus nicht mehr verlassen konnten. Anders die Situation nach 1979. Aufgrund des staatlich verordneten Kopftuchgebots[74] von 1981 wurde es auch Frauen aus religiösen Familien möglich gemacht, Zugang zu den Hochschulen zu erlangen. Sittlichkeit galt sozusagen als staatlich gewährleistet. Dies führte dazu, dass heute ca. 63 Prozent der Studierenden weiblich sind. 20 Prozent der Professuren der Universität haben Frauen inne. 2008 haben die meisten Fächer eine Männerquote eingeführt (205). An diesem Beispiel zeigt sich die Diskrepanz zwischen der Stellung der Frau in der Verfassung und der gesellschaftlichen Realität besonders deutlich.

---

74 Ayatollah Khomeini betont die Freiwilligkeit im Hinblick auf die Befolgung islamischer Gesetze, so z. B. das Tragen des Kopftuches. Wenn islamische Vorschriften dem öffentlichen Interesse widersprechen, so sollte gemäss Khomeini auf diese verzichtet werden, was eine gewisse Flexibilität zum Ausdruck bringt.

Rolle der Religion im Staat

Dem Islam wird in der Verfassung von 1979 eine Ewigkeitsgarantie verliehen (119). Die Grundpfeiler der iranischen Verfassung sind religiöser Natur. So baut der Staat auf die Gottesfurcht seiner Bürger (122). Das staatliche Rechtsverständnis ist gemäss dieser Staatsideologie nicht säkular. Es beruht auf dem souveränen Willen Gottes und wird nicht primär durch die Akteure weltlicher Gesetzgebung legitimiert. Gott wird als einziger Souverän angesehen. Das Gemeinwohl[75] und nicht das Individuum prägt diese Verfassung. Die Volkssouveränität stellt die Basis der demokratisch-rechtsstaatlichen Verfassungsordnung dar. Die Umma dagegen geht von der umfassenden Gesellschaft aller Muslime aus und nicht von grundlegenden Rechten des Einzelnen.

Ayatollah Khomeinis Staatskonzept der «Statthalterschaft des Rechtsgelehrten» beruht auf dessen gleichnamigem Werk. Er entwirft darin den islamischen Staat. Die iranische Verfassung ist ein hybrides System, das aus republikanisch-demokratischen und theokratisch-autoritären Elementen besteht. Der Staat verkörpert eine vom Klerus kontrollierte Hierokratie mit plebiszitären und republikanischen Elementen (125). Die äussere Form erinnert an eine westliche Verfassung, abgesehen von der garantierten Macht des Klerus. Der Klerus als Hüter der Verfassung kann diese nach eigenem Gutdünken auslegen. Kritiker des Klerus können dem Vorwurf der Apostasie ausgesetzt werden.

Seit 1990 gibt es im Iran einen lebhaften Diskurs über die Rolle der Religion im Staat. Damit wird die «Büchse der Pandora» im islamischen Gottesstaat geöffnet. Die Frage, wie Tradition und institutionelle Moderne (Grundrechte, Demokratie) zusammengedacht werden können, wird wohl auch denkerisch noch eine Zeit lang die islamische Welt beschäftigen. Beispielsweise sieht die iranische Verfassung die Rolle der Frau als Mutter und Gattin. Die gut gebildeten jungen Frauen, denen in diesem religiösen Rechtssystem die Rechte vorenthalten werden, werden hier wohl eine treibende Kraft sein. Sie werden das Recht auf Berufsfreiheit in Anspruch nehmen, das die iranische Verfassung geschlechtsneutral formuliert (178). Werden die islamischen Geistlichen dies weiterhin als

[75] Die Mündigkeit des Individuums ist nach der strikten Einbindung des Einzelnen in das Ordo-Prinzip des Mittelalters und nach dem Wohlfahrtsdiktat des Absolutismus gleichsam das Kennzeichen moderner Verfassungen. Aufklärung ist nicht Herausführung, sondern nach Kant der «Ausgang aus selbst verschuldeter Unmündigkeit». Mit John Locke ist die Basis der Eigenverantwortlichkeit das Gewissen des Menschen. Diese Instanz kann aber nur funktionieren, wenn Staat und Recht nicht in sie eindringen. Vgl. HUFEN, *Fundamentalismus* 455–485, 474.

Widerspruch zum Islam deuten können, um damit die Verfassung ausser Kraft zu setzen?

Frauen in der Verfassung

Die Autorin bespricht die obersten Staatsorgane wie folgt: die Ämter des religiösen Führers und des Staatspräsidenten, die Islamische Versammlung, den Wächterrat[76], die Expertenversammlung, den Schlichtungsrat. Sie stellt ernüchternd das Fehlen von gesellschaftlichen Freiheiten, sozialer Gerechtigkeit und Rechtssicherheit fest. Frauen haben keinen Zugang zu obersten Staatsämtern, da dies nicht vereinbar sei mit islamischen Grundsätzen (152).

In den Grundrechtspositionen der Frauen zeigt Parhisi einige Widersprüche auf: So ist z. B. die Gleichheit von Mann und Frau im Verfassungsauftrag (Art. 3 Ziff. 14) explizit verankert. Alle Gesetze wären demnach verfassungswidrig, die Männer und Frauen ungleich behandeln. Zugleich sind sie doch verfassungskonform, denn die Verfassung wird durch die Vorgaben des Islams faktisch ausser Kraft gesetzt (157). Es ist nicht zu erwarten, dass der konservative Wächterrat die orthodoxen Auslegungen für nichtig erklärt und progressiven Interpretationen den Weg freimacht. Ein säkulares Verfassungsgericht existiert nicht. In diesem Sinne konnte der Gottesstaat ohne Probleme das «UNO-Übereinkommen zur Beseitigung jeder Form von Diskriminierung der Frau» unterzeichnen (284).

Reformdiskurs

Die Verletzung der eigenen Verfassungsgarantien und des «UNO-Übereinkommens zur Beseitigung jeder Form von Diskriminierung der Frau» sind nur zwei Beispiele, die prominente Juristinnen wie die Nobelpreisträgerin Shirin Ebadi im Iran und Mehrangiz Kar aus dem Ausland öffentlich anklagen. Die «islamische Theokratie» (306) lehnt eine neutrale Staatsgewalt ab. Obwohl der Grossteil der Bevölkerung über das gegenwärtige System enttäuscht ist, kann mangels Alternativen nicht von einer Instabilität des Systems ausgegangen werden (307). Dennoch hat der Klerus begriffen, dass zwischen der politischen Überlebensfähigkeit des Systems und der Flexibilität eine Verbindung besteht. Auch Teile des Klerus fordern Säkularismus, wobei der Begriff nicht näher erörtert wird.

---

76 Hier haben sogar ein paar zivile Juristen Einsitz. Dies löste den Eindruck aus, dass das islamische Recht Mängel aufweise (147).

Pluralismus

In der Frage des religiösen Pluralismus[77] im Iran kommt allerdings für Parhisi ein Problem zum Vorschein, das symptomatisch ist für die gesamte Debatte, die sie ausführlich darstellt: der Anspruch auf Wahrheitsfindung. Tendenzen zu pluralistischen Vorstellungen sind vorhanden. Von einer gegenseitigen Anerkennung scheinen die Akteure allerdings noch weit entfernt zu sein. Für Parhisi ginge es darum, einen Prozess des gemeinsamen Lernens mit dem Ziel zu beginnen, einander als gleichberechtigt betrachten zu können. Damit ist eine Anerkennung von Differenzen gemeint. An der Wahrheitsfrage manifestieren sich die unterschiedlichen Auffassungen über die Rolle der Religion im Staat. Dies würde aber zu einer Relativierung des absoluten Wahrheitsanspruchs des Islams führen, der durch den Staat durchgesetzt wird. Wenn z. B. der Geistliche Kadivar auch andere Religionen toleriert, will er nicht darauf verzichten, den Islam als einzige und absolute Wahrheit anzusehen mit den entsprechenden Konsequenzen für das Islam-Staat-Verständnis. Für den Religionsphilosophen Soroush dagegen ist Religion eine Form subjektiver Interpretation und Erfahrung, der keineswegs Anspruch auf absolute Wahrheit zukommt. Die Autorin konstatiert, dass der Kampf um die Deutungsmacht in der islamischen Welt weiter heftig geführt wird, weil die Religion auch heute noch die doktrinäre Basis muslimischer Gesellschaften darstellt und weil sie diesen ein kollektivistisches und kommunitäres Gepräge verleiht. Dies steht den Kulturen diametral entgegen, die eine individualisierte und privatisierte Form von Religion kennen (301). Ob der Islam in diesen muslimischen Staaten überhaupt einen Zugang zu individuellen Menschenrechten wie der Religionsfreiheit und dem damit verbundenen Pluralismus ausbilden kann, ist eine offene Frage. Wobei die Stimmen in der islamischen Welt sich mehren, die die Verwicklung der Religion mit der strukturellen Macht als problematisch erachten (304).

Ausblick: Freiheit

Die französische Menschenrechtserklärung von 1789 bringt in Art. 16 Anforderungen an eine moderne Verfassung zum Ausdruck: «Toute société dans laquelle la garantie des droits n'est pas assurée, ni la séparation des pouvoirs déterminée,

[77] Kognitive Dissonanzen bzw. deren Verdrängung sind nach Habermas für eine fanatisch verhärtete Mentalität verantwortlich. Er plädiert daher für einen strengen Pluralismus aller Konfessionen, um nicht fanatisch verhärtete Mentalitäten zu fördern. Vgl. HABERMAS, *Westen* 18.

n'a point de constitution.»[78] Verfassung im modernen Sinn ist also ein normativer Begriff mit bestimmten Anforderungen an die Organisation eines politischen Gemeinwesens: Schutz der Grundrechte (d. h. der Menschenrechte, die durch die Verfassung garantiert werden), Gewaltenteilung (d. h. Macht beschränkende Organisation der obersten Instanzen). Eine weitere Forderung kam dazu: die *Trennung von Religion, Staat und Gesellschaft.* Davon ist in der iranischen Verfassung wenig zu sehen. Das Religiöse und das Moderne haben sich gemäss der orientalischen Verfassung der Gesellschaft miteinander verbunden. Der säkulare westliche Weg hat sich bisher im Orient nicht durchsetzen können.[79]

Charles-Louis de Secondat hat unter dem Pseudonym Baron de Montesquieu 1721 seine «Lettres Persanes» veröffentlicht. Damit initiierte er in der europäischen Aufklärung einen Prozess der kulturellen Selbstbefragung. In seiner anonymen Schrift richtete er seinen unter anderem religionskritischen Blick auf die Sitten und Gebräuche der Grande Nation. Montesquieu liess die zwei fiktiven Perser Rica und Usbek in ihren Briefen über die religiösen und politischen Verhaltensweisen der Franzosen des Ancien Régime berichten. Damals hatte auch in Europa der Staat für die richtige Religion einzustehen. Keinen Platz gab es für die individuelle Freiheit.

Mit ihrer Dissertation, mit der Parinas Parhisi an der Rechtswissenschaftlichen Fakultät der Goethe-Universität Frankfurt promoviert wurde, lädt sie ein, die «Lettres Persanes» in umgekehrter Richtung fortzusetzen und am persischen Gespräch teilzunehmen. Der Suchprozess ihrer Dissertation bietet den Vorteil, sich selber in Freiheit auf den Weg zu machen und die Fragen zu diskutieren, wie die Grundrechte verstanden werden können im Zusammenspiel von religiösem Staat und Religionsgemeinschaften.

4. Fundamentalismus als Antwort auf die Freiheitsrechte

Im Folgenden soll gezeigt werden, dass die Ablehnung der Freiheitsrechte durch Religionsgemeinschaften auch im Westen eine weite Verbreitung gefunden hat, die unter dem Begriff Fundamentalismus in der Literatur besprochen wird. Die

---

[78] Zitiert nach MÜLLER JÖRG PAUL, *Verfassung* 87.

[79] Z. B. John Rawls fasst den grundrechtsgebundenen Rechtsstaat wie folgt zusammen: Jede Person hat gleiche Rechte auf das umfangreiche Gesamtsystem gleicher Grundfreiheiten. Und: Freiheit muss gleich verteilt sein – selbst dann, wenn eine ungleiche Verteilung von weit grösserem Gesamtnutzen wäre. Vgl. RAWLS, *Liberalismus* (2003) 406.

säkularen Verfassungen mit der Möglichkeit der Religionsfreiheit «erlauben» dem Individuum den Kirchenaustritt. Dies wirft die Frage auf: Wie können Religionsgemeinschaften und moderne Ideologien ihre absoluten Wahrheitsansprüche im Kontext der sie relativierenden Freiheitsrechte der modernen Verfassungen denken? Weil man diese Denkleistung den Religionen nicht zutraute, haben die Gebildeten unter den Feinden der Religion im 18.–20. Jahrhundert deren Verschwinden angekündigt und mit Nachdruck betrieben. Allerdings hat sich gezeigt, dass auch säkulare Weltanschauungen nicht davor gefeit sind, fundamentalistisch zu argumentieren. Bereits das Denken der französischen Revolutionäre Robespierre und St. Just zeigt, «wie die Säkularisierung in die Sakralisierung umschlägt. Der Marxismus, Faschismus und Nationalsozialismus – sie alle sind Resultate solchen Umschlags der Säkularisierung in ihr Gegenteil.»[80] Diese Anti-Religionen haben sich zu totalitären Ideologien entwickelt, die ebenfalls die Freiheitsrechte der Andersdenkenden mit Füssen getreten haben. Diese atheistischen Ideologien schreckten auch nicht davor zurück, Millionen von Andersdenkenden (z. B. Juden, Homosexuelle, Konterrevolutionäre) zu opfern. Fundamentalistische Argumentationen, die ihre absolute Wahrheit gegen alle andern durchsetzen wollen, finden sich also sowohl bei religiösen wie auch säkularen Institutionen. Nicht einmal westliche Universitäten sind vor Fundamentalismen gefeit, wie Habermas ausführlich zeigt. «Wissenschaftler gehen davon aus, dass sie an Problemen arbeiten, die in der Regel eine überzeugende, wenn auch grundsätzlich kritisierbare Lösung zulassen. Sie sind auf der Suche nach unentdeckten, für uns noch in der Zukunft liegenden Wahrheiten. Gläubige [dagegen] verstehen sich als Interpreten einer in der Vergangenheit offenbar gemachten, nicht revisionsfähigen [aber interpretationsfähigen] Wahrheit, die sich gegen konkurrierende Glaubenswahrheiten mit guten Gründen verteidigen lässt.»[81]

Als Antwort auf die Frage nach der Zukunft des jeweiligen Glaubens in der säkularen Welt können in Religionsgemeinschaften fundamentalistische Argumentationen entstehen. Ein von der «British Academy» in London 2016 publiziertes wissenschaftliches Gespräch hat entsprechende fundamentalistische Argumentationen, bzw. fundamentalistische Rhetorik nachgewiesen in bestimmten christlichen, muslimischen, jüdischen und hinduistischen Gruppen[82]. Andererseits werden Fundamentalismen der modernen, säkularen Welt benannt.

---

80 LÜBBE, *Säkularisierung* 124.

81 HABERMAS, *Toleranz* 258–278, 267.

82 Der Buddhismus wurde nicht untersucht, aber dennoch wurde auf Verfolgungen von Muslimen in der buddhistischen Mehrheitsgesellschaft von Burma als Folge von fundamentalistischer Rhetorik hingewiesen. Vgl. MACCULLOCH, *Introduction* 1–3, 3.

Fundamentalismus wird dabei definiert als eine Reaktion auf gewisse Aspekte der Moderne[83]. Fünf Eigenschaften des Fundamentalismus werden aus soziologischer Sicht herausgearbeitet[84]: Erstens reagiert der jeweilige Fundamentalismus auf die wahrgenommene Marginalisierung der eigenen Religionsform bzw. Ideologieform. Er reagiert feindselig gegenüber der Aufklärung. So werden z. B. die Freiheitsrechte der Minderheiten, die kulturelle Relativierung und der Säkularismus abgelehnt. In diesem ersten Punkt wird schon deutlich, dass die Freiheitsrechte der Andersgläubigen oder Andersdenkenden ein Problem darstellen. Dies wird noch unterstrichen durch den im zweiten Punkt genannten moralischen und konzeptionellen Dualismus. Personen sind entweder gerettet oder verloren, gläubig oder ungläubig. Ihre Handlungen sind entweder sündig oder heilig, inspiriert durch Satan oder Gott. Die sündige fleischliche Welt steht im Gegensatz zur glorreichen geistigen Welt. Dieser Gegensatz unterstreicht auch das dritte Kennzeichen des Fundamentalismus: die apokalyptische Vision. Sie entwickelt ein Szenario, in dem die Gläubigen überleben, während alle anderen verloren sind. Oder die Gläubigen beherrschen die Welt im Namen Gottes. Die fundamentalistischen Anhänger der «Buch-Religionen», Judentum, Christentum, Islam, heben – so der vierte Punkt – hervor, dass für sie die jeweilige Offenbarung das absolute Wort Gottes ist, das durch nichts relativiert werden darf. Das Wort Gottes kommt direkt vom Allmächtigen zu ihnen, entweder durch den Propheten Mohammed oder durch die Autoren des Alten und Neuen Testaments. Ihre Interpretationen des heiligen Buches sind selektiv. Davon leiten sie ihre Wahrnehmung Gottes ab. Der modernen Welt gegenüber verstehen sich die Fundamentalisten als oppositionell und feindlich, so das fünfte Kennzeichen des Fundamentalismus. Sie nehmen häufig in Anspruch, Opfer von Verfolgungen zu sein. Fundamentalisten neigen dazu, von charismatischen Führergestalten geleitet zu werden.

Einer weiteren soziologischen Frage der Fundamentalismusforschung sollte Beachtung geschenkt werden, um das Phänomen der fundamentalistischen Argumentation gegen die modernen Freiheitsrechte besser verstehen zu können. Die Forschungsfrage lautet: «Wie motivieren fundamentalistische Bewegungen gewöhnliche Menschen, aussergewöhnliche Dinge zu glauben und zu tun?»[85] Es wird nicht mit einer Psychologie der individuellen Unterschiede gearbeitet,

83 Vgl. DUNN, *Fundamentalisms* 4, 90, 28.

84 HERRIOT, *Fundamentalist* 27–44, 27–29.

85 A. a. O. 30. «How do fundamentalist movements motivate ordinary people to believe and do extraordinary things?»

sondern es wird von der soziologischen Definition des Fundamentalismus als reaktionärer Gegenkultur ausgegangen. Es steht also die soziologische Frage im Mittelpunkt: Wie ist die Beziehung zwischen den fundamentalistischen Bewegungen zu ihren Mitgliedern? Dafür sind sozialpsychologische Annahmen und entsprechende Theorien angemessen.[86] In modernen Gesellschaften haben die meisten Leute eine reiche Auswahl von sozialen Identitäten, z. B. Arbeitswelt, Familie, Verwaltung, Künste, Wissenschaften und Religion. Die entscheidende Frage entsteht dann, wenn verschiedene soziale Identitäten gegenseitig nicht kompatibel sind. Aufgrund der Freiheitsrechte in westlichen, offenen Gesellschaften sind Individuen aufgefordert, eine eigene persönliche Identität zu entwickeln, was in mehr kollektiven, geschlossenen Gesellschaften viel weniger gefordert ist. Dort gilt die Unterscheidung zwischen sozialer und persönlicher Identität als künstlich. Aber auch in westlichen Gesellschaften ist zu fragen, warum die sozialen Identitäten so wichtig sind für die Menschen. Warum sind Menschen nicht einfach ausschliesslich Individuen? Warum laden sie sich eine unpopuläre Identität der fundamentalistischen Gegenkultur auf?

1. Das stärkste Motiv für eine Mitgliedschaft in einer fundamentalistischen Gruppe ist wohl die Reduktion der Unsicherheit. Denn die moderne Welt ist voll von Unsicherheiten, deren Risiko kontrolliert werden will. Z. B. sind Männer durch die gleichen Freiheitsrechte der Frauen verunsichert, ob das bisher gelebte patriarchale Lebensmodell überleben kann. Oder Menschen der Mehrheitskultur fühlen sich an ihrem Arbeitsplatz, in ihrem sozialen Status und in ihrem Lebensstandard bedroht durch die Freiheitsrechte der Einwanderer. Die soziale Identität, die aus einer fundamentalistischen Argumentation folgt, erlaubt ein Schwarz-weiss-Denken, das auch für wenig Gebildete eine klare Konzeption der eigenen Position ermöglicht. Fundamentalistische Rhetorik in Religionsgemeinschaften und politischen Parteien gibt den Mitgliedern vor, was zu glauben ist und wie sie handeln sollen. Die amerikanischen Präsidentschaftswahlen von 2016 zeigen beispielhaft, dass die fundamentalistische Rhetorik bei den Republikanern mehrheitsfähig geworden ist. Sonst wäre ein republikanischer Präsidentschaftskandidat Donald Trump nicht denkbar geworden. Wie sonst kann einem Präsidentschaftskandidaten vertraut werden, dessen Zahlenmaterial zu 70 Prozent nicht zutrifft?[87] Das Versprechen, Amerika gegen alle Fakten und Zahlen wieder grosszu-

[86] Ebd.

[87] Gemäss einer Untersuchung, die die Nachrichtensendung «10 vor 10» des Schweizerischen öffentlichen Senders SRF vom 2. März 2016 zitiert.

machen, genügt. Dieses Versprechen nimmt die Angst vor dem drohenden sozialen Abstieg.[88] Es grenzt sich ab von dem politischen Establishment und entwickelt eine eigene fundamentalistische Gegenkultur, die Sicherheit vorgibt.

Unsicher sind Menschen aber auch, ob ihre Glaubensgemeinschaft in einer säkularen Rechtskultur mit Freiheitsrechten für Ungläubige und in einer postsäkularen Gesellschaft, in der «anything goes», überleben kann.

2. Das gesteigerte Selbstwertgefühl liefert eine starke Motivation, einer fundamentalistischen Rhetorik auf der Ebene der Religion und der Politik zu folgen. Wer sich gesellschaftlich oder beruflich nicht zu den Gewinnern zählt, erhält in einer fundamentalistischen religiösen Gruppierung eine ganz neue Selbstachtung vermittelt. Mit Gottes Augen gesehen ist er oder sie kein «nobody» in diesem sündigen Zeitalter, sondern eine Person von grösster Bedeutung, die schon im Jetzt das ewige Heil des neuen Äon vorausnimmt.
3. Das Zugehörigkeitsgefühl ist eine dritte entscheidende Motivation. Das Gefühl, zu einer für die Menschheit wichtigen Bewegung des ewigen Heils dazuzugehören, steigert sowohl das Selbstwertgefühl des Individuums als auch das kollektive Gefühl, nicht nur einer Ortsgemeinde anzugehören, sondern Teil einer grossen wachsenden Bewegung zu sein, die zum Guten führt.

Der Fundamentalismus ist aus einer Bedrohung durch die Freiheitsrechte der Andersgläubigen in der modernen globalen Welt entstanden. Die Führungspersönlichkeiten der religiösen Gemeinden tragen dazu bei, dass ihre Mitglieder die soziale Identität einer religiösen Bewegung mittragen, so dass sie Zeit und Geld für diese Bewegung freiwillig einsetzen. Die Kultur der fundamentalistischen Bewegung muss nach innen so homogen sein wie nur möglich. Nach aussen muss dieselbe Bewegung sich so stark unterscheiden wie nur möglich. Die entsprechenden religiösen Erzählungen und Texte werden im fundamentalistischen Raster gegen die Freiheitsrechte der Andersdenkenden interpretiert. Bei interreligiösen Gesprächen fällt auf, dass die fundamentalistischen Bewegungen unterschiedlicher Religionsgemeinschaften sich schneller verstehen, da sie nach

---

[88] «Trumps Unterstützer sind zu einem Grossteil Arbeiter mit einem niedrigen Bildungsstand, die ihre Jobs an Einwanderer oder an Billiglohnländer verloren haben oder durch sie gefährdet sehen. Sie lockt die Perspektive, dass sich die USA unter einem Präsidenten Trump wirtschaftlich abschotten würden. Das Wahlmotto ‹Make America great again› spricht sie im Herzen an. Doch es würde dem Phänomen Trump nicht gerecht, seinen Rückhalt auf diese Wählergruppe zu reduzieren.» LANGER, *Kommentar* 3.

denselben fundamentalistischen Denkansätzen funktionieren[89], die die Soziologie herauszuarbeiten versucht.

Friedliches Zusammenleben zwischen den Religionen verlangt ein Mindestmass an Integration in staatlich und völkerrechtlich geschützte Rechtsordnungen. Diese setzen auf einen Dialog zwischen Staaten (bzw. internationalen Institutionen) und den Religionsgemeinschaften. Fundamentalistische Strömungen der Religionsgemeinschaften werden aber auch in Zukunft florieren, weil Menschen in pluralistischen Gesellschaften nach Sicherheit, Selbstachtung und Zughörigkeit streben.

4.1 Christlicher Fundamentalismus

Der Fundamentalismus bekommt seinen Namen von «The Fundamentals», einer Reihe von Pamphleten, die in den USA zwischen 1909 und 1916 erschienen, um für einen konservativen Protestantismus zu werben. «*The Fundamentals* were a Protestant equivalent to the Roman Catholic condemnation of ‹modernism› in Pius X's encyclical.»[90] Der Begriff Fundamentalismus wanderte erfolgreich weiter. Bezeichnete er zuerst noch eine christliche Gruppe der frühen Zwanzigerjahre, so steht er heute für die Umschreibung eines allgemeinen Verhaltens auch innerhalb anderer religiöser Traditionen. Der Fundamentalismus ist eine Bewegung geworden, die Formen des Christentums und anderer Religionen umschliesst. So sprechen z. B. die Mehrheit der protestantischen Kirchen und Bewegungen des Fundamentalismus Frauen eine spirituelle Autorität oder Ämter in der Kirche ab.[91] Diesbezügliche Debatten spalten aber auch andere Kirchen. «Fundamentalism can be categorised precisely as a protest against what is perceived as the assault on the patriarchal principles that fundamentalists believe should still determine the structure and operation of society.»[92] Fundamentalisten wollen nur ihre eigene Position als die einzig christliche Position gelten lassen. Wer behauptet, dass das Christentum sich mit der Aufklärung und dem modernen liberalen Rechtsstaat versöhnt habe, der unterschätzt die evangelikalen Funda-

---

89 Auf dieses Phänomen hat mich Rabbi Dr. Norman Solomon (Oxford) aufmerksam gemacht, der seit langem den interreligiösen Dialog von Juden und Christen verfolgt. Vgl. SOLOMON, *Dialogue* 59–77.

90 DUNN, *Roots* 9–26, 10.

91 PERCY, *Rules* 47–68, 51.

92 DUNN, *Roots* 9–26, 19.

mentalisten, die keine Kompromisse kennen, wie der typische fundamentalistische Slogan lautet. Wer den Fundamentalisten in wichtigen Fragen nicht zustimmt, widerspricht der Wahrheit! Welchen Einfluss die evangelikalen Fundamentalisten auf die US-amerikanische Politik haben, zeigten die Tea-Party-Bewegung und der Präsidentschaftskandidat der Republikaner Donald Trump. Die fundamentalistische Denkweise, die in den Südstaaten geboren wurde, hat längst die zwischenkirchlichen und interreligiösen Beziehungen erreicht. Der evangelikale Fundamentalismus beeinflusst die amerikanische Innenpolitik und die internationale Politik. Er ist eine Gefahr für die heutige Welt.[93] Denn er hat sich auf beängstigende Weise entfremdet von dem Mainstream des kirchlichen Lebens und der Theologie.[94] Den Fundamentalisten gemeinsam ist eine Ablehnung der Moderne und ihrer Freiheitsrechte[95].

4.2 Islamischer Fundamentalismus

Die institutionelle Verfasstheit des Islams gibt es so wenig wie die institutionelle Verfasstheit des Christentums. Bei beiden Religionen gab es Bewegungen, die entsprechende institutionelle Formen entwickelten. Dabei entstand beim Islam eine grosse Vielfalt von institutionellen Formen. «Teil dieser Diversität können sowohl islamische, islamistische als auch neofundamentalistisch-islamische Gemeinschaften sein. All diese Gruppierungen stellen den religiös und weltanschaulich neutralen Rechtsstaat vor eine grosse Herausforderung. Neben sicherheitsrechtlichen und integrationspolitischen Aspekten spielt für den Umgang mit islamischen, neofundamentalistischen und islamistischen Organisationen auch deren religionsrechtliche Qualifikation eine bedeutende Rolle. Der religiösweltanschaulich neutrale Staat weiss allerdings zwischen den verschiedenen Erscheinungsformen des Islams oftmals nicht hinreichend zu unterscheiden bzw. nur unzureichend mit diesen umzugehen.»[96]

Der Islam hat kein Gegenüber zum Staat entwickelt wie die Organisation Kirche. Abdullahi A. An-Na'im hat Kriterien genannt, wie ein Dialog zwischen

93 A. a. O. 22.

94 Ebd.

95 Abgelehnt werden z. B. die Gleichstellung der Geschlechter (Art. 8 BV) und das Diskriminierungsverbot von Frauen und Homosexuellen (Art. 8 Abs. 2 BV): «Niemand darf diskriminiert werden, namentlich nicht wegen der Herkunft, der Rasse, des Geschlechts, […] der Lebensform» etc.

96 GARTNER, *Status* 1.

Freiheitsrechten und Islam gelingen kann. «In emphasizing the need for advocates of human rights to seriously engage religion, I do not assume that there is either immediate compatibility or permanent contradiction between human rights and any religion. On the contrary, my suggestion is premised on the paradox of the reality of tension between the two, on the one hand, and the importance of reconciliation, on the other. This paradox is often depicted in terms of the polar extremes posed by the universality of human rights and the relativity of religion. In my view, to posit such a dichotomy is misleading, because of the interdependence between the two. While the universality of human rights cannot be realized among believers unless they accept it as consistent with their religious beliefs, the integrity of religious faith and its relevance to the lives of its adherents is dependent on the effective protection of human rights. Accordingly, it is more useful to see this relationship in terms of synergy and mutual influence, than to envision it as one of permanent antagonism.»[97] Deshalb fordert auch er in seinem Artikel eine theologische Auseinandersetzung mit der jeweiligen Religion im entsprechenden sozio-ökonomischen und politischen Umfeld der jeweiligen Gesellschaft. «Despite their clearly secular Western origins, human rights must also be legitimated in the context of different religious traditions because of the importance of those perspectives for the vast majority of people around the world. This process of religious legitimation requires creative approaches to theological questions in the specific socioeconomic and political context of each society. The universality of human rights must be realized through the implementation of deliberate strategies that are likely to attract popular support, instead of on the basis of assumptions that such universality already exists, or can be achieved by proclamation in international documents.»[98]

Von diesem zum Dialog bereiten Islam unterscheidet Ed Husain den islamistischen Fundamentalismus. Etwa 10 Prozent von Muslimen rechnet er den Salafisten bzw. den Wahhabiten und dem Islamismus zu. «It is the organized minority that controls a disorganized majority».[99] Dies macht diese 10-Prozent-Minderheit so entscheidend.

Der politische Islamismus entsteht in den Dreissiger- und Vierzigerjahren auf dem indischen Subkontinent. Dieser indische Islamismus wie auch die Muslimische Bruderschaft in der arabischen Welt sind Antworten auf den Kolonialismus. Der Inder Mawdudi sieht weder im Kapitalismus noch im Kommunismus eine

97 AN-NA'IM, *Islam* 95–103, 95. Vgl. AN-NA'IM, *Muslim*.

98 AN-NA'IM, *Islam*, Concluding Remarks.

99 HUSAIN, *Fundamentalism* 69–76, 70.

Lösung. Für ihn wird der Islam die politische Antwort, «‹a complete code for life›, and he was the first to insist that the state must be controlled by a specific interpretation of sharia. Secondly, Islamism is decisively statist. All Islamist groups seek to implement sharia […] as state law. To that end, they aim to control the mechanisms of government in Muslim-majority countries.»[100] Sie sind davon überzeugt, dass ihre Lesart des Islams frommer ist als jene anderer Muslime. Die Spannweite der eigenen Lösung kann allerdings auch hier sehr gross sein: Die Wiedererrichtung eines mittelalterlichen Kalifats hat Folgen. Von Westafrika bis nach Südostasien spannt sich der Bogen der Länder mit Ablegern des «Islamischen Staats», die dem «Kalifen» Abu Bakr al-Baghdadi die Treue geschworen haben.[101] Denn die Islamisten glauben, dass die politische Souveränität allein bei Gott liegt. Daher sind für die meisten Islamisten liberale Demokratien undenkbar, «because it robs God of his rightful authority»[102]. Aber auch der Demokrat Erdogan sieht eine neoottomanische Vision von Muslimischer Einheit, für die moderne Freiheitsrechte wie die Gleichberechtigung der Geschlechter ein Fremdkörper sind.

Den *Salafismus* unterscheidet Ed Husain kaum vom Wahhabismus Saudi-Arabiens. «What is it about Wahhabi ideology that led 19 men from a broadly Wahhabi background to attack the United States?»[103] Er beschreibt einen Islam, der sich total von den anderen islamischen Traditionen abschottet: Wegen der wörtlichen Übersetzung des Korans trennen sich die Salafisten und Wahhabiten von einer über 1400-jährigen Interpretation durch Poesie und islamischer Gelehrsamkeit. Auch anerkennen die Salafisten die islamischen Rechtsschulen nicht. Die Schiiten sind für sie keine gläubigen Muslime. Alle, die mit der salafistischen Interpretation des Korans nicht übereinstimmen, fahren in die Hölle. Diese extremistische Position verbreitet sich, «because of Saudi sponsorship and petro dollars, but also because of the black-and-white appeal it has for many muslims. […] I was in Tunisia and Egypt recently, and every time I go to these countries, I see a greater prominence of Salafism.»[104] Die salafistische Verbreitung erfolgt aber auch durch die wachsende Zahl von Satellitenfernsehstationen, die dieser Ideologie sich angeschlossen haben (*satellite television channels*), von Imamen, die salafistische Rhetorik verwenden beim Freitagsgebet, durch salafistische Gruppen auf dem Campus der Universität sowie die wachsende Zahl von prominenten salafistischen Webporta-

---

100 Ebd. 71.

101 NASS, *Kalifat.*

102 HUSAIN, *Fundamentalism* 69–76, 72.

103 A. a. O. 73.

104 A. a. O. 75.

len. Darüber hinaus zeigt Ed Husain auf, wie raffiniert die wörtliche Koranlektüre eingesetzt werden kann, um gerade junge Männer anzuwerben. Ein Durchschnittsägypter kann normalerweis mit 35 heiraten, wenn er einen Job ergattert hat, von dem er eine Familie ernähren kann. Aber als Salafist kann man das schon mit 19 Jahren erreichen.[105]

Der islamistische Fundamentalismus will mittels Gewalt seine Lesart der Scharia als Staatsrecht umsetzen. Die Entfernung von säkularen oder weniger extremen islamistischen Regierungen ist nicht das Ziel, sondern das Mittel. «Jihadism is nothing but a violent struggle to manifest a certain reading of sharia or a specific interpretation of Islam as state law. All of this rhetoric – from Qutb to Bin Laden, from al-Gemma' al-Islamiyya to Jabhat al-Nursra – stems from this literalist understanding of sharia.»[106] Am Ende soll wieder ein Kalifat stehen, das für die Einheit von wahrer Religion und Staat einsteht. Muslime waren bisher nicht gewöhnt, in einer politischen Minderheitensituation wie in Europa zu leben. Deshalb ist es schwierig für sie, den Minderheiten-Status in westlichen Staaten zu akzeptieren. Islamisten sehen sich daher im Konflikt mit dem Westen und seinen Freiheitsrechten. Deshalb rekrutieren sie weltweit, mit grossem Erfolg auch in westlichen Demokratien, Kämpfer für den heiligen Krieg gegen die Ungläubigen.

Im Nahen Osten versuchen einige Regierungen andere Interpretationen des Islams zu fördern. Ed Husain nennt drei Beispiele von Deradikalisierungsprogrammen:

1. Muammar Gaddafi ist es gelungen, trotz seinen vielen Fehlern in Libyen islamistische Gruppen zu deradikalisieren.
2. Saudi-Arabien hat ähnliche Initiativen umgesetzt. Mehr als 8000 Jihadis wurden in Deradikalisierungsprogrammen untergebracht. Dabei verwenden die Saudis Mainstream-Wahhabi-Gedanken, was Ed Husain als «contradiction in terms»[107] bezeichnet. Wie kann man Salafisten mit Wahhabismus bekämpfen?[108]
3. Unter Hosni Mubarak gingen Kleriker von der al-Azhar in die Gefängnisse, um die gewaltbereiten Mitglieder zum Beispiel der al-Gemaa al Islamiyya zu deradikalisieren.

---

105 «If you are a 19-year-old Salafi, you can arguably gain access to multiple wives for literally nothing, because that is what the Prophet's people did. Early Muslims would go to a marketplace and propose to a woman. If she accepted the offer, she was pious. If she rejected the proposal, she was impious. And if she was not pious, then she would not be rewarded in the hereafter. This kind of literalist practice, prominent now in parts of Egypt, [...] gives young Egyptian men free-licence to whatever follows in a marriage without waiting to become financially independent.» Ebd.

106 Ebd.

107 A. a. O. 76.

108 Vgl. BOLLIGER, *Fünfsterne-Haft* 3. STEINVORTH, *Wellness* 13.

Obwohl alle diese drei Deradikalisierungsprogramme keine durchschlagende Wirkung zeigten, ist der Autor Ed Husain von einem sehr überzeugt: Der normative Islam ist heranzuziehen, um den radikalen gewaltbereiten Islamismus zu untergraben. «In conclusion, yes, there is a problem with extremism, fundamentalism, radicalism, literalism Islamism, Salafism – whatever you want to call it, within Islam. However, the answers to this problem must also come from within Islam.»[109]

5. Frauenrechte sind Menschenrechte

Solange Frauen keine gleichen Rechte zugestanden werden wie Männern, wie z. B. im Wahhabismus Saudi-Arabiens, der eine Ausbreitung erlebt bis nach Europa[110], sind die liberalen Freiheitsrechte weltweit unter Druck.[111] Frauenrechte sind Menschenrechte, was aber in den fundamentalistischen Gruppen verschiedener religiöser Herkunft de facto klar bestritten wird, weil hier nur die reine Wahrheit ihrer Prediger zählt.

Es ist daran zu erinnern, dass keinem Menschen, auch nicht den Frauen und Kindern, der Rechtsstatus abgesprochen werden darf und dieser auch nicht verhandelbar ist. Dies wird zum Ausdruck gebracht mit dem Begriff Menschenwürde und den daraus resultierenden Menschenrechten, die am 10. Dezember 1948 in Paris ihren moralischen Ausdruck fanden in der *Allgemeinen Erklärung der Menschenrechte*. Die rechtliche Umsetzung findet z. B. in der Europäischen *Menschenrechtskonvention* statt, die *1950* einen Katalog von menschenrechtlichen Mindeststandards festhält, die allen Menschen zustehen. Die neuen Verfassungen sprechen von Menschenwürde und den daraus resultierenden Grundrechten, die einklagbar sind vor Gerichten in Form von zwischenstaatlicher Beschwerde und Individualbeschwerde. *1966* treten dann die *UNO-Menschenrechtspakte* in Kraft, die beide ein Geschlechterdiskriminierungsverbot enthalten. 1979 legt die UNO ein Übereinkommen vor zur Beseitigung jeder Form von Diskriminierung der Frau. In der Schweiz treten all diese Menschenrechtsabkommen mit einer grossen Ver-

---

109 HUSAIN, *Fundamentalism* 69–76, 76.

110 «Gar nicht weltlich – als wäre ein architektonisches Ufo gelandet, steht die von den Saudis gestiftete König-Fahd-Moschee in der Vorstadt Sarajevos.» BOUGAREL, *Zukunft* 37.

111 Zur Erinnerung: In Saudi-Arabien ist es Frauen verboten, Auto zu fahren oder sich in der Öffentlichkeit mit fremden Männern zu zeigen. Öffentliche Scharia-Strafen wie Hinrichtungen und Auspeitschungen sind an der Tagesordnung.

spätung in Kraft, so zum Beispiel die UNO Frauenkonvention erst am 26. April 1997. 1999 tritt dann die neue Bundesverfassung mit Art. 8 BV in Kraft. Grundsätzliche Rechtsgleichheit wird in Abs. 1 behandelt, das Diskriminierungsverbot in Abs. 2, die Gleichstellung von Mann und Frau in Abs. 3. Die Behörden sollen dafür sorgen, «dass die Grundrechte, soweit sie sich dazu eignen, auch unter Privaten wirksam werden» (Art. 35 Abs. 3 BV).

Wie werden die Wahrheitsansprüche fundamentalistischer religiöser Bewegungen im Kontext der oben genannten Freiheitsrechte gelebt? Werden noch vermehrt Parallelgesellschaften entstehen? Oder wird das Familienrecht den religiösen Gemeinschaften überlassen und damit die Gleichstellung der Geschlechter geopfert? Oder werden Behörden der häuslichen Gewalt wegen angeblicher politischer Korrektheit gegenüber den Beteiligten mehr Platz einräumen?[112] Werden Frauen faktisch nicht ohne Genehmigung eines Vormunds heiraten? Oder wird die Menschenrechtserziehung in den Schulen Eingang bekommen? Wird der politische Islam «mit dem Kopftuch, mit der geschlechterspezifischen Trennung von öffentlichen Räumen die Apartheid der Geschlechter in den freien europäischen Gesellschaften etablieren»?[113] Wird eine Form von Rechtspluralismus gesucht, der den Beweis noch liefern muss, dass er den Menschenrechten entspricht? Oder werden in ganz Europa nationalkonservative Parteien das politische Spektrum verändern?

Eines sollte klargeworden sein: die modernen Freiheitsrechte stehen weltweit massiv unter Druck durch die verschiedenen Wahrheitsansprüche der Fundamentalismen, nicht zuletzt auch in Europa. Es braucht ein Gespräch zwischen den Wahrheitsansprüchen der Religionsgemeinschaften und individuellen Freiheitsrechten. Dieses Gespräch muss von der Schule über die Universität und das Theater, den Film, die Kultur etc. geführt werden. Dafür ist aufseiten der Religionsgemeinschaften eine vertiefte theologische Bildung vorausgesetzt. Warum gibt es bis heute kaum theologische Ausbildungen, die die Wahrheitsansprüche der Religionsgemeinschaften mit den Menschenrechten bzw. den Freiheitsrechten verbindlich ins Gespräch bringen? Denn Wahrheitsansprüche sind zu legitimieren im Kontext der Freiheitsrechte der jeweiligen staatlichen Verfassungen. Es ist

---

112 Die damalige britische Innenministerin Theresa May sprach von einem Fall «institutionalisierter, politischer Korrektheit. […] Sie berief sich auf Aussagen von Mitgliedern der lokalen Behörden, die ihre Tatenlosigkeit damit begründeten, dass sie rassistischen Vorurteilen und rechtsextremen Haltungen nicht hätten Nahrung geben wollen durch die strafrechtliche Verfolgung von Angehörigen bestimmter ethnischer Minderheiten.» BAUMGARTNER, *Verfahren* 5.

113 KELEK, *Stereotype* 110–116.

keine Alternative, dem wahhabitisch-saudischen, dem ottomanisch-türkischen[114] oder dem evangelikal-amerikanischen Fundamentalismus freie Entfaltung in Europa zuzugestehen im Namen der kollektiven Religionsfreiheit[115], denn alle drei lehnen die individuellen Freiheitsrechte der Andersgläubigen und der Frauen ab.

114 «Islam is currently going through a remarkable revival in Turkey. Prime Minister Ahmed Davutoglu and President Tayyip Erdogan are both working hard to consolidate this Muslim reawakening at home and the spread of Turkey's religious pretensions abroad.» ERIMTAN, *President.*

115 Vgl. LORETAN, *Religionsfreiheit im Kontext der Grundrechte.*

I. Wahrheit und Freiheit

Die katholische Kirche, die in der Zeit des Antimodernismus[116] die Freiheitsrechte auf der ganzen Linie verurteilte, hat 1965 begonnen «die Würde der Person» (DH 1) und die Trennung von Kirche und Staat anzuerkennen und auch die gleichen Rechte der Frauen einzufordern (LG 32; GS 29). Eine Religionsgemeinschaft bekennt sich zur Würde des Menschen als Grundlage des Zusammenlebens in einer pluralistischen Gesellschaft. Sie nimmt die Argumentation der «Allgemeinen Erklärung der Menschenrechte» von 1948 auf in der Enzyklika «Pacem in terris» (1963) von Johannes XXIII.[117] Dies wirft die Frage auf, wie die Kirche diese Freiheitsrechte auch in ihren eigenen Reihen umsetzt, was ausführlich noch in diesem Teil behandelt wird. Doch zuvor wird die Rechtsentwicklung in der Kirche beleuchtet, die eine solche Entwicklung hin zu den Freiheitsrechten vorangetrieben hat.

Unter der Menschenwürde ist die Auszeichnung jedes Menschen ohne Ausnahme als Verantwortungssubjekt zu verstehen. Dieses universalistische Verständnis der Menschenwürde ist theoretisch von Immanuel Kant geprägt worden. Ein Mensch darf nie vollends instrumentalisiert werden. Die Selbstachtung und die Achtung jedes Menschen zeigen sich in elementaren Rechten jedes Menschen auf freie Selbstbestimmung. Alle Menschenrechte dienen der Ermöglichung freier Selbstbestimmung gegenüber den Institutionen. Solche Freiheitsrechte werden auch in den religiösen Institutionen sich Gehör verschaffen müssen. Die theologische und religionswissenschaftliche Forschung ist von diesem autonomen Ansatz herausgefordert, Antworten zu entwickeln. Der moderne Rechtsstaat ist gefordert, Fördermassnahmen zu konzipieren. Wahrheitsansprüche stehen im Kontext der Freiheitsrechte, die in der Menschenwürde jedes Menschen begründet sind.

Ganz anders sieht die Entwicklung in religiösen Staaten aus, die keine Trennung von Religion und Staat kennen. Hier werden die individuellen Freiheitsrechte häufig völlig uminterpretiert aufgrund eines Wahrheitsanspruchs des Kollektivs,

---

116 Der «Syllabus errorum» von 1864 zählt z. B. in seiner Liste von beanstandeten Irrtümern auch die Religionsfreiheit auf, die seit Aufklärung und Französischer Revolution heute zum selbstverständlichen Allgemeingut der Freiheitsrechte gehört und in die «Allgemeine Erklärung der Menschenrechte» der Vereinten Nationen von 1948, in die UNO-Pakte, in die EMRK und in die Verfassungen der Staaten Eingang gefunden hat.

117 Vgl.: Auch das deutsche Grundgesetz anerkennt in Art. 1 die Menschenwürde. Die Würde des Menschen soll auch nach Art. 7 BV geachtet und geschützt werden.

das weiss, was für alle Individuen gut ist und zu gelten hat. «Für den Schutz der Menschenrechte in allen Teilen der Welt sehe ich alle angemessenen Formen der internationalen Zusammenarbeit als unerlässlich. Da der aktuelle Menschenrechtsschutz allein durch die Vermittlung des infrage kommenden Staates realisiert wird, bedarf es immer der internationalen Sorge und Klage, schlicht, weil dem Staat, der der erste Übertreter dieser Rechte ist, nicht zugetraut werden kann, diese Rechte effektiv zu schützen. Zudem sind Bürger eines repressiven Staates weniger in der Lage, ihre eigenen Rechte zu verteidigen als jene, die in einem Staat leben, der respektvoller mit diesen Rechten umgeht. Ich rufe deshalb auf, Rechtsverstösse kurzfristig zu beantworten seitens der internationalen Gemeinschaft, kombiniert mit Strategien, die die Abhängigkeit von diesen externen Bemühungen langfristig verringern. Mit anderen Worten, internationale Schutzbemühungen sollten Strategien enthalten, um die örtlichen Befugnisse in dieser Hinsicht zu stärken. Denn internationale Schutzmassnahmen sind weder geeignet noch nachhaltig, noch akzeptierbar als primäres Mittel zum Schutz der Menschenrechte vor Ort. Zum Glück existiert hier bereits das Bewusstsein für die Notwendigkeit dieser Kombination einer schnellen Antwort und einer längerfristigen Bemühung, die lokalen Kapazitäten vor Ort zu unterstützen, und einige zaghaften Bemühungen in dieser Hinsicht.»[118] Nur durch diese internationale Zusammenarbeit werden Fortschritte erzielt in religiösen Staaten, in denen Staatsreligion und Staat nicht getrennt sind, um Verletzungen von Personenrechten in den Religionsgemeinschaften zu ahnden.

Auch im Bereich des Nationalstaates treffen demokratisch legitimierte Wahrheitsansprüche auf Freiheitsrechte, die auf der Würde jeder Person basieren. Denn die Souveränität der Nationalstaaten beinhaltet auch die souveräne Ge-

---

[118] «I see all appropriate forms of international cooperation as imperative for the protection of human rights in any part of the world. Because the actual protection of human rights can only be realized through the agency of the state in question, international concern and action will always remain necessary simply because the state, which is the primary violator of these rights, cannot be trusted to protect them effectively. Moreover, the citizens of an oppressive state are necessarily less able to protect their own rights than those of states which are more respectful of these norms. But I am calling for combination of short term response to violations, by the international community, with strategies to gradually diminish dependency on these external efforts in the long term. In other words, international protection efforts should include strategies for strengthening local capacity in this regard because the external imposition of measures is neither feasible, sustainable, nor acceptable as the primary means of protection of human rights on the ground. Fortunately, there is already awareness of the need for this combination of immediate response and longer term efforts to promote local capacity within the region, and some tentative efforts in this regard.» AN-NA'IM, *Human Rights* 701–732, 731 f.

staltung des eigenen Rechts und der eigenen Zugehörigkeitskriterien.[119] Die darin enthaltene nationale Selbstbestimmung bildet ein bestimmendes Prinzip der partikularen Idee von Nationalstaaten. Diese Partikularität der nationalen Selbstbestimmung ist im Kontext der Freiheitsrechte, den Menschenrechten in ihrer Universalität, zu konfrontieren. Die moralisch begründeten Menschenrechte mit ihrer universellen Geltung geben dem nationalen Konzept der Souveränität einen normativen Rahmen vor. Aufgrund der Flüchtlingskrise in Europa ist es populär geworden, die Wahrheitsansprüche der Mehrheit als letztverbindliche Wahrheiten zu zementieren, mit der die Freiheitsrechte der Flüchtlinge beiseite geschoben werden.[120] Auch hier gilt es, die Wahrheitsansprüche des demokratisch legitimierten Nationalstaates im Kontext der universellen Freiheitsrechte zu legitimieren.[121] So musste z. B. das Bundesgericht 1990 gegen den demokratischen Mehrheitswillen der Männer des Kantons Appenzell-Innerrhoden das Frauenstimmrecht einführen. Formal konnte sich das Bundesgericht hier auf die Bundesverfassung und das internationale Völkerrecht stützen. Im Grundsatz ging es um den Wahrheitsanspruch der demokratischen Mehrheit der Appenzeller Männer, die die politischen Freiheitsrechte der Frauen auf Kantonsebene nicht anerkennen wollten.

Wenn hingegen eine Religionsgemeinschaft die Freiheitsrechte der Frauen verletze oder wenn einem etwas in der Religionsgemeinschaft nicht gefalle, argumentiert man in den Rechtsstaaten häufig, könne man ja austreten (Art. 15

---

[119] HEIMBACH-STEINS, *Grenzverläufe* 40.

[120] Von da ist es kein grosser Schritt zur Argumentation einer nationalsozialistischen Rechenaufgabe. «In einem Schulbuch aus der Nazizeit finde ich folgende Rechenaufgabe: ‹Ein Geisteskranker kostet die Volksgemeinschaft täglich 11 Reichsmark. Berechne, wie viel 13 Geisteskranke die Gemeinschaft in 5 Jahren kosten. Berechne weiter, wie viele Siedlungshäuser man dafür bauen könnte, wenn ein Haus 22.000 RM kostet.›» STEFFENSKY, *Tod.* Die Würde der kranken Personen wird hier auf einen Kostenfaktor reduziert. Es wird das politische Klima geschaffen, um eine politische Mehrheit zu erlangen, die diesen «Kostenfaktor» reduzieren will. Hier wird deutlich, warum die «Allgemeine Erklärung der Menschenrechte» die Freiheitsrechte der Menschen auch als Schranke gegen die Diktatur der Mehrheit errichtet hat.

[121] «Der Begriff der Legitimität muss also den Rahmen für die Frage der Existenz der Menschenrechte bilden. Überall, wo Menschen über Menschen Macht ausüben, stellt sich die Frage, ob die Macht legitim […] ist oder nicht. Sie stellt sich in erster Linie subjektiv, für die an dem Machtverhältnis Beteiligten und insbesondere für die, die in dem Machtverhältnis die Untergeordneten, die Abhängigen sind, denn für diese stellt sich stets die Alternative, ob sie die Macht der anderen akzeptieren, weil diese schlichte Gewalt – Zwang – ausüben (BRUTE FORCE), oder ob sie die Macht von sich aus akzeptieren, und das heisst eben: sie als zu Recht bestehend, als legitim anerkennen. Prinzipiell ist die Quelle der Legitimität, das heisst der geglaubten Legitimität, immer ein moralisches Konzept.» TUGENDHAT, *Kontroverse* 101–110, 101 f.

Abs. 4 BV). Es würde keinem Menschen einfallen zu sagen, dass man ja das Land verlassen könne, weil z. B. ein Konflikt mit der Steuerverwaltung auftritt. Dafür brauche es ein Instrument der Konfliktbeilegung. Wieso ist das bei einem schwerwiegenden Konflikt mit einem Religionsdiener anders? Zudem ist der Druck auf Mitglieder in Religionsgemeinschaften von Migrantengemeinden oft sehr stark, die Religionsgemeinschaft nicht verlassen zu können. Es gibt Religionsgemeinschaften, bei denen auf Abfall vom richtigen Glauben (Apostasie) die Todesstrafe steht. Nur schon diese Drohung zeigt Wirkung. Religionsgemeinschaften beanspruchen eine gleichstellungsfreie Zone, was von Staats wegen in bestimmten Grenzen bisher toleriert wird. Einige Religionsgemeinschaften zählen somit zu den wichtigsten Organisationen, die durch das gelebte Beispiel ihres Wahrheitsanspruches vorleben, dass die Menschenrechte nicht universal gelten. Sie untergraben damit die Aussage, dass «everybody matters» und das heisst auch «everybody matters – inside and outside of religions and worldview-based communities»[122].

Setzt also die kollektive Religionsfreiheit die individuellen Grundrechte ausser Kraft?[123] Menschenrechte sind Individualrechte. Es stehen also der Einzelne und sein Freiheitsraum im Zentrum. Weder der *International Covenant on Civil and Political Rights* «noch die Europäische Menschenrechtskonvention kennen (Grund)rechte von Kirchen und Religionsgemeinschaften. […] Das schliesst natürlich nicht aus, dass mehrere Individuen ein Grundrecht, das sie teilen und das sie in einer bestimmten Weise nur gemeinsam geniessen können, auch gemeinsam beanspruchen. So kann das Recht auf kollektive Religionsfreiheit, welches darin besteht, seine Religion gemeinsam mit anderen auszuüben, eben nur gemeinsam genutzt werden. Damit wird es aber nicht zum Recht einer Gruppe als solcher, sondern bleibt das Recht der einzelnen, das seinen Individualcharakter auch dann nicht verliert, wenn es im Einzelfall gebündelt wird.»[124] Kirchen und Religionsgemeinschaften können daher sich «nicht auf ihre innere Ordnung berufen, um die Verletzung eines Grundrechts gegenüber dem Einzelnen zu rechtfertigen. Vielmehr sind sie genauso wie alle nicht-kirchlichen Einrichtungen verpflichtet, der Drittwirkung der Grundrechte Rechnung zu tragen.»[125] Denn die den Grundrechten zugrunde liegenden Wertvorstellungen gelten für die gesamte Rechtsordnung. Sie sind anwendbar nicht nur auf öffentlich-recht-

---

[122] KIRCHSCHLÄGER, *Menschenrechte*, 6. Schlussbemerkungen.

[123] Vgl. LORETAN, *Religionsfreiheit im Kontext der Grundrechte.*

[124] KÖCK, *Grundrechte* 1035–1054, 1040.

[125] A. a. O. 1041.

liche, sondern auch auf privatrechtliche Beziehungen. «Diese Einsicht ist von weittragender Bedeutung, der sich Lehre und Rechtsprechung bis heute nicht wirklich bewusst sind. Tatsächlich ist die Umsetzung derartiger Einsichten in die Rechtswirklichkeit ein sich nur schrittweise vollziehender Prozess.»[126] Für den langjährigen Völkerrechtsdozenten an der Päpstlichen Diplomaten-Akademie in Rom, Heribert Köck, kann die Diskriminierung der Frauen in den Religionsgemeinschaften nicht mehr als Kavaliersdelikt hingenommen werden; «es kann aber bedeuten, dass die Beziehung zu diesen Kirchen und Religionsgemeinschaften eingefroren und [...] dass alle finanziellen Leistungen an sie eingestellt werden, weil nicht einzusehen ist, warum der Staat Einrichtungen fördern soll, welche wesentliche Grundwerte der Gesellschaft für ihren eigenen Bereich ablehnen und sich für die Diskriminierung von Frauen bei der Zulassung zu kirchlichen Ämtern auf den Willen Gottes berufen zu können glauben»[127]. Köck verneint damit ein kollektives Selbstbestimmungsrecht der Kirchen, wenn es «den Verstoss gegen Grundrechte rechtfertigt»[128]. Mit anderen Worten bedeutet dies, dass kollektivrechtliche Ansprüche nicht individualrechtliche Ansprüche relativieren oder sogar aushebeln können, da sie von Letzteren abgeleitet und von ihnen abhängig sind.

In welchem Mass sich dieses Rechtsverständnis auch in den europäischen Gerichten durchsetzen wird, ist noch offen. Es zeigt sich auch hier, der Wahrheitsanspruch der Kirchen ist neu im Kontext der Freiheitsrechte zu formulieren. Dieser Kontext der Freiheitsrechte wurde bisher grosszügig im Namen der kollektiven Religionsfreiheit übersehen. Gemäss dem berühmten Böckenförde-Diktum lebt der Staat von Voraussetzungen, die er nicht selber garantieren kann. Die Kirchen und Religionsgemeinschaften meinten hier diese menschenrechtlichen Voraussetzungen des modernen Rechtsstaates begründen zu können. Jürgen Habermas lehnte diese Interpretation des Böckenförde-Diktums ab.[129] Dennoch hält er fest: «[...] die Erwartung einer fortdauernden Nicht-Übereinstimmung von Glauben und Wissen verdient nämlich nur dann das Prädikat ‹vernünftig›, wenn religiösen Überzeugungen auch aus der Sicht des säkularen Wissens ein epistemischer Status zugestanden wird, der

---

[126] A. a. O. 1042.

[127] A. a. O. 1044.

[128] A. a. O. 1045.

[129] HABERMAS, *Grundlagen* 106–118, 107: «Von katholischer Seite, die ja ein gelassenes Verhältnis zum Lumen naturale unterhält, steht jedoch, wenn ich recht verstehe, einer autonomen (von Offenbarungswahrheiten unabhängigen) Begründung von Moral und Recht grundsätzlich nichts im Wege.» Vgl. HABERMAS/RATZINGER, *Dialektik*.

nicht schlechthin irrational ist.»[130] Wie aber sollen Religionsgemeinschaften die moralischen Grundlagen des Staates begründen, wenn sie selber wesentliche Freiheitsrechte, die auf der Würde der Person beruhen, ablehnen? Absolute Wahrheitsansprüche[131] der Religionsgemeinschaften werden damit im Kontext von Freiheitsrechten der Menschenwürde jeder Person (DH 1) neu beleuchtet. Welche Institutionen beginnen den kontinuierlichen Dialog innerhalb der Religionsgemeinschaften, um von innen heraus, mit den theologischen Argumenten des Islams, des Hinduismus, des Buddhismus, der römisch-katholischen Kirche, der evangelikalen Kirchen und denen weiterer Religionsgemeinschaften die Freiheitsrechte argumentativ einzuüben? Internationale Menschenrechtszentren sollten für die Einübung der Menschenrechtsargumentation in die Theologien der jeweiligen Religionsgemeinschaften geschaffen werden. Diese Universitätszentren sollten in einem Verbund von Universitäten weltweit eingebunden sein. Die Schirmherrschaft sollte eine Organisation wie die UNO oder die UNESCO übernehmen.

Wie lang der Weg weltweit noch sein wird, zeigt der Film «The Power of Women»[132]. Da erkämpft ein international preisgekrönter saudi-arabischer Film das Recht der saudi-arabischen Mädchen auf ein Fahrrad und damit auf ein kleinstes Stück Selbstbestimmung. Da erfährt eine durch indische Quoten ins Amt gekommene Gemeindepräsidentin auf dem Lande von dem Wunsch der Frauen auf öffentliche Toiletten, die das Risiko verringern, dass Frauen nachts vergewaltigt werden, wenn sie austreten müssen. Es sind kleinste Schritte auf dem Weg zu mehr Selbstbestimmung von Frauen, die ihre Freiheitsrechte entdeckt haben. Der Autor möchte in diesem Buch weitere Fördermassnahmen zusammentragen, um den Freiheitsrechten eine Stimme zu geben im Konzert der religiösen oder nationalstaatlichen Wahrheitsansprüche, die sich gern als unverrückbar und absolut darstellen.

Wie herausfordernd anders klingt dagegen der an den Freiheitsrechten orientierte Ansatz des Zweiten Vatikanischen Konzils: «Jede Form einer Diskriminierung in den gesellschaftlichen und kulturellen Grundrechten der Person, sei es wegen des Geschlechts oder der Rasse, der Farbe, der gesellschaftlichen Stel-

---

130 HABERMAS, *Grundlagen* 106–118, 118.

131 Absolute Wahrheitsansprüche sind immer relativ absolut, da diese Wahrheitsansprüche von einem Menschen vorgetragen werden, der, in einem historischen Erkenntnisprozess stehend, das von ihm als absolut Erkannte vorträgt.

132 Ausstrahlung durch den Fernsehsender Arte am 8. März 2016, dem «Tag der Vereinten Nationen für die Rechte der Frau» (Internationaler Weltfrauentag).

lung, der Sprache oder der Religion, muss überwunden und beseitigt werden, da sie dem Plan Gottes widerspricht.» (GS 29) Auch in der Kirche gibt es «keine Ungleichheit aufgrund von [...] Geschlecht» (LG 32). Damit dieser normative Anspruch nicht toter Buchstabe bleibt, benötig es einklagbare Grundrechte in einer kirchlichen Verfassung und kirchliche Gerichtspräsidentinnen[133], die solche Klagen als wichtige Schritte auf dem Weg zu mehr Gerechtigkeit zulassen.

A) Der Verbindlichkeitsanspruch der Freiheitsrechte in der Kirche

Bevor von der Verbindlichkeit der Freiheitsrechte in der katholischen Kirche gesprochen werden kann, muss zuerst die breite theologisch begründete Ablehnung jedes Rechts[134] und die Ablehnung des Rechts in der katholischen Kirche besprochen werden. Denn wo Recht grundsätzlich abgelehnt wird, nicht nur Kritik an verschiedenen Rechtsnormen, kann es auch keine Freiheitsrechte und keine Menschenrechte geben.

1. Infragestellung des Rechts der Kirche

Die radikale Bestreitung der Rechtsvollmacht der Kirche von aussen beginnt mit der Reformation, mit dem Auseinanderfallen der lateinischen Westkirche in mehrere Kirchen. Vertreter der Aufklärung sehen im Staat die einzige legitime Quelle der Rechtsetzung. Das evangelische «Kirchenrecht» wird vom staatlichen Religionsrecht abgeleitet.[135] Die vorkonziliaren katholischen Begründungen des

133 Kirchliche Gerichtspräsidenten (Offiziale) müssen bisher noch immer männliche, zölibatäre Priester sein (c. 1420 § 4 CIC/1983), was eine Grundrechtsverletzung (LG 32; GS 29) bedeutet, die aber bisher nicht einklagbar ist, da den theologischen Aussagen des Konzils keine kirchliche Verfassung mit Grundrechten (Lex Ecclesiae Fundamentalis) folgte.

134 Vgl. SEELMANN/DEMKO, *Recht* 5–14.

135 «Kirchenrecht steht dabei zunächst für das Recht der evangelisch-reformierten Kirchen sowie der römisch-katholischen Kirche und ihrer Kantonalkirchen.» KRAUS, *Editorial*, in: Schweizerisches

Kirchenrechts sind daher vor allem Reaktionen auf evangelische und staatliche Herausforderungen. Die katholische Kirche hat über alle Jahrhunderte an einer eigenen Verfassungsstruktur und an eigener rechtlicher Gesetzgebung festgehalten. Die naturrechtliche Tradition mündet schliesslich in die Lehre der «societas perfecta». Diese geht davon aus, dass das Recht wesentlich zur Kirche gehört: «Ubi societas, ibi ius».

Zu der äusseren Kritik kommt eine Infragestellung des Kirchenrechts von innen. Mit dem Zweiten Vatikanischen Konzil werden neue Ekklesiologie-Modelle diskutiert. «Das rechtlich verengte Kirchenbild, das von der Kirche als Heilsanstalt und exklusiv hierarchischer Institution ausgeht, wird hinterfragt.»[136] Die vorkonziliare Ekklesiologie wird abwertend als legalistisch oder juridisch bezeichnet. Es entwickelte sich ein kämpferischer Antijuridismus. Sogar die Kongregation für das Bildungswesen stellte in einem Brief an die Bischöfe 1975 klar, «dass das Kirchenrecht vom Konzil nicht abgeschafft worden ist und dass das Kirchenrecht weiterhin Studiengegenstand im Theologiestudium ist»[137]. Auch in der kirchlichen Seelsorgepraxis wird weitgehend auf das Recht verzichtet oder so getan, als gäbe es das Recht nicht. Das Unbehagen gegen das Recht in der Kirche bleibt bestehen auch nach der Promulgation der beiden Codices (CIC/1983; CCEO). «Von einer Rechtskultur in der Kirche kann also [heute] keine Rede sein.»[138] Dieser weit verbreitete Antijuridismus gibt Anlass, Stellenwert und Aufgaben des Rechts in der Kirche zu bedenken. «Für viele bestanden die einzigen möglichen Alternativen in der Abschaffung [...] des kirchlichen Rechts oder in der neuen Rechtfertigung seiner legitimen Existenz.»[139]

Die Kirche ist eine «lernende Organisation». Sie unterscheidet sich wegen ihrer langen Geschichte und ihrer weltweiten Verwurzelung von anderen Institutionen. Ist die Kirche eine «ideologische Organisation»? Das sollte nicht als ein Negativurteil missverstanden werden. «Gemeint ist, dass sie ihre Identität nicht allein über ihr historisches Handeln – ihre Praxis – bezieht, sondern dass sie dieses Handeln mittels der Rationalität dogmatischer Abstraktionen immer wieder begrifflich vergewissert. Dogmen, Lehrtexte und die theologische Tradition sind Instrumente, welche diese Vergewisserung formulieren. [...] Theorie und Praxis

---

Jahrbuch für Kirchenrecht 1996, 9–13, 9. Das Schweizerische Jahrbuch für Kirchenrecht wird von der Schweizerischen Vereinigung für Evangelisches Kirchenrecht getragen.

136 GRAULICH, *Theologie* 328.

137 A. a. O. 331.

138 A. a. O. 333. Gleichzeitig begann man in der evangelischen Theologie das Kirchenrecht theologisch zu fundieren.

139 ERDŐ, *Theologie* 52.

stehen in einem spannungsvollen, aber nicht per se problematischen Verhältnis, denn beide sind idealerweise eng aufeinander bezogen.»[140]

2. Rechtsbegründungen

Im Folgenden wird gezeigt, wie die mittelalterliche und die moderne Rechtsbegründung sich auf den Status der Freiheitsrechte auswirken.

2.1 Die mittelalterliche Rechtsbegründung

Das Konzept der mittelalterlichen Rechtsbegründung verankerte das Recht in einer unveränderlichen göttlichen Ordnung. An der Spitze der natürlichen und übernatürlichen Ordnung steht für Thomas von Aquin die *lex aeterna*. Dank der Vernunft kann der Mensch in einem gewissen Mass am göttlichen Leitungsplan, der *lex aeterna*, teilhaben.[141] Thomas geht in seinem mittelalterlichen Weltbild von einer Verankerung der *lex naturalis* (natürliches Sittengesetz) in einer alles umfassenden *lex aeterna* (göttlicher Weltplan) aus. Trotzdem kennt er – in fast moderner Art – unterschiedliche Massstäbe, nach denen sich das Urteil über das Gute zu richten hat. Mehrere Massstäbe können nicht zugleich auf unmittelbare Weise gelten, etwa die Gebote der Vernunft und ein darüberstehendes Gebot Gottes. Es können aber mehrere Massstäbe bestehen, von denen einer den anderen zugeordnet wird.[142] Demzufolge hat die menschliche Vernunft ihre Aufgabe in eigener Verantwortung auszuführen. Sie hat je neue Antworten eines natürlichen Sittengesetzes auf einzelne rechtsphilosophisch relevante Fragen hin zu suchen. Ins Heute übersetzt formuliert Daniel Bogner: Als Gläubige halten wir am göttlichen Gebot fest, «auch wenn es vermessen wäre zu behaupten, wir würden es vollständig kennen […] Zugleich aber dürfen wir die Verhältnisse dieser Welt gemäss der Vernunft, die uns gegeben ist, nach bestem Wissen und Gewissen regeln.

---

140 BOGNER, *Gradualität* 446–454, 446.

141 THOMAS VON AQUIN, «Lex naturalis data, per quam lex aeterna participatur altiori modo». S. th. I–II, q. 91 a. 5.

142 THOMAS VON AQUIN, «Ad primum ergo dicendum quod unius rei non sunt plures mensurae proximae; possunt tamen esse plures mensurae, quarum una sub alia ordinetur.» S. th. I–II, q. 19,4 ad 1.

Jederzeit absolute, unabhängig von historisch-sozialen Gegebenheiten und wissenschaftlichem Erkenntniswandel existierende Ge- oder Verbote kann es dann aus theologischen Gründen eigentlich nicht geben.»[143]

Die *lex divina* hat im Vergleich zur *lex naturalis* eine höhere Partizipation an der *lex aeterna.* Die *lex humana* beansprucht ihre Verbindlichkeit durch Ableitung von der *lex aeterna* bzw. *lex naturalis.* Thomas stellt noch nicht eine explizit hierarchische Beziehung zwischen *lex aeterna* und *ius divinum* her, wie dies dreieinhalb Jahrhunderte später Francisco Suárez tun wird.[144] Auch das heutige Kirchenrecht ist in abgewandelter Form bestimmt von den drei Begriffen göttliches Recht – Naturrecht – menschliches Recht. Das *ius divinum* wird von Suárez untergliedert in *ius naturale* und in *ius divinum positivum.* Dem göttlichen Recht darf das menschliche Recht nicht widersprechen.[145]

Die Kirchenrechtswissenschaft hat es lange versäumt, eine schöpferische Vermittlung des neuzeitlichen Freiheitsethos zu formulieren. Interdisziplinäre Gespräche mit der fundamentalmoralischen Hermeneutik wären von klärender Bedeutung. Dieses Abseitsstehen von einem modernen Rechtsethos führte dazu, dass viele Christen und die staatliche Rechtswissenschaft sich entfremdeten von der einst blühenden Rechtskultur der Kirche.

Das ahistorische Naturrechtsdenken kann in der heutigen staatlichen Rechtswissenschaft nicht mehr überzeugen, denn dieses Denken bewegt sich ganz im Rahmen der mittelalterlichen Ordo-Idee[146]. Ein von der göttlichen Ordnung her gedachtes Rechtsverständnis führte zur Herstellung der von Gott gewollten Ordnung auch im weltlichen Rechtsbereich, unter Zuhilfenahme des staatlichen *brachium saeculare.* «Ausdruck dieser Anschauung war die Lehre von der ‹potestas directa Ecclesiae in temporalibus› (z. B. im ‹Dictatus Papae› Gregors VII. [1075] oder in der Bulle ‹Unam Sanctam› Bonifaz' VIII. [1302]). Der Ordnungsanspruch der Kirche war allumfassend.»[147]

Dieser mittelalterlichen Ordo-Idee widerspricht auch das Lehramt in Vat. II mit der These von der richtigen Autonomie der irdischen Wirklichkeiten. «Wenn wir unter Autonomie der irdischen Wirklichkeiten verstehen, dass [...] die Gesellschaften ihre eigenen Gesetze und Werte haben, die der Mensch schrittweise erkennen, gebrauchen und gestalten muss, dann ist es durchaus berechtigt, diese

---

143 BOGNER, *Gradualität* 446–454, 453. Vgl. GS 36.

144 CORECCO, *Theologie.* Methodologische Ansätze 32.

145 SUÁREZ, *De legibus.*

146 Vgl. HEINTEL, *Gesetz* 165–187, bes. 222–227.

147 PREE, *Stellenwert* 1–23, 9.

Autonomie zu fordern. Das ist nicht nur eine Forderung der Menschen unserer Zeit, sondern entspricht auch dem Willen des Schöpfers. Durch ihr Geschaffensein [...] haben alle Einzelwirklichkeiten [...] ihre eigene Wahrheit, ihre eigene Gutheit sowie ihre Eigengesetzlichkeit und ihre eigenen Ordnungen, die der Mensch unter Anerkennung der den einzelnen Wissenschaften [...] eigenen Methode achten muss. [...] Deshalb sind gewisse Geisteshaltungen, die einst auch unter Christen wegen eines unzulänglichen Verständnisses für die legitime Autonomie der Wissenschaften vorkamen, zu bedauern. Durch die dadurch entfachten Streitigkeiten [...] schufen sie in der Mentalität vieler die Überzeugung von einem Widerspruch zwischen Glauben und Wissenschaft.» (GS 36) Das Konzil betont explizit, dass diese Autonomie auch für das Verhältnis von Staat und Kirche zu gelten hat, die «auf je ihrem Gebiet voneinander unabhängig und autonom» (GS 76) sind.

2.2 Die neuzeitliche Rechtsbegründung

Das moderne Konzept der Rechtsbegründung verankert das Recht in der sittlichen Würde der menschlichen Person. «Unter all den ethischen Werten, die in der modernen Gesellschaft zur Herrschaft gelangt sind und seither um Vormachtstellung konkurrieren, war nur ein einziger dazu angetan, deren institutionelle Ordnung auch tatsächlich nachhaltig zu prägen: die Freiheit im Sinne der Autonomie des einzelnen.»[148] Der Autonomiegedanke bietet die Möglichkeit, zwischen dem Individuum und der gesellschaftlichen Ordnung eine Verknüpfung herzustellen. Diese faktische Verbindung von individueller Freiheit und Gerechtigkeit ist das Resultat eines jahrhundertelangen Lernprozesses, «in dessen Verlauf das klassische Naturrecht zunächst aus seinem theologischen Rahmen befreit werden musste, um das individuelle Subjekt in die Rolle eines gleichberechtigten Autors aller gesellschaftlichen Gesetze und Normen einsetzen zu können; von Thomas von Aquin [über Francisco de Vitoria; Bartolomé de Las Casas; Francisco Suárez] über Grotius und Hobbes bis zu Locke und Rousseau [Kant, Hegel] verläuft der schwierige, konfliktreiche Weg»[149].

Die Anerkennung der anderen wird als eine philosophische und theologische Grunddimension interkultureller Kommunikation gewertet.[150] Unter anerkennungstheoretischen Vorzeichen hat Axel Honneth gezeigt, wie «in konkreten

---

148 HONNETH, *Recht* 35.

149 A. a. O. 38.

150 Vgl. HABERMAS, *Einbeziehung*; ARENS, *Anerkennung*.

gesellschaftlichen Bereichen die Prinzipien individueller Freiheit generiert werden, die die Richtschnur für Gerechtigkeit bilden»[151]. Dabei spielt das Recht für pluralistische Gesellschaften eine entscheidende Rolle, in denen sich multikulturelle Gegensätze verschärfen. «[A]us der Sicht des liberalen Staates verdienen nur die Religionsgemeinschaften das Prädikat ‹vernünftig›, die *aus eigener Einsicht* auf eine gewaltsame Durchsetzung ihrer Glaubenswahrheiten und auf den militanten Gewissenszwang gegen die eigenen Mitglieder […] Verzicht leisten.»[152] Glaubensansprüche nach innen wie nach aussen nicht mit Gewalt durchzusetzen, verlangt von den Religionsgemeinschaften, dass sie «aus ihrer Binnenperspektive das Verhältnis der religiösen Gemeinde (a) zum liberalen Staat, (b) zu anderen Religionsgemeinschaften und (c) zur säkularen Gesellschaft im Ganzen neu bestimmen»[153].

Rechtsphilosophisch ist festzuhalten: Das Recht schafft die Person nicht, sondern entspringt ihr. Recht gibt es nicht nur dort, wo es von einer Autorität in einem Subordinationsverhältnis für ihre Untergebenen (subditi) erlassen wird (so Thomas Hobbes), sondern überall dort, wo Menschen zusammenleben. Deshalb spielen die Grundrechte des Menschen im Allgemeinen und die Grundrechte der Christen im Besonderen eine wichtige Rolle in dieser Rechtsbegründung. Das kanonische Recht ist die Gesamtheit der Normen zum Wohl des Menschen (c. 1752 CIC/1983). Dieser am Menschen orientierte Rechtsbegriff der Grund- und Menschenrechte bzw. Freiheitsrechte unterscheidet sich wesentlich von dem nur an der Autorität orientierten Rechtsbegriff (auctoritas facit ius).[154] Gegen dieses Verständnis in der Kirchenrechtswissenschaft argumentiert Eugenio Corecco: «Die Abhängigkeit von der weltlichen juristischen Wissenschaft erklärt, warum Pedro Lombardia vertreten kann, das Zentralproblem der kirchlichen Verfassung sei es, die fundamentalen Rechte des Christen herauszuarbeiten.»[155] Corecco übersieht dabei, dass die Rechtswissenschaften (kirchliche und staatliche) wie zu Zeiten Thomas von Aquins einen gemeinsamen Rechtsbegriff[156] haben,

151 HONNETH, *Recht* 2.

152 HABERMAS, *Glauben* 9–31, 13 f.; Hervorhebung im Original.

153 HABERMAS, *Intoleranz* 43–56, 48.

154 Vgl. KISTNER, *Das Recht der Freiheit.*

155 CORECCO, *Theologie.* Methodologische Ansätze 88.

156 E. Corecco verneint, das Recht der Kirche im Sinne des Thomas von Aquin als «objectum virtutis justitiae» (S. th. II–II, q. 57 a. 1) zu qualifizieren. «Das Recht ist in der Kirche nicht von der formalen Verbindlichkeit der menschlichen iustitia legalis (commutativa und distributiva), sondern von der höchsten Heilsverbindlichkeit der communio bestimmt. […] Corecco lehnt auch das thomasische Definitionselement für das Gesetz, die ‹ordinatio rationis›, ab und will diese durch

der rechtsphilosophisch in der Würde der menschlichen Person verankert ist, bzw. rechtstheologisch in der Ebenbildlichkeit Gottes verwurzelt ist. «Lasst uns den Menschen machen als unser Abbild, uns ähnlich. [...] Gott schuf also den Menschen als sein Abbild; als Abbild Gottes schuf er ihn. Als Mann und Frau schuf er sie. [...] Gott sah alles an, was er gemacht hatte: Es war sehr gut.» (Gen 1,26–31) Einen Eindruck, wie stark inzwischen dieser Einfluss der Theologie und der Kirchenrechtswissenschaft in der Begründung des Rechts von der Würde der menschlichen Person her ist, bekommt man beim Studium des Cambridge Handbook of Human Dignity. Interdisciplinary Perspectives.[157]

Auch im Zweiten Vatikanischen Konzil wird das Recht von der Würde der menschlichen Person her gedacht. «Die Würde der menschlichen Person kommt den Menschen unserer Zeit immer mehr zum Bewusstsein und es wächst die Zahl derer, die den Anspruch erheben, dass die Menschen bei ihrem Tun ihr eigenes Urteil und eine verantwortliche Freiheit besitzen und davon Gebrauch machen sollen, nicht unter Zwang, sondern vom Bewusstsein der Pflicht geleitet.» (DH 1) Damit bekommt der neuzeitliche Gedanke einer in sich selbst begründeten Autonomie des Menschen Eingang in die lehramtliche Argumentation. Das Konzil betont in der Pastoralkonstitution: «Die Würde des Menschen verlangt daher, dass er in bewusster und freier Wahl handle, das heisst personal, von innen her bewegt und geführt, und nicht unter blindem innerem Drang oder unter blossem äusserem Zwang.» (GS 17)

Im Grundgesetz der Kirche, in der Lex Ecclesiae Fundamentalis (LEF), die nicht promulgiert wurde, wird der Personenbegriff in vorbildlicher Weise aufgenommen: C. 3 LEF Prior schreibt den Rechtsstatus fest, der allen Menschen zukommt aufgrund der Würde der menschlichen Person, die aus der Ebenbildlichkeit Gottes hervorgeht. Mit dem Personensein sind Rechte und Pflichten verbunden. Es wird verdeutlicht, dass die Kirche die menschliche Würde nicht zuerkennt, sondern anerkennt, d. h., dass sie dem kirchlichen Handeln schon vorausgeht. Die Religionsfreiheit wird ausserdem im dritten Kapitel der LEF aus-

---

eine ‹ordinatio fidei› ersetzen. Dabei stützt sich Corecco hauptsächlich auf das Argument, ‹dass die Kirche als primär in der Offenbarung gegründete Institution adäquat nur durch den Glauben erkennbar ist›. [...] Für keine Rechtsordnung der Welt lässt sich der Anspruch der Kardinaltugend der Gerechtigkeit überspringen und durch den der theologischen Tugenden (Glaube, Hoffnung und Liebe) ersetzen. [...] Die elementaren Grundforderungen des Menschen bleiben auch in der Gemeinschaft der Kirche bestehen und sind um des Menschen willen zu respektieren – wenngleich die inhaltliche Ausgestaltung des Kirchenrechts, je nach Sachbereich mehr oder weniger direkt, dem Endziel der Sendung der Kirche dienen muss.» PREE, *Stellenwert* 1–23, 3 f., 4, Anm. 8.

157 DÜWELL, *Cambridge Handbook*. Vgl. z. B. die Artikel Nr. 3, 4, 5, 6, 7, 8, 9, 21, 22, 23, 26, 27 etc.

drücklich reklamiert, wodurch sich die Kirche zum Anwalt religiöser Freiheit aller Personen schlechthin gemacht hat.

3. Vom Recht der Wahrheit zum Recht der Person

Das Zweite Vatikanische Konzil leitete den Übergang von der neuscholastischen zur personalistischen Philosophie ein. Dies muss als wichtigster und fundamentalster Paradigmenwechsel des gesamten Katholizismus und seines Rechtsverständnisses gewertet werden.[158] Dieser Wechsel von der Substanz zur Person brach «das gesamtkulturelle Selbstverständnis des Katholizismus auf. [...] So kam es zu neuen Verständnisweisen des kirchlichen Amtes, der Liturgie, der Sakramente, der Gemeindepastoral, der Berufung des Laien, der Stellung der Frau, des gesamten Erziehungs- und Bildungswesens usw. Gleichzeitig führte dieses andere Selbstverständnis der Kirche auch zur grundsätzlichen Anerkennung der anderen christlichen Bekenntnisse, der anderen Religionen und der säkularisierten, ja atheistischen Weltanschauungen. All dies war nur möglich, weil man davon ausging, dass jeder Mensch von Natur aus Person ist und daher in seinen Lebensentscheidungen unbedingt geachtet werden muss.»[159] Die Freiheit der menschlichen Person prägt die Erklärung über die Religionsfreiheit (DH 2), die Pastoralkonstitution (GS 17), «ja mehr noch, diese personale Sicht prägt auch das Offenbarungsverständnis von Dei verbum, den Volk Gottes Gedanken von Lumen gentium, die participatio actuosa Lehre der Liturgiekonstitution, so dass man von einer personalen Erneuerung der Theologie auf dem II. Vatikanischen Konzil insgesamt sprechen könnte. Eine solche Wende zur Person und zu einem personalen Verständnis von Glaube, Kirche und Liturgie scheint mir ein grundlegender Interpretationsansatz für die Theologie des Zweiten Vatikanischen Konzils zu sein. Die oft geäusserte Communiohypothese wird ja doch erst wahr durch eine dialogisch orientierte personale Sicht der Kirche, wobei die dialogische Orientierung der Person pneumatologisch zu bestimmen wäre.»[160]

---

158 Vgl. SCHMIDINGER, *Substanz* 383–394. Zur Geschichte des modernen christlichen Personalismus vgl. DERS., *Mensch* 29–124. Zum christlichen Personalitätsbegriff siehe u. a. HILBERATH, *Personbegriff* 67–144.

159 SCHMIDINGER, *Substanz* 394. Vgl. PESCH, *Konzil*, bes. 105–131, 132–208, 209–237, 238–270, 271–290, 291–310, 311–350.

160 BÖHNKE, *Recht* 503–526, 511.

Diese neuen philosophisch-theologischen Denkmöglichkeiten wurden abgelehnt, weil die Vereinbarkeit der personalen Freiheit und der Wahrheitsanspruch der katholischen Kirche nicht geklärt waren. Wie ist diese neue personale Freiheit mit der Wahrheit einer religiösen Wertegemeinschaft (Kirche) zusammenzudenken? Die traditionelle katholische Lehre geht vom Primat der Wahrheit gegenüber der Freiheit aus. Nur die Wahrheit hat Recht, der Irrtum hat keinerlei Rechte. «Infolgedessen wird die Kirche in einem Staat, wo die Mehrheit katholisch ist, verlangen, dass dem Irrtum keine gesetzliche Existenz gegeben werde und dass den nicht-katholischen religiösen Minderheiten nur eine faktische Existenz ohne Möglichkeit der Propaganda gelassen werde.»[161] Damit wird unmissverständlich deutlich, welche Ergebnisse das Prinzip des Vorrangs der Wahrheit vor der Freiheit herbeiführt.

> «Die katholische Kirche braucht also zweierlei Mass und Gewicht. Denn wo sie selbst herrscht, will sie die Rechte der Andersgläubigen einschränken, wo sie aber eine Minderheit der Bürger bildet, verlangt sie gleiche Rechte wie die anderen. [...] In der Tat, zweierlei Gewicht und Mass ist anzuwenden, das eine für die Wahrheit, das andere für den Irrtum.»[162] Nicht der Mensch hat Recht aufgrund seiner Menschenwürde, sondern die Wahrheit. Welche institutionellen Konsequenzen hat das? «‹Die Wahrheit hat Recht› besagt daher, konkret und in Anwendung auf die Ordnung des menschlichen Zusammenlebens betrachtet: nur die Kirche als die Instanz, die konkret über die Wahrheit entscheidet, und diejenigen, die ihr angehören, haben Recht. Das ist aber keine Rechtstheorie, sondern eine Machttheorie, und sie ist prinzipiell sozial unverträglich.»[163]

Die Rechtsordnung dagegen ist allgemein. Thomas von Aquin betont darin die «aequalitas»[164], die Angemessenheit und Gegenseitigkeit. «Alles, was ihr also von anderen erwartet, das tut auch ihnen!» (Mt 7,12) Mit dieser Goldenen Regel der Gegenseitigkeit eröffnet auch das «Decretum Gratiani» (1140) die Kirchenrechtswissenschaft.[165] «[E]ine Maxime des Rechts gilt daher ihrer Natur nach

---

161 *Civiltà Cattolica* 1948, Bd. II (3. April 1948).

162 OTTAVIANI, *Institutiones* 72 f.

163 So der katholische, deutsche Richter des Bundesverfassungsgerichts, BÖCKENFÖRDE ERNST-WOLFGANG, *Religionsfreiheit als Aufgabe der Christen* 15–31, 24.

164 THOMAS VON AQUIN, S. th. II–II, q. 57 a. 1 «illud enim in opere nostro dicitur esse iustum quod respondet secundum aliquam aequalitatem alteri».

165 GRATIAN, *Concordia discordantium canonum, ac primum, de iure naturae et constitutionis, distinctio prima.* Vgl. RICHTER/FRIEDBERG, *Corpus Iuris Canonici.* Bd. 1, 1.

allgemein, nicht nur für mich, sondern auch gegen mich. Ein Rechtsprinzip, das die Gegenseitigkeit ausschliessen will, ist kein Rechtsprinzip mehr, sondern ein Machtprinzip.»[166] Gemäss dieser Theorie des «Ius publicum ecclesiasticum» war nicht der Mensch als Person Subjekt des Rechts, sondern die Wahrheit. Dieses Recht auf Wahrheit lehnt aber die Allgemeinheit und Gegenseitigkeit des Rechts ab.

«Freiheit steht dem Menschen zu, nicht weil er die Wahrheit bereits besitzt, sondern damit er nach ihr strebt.»[167] Die Berufung des Menschen ist es,

> «die Wahrheit mit so viel Fleiss, Sorge und Fantasie zu suchen, wie wir nur immer können. [...] Trotz des energischen wissenschaftlichen Fragens werden wir nie sicher die wahre Natur der Materie und des Geistes kennen. [...] Für [John] Locke gibt es Wahrheit im Gegensatz zur Unwahrheit. Aber die Begrenzungen menschlichen Verstehens sollten die Demut begünstigen. Und all das, worüber wir nicht sicher sein können, sollte Respekt hervorrufen. [...] Was wir von der Wahrheit wissen, sollte uns gemäss Locke auffordern, unsere Exzesse einzudämmen und Achtung zu verlangen vor den Rechten und der Würde jedes individuellen menschlichen Wesens!»[168]

Die Unhaltbarkeit der traditionellen katholischen und islamischen[169] Toleranzlehre bestand darin, «dass diese Prinzipien ohne weiteres aus dem moralischen Bereich in den rechtlichen Bereich übertragen wurden. Dadurch wirken sie freiheitszerstörend und [...] totalitär»[170].

4. Die Würde der menschlichen Person

> «[D]urch die unbedingte Anerkennung der Würde der menschlichen Person wurde Abschied genommen von einer Position, die Auschwitz geistig ermöglichte, von der Behauptung nämlich, dass nur die Wahrheit ein Recht hätte, und diesem Recht der

---

166 Böckenförde Ernst-Wolfgang, *Religionsfreiheit als Aufgabe der Christen* 15–31, 26.

167 Hurley, *Erzbischof von Durban (Südafrika) in der Konzilsaula.*

168 McCord Adams, *Wahrheit* 47 f. (Aus dem Englischen übersetzt von A. L.).

169 Johannes Schwartländer macht darauf aufmerksam, «dass die Toleranzlehre der mittelalterlichen Kirche [...] erstaunliche strukturelle Ähnlichkeiten mit der islamischen Toleranzlehre aufweist, wie sie von den klassischen islamischen Rechtsschulen im achten und neunten Jahrhundert ausgebildet wurde». Ders., *Freiheit*, Einleitung 13–49, 32.

170 Böckenförde Ernst-Wolfgang, *Religionsfreiheit im Spannungsfeld zwischen Kirche und Staat* 33–58, 50.

> Wahrheit sich die Freiheit zu beugen hätte, ein Grundsatz, auf den sich alle totalitären Ansätze zurückführen lassen, sei es der Nationalsozialismus, der Kommunismus oder der Fundamentalismus. Sie alle leben von der Annahme des Rechts auf Wahrheit, und dem Willen, dieses Recht mit Zwang durchzusetzen.»[171]

Das Zweite Vatikanische Konzil hat am 5. Dezember 1965 die Konzilserklärung über die Religionsfreiheit verabschiedet, die mit den Worten «Die Würde der menschlichen Person» (Dignitatis humanae personae) beginnt. Damit wurde prinzipiell die Freiheitsgeschichte der Moderne bejaht. Das Recht der Person tritt an die Stelle des Rechts der Wahrheit. Es wurde eine kopernikanische Wende eingeleitet. Anstelle des Zwangs, der unter dem Titel «Recht der Wahrheit» legitimiert werden konnte, wurde das personale Recht der Freiheit gesetzt, wie auch die Pastoralkonstitution betont: «Die Würde des Menschen verlangt daher, dass er in bewusster und freier Wahl handle, das heisst personal, von innen her bewegt und geführt, und nicht unter blindem innerem Drang oder unter blossem äusserem Zwang.» (GS 17)

Dieses Recht enthält die Pflicht, die Wahrheit zu suchen und anzunehmen. Aber über 50 Jahre nach der Verabschiedung der konziliaren Lehre vom Recht der Person in der Konzilserklärung über die Religionsfreiheit ist diese Lehre noch kein Allgemeingut in der Kirche. «Das Verhältnis von Wahrheit und Freiheit harrt im Hinblick auf die Begründung des Rechts und die Rechtsträgerschaft in der Kirche [...] einer eindeutigen theologischen Bestimmung.»[172] Es ist die Frage theologisch und kirchenrechtlich zu beantworten, ob die Einsichten des Dekrets über die Religionsfreiheit auch innerkirchlich Geltung beanspruchen können. Denn der Würdebegriff in c. 208 CIC/1983 und der Würdebegriff in der Konzilserklärung zur Religionsfreiheit «Dignitatis humanae» sind nicht deckungsgleich. Damit widerspricht die Gesetzgebung (CIC/1983) dem Konzil (Lehramt).

Die Tragik neuzeitlicher Freiheitsgeschichte liegt darin, «dass wesentliche humane Impulse des Christentums gegen die etablierte Christenheit zur Geltung gebracht werden mussten»[173]. Das daraus entstandene Verhältnis von Freiheitsrechten und Kirche bleibt sehr konfliktreich.[174] Die Freiheitsrechte bzw. Menschenrechte gehen von einer Rechtskonzeption aus, die den Menschen als Subjekt verantworteter gleicher Freiheit zur Selbstbestimmung auffordert. Die Menschenrechte dienten dem neuzeitlichen Individuum als Instrumente der Emanzipation

---

171 BÖHNKE, *Recht* 503–526, 511 f.

172 Ebd. 509. Vgl. RATZINGER, *Freiheit* 527–542.

173 KASPER, *Autonomie* 24.

174 Vgl. Teil 1 I. B) in diesem Buch.

gegen überkommene politische Ordnungskonzepte. Dagegen wehrte sich die religiös-politische Einheitswelt, darunter auch die Repräsentanten der Kirche.

Gottesglaube an einen personalen Gott, der sich in der Geschichte eines konkreten Volkes Gottes mitteilt, gibt es nur in Gemeinschaft dieses Volkes Gottes (Israel bzw. Kirche). Will solcher Glaube in Gemeinschaft durch die Geschichte gelebt werden, dann ist die historische Entfaltung dieser Gemeinschaft mit einem Institutionalisierungsprozess verbunden. Erst dadurch gewinnen die einzelnen Gläubigen die Möglichkeit, sich im Glauben aufeinander beziehen zu können. Glaubenssprache kann sich nur innerhalb einer Glaubensgemeinschaft entwickeln. Die Reflexion dieser Glaubenssprache an Theologischen Fakultäten setzen weitere Institutionalisierungsprozesse voraus. Institutionen garantieren geordnete Auseinandersetzung und Bestand. Sie konstituieren Einheit und Identität einer sozialen Gruppe, indem sie Sprache zur Verfügung stellen, mit denen sich eine Gruppe auszudrücken vermag. «Wirksame Sprechakte gelingen nur innerhalb eines Regelsystems, persönliche Identität entsteht nur vermittels gesellschaftlicher Sozialisierungsprozesse, Freiheit ist angewiesen auf den sie ermöglichenden (Rechts-) Raum und entfaltet sich nur darin.»[175] Ein Leben in Würde ist ein Leben im Recht einer Rechtsgemeinschaft. «Ein rechtsloses Leben entspricht nicht den Würdekriterien, und das Würdekriterium kommt dort voll zum Zuge, wo gerechtes Recht als institutionelle Voraussetzung von Selbstentfaltung in menschlichem Leben existiert.»[176] Daher positiviert der Rechtsstaat die Freiheitsrechte bzw. Menschenrechte in Verfassung bzw. Grundgesetz. Auch die Kirche wollte sich nach dem Zweiten Vatikanischen Konzil ein Grundgesetz (Lex Ecclesiae Fundamentalis) geben. Durch diese Verfassung sollen durch schöpferische Transformation rechtsstaatliche Standards in 10 Prinzipien der Codex-Reform umgesetzt werden, die von Papst Paul VI. angenommen und von der ersten Bischofssynode 1967 verabschiedet worden sind[177]. «Sowohl das 6. als auch das 7. Prinzip gründen auf der Würde der Person.»[178] Der Schutz der Personenrechte wird im 6. Prinzip festgehalten[179]:

> «Wegen der fundamentalen Gleichheit aller Gläubigen und wegen der Verschiedenheit der Ämter und Dienste, die in der hierarchischen Ordnung der Kirche selbst grundgelegt ist, ist es förderlich, dass die Rechte der Personen in geeigneter Weise

---

175 BAUSENHART, *Amt* 105.

176 MIETH, *Menschenwürde* 349–368, 358.

177 Vgl. GRAULICH, *Theologie* 334–354.

178 A. a. O. 345.

179 PONTIFICIA COMMISSIO CODICI IURIS CANONICI RECOGNOSCENDO, *Principia* 82 f.

umschrieben und sichergestellt werden. Dies bringt mit sich, dass die Ausübung der Gewalt deutlicher als Dienst erscheint, ihre Anwendung besser gesichert und ihr Missbrauch ausgeschlossen wird».[180]

Das 7. Prinzip erweitert den Schutz subjektiver Rechte durch die Möglichkeit eines «Einspruchs gegen Verwaltungsentscheidungen»[181]. In der ursprünglichen Formulierung von Paul VI. und der Bischofssynode von 1967 sieht das Prinzip zum Schutz der Rechte der Gläubigen auch die Einrichtung von Verwaltungsgerichten vor. Denn man beklagte das Fehlen der Möglichkeit der Verwaltungsbeschwerde in der Kirche. Kompetenz, Vorgehensweise und Struktur der Verwaltungsgerichte sollten vom Gesetzgeber festgelegt werden. «Der Grund für diese Forderung liegt einerseits in der fehlenden Möglichkeit, gegen Verwaltungsakte kirchlicher Behörden Beschwerde einzulegen, und andererseits in der Tatsache, dass die Würde des Menschen und die Unverletzbarkeit seiner Rechte vom Zweiten Vatikanischen Konzil in besonderer Weise hervorgehoben werden.»[182] Diese Verteidigungsmöglichkeit der Rechte der Gläubigen gegenüber einer kirchlichen Verwaltung wurde geschaffen, um der möglichen Behördenwillkür entgegenzuwirken und die Rechtssicherheit zu fördern.

Nein sagten jene zu Verfassungsgerichten auf allen Ebenen, die rechtsstaatliche Gerechtigkeitsstandards völlig von der Kirche trennen wollen. Dabei sei übersehen worden, dass die Kirche in der westeuropäischen Geschichte der erste Rechtsstaat war, so Berman.[183] Päpste «förderten etwas, was mehr war als eine Legalität im rechtsstaatlichen Sinne und eher dem ähnelte, was die Engländer später ‹die Herrschaft des Rechts› [the Rule of Law] nannten»[184].

4.1 The Rule of Law oder kanonische Rechtsstandards

Wer kanonische Rechtsentwicklung völlig trennt von der staatlichen Rechtsentwicklung, kennt die westeuropäische Rechtsgeschichte nicht. Das westeuropäische Recht wurde wesentlich von dem Einfluss des kanonischen Rechts geprägt. Dieses «muss als eine Grundlage nahezu aller Hauptgebiete des modernen Rechts

---

180 CIC/1983: Vorrede XLIII.

181 A. a. O. XLV.

182 GRAULICH, *Theologie* 345.

183 BERMAN, *Recht* 356.

184 Ebd.

in Betracht stehen»[185]. Denn in der westlichen Christenheit lebten alle unter dem kanonischen Recht und unter einem oder mehreren Rechtssystemen. Zudem war das kanonische Recht eine internationale Universitätsdisziplin, die die besseren Chancen hatte im Unterschied zu den lokalen herrschaftlichen Rechten.

In den mittelalterlichen Universitäten des deutschsprachigen Raumes nahm das kanonische Recht bis zur Reformation innerhalb der juristischen Studien die erste Stelle ein, obwohl seit der zweiten Hälfte des 15. Jahrhunderts auch die Pflege des römischen Rechts einen festen Platz erhielt. Damit war der Einfluss des kanonischen Rechts, durch die Reformation nur kurz unterbrochen, gerade in einer entscheidenden Phase der europäischen Rechtsentwicklung sehr bedeutsam, wie im Folgenden an Beispielen nachgewiesen werden soll, die der englisch-amerikanische Forscher Harold Berman in seinem «bahnbrechenden»[186] Werk «Law and Revolution. The Formation of Western Legal Tradition» (Harvard 1983)[187] und viele andere[188] aufgezeigt haben. Berman definiert Recht als «das Unternehmen, das menschliche Verhalten der Herrschaft von Regeln zu unterwerfen»[189]. Gemäss Berman war die Kirche «ein Rechtsstaat. Und die Beschränkungen der kirchlichen Autorität, vor allem durch die weltlichen Organisationen, wie auch durch die der päpstlichen Autorität innerhalb der Kirche, vor allem durch die Strukturen der Kirchenregierung selbst, förderten etwas, was mehr war als eine Legalität im rechtsstaatlichen Sinne und eher dem ähnelte, was die Engländer später die Herrschaft des Rechts [the Rule of Law] nannten.»[190]

Die «Magna Carta Libertatum» (1215) baute auf dem Grundsatz des kirchlichen Rechts auf, dass Herrschaft sich Regeln zu unterwerfen hat. «Anstelle eines Komitees der Barone übernahm die Kirche die Sanktionierung von Verstössen gegen die Bestimmungen der Magna Carta, denn Erzbischof Langton drohte jedem, ob König, Beamten oder Baron, bei Missachtung der Magna Carta die Exkommunikation an.»[191] Die Magna Carta wird weithin als eines der wichtigsten

---

185 SCHULZE, *Ius* 3–36, 12.

186 WESEL, *Revolution* 1.

187 BERMAN, *Recht*. Die Resultate dieser englischsprachigen Arbeit werden auch von deutschen Forschern bestätigt, wenn auch einige Vorbehalte genannt werden, vgl. Besprechung der englischen Originalausgabe der Arbeit: LANDAU, *Law* 937–943.

188 Stellvertretend z. B. Pototschnig, Wieacker, Frommer, Potz, Thier, Landau, Dreier etc. Ausführlich wird die Fragestellung nochmals im Ausblick in Teil 2 II. B) in diesem Buch aufgenommen.

189 BERMAN, *Recht* 19 f.

190 A. a. O. 356. Vgl. den Einfluss des kanonischen Rechts auf das Privatrecht: LANDAU, *Rechtsgeschichte*. PIRSON, *Wechselwirkungen* 763–779.

191 *Magna Carta*. Vgl. auch BLOCH TAMARA, *Stellungnahmen*.

rechtlichen Dokumente bei der Entwicklung der modernen Demokratie angesehen.[192] Sie «war ein entscheidender Wendepunkt in der Bemühung, Freiheit zu etablieren. Die Allgemeine Erklärung der Menschenrechte der Vereinten Nationen 1948 wird in Anlehnung an die Bedeutung des mittelalterlichen Dokuments auch als Magna Carta für die ganze Menschheit bezeichnet. Auch Artikel 6 der Europäischen Menschenrechtskonvention lässt sich auf die Magna Carta zurückführen.»[193] Zahlreich sind die Grundsätze und Rechtsinstitute des kanonischen Rechts, die im angloamerikanischen Rechtssystem bis heute weitergelten.[194]

Der Einfluss des kanonischen Rechts auf die Rechtsentwicklung Europas kann kaum überschätzt werden. Das modernere, rationalere Verfahrensrecht des kanonischen Rechts stand in scharfem Gegensatz zu den primitiven Rechtsinstitutionen des germanischen Gerichtsverfahrens.[195] Die Vernunft wurde von den Kanonisten geradezu als Waffe gegen die Magie des germanischen Rechts eingesetzt.[196] Auch der Grundsatz, dass niemand wegen desselben Vergehens zweimal vor Gericht gestellt werden darf («ne bis idem»), oder die Unschuldsvermutung im Strafverfahren oder die Beurteilung der subjektiven Tatseite im Strafrecht[197] stammen aus der kanonischen Rechtsentwicklung. Das Prinzip der Vertragstreue im öffentlichen und privaten Recht geht ebenfalls auf das kanonische Recht zu-

---

192 «Die rebellischen Kolonisten zitierten die Magna Carta gegen das britische Parlament wie die Parlamentsanhänger gegen den König zu Beginn des englischen Bürgerkriegs im 17. Jahrhundert und lehnten die Stempelsteuer als Verstoss gegen die Magna Carta ab. Massachusetts gab sich 1775 ein Siegel, in dem ein Siedler in einer Hand ein Schwert, in der anderen die Magna Carta hält. Cokes Schriften zur Magna Carta beeinflussten schliesslich die Gründer der USA, vor allem Thomas Jefferson und James Madison und durch sie die Verfassung der Vereinigten Staaten. Vor allem der Artikel 5 der amerikanischen Bill of Rights ist von der Magna Carta beeinflusst.» Ebd.

193 Ebd.

194 Als ein Wiener jüdischer Rechtsanwalt 1938 zur Emigration gezwungen wurde, gründete er in London eine Anwaltskanzlei. Seinen beruflichen Erfolg erklärte er folgendermassen: Als jüdischer Student musste er in der Wiener Rechtswissenschaftlichen Fakultät das Pflichtfach Kirchenrecht belegen. «Nach der Emigration habe sich gerade dieser Umstand als gute Investition erwiesen, denn dieses Studium habe ihm den raschen und problemlosen Zugang zum englischen Recht wesentlich erleichtert.» POTOTSCHNIG, *Überlegungen* 29–40, 35.

195 A. a. O. 38.

196 Das Vierte Laterankonzil (1215) verbot Priestern die Teilnahme an Gottesurteilen. Dieses Gesetz setzte den Gottesurteilen in der westlichen Christenheit ein wirkliches Ende und zwang die weltlichen Gewalten im Strafprozess neue Verfahren einzuführen.

197 Ein Einbruch wurde im englischen Königsgericht mit der Todesstrafe geahndet. Im kirchlichen Gericht hingegen wurde die Tat zu einem leichteren Vergehen, wenn die Tat etwa aus Not geschah, wenn der Täter das Gestohlene freiwillig zurückgab und sich stellte.

rück. Der Satz «Pacta sunt servanda» (Verträge sind einzuhalten) «ist für uns heute wesentlicher Bestandteil des Verständnisses der Privatautonomie. Die mittelalterliche klassische Kanonistik hat ihn in den Diskurs der Juristen eingebracht, wobei sich der eigentliche Durchbruch zeitlich ziemlich genau um 1188 skizzieren lässt. [...] Die Erforschung der Quellen des klassischen kanonischen Rechts ist nicht nur unerlässlich für die Kenntnis des europäischen Mittelalters und der Geschichte der christlichen Kirche; sie ist zentraler Bestand der gemeinsamen europäischen Rechtskultur, vielleicht sogar ein *Weltrechtskulturerbe*.»[198]

Das Naturrechtsdenken entwickelte seit dem «Decretum Gratiani» einen Gerechtigkeits-Massstab, den die Kirche den weltlichen Herrschern entgegenhielt, und in zweiter Linie einen Massstab, nach dem auch das Kirchenrecht gestaltet und ausgelegt werden sollte. In der kirchlichen Rechtswissenschaft wurden einerseits das «positive»[199] Recht und die Methoden seiner Anwendung gelehrt, andererseits wurde aber auch das Naturrecht, das sein sollende Recht diskutiert. «Wegen des programmatischen oder politischen Charakters des Rechts, der sich besonders in seinem als Naturrecht bezeichneten Teil darstellte, gingen jedes Jahr Tausende junger Menschen auf die Universität und studierten das Recht, [...] um sich auf eine politische Laufbahn vorzubereiten.»[200]

Dieser historische Befund macht deutlich, «dass die Kirchenrechtswissenschaft sowie ein qualitativ beachtlicher legistischer Standard nur dann gewährleistet war (und ist), wenn die Verbindung zur weltlichen Jurisprudenz auf das Engste gesichert ist, ist diese Verbindung nicht gegeben, besteht die grosse Gefahr, dass das Kirchenrecht zu beliebig handhabbaren pastoralen Anweisungen»[201] verkommt. Die Kirchenrechtswissenschaft war im Mittelalter also einerseits das Recht der Kirche, sie war aber anderseits auch Teil einer umfassenden Rechtswissenschaft an der Universität. Davon wird heute noch vereinzelt an den rechtswissenschaftlichen Fakultäten u. a. von evangelischen Rechtshistorikern (Landau[202], Berman, Thier etc.) begeistert erzählt, nachdem in den europäischen Juristischen Fakultäten die Lehrstühle schrumpfen, die ein Wissen über diese europäische Rechtsgeschichte wachhalten. Daher werden die Kirchenrechtsprofessuren der Theologischen Fakultäten diese Universitätstradition der kirchlichen Rechtswissenschaft (Kanonistik) einzubringen haben in das Studium der Theologie und das Studium der

---

198 LANDAU, *Pacta* 457–474, 474.

199 Der Rechtsbegriff des «positiven» Rechts wurde vom Rechtsphilosophen Thomas von Aquin entwickelt.

200 BERMAN, *Recht* 411.

201 KALB, *Überlegungen* 1–28, 27 f.

202 Vgl. z. B. LANDAU, *Einfluss* 39–57.

Rechte.[203] Letzteres setzt voraus, dass in Zukunft Kirchenrechtsprofessuren nach Möglichkeit auch Gradrechte in den Rechtsfakultäten erhalten, d. h. entsprechende akademische Voraussetzungen erarbeiten bzw. mit interfakultären Instituten oder Zentren die Zusammenarbeit institutionalisieren.[204]

Geschichtsvergessene Rechtswissenschaften können ihren normativen Anspruch selbst auflösen.[205] Deshalb wird der Einfluss der kirchlichen Rechtswissenschaft (Kanonistik) auf die staatliche Rechtswissenschaft von staatlichen Juristen und Soziologen im Schlusskapitel («Ausblick») nochmals ausführlich gewürdigt. «Oder gilt der Satz des Augustinus, dass Staaten ‹ohne Gerechtigkeit›, also ohne rechtsstaatliche Garantien für die aus ihrer Sicht schwer Beschuldigten, nichts anderes sind als ‹Räuberbanden›. [...] Eine Rechtsordnung, eine Rechtswissenschaft und eine Justiz, welche sich ihrer unlösbaren Verankerung in einer auf Dauer angelegten materialen Wertordnung nicht bewusst sind, werden zum beliebigen Manipulationsinstrument der jeweiligen Machthaber. Vermeintlich wertfreies Recht, wertfreie Jurisprudenz und wertfreie (objektive) Justiz sind nach den historischen Erfahrungen wie Fahnen im Wind des Zeitgeistes.»[206]

4.2 «Prüft alles, und behaltet das Gute!» (1 Thess 5,21)

Angesichts der westeuropäischen und angloamerikanischen Rechtsgeschichte, die entscheidend von der Kirche als erstem europäischem Rechtsstaat geprägt und von der Kanonistik inspirierte wurde, ist es für die Kirche und ihre Rechtswissenschaft legitim, ja geboten, die Ergebnisse bzw. den Standard der Rechtskultur («Rule of Law» bzw. Rechtsstaatlichkeit und Freiheitsrechte etc.) kritisch zu prüfen und das Gute zu behalten. Wegen dieser gemeinsamen Rechtsgeschichte haben die beiden Rechtswissenschaften (kirchlich und staatlich) denselben Rechtsbegriff. Auch die Kirche ist «als Gesellschaft verfasst und geordnet» (c. 204 § 2 CIC/1983). Die Rechtswissenschaften (kirchlich und staatlich) haben der Gerechtigkeit «im rechtsphilosophischen (nicht unmittelbar im theologischen) Sinn zu dienen. Der rechtsethische Anspruch, unter dem auch das Kirchenrecht steht, darf keineswegs dadurch übersprungen und

---

203 Als ich kürzlich an einer Rechtswissenschaftlichen Fakultät fragte, warum sie nicht Rechtswissenschaft (*ius*), sondern Rechtswissenschaften (*iura*) im Plural studieren, wusste kein Student eine Antwort.

204 An der Universität Luzern besteht ein interfakultäres Zentrum für Religionsverfassungsrecht, das von der Rechtswissenschaft und der Kirchenrechtswissenschaft gemeinsam betrieben wird.

205 Vgl. KURER, *Jurist* 36.

206 RÜTHERS, *Auslegung* 477–529, 529. Vgl. DERS./FISCHER/BIRK, *Rechtstheorie*.

vernebelt werden, dass man dem Kirchenrecht unmittelbar die Funktion zuschreibt, die ‹neue Gerechtigkeit› im Sinne des NT zu errichten.»[207]

In der Kirche als sichtbarer Gemeinschaft war und ist Gerechtigkeit im rechtsphilosophischen Sinne einzufordern, obwohl die Kirche ein Mysterium ist. Denn «die irdische Kirche und die mit himmlischen Gaben beschenkte Kirche sind nicht als zwei verschiedene Grössen zu betrachten, sondern bilden eine einzige komplexe Wirklichkeit, die aus menschlichem und göttlichem Element zusammenwächst» (LG 8). Das Recht der Kirche wird aber allein ihrer sichtbaren Dimension zugeordnet. Deshalb ist die Forderung nach Grundrechten bzw. Freiheitsrechten in der Kirche keine Forderung gegen Gott, sondern eine Forderung der Gerechtigkeit gegenüber einer Institution, die die Kompetenz beansprucht, «immer und überall die sittlichen Grundsätze auch über die soziale Ordnung zu verkünden wie auch über menschliche Dinge jeglicher Art zu urteilen, insoweit die Grundrechte [iura fundamentalia] der menschlichen Person oder das Heil der Seelen dies erfordern»[208] (c. 747 § 2 CIC/1983, vgl. GS 76e). Würde das Recht der Kirche die von ihr mitentwickelte «Rule of Law» verlassen, würde auch sie die Frage des heiligen Augustinus treffen: «Was anders sind also Reiche, wenn ihnen Gerechtigkeit fehlt, als grosse Räuberbanden?»[209] Augustinus folgert: «Wo keine wahre Gerechtigkeit ist, gibt es auch kein Recht. […] Ungerechte menschliche Anordnungen kann man ja nicht Recht nennen oder für Recht halten.»[210]

Die Menschenrechte, die weiterentwickelte «Rule of Law», wurden seit Johannes XXIII. (Enzyklika «Pacem in terris») zu einem zentralen Thema der kirchlichen Soziallehre.[211] Damit wird die Beachtung von Menschenrechten auch in der Kirche zu einem Prüfstein der Glaubwürdigkeit ihres gesamten Menschenrechtsengagements[212], wie auch die päpstliche Kommission Justitia et Pax und die Bischofssynoden 1971 und 1974 klar sehen. «Wenn die Kirche Zeugnis von der Gerechtigkeit ablegen soll, dann weiss sie sehr wohl, dass der, der öffentlich von der Gerechtigkeit zu sprechen wagt, zunächst selber in den Augen der anderen gerecht sein muss.»[213] Die Kirche weiss aus Erfahrung, «dass

---

207 PREE, *Stellenwert* 1–23, 3.

208 Vgl. GRAULICH, *Menschenrechte* 46–68.

209 AUGUSTINUS, *Verwirklichung* 67–76, 68.

210 AUGUSTINUS, *De civitate dei* 106–112, 107.

211 Vgl. die von der Päpstlichen Kommission «Justitia et Pax» herausgegebene Schrift «Die Kirche und die Menschenrechte», Mainz ([2]1977).

212 Vgl. HEIMBACH-STEINS, *Jahrbuch*.

213 Erklärung der Bischofssynode von 1971, zitiert nach: PÄPSTLICHE KOMMISSION «JUSTITIA ET PAX», *Kirche* 29.

der Dienst an der Durchsetzung der Menschenrechte in der Welt sie zu dauernder Gewissenserforschung verpflichtet und zu ununterbrochener Reinigung ihres eigenen Lebens, ihrer Institutionen und Handlungsweisen»[214]. Der Gerechtigkeitsanspruch ist nicht neu in der Kirche: «Euch aber muss es zuerst um sein Reich und seine Gerechtigkeit gehen.» (Mt 6,33), wie auch Johannes XXIII. bei seiner Konzilseröffnungsrede gefordert hat.[215] Wenn aber staatliches Recht die kirchliche Rechtstradition der «Rule of Law» weiter entfaltet hat und jene Gerechtigkeit garantiert, die das positive Kirchenrecht in Teilen nicht mehr garantiert[216], dann: «Prüft alles, und behaltet das Gute!» (1 Thess 5,21)

Die Kirche und ihr Recht sind dem modernen Rechtsethos verpflichtet. Sonst drohen ein schwerwiegender Akzeptanzverlust des Rechts bei den Gläubigen und ein Glaubwürdigkeitsverlust der Soziallehre bei den Menschen, denen die Menschenrechte gepredigt werden. Wird das rechtsphilosophische Fundament des Kirchenrechts nicht mehr aufrichtig grundgelegt, so erreicht das Recht als eine den Menschen nur äusserlich tangierende Grösse die Person selbst in ihren Handlungsvollzügen von vornherein nicht mehr. Denn «Recht ist die jeweils in einer bestimmten Rechtsgemeinschaft als verbindlich gewusste Ordnung menschlichen Zusammenlebens unter der Anforderung der Gerechtigkeit»[217], wie schon die ersten Seiten des «Decretum Gratiani» darlegen.

Aus der bisherigen Rechtstradition kann gefolgert werden: Es besteht ein notwendiger Zusammenhang zwischen der kirchlichen und staatlichen Rechtsentwicklung seit der Antike. Was Westeuropa «charakterisiert und was seine Zivilisation zu einer dauerhaft mobilen und revolutionären macht, ist die Dialektik zwischen diesen Institutionen in Konkurrenz zueinander, mit dem Ziel, das Leben des Menschen zu normieren»[218]. Aus dieser Rechtstradition der «religiöspolitischen Einheitswerte» des Mittelalters entstand z. B. die Universität als eigenständige juristische Person[219], die wesentlich Bildungsvoraussetzungen für die

---

[214] Erklärung der Bischofssynode von 1974, zitiert nach: ebd.

[215] JOHANNES XXIII., *Ansprache* 116–150, 130.

[216] Kurt Koch, der spätere Kardinal, vertrat die Auffassung, «dass im helvetischen Staatskirchenrecht die grosse und gute Tradition der katholischen Kirche besser aufgehoben ist als im Kirchenrecht Roms». KOCH KURT, *Kirche in kritisch-loyaler Partnerschaft* 108–129, 119.

[217] LARENZ, *Methodenlehre* 174.

[218] PRODI, *ius* 82–114, 86.

[219] «Erst die Kanonistik des 13. Jahrhunderts gestand einer Gesamtheit (universitas) von Personen Rechtspersönlichkeit zu, die unabhängig von ihren Mitgliedern bestand.» (LORETAN, *Personen* 581–594, 582) Welchen Einfluss diese Rechtsentwicklung der Kanonistik auf die neu entstehenden Universitäten Europas hatte, müsste eigens weiter untersucht werden.

Reformation, die Aufklärung und die Französische Revolution entwickelte. «Die Tendenz, politische und moralische Fragen in juristische überzuführen, die Alexis de Tocqueville für das Amerika des frühen 19. Jahrhunderts für kennzeichnend hielt, bestand, wenn auch in geringerem Grade, in der westlichen Gesellschaft als ganzer seit dem späten 11. und 12. Jahrhundert.»[220] Das hat im Vergleich mit anderen Zivilisationen zur Betonung des Rechts geführt.[221] Diese Bedeutung des Rechts im Westen hat aber auch zu «seinem relativen Erfolg bei der Schaffung von Freiheit von politischer und moralischer Tyrannei»[222] beigetragen, so z. B. schon die «Magna Carta Libertatum» (1215). Dies führte zu einer Trennung von politischer und religiöser Sphäre. Die übergrosse Mehrheit demokratischer Staaten entstammt nach Ahmet Cavuldak nicht zufällig dem «lateinchristlichen Erfahrungsraum»[223] des Westens.

Das Konzept des Gesetzes war bei Moses noch von Gott gegeben. Thomas von Aquin förderte mit seiner Rechtsphilosophie eine vom Menschen gesetzte (lat. *positus*) bzw. positive Gesetzgebung, die sich mittels der Vernunft (*ratio*) zu rechtfertigen hat. «Die Magna Charta definierte die Rule of Law, Montesquieu das Paradigma der Gewaltentrennung und die Verfasser der [amerikanischen] Unabhängigkeitserklärung die Freiheit als Grundrecht»[224], die in die französische Erklärung der Menschen- und Bürgerrechte (Déclaration des Droits de l'Homme et du Citoyen) mündete. Diese darin enthaltenen Freiheitsrechte wurden anfänglich vom niederen Klerus keineswegs abgelehnt. Erst als die Guillotine[225] die Revolution prägte, entstand eine Bruchlinie zwischen dem Rechtsverständnis des Staates und dem Rechtsverständnis der Kirche, die in der lateinisch-christlichen Tradition erst 1965 in der Konzilserklärung über die Religionsfreiheit wieder gekittet werden konnte. Im Folgenden soll zuerst die Zeit des Widerspruchs zwischen barocker Herrschaftsrepräsentation der Kirche und demokratischem Staatsrecht besprochen werden.

---

220 BERMAN, *Recht* 370.

221 Einige Kritiker sprechen von Legalismus des Westens.

222 BERMAN, *Recht* 370.

223 Vgl. das Schlusskapitel von CAVULDAK, *Gemeinwohl*. Vgl. MAIER HANS, *Gemeinwohl* 51.

224 KURER, *Jurist* 36.

225 St. Just: «Soll eine Idee nicht ebenso gut wie ein Gesetz der Physik, vernichten dürfen, was sich ihr widersetzt? Soll überhaupt ein Ereignis, was die ganze Gestaltung der moralischen Natur d. h. der Menschheit umändert, nicht durch Blut gehen dürfen? […] Moses führte sein Volk durch das Rote Meer und in die Wüste bis die alte verdorbene Generation sich aufgerieben hatte, ehe er den neuen Staat gründete. Gesetzgeber! Wir haben weder das Rote Meer noch die Wüste aber wir haben den Krieg und die Guillotine.» BÜCHNER, *Tod* 47 f. Vgl. MAIER HANS, *Revolution*.

4.3 Barocke Herrschaftsrepräsentation gegen die Freiheitsrechte

Über Jahrhunderte bestand eine enge Verbindung zwischen der kirchlichen und weltlichen Herrschaftsrepräsentation. So hatte die Kirche ab dem 4. Jahrhundert eine Reihe von Riten aufgegriffen, die dem säkularen Hofzeremoniell des römischen Kaisers entstammten. Es flossen «auch in der gegenreformatorischen Erneuerung zahlreiche Anleihen aus dem weltlichen Hofzeremoniell in kirchliche Handlungsvollzüge ein. Das Herrschaftstheater absolutistischer Barockfürsten [...] und die [...] Kirche schöpften also in wechselseitiger Stärkung und gegenseitiger Bereicherung jahrhundertelang aus dem gleichen Arsenal an prunkvoll sakralen Repräsentationsformen.»[226] Deren verlässliche Faszinationskraft wurde erst durch die aufklärerische Rationalität gebremst. Nach dem Untergang des absolutistischen Staates in der Französischen Revolution entwickelte sich die barocke Repräsentationspraxis mit ihrem triumphalistischen Selbstbewusstsein in der katholischen Kirche weiter. Sie war Ausdrucksmittel der antimodernistischen Reaktion der Kirche «auf die als gottwidrig erfahrenen Umstürze der bürgerlichen Revolution»[227]. Diese Verweigerungshaltung zeigte sich in barocken «Riten und Symbolen in Liturgie, Kleidung und Insignien, vor allem aber in der monarchisch-absolutistischen Aufladung des Papsttums sogar noch extrem ausgebaut und mit dem autoritativen Gestus einer unerbittlichen Totalverwerfung der gesamten Neuzeit verbunden»[228]. Die katholische Kirche hat sich «in ihrer institutionellen Erscheinungsform dieser Epoche neuzeitlicher Freiheitsgeschichte, aufs Ganze gesehen, eigentlich immer nur negativ angeschlossen, ohne jene schöpferisch-kritische Assimilationskraft, die frühere Epochen der Kirche auszeichneten. Sie stand häufig auf der Seite des Ressentiments und des Vorbehalts, ja des reinen ‹Anti›. Sie bildete eigentlich kaum spezifisch neuzeitliche Traditionen aus. ‹Ihre› Zeiten innerhalb dieser Neuzeit, gewissermassen ‹die katholischen Zeiten›, waren vor allem jene, die ihr Selbstverständnis gerade nicht kritisch aus den Traditionen dieser Neuzeit gewannen, sondern aus dem Rückgriff auf frühere Epochen.»[229]

In der Neuzeit ist es der Kirche in nur unzureichender Weise gelungen, die Forderungen bzw. Resultate neuzeitlicher Freiheitsgeschichte in ihr Autoritäts- und Rechtskonzept aufzunehmen und in schöpferischer Weise zu verarbeiten.

---

226 GROSSE KRACHT HERMANN-JOSEF, *Kirche* 106.

227 A. a. O. 107.

228 Ebd.

229 METZ, *Autorität* 53–90, 62.

Dies führte zu einer Entfremdung und Isolation der Kirchenrechtswissenschaft gegenüber der Freiheitsdimension der neuzeitlichen Rechtsentwicklung. Diese Entfremdung von der bürgerlichen Rechtswissenschaft wurde durch die Societas-perfecta-Lehre noch verstärkt. Der Kulturkampf nach Syllabus und Vat. I sind nur äussere Anzeichen der Fundamentalopposition der Kirche gegenüber dem modernen Verfassungsstaat und gegenüber den Bürger- und Menschenrechtserklärungen der Französischen Revolution.

Dem Lehramt folgend entwickelten einzelne Vertreter des politischen Katholizismus Restaurationsbemühungen bis weit ins 20. Jahrhundert, wie z. B. der katholische Staatsrechtler Carl Schmitt. Er sieht «in der sakralen Papstmonarchie der römischen Kirche das leuchtende Vorbild staatlicher Ordnung und ‹echter Repräsentation›. […] Nach dem Untergang der alten Allianz von ‹Thron und Altar› erscheint die katholische Kirche mit ihrer spezifischen Rechts- und Herrschaftsform für Schmitt als aristokratische Erbin, die ihres Partners harrt.»[230] In dieser Linie der Demokratieverweigerung bot der Katholik Franz von Papen «Hitler den Posten des Vizekanzlers in seiner Regierung an und gab ihm sogar das Wort, er wolle nach einer Phase der vertrauensvollen Zusammenarbeit, wenn der Reichspräsident Hitler besser kennen gelernt habe, zu seinen Gunsten zurücktreten. Doch Hitler lehnte die Offerte ab und bestand weiterhin auf der Kanzlerschaft.»[231] Das parlamentarisch-demokratische System des Westens wurde 1933 durch von Papens ständigen Redenschreiber als «Herrschaft der Minderwertigen»[232] denunziert. Das Ziel jener konservativen Umbaupläne war ein autoritärer, die Parteien überwindender Präsidialstaat. Man hat sich dabei auf die Idee eines übernationalen Deutschen Reiches oder auf das Preussen Friedrichs II. berufen. «Die mystische Überhöhung des ‹sacrum Imperium› aber war vor allem ein Kennzeichen jenes Rechtskatholizismus, dem von Papen zuzuordnen war. Es war ein Credo, das nicht nur politischen Gegnern Anlass gab, am Wirklichkeitssinn des Reichskanzlers zu zweifeln.»[233] Diese sakrale Rechtsauffassung war nicht nur unbrauchbar, sondern auch «prinzipiell sozial unverträglich»[234] geworden in einer modernen Gesellschaft, in der ein friedliches Zusammenleben von verschiedenen religiösen Bekenntnissen und Weltanschauungen politisch und religionsverfassungsrechtlich gesichert werden muss.

---

230 GROSSE KRACHT HERMANN-JOSEF, *Kirche* 114 f., 115, Anm. 52. Vgl. HABISCH, *Autorität* 71–120.

231 WINKLER, *Weg* 518.

232 A. a. O. 523.

233 A. a. O. 524.

234 BÖCKENFÖRDE ERNST-WOLFGANG, *Religionsfreiheit als Aufgabe der Christen* 15–31, 24.

4.4 Wertschätzung der freiheitlichen Staatsverfassung

Infolge des Zusammenbruchs des Nationalsozialismus musste nach 1945 nicht nur in der katholischen Kirche ein Zugang zum demokratischen Rechtsstaat gesucht werden. Johannes XXIII. hatte in der Enzyklika «Pacem in terris» begonnen, die traditionellen Vorbehalte gegenüber der modernen Verfassungswelt durch eine bisher nicht gekannte Sympathie für die «Allgemeine Erklärung der Menschenrechte» der Vereinten Nationen vom 10. Dezember 1948 zu ersetzen. Damit hat er die schon bei den Pius-Päpsten durchschimmernde personalistische Grundlage endgültig ins Zentrum kirchlicher Sozialverkündigung gerückt. Der Übergang vom «Recht der Wahrheit» zum «Recht der Person» ist auch in der Kirche irreversibel. In der Konzilserklärung «über die Religionsfreiheit *Dignitatis humanae* und in der Pastoralkonstitution *Gaudium et spes* gelangt die Kirche mehr als eineinhalb Jahrhunderte nach der Säkularisierung der Legitimationsgrundlagen politischer Herrschaft durch die Französische Revolution erstmals zu einer angstfreien Bejahung des modernen [Rechts-]Staates und zumindest ansatzhaft zu einer produktiven Standortbestimmung des Katholizismus in den modernen Gegenwartsgesellschaften»[235]. Damit war die katholische Kirche «grundsätzlich zu einer sozialverträglichen Religionsgemeinschaft geworden. Sie hat in ihrer Staatslehre nun als ganze Kirche den Schritt vom Status quo konfessioneller Glaubensstaaten zur Gleichberechtigung aller Religionen und Weltanschauungen in einem freiheitlichen Staat vollzogen.»[236] Dieser lehramtliche Schritt der freiwilligen Trennung von Staat und Kirche ermöglichte einigen traditionell katholischen Ländern den Übergang zur Demokratie, so in Spanien, Polen, Brasilien und den Philippinen.[237]

Nach Auschwitz musste das Lehramt der Kirche das Verhältnis zu den Juden neu konzipieren[238]. Der Katholizismus musste aber auch das Verhältnis von Staat und Kirche in klarer Abgrenzung von Carl Schmitt denken lernen.[239] Dabei wurde in Erinnerung an die Judenverfolgung, die christliche Theorien mitverursacht hatten,[240] «jeder Theorie und Praxis das Fundament entzogen, die zwischen Mensch und Mensch, zwischen Volk und Volk bezüglich der Menschenwürde und der daraus fliessenden Rechte einen Unterschied macht. Deshalb verwirft die Kirche jede

---

235 GROSSE KRACHT HERMANN-JOSEF, *Kirche* 215.

236 BOPP, *Erklärung* 193–217, 216.

237 Vgl. CASANOVA, *Religion* 21–41, 28 f.

238 Vgl. Konzilserklärung über das Verhältnis der Kirche zu den nichtchristlichen Religionen «Nostra aetate».

239 Vgl. Konzilserklärung über die Religionsfreiheit «Dignitatis humanae».

240 Vgl. KUSCHEL, *Buber* 171–194.

Diskriminierung eines Menschen [...] um seiner Rasse oder Farbe, seines Standes oder seiner Religion willen, weil dies dem Geist Christi widerspricht.» (NA 5b)

Das Lehramt (ab Johannes XXIII.; Vat. II) hatte den freiheitsrechtlichen Ansatz der Allgemeinen Menschenrechtserklärung in der Soziallehre aufgenommen, der auch die staatlichen Verfassungen ab 1945 prägte. Davon nicht unberührt blieb das Kirchenverständnis des Konzils, das forderte, dass es «in der Kirche keine Ungleichheit aufgrund von Rasse und Volkszugehörigkeit, sozialer Stellung oder Geschlecht» gebe. (LG 32; vgl. GS 29). In einem kirchlichen Verfassungsprojekt (Lex Ecclesiae Fundamentalis) wurde diese Forderung nach Gleichstellung der Kirchenmitglieder auch rechtlich umgesetzt und z. B. ein Klagerecht vor Verwaltungsgerichten auf verschiedenen Ebenen eingeräumt. Doch für die Kirche war der Schritt zu einer Verfassung bzw. zu einem Grundgesetz (Lex Ecclesiae Fundamentalis) zu gross, so dass der erste Anlauf des Verfassungsprojekts mit einer breiten theologischen und kirchenrechtlichen Verfassungsdiskussion unter Johannes Paul II. scheiterte.

4.5 Die Konzeption des kirchlichen Amtes im Kontext der Freiheitsrechte

Wie ist die vorkonziliare Machtrepräsentation barocker Kirchenfürsten mit dem menschenrechtlichen Freiheitsverständnis des Zweiten Vatikanischen Konzils theologisch zusammenzudenken? «Wie jede andere Autorität ist auch die geistliche Autorität auf freie Anerkennung angewiesen. [...] Bindung an geistliche Autorität kann von ihrem Wesen her nur Bindung in Freiheit und damit Bindung aufgrund von geistlicher Einsicht sein. Autorität und Gehorsam können nur dialogisch, nur aus der grösseren gemeinsamen Verantwortung gegenüber Gott geübt werden.»[241] Äusserungen des Lehramtes sind daher nicht im Sinne einer «klerikalen Theokratie»[242] zu verstehen. «Wenn die Sozialgestalt der Kirche im umfassenden Sinn sakramentales Zeichen sein soll [LG 1], dann ist nicht jede beliebige Sozialgestalt angemessen.»[243] Das kirchliche Amt gehört zur Sozialgestalt der Kirche als «eines der Mittel, durch die Christus seine Kirche unablässig aufbaut und leitet. Deshalb wird es durch ein eigenes Sakrament übertragen, durch das Sakrament der Weihe.»[244] Das Amt sollte so ausgestaltet werden, «dass es

---

241 KASPER, *Freiheit* 73–110, 101.

242 KASPER, *Bestimmung* 285–302, 301.

243 HÜNERMANN, *Volk* 32–45, 33.

244 *Katechismus der Katholischen Kirche* Nr. 1547.

den pastoralen Erfordernissen in höchstem Mass entspricht»[245]. Mit der Wiedererrichtung des Diakonats hat das Konzil das Monopol der Priester auf amtliches Reden und Handeln beendet. (LG 29) Die Identität des Diakons wurde nicht als Hilfspriester in hierarchische Unterordnung zum Priester profiliert, sondern wie im ersten Jahrtausend in unmittelbarer Zuordnung zum Bischof bestimmt. Dies könnte «ein Modell für die mögliche Profilierung auch anderer [ortskirchlicher] Berufe abgeben: es scheint möglich, dass es unterschiedliche Weisen der Partizipation am kirchlichen Amt gibt»[246].

Die Entwicklung der Kirche zu einer Institution ist ein Element der Verzeitlichung des Glaubens. Dieses umfasst einerseits das institutionelle Sich-Beziehen auf die Anfänge und die Tradition. Andererseits bezieht sich dieser Institutionalisierungsprozess aber auch auf die gegenwärtige Welt. Die Kernfrage lautet also, wie die spezifische institutionelle Seite des Glaubens damals und heute zu verankern war und ist. Der Streit um die kirchliche Amtskonzeption war schon in den Diskussionen des Zweiten Vatikanischen Konzils zu beobachten. Zwei Amtskonzeptionen standen sich gegenüber: Das hierarchologische Konzept sucht die Sendung Jesu Christi fast ausschliesslich im Amt zu konzentrieren. «Demgegenüber steht eine Amtskonzeption, die den Amtsträger als jenen betrachtet, der mit einem wesentlichen Dienst im Volk Gottes ausgerüstet und für das Volk Gottes da ist. Seine Legitimation, der Grund seines Wirkens wird in Jesus Christus und seiner Sendung gesehen.»[247] Peter Hünermann vertritt die These, dass die Kirche ihre Amtsstruktur unter dem Einfluss der ersten europäischen Gesellschaftskonzeption entwickelt hat, wie man sie bei Aristoteles in der Politik findet. Diese aristotelische Konzeption fasst er in drei Punkten wie folgt zusammen:

> «1. Das Ganze ist vor dem Einzelnen. Der Einzelne gewinnt sein volles Menschsein erst vermittelst der Polis.
> 2. Die Herrschenden, die Hierarchie, repräsentieren – obwohl Teil des Ganzen – zugleich das Ganze.
> 3. Die Herrschenden, die Hierarchie, sind mit der Wahrnehmung der Interessen des Ganzen betraut. [...] Im Amtsträger, dem Bischof, wird die Kirche sich selbst jeweils als Ganzes präsent [...] Im Bischof erscheint und wird wirksam die Präsenz Jesu Christi, des Grundes der Kirche, der zugleich den Amtsträger bevollmächtigt. Institutionen als verbindliche und auf Dauer gestellte Handlungs- bzw. Interaktions-

---

245 KASPER, *Dienstamt* 222–232, 230.

246 BAUSENHART, *Amt* 337. Vgl. LG 33c und c. 228 CIC/1983 und vgl. LORETAN, *Laien*.

247 HÜNERMANN, *Volk* 32–45, 23.

formen sind wesentlich symbolisch vermittelt. Im Symbolum, im Sakramentum der Ordination verdichtet sich diese Sicht des Amtes und diese Sicht der Kirche.»[248]

Diese Vorstellung des kirchlichen Amtes, wie sie gemäss Hünermann stark von Aristoteles geprägt war, ist nicht die einzige Denkmöglichkeit des kirchlichen Amtes. Wie ist das Amtsverständnis im Horizont der modernen Freiheitsrechte weiterzuentwickeln? Die kirchliche Rechtswissenschaft wird im Gespräch darüber mit den anderen theologischen Fächern die freiheitsschützende Funktion des Rechts einzubringen haben, die die Würde jeder menschlichen Person (DH 1) und die Gleichheit der Mitglieder (LG 32) schützt. Die Kanonistik wird aber auch an die demokratische Tradition des kirchlichen Rechts erinnern.[249]

4.6 Rechtsphilosophische und theologische Grundlagen der Kanonistik

Nach dem Zweiten Vatikanischen Konzil waren die philosophischen und theologischen Grundlagen des Rechts in der Kirche neu zu überdenken, denn der theologische Aufbruch des Konzils (*aggiornamento*) hatte entscheidende Konsequenzen für das Recht der Kirche. Selbst Papst Paul VI. setzte sich mit den theologischen Argumenten gegen den CIC/1917 auseinander, der als Repräsentant der vorkonziliaren Zeit verstanden wurde.[250]

Kirchenrechtswissenschaft ist sowohl auf die Theologie als auch auf die Rechtswissenschaft bezogen. Wie aber dieses Verhältnis zu denken ist, wird seit den Anfängen der Kirchenrechtswissenschaft diskutiert. Mit der viel zitierten Gastmahlszene eröffnet der Kanonist Stephan von Tournai (1128–1203) die Vor-

---

248 A. a. O. 24. Es ist wohl kein Zufall, dass dieser verdichtete Repräsentationsbegriff der Kirche in Eucharistie und Amt auch von der modernen Staatsrechtslehre aufgegriffen wurde. Vgl. HOFMANN, *Repräsentation*.

249 Vgl. LIEBMANN, *Demokratie*. Die brisante Rezeptions- und Wirkungsgeschichte des «Quod-omnes-tangit»-Prinzips des römischen Privatrechts, das erst im kanonischen Recht zu einer Allgemeinverbindlichkeit ausgestaltet wurde («Quod omnes tangit ab omnibus approbari debet»), schildert Patrick Huser. Mariano Delgado bedauert, dass der ausgezeichnete Artikel von Yves Kardinal Congar OP die Wirkungsgeschichte nur bis zum Konzil von Basel (1431) verfolgt und so die intensive Rezeption in der Neuzeit bei den spanischen Klassikern des Naturrechts und die damit weiterreichende Wirkungsgeschichte für die Entstehung des modernen Demokratie- und Völkerrechtsverständnisses verpasst. Vgl. HUSER, *Vernunft* 97, Anm. 217.

250 Argumente gegen das Recht: 1. Neutestamentlicher Gegensatz von Freiheit und Gesetz; 2. unter Berufung auf das Evangelium im Namen der Freiheit gegen Autorität; 3. gegen die Ausübung der richterlichen Gewalt in der Kirche. Vgl. POTZ, *Papst* 199–216, 203–205.

rede zu seiner Summa[251]. Darin beschreibt er seine Einladung eines Theologen und eines Juristen zu einem Gastmahl. Er steht vor dem Problem, was er bereden soll, ohne dass einer der beiden Gäste gelangweilt ist. «Was hier Stephan in der rhetorisch überkommenen Form eines convivium aufzeigen wollte, war seine Sicht der Kanonistik als eigenständiger Wissenschaft zwischen Theologie und Legistik [«staatlicher» Rechtswissenschaft], das Dilemma des kanonistischen Gastgebers, der sowohl dem Theologen als auch dem Juristen gerecht werden muss, ein Grundanliegen, das auch die nachfolgende Kanonistik bestimmte.»[252]

Gratian, «the father of the science of canon law»[253], ist noch kein Kanonist, sondern Theologe. Denn ihm fehle noch das Verständnis der Kanonistik als einer eigenständigen Rechtswissenschaft, die von der Theologie unterschieden sei, so der lutherische Rechtshistoriker Rudolph Sohm (1841–1917). Erst durch das Zusammenspiel von Papsttum und der kanonistischen Schule von Bologna sei die Kanonistik von der Theologie in das Lager der Jurisprudenz übergewechselt. Damit sei nun neben das alleinige göttliche Recht der altkatholischen Periode das veränderbare menschliche Recht einer nur körperschaftlich organisierten Institution getreten. Erst nach Gratian sei das altkatholische Kirchenrecht beseitigt und das «Gebäude des ‹neuen kanonischen Rechts›, des weltbeherrschenden Kirchenrechts der weltbeherrschenden Kirchenkörperschaft errichte[t]»[254] worden. «Kein Stein blieb auf dem anderen. Alle Werte wurden umgewertet.»[255] Gratian (Ende 11. Jahrhundert–1160) war für Sohm nicht der erste Kanonist, sondern der letzte Theologe im Bereich des kirchlichen Rechts. Er war für Sohm «nicht der ‹Vater der kirchlichen Rechtswissenschaft› [... und] Begründer [...] einer ‹neuen›, selbständigen ‹juristischen Disziplin›, sondern der Vollender der altkanonistischen Wissenschaft als eines Teiles der Theologie»[256].

Seit dem 12. Jahrhundert wurde Kritik geübt an der rechtlichen Sicht auf die Kirchengemeinschaft. Für Bernard von Clairvaux (1090–1153) steht das kanonische und römische Recht nicht im Dienst der Frömmigkeit, sondern der Selbstsucht. Er prangert das Entstehen der Kanonistik als juristischer Wissenschaft an.[257] In dieser Tradition können auch jene nachkonziliaren Ansätze verstanden werden, die die Eigengesetzlichkeit (GS 36) der rechtlichen Dimension der Ka-

251 KALB, *Studium* 112 f.

252 KALB, *Überlegungen* 1–28, 13.

253 KUTTNER, *Father* 2–19, 2.

254 SOHM, *Kirchenrecht* 614; Hervorhebung getilgt.

255 A. a. O. 58.

256 A. a. O. 56; Hervorhebung getilgt. Vgl. LANDAU, *Gratian* 124–130.

257 KALB, *Überlegungen* 1–28, 10.

nonistik ablehnen. Sie distanzieren den Rechtsbegriff der Kirche – wegen der Besonderheit der kirchlichen Existenz – von dem staatlichen Rechtsbegriff. Einem Zerrbild weltlicher Rechtsbegründung stellt z. B. Remigiusz Sobanski[258] den Versuch entgegen, die Grundlagen des kirchlichen Rechts in unmittelbarer Schau der Wirklichkeit des Kirchenmysteriums zu gewinnen. Ein abstraktes Subjekt-Objekt-Verhältnis[259] führt zu einem lediglich subjektiven Für-wahr-Halten eines theoretisch-objektiven Inhalts. Die theologische Letztbegründung des Rechts basiert auf einem «Recht der Wahrheit», das nicht durch ein «Recht der Person» ersetzt worden ist, wie im Zweiten Vatikanischen Konzil gefordert und oben ausgeführt.

Ganz anders bei Walter Kardinal Kasper: Das Recht der Person findet hier seinen unbedingten Bezugspunkt im Begriff der Freiheit (DH 1). Kasper konstituiert den Begriff des Glaubens wesentlich durch den der Freiheit, weil «Gottes Gottsein vom Menschen in verantworteter Freiheit erkannt werden soll, weil Gott seine Ehre und Verherrlichung durch ein freies Geschöpf will»[260]. Deshalb konkurrieren Theonomie und Autonomie nicht. «Indem Freiheit sich als die unbedingte Anerkennung anderer Freiheit begreift, ist sie aber auch selbst Gleichnis von Theonomie, als der ‹Entäusserung› Gottes im ‹Ent-Schluss› für die endliche Freiheit des Menschen – und erweist sich insofern als genuiner Massstab einer ‹imitatio Dei›, deren Verwirklichung dem Recht in spezieller Weise aufgegeben ist.»[261]

Welche wissenschaftlichen Kulturleistungen aus dem Dialog der kirchlichen und weltlichen Rechtswissenschaften an der Universität von Bologna entstanden sind, lässt heute noch staunen: «Gratians Betonung des Naturrechts und der Vernunft leitete sich teilweise von der griechischen, besonders der stoischen Philosophie her. Ausserdem enthielt das gerade wiederentdeckte römische Recht Justinians viele Berufungen und Hinweise auf Naturrecht und Billigkeit, hatte aber diese Begriffe zu keinerlei System entwickelt. […] Die römischen Juristen waren keine Philosophen, und die griechischen Philosophen waren keine Juristen; doch im 12. Jahrhundert verbanden die westeuropäischen Kanonisten und

---

258 SOBANSKI, *Bemerkungen* 430–441, 434 f. Vgl. kritisch dazu AYMANS, *Methode* 59–74, 68, Anm. 33.

259 «In ihrem ausschliesslichen Bezug auf Offenbarung wahrt diese Richtung überdies die Tradition eines objekthaften, ‹transpersonalen› Begriffs von dem Subjekt unmittelbar und unvermittelt gegenüberstehender Wahrheit. Das damit entworfene Konzept eines kanonistischen Offenbarungspositivismus ist allerdings – ähnlich wie jenes einer reinen Offenbarungsmoral – schlechterdings undenkbar, insofern es bloss die methodische Reflexion seiner notwendig vorausgesetzten Begrifflichkeit und immer schon vollzogenen praktischen Dimension verweigert.» MAIER EVA MARIA, *Kirchenrecht* 282–311, 289.

260 KASPER, *Autonomie* 37 f.

261 MAIER EVA MARIA, *Kirchenrecht* 282–311, 295.

Vertreter des römischen Rechts griechische philosophische mit römischen juristischen Fähigkeiten. [...] [D]ie Gültigkeit eines erlassenen Gesetzes hing davon ab, dass es mit dem Korpus des menschlichen Rechts als Ganzem [Corpus Iuris Civilis et Corpus Iuris Canonici[262]] harmonierte, welches wiederum mit dem natürlichen wie dem göttlichen Recht übereinstimmen musste. [...] Die Kirche erklärt weltliche Gesetze, die dem Kirchenrecht widersprachen, für ungültig. [...] Die Gesetze der Kirche selbst waren an ihre Übereinstimmung mit dem Naturrecht zu messen. Gratian schreibt: ‹Gesetze, seien es kirchliche oder weltliche, die als dem natürlichen Recht widerstreitend erwiesen werden, sind vollständig zu eliminieren›.»[263] Diese scholastischen Kanonisten schufen eine Rechtswissenschaft im modernen westlichen Sinn. Es war ein Prototyp der westlichen Wissenschaft. Anders als bei Platon war Wissenschaft hier nicht die Erkenntnis der Wahrheit durch Deduktion des Besonderen aus dem Allgemeinen. Die Rechtswissenschaften legten Wert auf die Formulierung von Hypothesen, die als Grundlage zur Ordnung der Erscheinungen in der zeitlichen Welt dienen konnten, «also in einer Welt der Wahrscheinlichkeiten und Voraussagen und nicht der Gewissheiten und Notwendigkeiten. Und eine solche Wissenschaft war die scholastische Rechtswissenschaft.»[264] Das kanonische Recht war die mächtigste Rechtsordnung des Mittelalters überhaupt. «Nicht zufällig fallen Aufstieg und Vollendung der Kanonistik in die zwei Jahrhunderte der Vorherrschaft der mittelalterlichen Rechts- und Universalkirche, nämlich von Gratian (1140) bis zum Abschluss des Corpus Iuris Canonici (1317).»[265] In dieser Denktradition stellt auch der Theologe Gottlieb Söhngen (1892–1971) fest, «dass der Begriff der Rechtstheologie nur über den Begriff der Rechtsphilosophie gewonnen werden kann, die sich wiederum ihrerseits von der Rechtswissenschaft unterscheidet. Kirchenrecht muss für ihn aus theologischen Gründen zuerst «juristisch richtiges Recht sein»[266].

Zu welchen Konsequenzen eine gegenteilige Auffassung führt, soll im Folgenden gezeigt werden. Einige Kanonisten haben es nämlich versäumt, das Freiheitsethos in den Rechtswissenschaften mit einer Rechtstheologie schöpfe-

---

262 Gratian lehrte in Bologna Kanonisches Recht neben den Legisten. Es erschien sinnvoll, ein dem Corpus Iuris Civilis der Legisten vergleichbares Standardwerk für die Kanonisten (Corpus Iuris Canonici) zu entwickeln. Gratian nannte seinen Beitrag zu diesem Corpus «Concordia Discordantium Canonum», auch bekannt unter dem Namen «Decretum Gratiani».

263 BERMAN, *Recht* 239 f.

264 A. a. O. 247.

265 POTOTSCHNIG, *Überlegungen* 29–40, 31.

266 SÖHNGEN, *Grundfragen* 64 f. Diese Forderung bezeichnet Winfried Aymans als gerechtfertigt. Vgl. bejahend dazu AYMANS, *Methode* 59–74, 68, Anm. 34. Vgl. GRAULICH, *Theologie* 71.

risch zu vermitteln. Deshalb lehnen diese Autoren die Möglichkeit allgemeiner, nämlich kirchliches und staatliches Recht gleichermassen verpflichtender Grundbedingungen des Rechts ab. In der Kirche geht es z. B. für Reinhold Schwarz «nicht um den Schutz von ausschliesslichen Persönlichkeitsrechten, sondern einzig um die Erlangung der allen gemeinsamen salus animarum. […] Deshalb ist bei einem Versagen kirchlicher Verwaltungsorgane nicht der Klageweg zu beschreiten, sondern unter stillem Erdulden menschlicher Unzulänglichkeiten der Kreuzweg, da das Kreuztragen in der Nachfolge Christi selbst noch einmal der Verwirklichung der salus animarum dient.»[267] Es gibt für diesen Autor zwei sich widersprechende Formen der Gerechtigkeit, die sich von ihrem Ziel her bestimmen. «Dadurch mag das Kirchenrecht vom weltlichen Rechtsstandpunkt aus zutiefst als totalitär erscheinen, da es wie alle totalitären Systeme den ganzen Menschen mit all seinen Kräften in die Pflicht nimmt, damit er am Aufbau der gemeinsamen Sache, hier des Leibes Christi, aktiv mitwirkt. Aber gerade diese kompromisslose Radikalität, die vom Geist des Kirchenrechts ausgeht, muss als Zeichen dafür angesehen werden, dass es hier nicht wie im weltlichen Recht eines freiheitlichen Rechtsstaates um die Verwirklichung beliebiger Individualwerte […] geht, sondern um die Erlangung des allen gemeinsamen übernatürlichen Heils.»[268] Die Ablehnung jeglichen subjektiven Rechtsschutzes wird durch die Konsequenzen eines derartigen theologischen Liebesrechts entlarvt. Man führe sich die Opfer sexueller Übergriffe durch Kirchenbeamte auf allen Kontinenten vor Augen.[269] Dieses Liebesrecht «scheint eher geeignet, die Konfliktbedrohtheit menschlicher Beziehungen zu verschleiern, als zur Lösung konkreter Rechtsprobleme beizutragen»[270]. Remigiusz Sobanski fordert ebenfalls ein solches Liebesrecht, indem er Glaube, Hoffnung und Liebe unmittelbar als Rechtspflichten versteht. Er erachtet es als ein Spezifikum christlicher Gerechtigkeit, keine Differenz zwischen Pflichten des Rechts und der Liebe zuzulassen.[271] Diese Differenz ist für Remigiusz Sobanski mit dem Wesen der Kirche als einer Liebesgemeinschaft im Zeichen der Communio unvereinbar. «Eine solche Verquickung von Recht und Moral gehört zutiefst zum Wesen des Kirchenrechts, weil hier im Hinblick auf das ewige Heil der einzelne Gläubige mit all seinen Kräften gefordert ist»[272], so Reinhold Schwarz. «Von

---

267 SCHWARZ, *Geist* 223–240, 239.

268 A. a. O. 240.

269 Vgl. LORETAN, *Schützen Menschenrechte?* 77–88.

270 MAIER EVA MARIA, *Kirchenrecht* 282–311, 309.

271 SOBANSKI, *Geist* 369–394, 379.

272 SCHWARZ, *Geist* 223–240, 233.

daher kann es im Kirchenrecht keine eigentlichen Konflikte wegen persönlicher Einzelinteressen geben, da das übernatürliche Heil keine ausschliesslichen Rechte verleiht.»[273] Der «übernatürliche Zweck» steht im Widerspruch zur Anerkennung subjektiver Rechte und rechtfertigt es für Schwarz sogar für Strukturen einzutreten, die im weltlichen Recht als totalitär und höchstes Unrecht gelten müssten. Für ihn fällt «das Gemeinwohl der Kirche und das Einzelwohl eines jeden in eins zusammen»[274].

Eugenio Corecco verneint es ebenfalls, das Recht der Kirche im aristotelisch-thomistischen Sinn als «obiectum virtutis iustitiae»[275] (als Gegenstand der Kardinaltugend der menschlichen Gerechtigkeit) zu bestimmen. Was in der Kirche realisiert werden muss, ist auch für ihn «das Heil, d. h. die Gerechtigkeit Gottes, deren Andersartigkeit gegenüber der menschlichen Gerechtigkeit [...] dadurch offenkundig wird, dass die zu verwirklichenden Grundwerte der kirchlichen Sozialität nicht so sehr die Kardinal- (zu denen auch die Gerechtigkeit gehört), sondern die theologischen Tugenden des Glaubens, der Hoffnung und der Liebe sind. [...] Das Recht ist in der Kirche nicht von der formalen Verbindlichkeit der menschlichen iustitia legalis (commutativa und distributiva), sondern von der höchsten Heilsverbindlichkeit der communio bestimmt.»[276] Corecco verneint daher auch das thomistische Definitionselement für das Gesetz, die «ordinatio rationis» (Ordnung der Vernunft) und will diese durch eine «ordinatio fidei» (Ordnung des Glaubens) eintauschen. Dabei argumentiert er, «dass die Kirche als primär in der Offenbarung gegründete Institution adäquat nur durch den Glauben erkennbar ist»[277]. Corecco bezeichnet es daher als Schwäche, wenn eine Theologie des Kirchenrechts auf die Philosophie zurückgreift.[278] Diese Schwäche sieht er in den von der Zeitschrift Concilium vorgetragenen Ansätzen.[279] Mit dem Begriff der «Enttheologisierung des Rechts» verurteilt Corecco eine Normbegründung wie z. B. diejenige von Peter Huizing, die sich an die christlich-ethische Normbegründung anlehnt, die in der Legitimation der Freiheitsrechte (spezifische Christenwürde und Menschenwürde) ihren Ausdruck findet. Denn nach Peter Huizing ist das Recht in die Tugend der Gerechtigkeit eingebunden.

---

273 A. a. O. 231.

274 Ebd.

275 THOMAS VON AQUIN, S. th. II–II, q. 57 a. 1.

276 CORECCO, *Theologie* 12–24, 23. Vgl. ausführlicher CORECCO, *Theologie*. Methodologische Ansätze 84–107.

277 CORECCO, *Theologie* 12–24, 23.

278 CORECCO, *Theologie*. Methodologische Ansätze 89.

279 Ebd.

Die Gerechtigkeit ist der Inbegriff einer natürlichen rationalen Ethik. Sittlichkeit ist danach eine Voraussetzung des Rechts. Das Recht dient «der Verwirklichung des Sittlichen und schafft dessen Voraussetzung»[280], wie die Habilitationsschrift von Karl-Christoph Kuhn auf überzeugende Weise ausführt.[281]

Mit Helmuth Pree ist grundsätzlich festzustellen: Die Taufe löscht nicht die Rechte der natürlichen Person aus, «die elementaren Grundforderungen des Menschen bleiben auch in der Gemeinschaft der Kirche bestehen und sind um des Menschen willen zu respektieren – wenngleich die inhaltliche Ausgestaltung des Kirchenrechts, je nach Fachbereich mehr oder weniger direkt, dem Ziel der Sendung der Kirche dienen muss»[282]. Die rechte Autonomie der irdischen Wirklichkeiten ist auf das Recht der Kirche uneingeschränkt anzuwenden. Denn gemäss dem Lehramt (GS 36) ist diese Autonomie durchaus berechtigt, wenn man darunter versteht, «dass die geschaffenen Dinge und auch die Gesellschaften ihre eigenen Gesetze und Werte haben, die der Mensch schrittweise erkennen, gebrauchen und gestalten muss» (GS 36b). Diese Autonomie ist theologisch begründet im «Wort» der Schöpfung. «Weil die Welt durch das ‹Wort› erschaffen ist, sind alle Dinge mit eigener Seinsdichte, mit Wahrheit, mit Gutheit, mit Eigengesetzlichkeit und Ordnungsstrukturen (propria firmitate, veritate, bonitate propriisque legibus ac ordine) ausgestattet. Die Rationalität der ganzen Welt, das heisst alle Gesetzlichkeiten […], auch die der personalen Existenz und der sozialen Verbundenheit des Menschen, stammt aus dem ‹Wort› der Schöpfung.»[283] Daher sollen die Gesetzlichkeiten der verschiedenen Bereiche unter Anerkennung «der den einzelnen Wissenschaften […] eigenen Methode» (GS 36) geachtet werden. «Die Missachtung der Eigengesetzlichkeiten des Rechts muss notwendigerweise zur Willkür führen, dh. insb. zur Unvorhersehbarkeit und Unüberprüfbarkeit hoheitlicher Entscheidungen, da sie nicht an inhaltlich hinlänglich determinierte Kriterien gebunden sind. Ein geordneter Rechtsschutz wird dadurch weitestgehend ausgeschlossen.»[284]

Corecco, Sobanski und Schwarz verneinen die rechtsphilosophische Denktradition in der kirchlichen Rechtswissenschaft, so z. B. die spanischen Klassiker des Naturrechts. Es wird dabei übersehen, dass der Mensch nach Empfang der Taufe nicht seine Menschenwürde (DH 1) und seine Menschenrechte aufgegeben hat.

---

280 KUHN, *Kirchenordnung* 194.

281 Vgl. KUHN, *Grundsatzfragen*.

282 PREE, *Stellenwert* 1–23, 3 f., 4, Anm. 8.

283 AUER, *Einleitung* 377–397, 385.

284 PREE, *Stellenwert* 1–23, 3 f., 4, Anm. 8.

Denn das Recht der Kirche ist weiterhin Teil der Schöpfungswirklichkeit. «Gratia non destruit, sed complet et perficit naturam» (Die Gnade zerstört nicht die Natur, sondern ergänzt und vollendet sie). Dieses Zitat steht bei Thomas von Aquin in einem engen rechtlichen Kontext. «Das göttliche Recht aber, das auf der Gnade beruht, hebt das menschliche Recht, das aus der menschlichen Vernunft stammt, nicht auf.»[285] Auf diesem rechtsphilosophisch-theologischen Fundament des Thomas von Aquin haben die spanischen Klassiker des Naturrechts so etwas wie die Menschenrechte (bzw. die Freiheitsrechte) und die Volkssouveränität aller Völker entwickelt.

4.7 Die spanischen Klassiker des Naturrechts[286]

Seit Beginn der Neunzigerjahre des 20. Jahrhunderts haben die spanischen Klassiker des Naturrechts, früher spanische Spätscholatiker genannt[287], erneut das Interesse unterschiedlicher wissenschaftlicher Disziplinen auf sich gezogen. Es entstanden verschiedene monografische Studien zu einzelnen Autoren. Es schien deshalb sinnvoll, in diesem Gespräch den Beitrag der Kirchenrechtswissenschaft für die naturrechtliche und völkerrechtliche Argumentation aufzuzeigen. Um dieses Forschungsziel zu erreichen, wählte Patrick Huser einen zentralen lateinischsprachigen Traktat des Bartolomé de Las Casas (1484–1566) aus, um darin

285 «Dabei ist zu beachten, dass Herrschaftsgewalt und Überordnung nach dem menschlichen Rechte zustande gekommen sind. Die Unterscheidung aber von Gläubigen und Ungläubigen beruht auf dem göttlichen Recht. Das göttliche Recht aber, das auf der Gnade beruht, hebt das menschliche Recht, das aus der menschlichen Vernunft stammt, nicht auf.» THOMAS VON AQUIN, S. th. 221 IIa IIae, q. 10 a. 10.

286 In diesem Unterkapitel stütze ich mich vor allem auf die Forschung an meiner Professur: PATRICK HUSER, Vernunft und Herrschaft. Die kanonischen Rechtsquellen als Grundlage natur- und völkerrechtlicher Argumentation im zweiten Prinzip des Traktates Principia quaedam des Bartolomé de Las Casas (ReligionsRecht im Dialog: 11), Münster 2011. Zudem bin ich dankbar für die Anregungen des Rechtsphilosophen und Strafrechtlers der Universität Basel, Kurt Seelmann. Auf seinen Kongressen und in den interdisziplinären gemeinsamen Seminaren ist mir die Bedeutung der Kanonistik für die Rechtswissenschaft vor Augen geführt worden. «Die Auseinandersetzung mit diesem Erbe hat im deutschsprachigen Raum mit der ausgezeichneten deutschsprachigen Werkausgabe von Las Casas' wichtigsten Schriften durch Prof. Mariano Delgado […] entscheidende, neue Impulse erfahren.» HUSER, *Vernunft* 253.

287 Der Begriff Spätscholastik lässt die Autoren als Ausläufer der späten Scholastik verstehen und verdunkelt die Bedeutung, die die Klassiker des Naturrechts für die Rechtstheorie des modernen säkularen Staates hatten.

die Argumentationsmuster untersuchen zu können. Vor allem ging es Huser darum nachzuweisen, welchen Beitrag die kanonischen Rechtssammlungen neben dem römischen Recht für diese Naturrechtsargumentationen geliefert haben, die dann als säkulares Naturrecht (etsi Deus non daretur) bzw. als Rechtstheorie[288] nicht nur das Völkerrecht des Hugo Grotius[289], sondern auch die Strafrechtstheorie[290] prägten.

Das Naturrecht[291] hatte eine Brückenfunktion zwischen den legistischen (staatlichen), kanonistischen (kirchlichen) und moraltheologischen Traditionen des Mittelalters und den säkularen Naturrechtssystemen des 17. Jahrhunderts. Leitende Überzeugung der gelehrten Theologen-Juristen Francisco de Vitoria (1492–1546) und Francisco Suárez (1548–1617) war, dass die rechte Vernunft (*recta ratio*) als schriftlich verfasstes Naturrecht (*ratio scripta*) fassbar ist.[292] Diese verschriftlichte Vernunft ist im positiven Recht fassbar und erlaubt mittels der Vernunft zwischen Recht und Unrecht zu unterscheiden. Vor diesem intellektuellen Horizont werden theologische und rechtliche Fragen zur spanischen Kolonialpolitik, zur Staatsphilosophie, zum Völkerrecht, zur Rolle und Verfassung der Kirche und des römischen Primates und zu subjektiven Rechten interdisziplinär in Rechtsfakultäten und theologischen Fakultäten diskutiert. Auch für diesen Kreis akademisch und politisch Interessierter formuliert der Kirchenrechtler Bartolomé de Las Casas seine «Principia quaedam» und diskutiert damit die anstehenden menschenrechtlichen und völkerrechtlichen Fragen der Indios, wie er sie im Disput von Valladolid gegen Juan Ginés de Sepùlveda vorgetragen hatte.[293]

Die Autorität der Gesetze gründet gemäss Francisco de Vitoria[294], dem Gründer der Schule von Salamanca, nicht allein in der Verbindlichkeit des Gesetzgebers, sondern in ihrem Übereinstimmen mit den ausgearbeiteten Kriterien der Gerechtigkeit (heute spricht man von Menschenrechten bzw. von Freiheitsrechten). Las Casas sieht deshalb die Funktion des positiven Rechts nicht darin, Macht zu legitimieren, sondern Macht zu beschränken. Ausgehend von dem naturrechtlichen Vernunftpostulat entwirft de Vitoria die Auffassung einer weltweiten Kommunikationsgemeinschaft. Er geht dabei anders als Las Casas noch von einer eurozentrischen Sichtweise aus. Wie Las Casas entwirft de Vitoria die Vision

---

288 SCATTOLA, *Naturrecht* 21–47.

289 DUFOUR, *Magni Hispani* 351–380.

290 *Strafrechtstheorie* 299–347.

291 HAFNER FELIX/LORETAN/SPENLÉ, *Naturrecht* 123–153.

292 HUSER, *Vernunft* 37–40.

293 A. a. O. 53–59.

294 A. a. O. 40–47.

einer ursprünglich geeinten Menschheit, die als universale Weltgemeinschaft, als *res publica* aller Nationen, allein das naturrechtlich begründete Völkerrecht und nicht die theologisch oder völkisch begründeten Machtansprüche einzelner Nationen als Grundlage haben kann. Er entwirft die denkerischen Grundlagen einer friedlichen, naturrechtlich strukturierten Weltordnung, die eine globale Kommunikationsgesellschaft im Sinne einer globalen Staatenrepublik vorsieht.

Angesichts der geschichtlichen Wandelbarkeit der Interpretation des natürlichen Gesetzes entwickelt Francisco Suárez (1548–1617) die Theorie der Rechtsinterpretation als Vermittlung zwischen Norm und Situation.[295] Das Naturrecht wird so zu einer wandelbaren Grösse. Diese theoretische Sicht eines Nachgeborenen hat in Ansätzen auch Las Casas (1484–1566) de facto schon vorweggenommen. Sein gewaltloses Engagement für die Indios ist getragen von einer nicht verhandelbaren Anerkennung der naturrechtlich gegebenen Würde jedes Menschen. Mit dieser Menschenwürde-Konzeption wird Reziprozität rechtlich eingefordert auch für die Indios. Las Casas geht im Gegensatz zu de Vitoria von einem kulturpluralistischen Ansatz aus, der eine friedliche Kooperation und Gleichrangigkeit der Völker vorsieht. Das «primäre Völkerrecht» entfaltet dabei das naturrechtliche Fundament der Vision einer gesellschaftsoptimistischen Weltgemeinschaft. Das «sekundäre Völkerrecht» ist dessen positiv-rechtlicher Garant in den Widerstreitigkeiten der politischen Realität.

Las Casas verwendet als Rechtsquellen seines naturrechtlichen Argumentierens das römische Recht und das kanonische Recht.[296] Beide Rechte benutzt er als Korrekturgrössen, um ungerechtes Recht in der geltenden spanischen Gesetzgebung zu bekämpfen. Die Geltung des römischen Rechts einzufordern bedeutet für Las Casas, die Geltung des Naturrechts und damit die Geltung der Vernunft einzubringen. Diese Rezeption des naturrechtlichen Denkens aus der philosophisch-scholastischen Tradition und den genannten Rechtsquellen wendet Patrick Huser auf die vier Prinzipien des Traktats Principia quaedam an.[297] Bereits der vollständige Titel der Schrift lässt Huser eine Reihe klassisch-naturrechtlicher Elemente erkennen. Der Titel lautet «Principia quaedam ex quibus procedendum est in disputatione ad manifestandam et defendendam iustitiam indorum» (Erörterung einiger Rechtsprinzipien, nach denen zu verfahren ist in der rechtlichen Untersuchung mit dem Ziel, den statthaften Rechtsstatus der Bewohner der westindischen Ländereien sowohl darzulegen als auch zu verteidigen). Es handelt sich um Ver-

---

295 SCHNEPF, *Suárez* 75–108; VALDÉS, *Wörter* 109–122.

296 HUSER, *Vernunft* 107–188.

297 A. a. O. 62–106.

fahrensregeln (ex quibus procedendum est) (1), die in einem Rechtsverfahren (in disputatione) zur Anwendung kommen sollen (2). Das Ziel dieser Disputation ist eine erklärende Darstellung (ad manifestandam) als auch eine Verteidigung (ad defendendam) (3) des Rechtsstatus der Indios (iustitia indorum). Las Casas stellte vier Rechtsprinzipien auf, die er unter je einem Stichwort zusammenfasst:[298]

Das 1. Prinzip: Herrschaft (dominium): In Bezug auf den Besitz wendet Las Casas das Äquitas-Prinzip an gemäss der römischen und kanonischen Rechtstradition: «Actus iustitiae est reddere unicuique quod suum est.» Der Akt der Gerechtigkeit besteht darin, jedem das Seine zu geben, auch den Indios.

Das 2. Prinzip: Leitungsamt (officium): Jede geordnete Gemeinschaft benötigt einen leitenden Vorstand, der nach Gerechtigkeit strebend urteilt. Macht muss naturrechtlich und völkerrechtlich fundiert sein, um legitim zu sein, d. h., für Las Casas gibt es ein natürliches Recht auf Selbstbestimmung und auf Bestellung der eigenen Vorsteher.

Das 3. Prinzip: Freiheit (libertas) geht von der Idee der Freiheitsvermutung des Menschen aus. Aus der allgemeinen Freiheit und der Vernunftfähigkeit erwächst jedem Menschen eine Reihe von Rechten, derer er grundsätzlich nicht verlustig gehen kann. Hier ist die Idee der Freiheitsrechte, der Menschenrechte, in Denkansätzen erkennbar. Darum ist schon im Titel dieses Buches der Begriff Freiheitsrechte fundamental, der lange vor der Aufklärung bei den spanischen Klassikern des Naturrechts grundgelegt wurde. Fundament der Freiheitsvermutung ist die vernunftbegabte Natur des Menschen. Dies ist der zentrale Angelpunkt des lascasianischen Freiheitsverständnisses. Obwohl der Begriff *ius humanum* vorkommt, wird der Terminus Menschenrecht im römischrechtlichen Sinn als Recht, das von Menschen geschaffen wurde, im Gegensatz zu *ius divinum* verstanden, und es wird noch nicht ganz im heutigen Sinn von einem Recht gesprochen, das dem Menschen als Menschen zukommt.[299]

«In dubio pro libertate» (im Zweifelsfall für die Freiheit). Der primäre Selbstvollzug ist die rechtliche Grundlage des primären Völkerrechts. Patrick Huser ist mit Bordat der Auffassung, dass dieser Passus an die moderne *humanitas*-For-

---

298 A. a. O. 69–94.

299 In der Terminologiefrage stimme ich Patrick Huser zu; dennoch würde ich Las Casas nicht so deutlich vom Menschenrechtsdenken unterscheiden. Las Casas hat die naturrechtlichen und damit denkerischen Grundlagen gelegt, um von Rechten sprechen zu können, die jedem Menschen zukommen. Dabei ist das Prinzip der Reziprozität am Anfang des «Decretum Gratiani» wie bei John Locke Pate gestanden. Da das säkulare Naturrecht in der Spätscholastik entwickelt wird (etsi Deus non daretur), kann hier ebenfalls nicht von einer rein religiösen Bindung der Menschenrechte gesprochen werden.

mel des Kategorischen Imperativs von Immanuel Kant erinnert.[300] Frei ist nur, wer in die Herrschaft über sich einwilligt oder sie selbst begründet. Dieser Anspruch kommt allen Völkern zu, auch den Indios. Die Freiheit des Menschen begründet die Freiheit der Völker und ihr eigenes Recht, politische Herrschaft in einem freiheitlichen Selbstvollzug autonom zu konstituieren. Las Casas fordert eine verfassungsrechtliche und freiheitliche Art der Herrschaftsausübung. Herrschaft ist für Las Casas daher nicht *dominium* wie bei de Vitoria, sondern *ministerium*, dienende Amtsgewalt.

Auf das 4. Prinzip, das Wohl der Menschen (*bonum hominum*), ist jeder Leiter einer Gruppe freier Menschen verpflichtet. Damit besteht das Reich nicht um des Königs willen, sondern der König um des Reiches willen, gemäss dem Aristoteles-Zitat. Die hier mitschwingende Herrschaftskritik ist ein typisches Merkmal lascasianischer Staatsphilosophie. Diesen Grundsatz wendet Las Casas aber auch auf die Kirche an! Denn der Papst ist bloss ein Zweitagens, der dem Erstagens, also Gott bzw. dem göttlichen Gesetz, unterworfen sein muss. Hier wird en passant das lascasianische Grundverhältnis von Natur und Gnade sichtbar, das er von seinem dominikanischen Mitbruder Thomas von Aquin übernommen hat. Er erweist sich als Schüler der aristotelisch-thomistischen Tradition: «Gratia non destruit, sed complet et perficit naturam.»[301]

Las Casas ist ein frühneuzeitlicher kirchenrechtlicher Denker, der im Traktat «Principia quaedam» Volkssouveränität und mit der subjektiven Freiheit verbundene Rechte, Freiheitsrechte, aus einer scholastisch originären Aristoteles- und Thomaslektüre entwickelt. Diese stützt Las Casas auf die Naturrechtstraditionen des römischen und kanonischen Rechts ab. Bei der Rechtsnormenbegründung ist Las Casas in seinen Frühwerken geprägt von einem fatalistischen Voluntarismus in Anknüpfung an Augustinus' Voluntarismus. Später erst entwickelt er eine rationale Normenbegründung. Die thomistische Denkschule führt sein römisches, stoisches Naturverständnis weiter, integriert das christliche Gnadenverständnis

---

300 «Handle so, dass du die Menschheit, sowohl in deiner Person als in der Person eines jeden anderen, jederzeit zugleich als Zweck, niemals bloss als Mittel brauchst.»

301 Daraus leitet Las Casas ein Verhältnis von Staat–Kirche ab, das die unterschiedliche Zweckbestimmung beider Institutionen wie Thomas im Blick hat. Die Eigenständigkeit des Staates und der Kirche wird anerkannt. Diese grundlegenden rechtlichen Überlegungen wendet er dann auf die westindische Frage an: Ist die Konzessionsbulle des spanischstämmigen Papstes Alexander VI. rechtens, die die spanische Expansion legitimiert? Die Antwort ist ebenso klar wie unmissverständlich: «Niemand kann einem anderen mehr Rechte übertragen, als er selbst hat», so der Rechtsgrundsatz aus den Digesten, die Las Casas gegen Ende seines Lebens zur Anwendung bringt. Der Papst ist also nicht zuständig.

und hebt so das theokratische, voluntaristische Rechtsdenken auf. Las Casas kann damit die ständischen Schranken überwinden, die das Mittelalter um die Freiheit des Subjekts errichtet. Er entwickelt seine konsequente Durchrationalisierung menschlicher Organisations- und Rechtsformen im Rückgriff auf den stoisch inspirierten römischen Rechtsnaturalismus. Dies lässt Las Casas zu einem bedeutenden Denker humanistischer Rechtsphilosophie werden. Dieser Rationalismus avant la lettre zeigt sich besonders bei Las Casas' Ausführungen zum Verhältnis von Vernunft und Freiheit. Recht ist in diesem Verständnis die *recta ratio naturae congruens* (die richtige Vernunft, die mit der Natur übereinstimmt) bzw. *summa ratio insita in natura* (die höchste Vernunft, die in die Natur eingepflanzt ist). «Die Normen beider Rechte (Naturrecht und Völkerrecht) findet Las Casas schliesslich im kanonischen Recht wieder und verbindet alle drei Rechtscorpora zu einem geschickt gewobenen Teppich rechtlicher Argumente zur Verteidigung der Freiheit und Würde der Indios.»[302]

Las Casas bindet auch die kirchliche Herrschaft (Hierarchie) ganz säkular[303] auf die völkerrechtlichen Grundlagen der Herrschaftsbegründung zurück, da er weder als christlicher Theologe noch als Gelehrter beider Rechte die Legitimation ungerechter Herrschaft gutheissen kann. Er fordert ja aus kirchenrechtlichen Quellen die Beschränkung der Herrschaft und die quasidemokratischen Verfahren für die Entscheidungsfindung in zivilen und religiösen Belangen. Selbst die durch göttliche Autorität getroffene Wahl eines Vorstehers muss durch die menschliche Zustimmung des Volkes abgesichert werden. Aber auch in anderen rechtlich relevanten Fragen fordert Las Casas ein, dass diese nicht alleine hierarchisch entschieden werden, sondern diskursiv, d. h. in abwägenden Gesprächen aller Beteiligten.

> «Daher werden Hirten verdientermassen die genannt, auf denen schwer eine unermüdliche Fürsorge zum Nutzen der Untergebenen lastet, gemäss dem hl. Thomas. Das liest man auch bei dem Philosophen (Ethica nicom. VIII,12: 1160b), wo er den Unterschied zwischen einem Tyrannen und einem König darlegt. Ein König nämlich ordnet sein Amt und seine Regierung auf das Wohl des Volkes hin, dem er vorsteht, indem er Satzungen und Gesetze zu dessen Nutzen erlässt. Der Tyrann dagegen ordnet seine Regierung nur auf seinen eigenen Nutzen hin.»[304]

---

302 HUSER, *Vernunft* 242.

303 Der von dem Philosophen und Theologen Gregor von Rimini (um 1300–1358) entwickelte Gedanke einer rechtlichen Argumentation ohne die Annahme einer göttlichen Offenbarung (*etsi per impossibile daremus non esse Deum*) entkoppelt das Naturrecht vom göttlichen Recht.

304 CASAS, *Rechtsprinzipien* 33–58, 55.

Dieses Argumentationsbeispiel zeigt deutlich, dass Las Casas von *einer* Gerechtigkeitsvorstellung ausgeht, die für Hirte (Bischof) und König gelten. In Kirche und Staat gibt es bei Las Casas und den spanischen Klassikern des Naturrechts nicht verschiedene Gerechtigkeitsvorstellungen wie bei Schwarz, Sobanski und Corecco. «Sowohl im kanonischen wie im bürgerlichen Recht ist klar, welcherart der Fürst oder Leiter zum Nutzen der Untergebenen handeln muss. Deshalb sagt Papst Bonifaz [VIII.] im *Liber Sextus* (Prooemium): ‹Wir werden von beständigen Sorgen beunruhigt und denken unablässig darauf, gemäss der Pflicht des Uns anvertrauten Amtes auf die Vorteile Unserer Untergebenen [...] bedacht zu sein. Bereitwillig nehmen Wir für deren Ruhe Mühen auf Uns und durchwachen schlaflose Nächte, um ihnen Fallstricke aus dem Weg zu räumen.›»[305]

In der lascasianischen Interpretation des «Decretum Gratiani» ist es klar, dass jede Ordnung (sei es eine natürliche oder kanonische) nur dann einen Anspruch auf Geltung hat, wenn sie erstens von der menschlichen Vernunft erkannt werden kann und ihr zweitens die Vernunft zustimmt. Diese vernunftoptimistische Sicht teilt sowohl Thomas von Aquin als auch John Rawls' Gerechtigkeitstheorie[306]. Damit legt Las Casas' Auslegung des «Decretum Gratiani» dar, dass jede herrschaftsbegründende Ordnung eine Vernunftordnung sein muss. *Ordo* (Ordnung) und *ratio* (Vernunft) bedingen sich zwingend gegenseitig sowohl in der natürlichen Gesellschaftsordnung der Völker als auch in der kirchlichen Rechtswissenschaft. Ein *ordo* ohne *ratio* (vgl. Schwarz) endet in Tyrannei und Unterdrückung. Der Beitrag des Kirchenrechtlers Las Casas für die rechtstheoretische Naturrechtsargumentation ist damit aufgezeigt. Die Klassiker des Naturrechts, dargestellt am Beispiel des Anwalts der Indios Bartolomé de Las Casas, haben zum universalen Weltrechtskulturerbe (Grundlagen der Menschenrechtsargumentation) beigetragen: Wie können die Menschenrechte säkular und religiös begründet werden?[307] Wie können die Freiheitsrechte jedes Menschen begründet werden, auch die Freiheitsrechte der versklavten Indios?

4.8 Übergriffe von Machtträgern sind nicht zu erdulden!

Um des Menschen willen muss das Recht in der Kirche in seiner Eigenständigkeit, «in seiner eigenen Methode und Gesetzlichkeit (vgl. Rechtsprinzipien, Gleich-

305 Ebd.

306 RAWLS, *Theorie.*

307 KIRCHSCHLÄGER, *Menschenrechte.*

behandlungsgebot/Willkürverbot, Rechtssicherheit usf.) geschützt und kultiviert werden. Es darf insbesondere nicht mit theologischen Inhalten so aufgeladen werden [...], dass die Judiziabilität und die juristische Methode unmöglich gemacht werden.»[308] Zu welchen Schwierigkeiten eine doppelte kirchliche und weltliche Gerechtigkeit bei Schwarz, Sobanski und Corecco führt, hat Helmuth Pree in aller Deutlichkeit aufgezeigt.[309] Mit einem unterschiedlichen Gerechtigkeits- und Rechtsbegriff für Kirche und Staat können keine Konflikte gelöst werden, ausser auf eine sehr paternalistische Weise, in der das Subjekt ganz von der Gnade des Amtsträgers abhängig gemacht wird. Ein solcher Geist des Kirchenrechts wird in Rechtsstaaten abgelehnt von den Gläubigen und den Bürgerinnen und Bürgern. Denn «ein Kirchenvertreter lebe in keinem rechtsfreien Raum»[310]. Er hat sich den modernen Gerechtigkeitsstandards der Würde der menschlichen Person (DH 1) und der Freiheitsrechte der Person zu stellen, die schon im 16. Jahrhundert von den spanischen Klassikern des Naturrechts begründet wurden.

Die Kardinaltugend der Gerechtigkeit wird heute eingefordert von sexuell misshandelten katholischen Personen in einer weltweiten Öffentlichkeit. Sie klagen die Verbrechen der sexuellen Übergriffe von Priestern, Bischöfen, Ordensleuten und Kirchenmitarbeitenden gegen Kinder und Erwachsene ein und thematisieren deren Vertuschung. Wie gegen die Verschleierungstaktik der Kirche investigative Journalisten des «Boston Globe» vorgingen, um einen Kindsmissbrauchsskandal der Kirche aufzudecken, erzählt der mit Oskars ausgezeichnete Film «Spotlight»[311]. Nach dem Aufdecken der Mängel in der kirchlichen Rechtskultur ist Reinhold Schwarz' These immer unerträglicher geworden, wenn er zwei Gerechtigkeitsverständnisse für Kirche und Staat verlangt: Es geht für ihn in der Kirche «nicht um den Schutz von ausschliesslichen Persönlichkeitsrechten, sondern einzig um die Erlangung der allen gemeinsamen salus animarum. [...] Deshalb ist bei einem Versagen kirchlicher Verwaltungsorgane nicht der Klageweg

---

308 PREE, *Stellenwert* 1–23, 3 f., 4, Anm. 8.

309 Ebd.

310 SDA, *Huonder* 11.

311 Der «Oscar» ging am 28. Februar 2016 an einen Film über die Aufdeckung der sexuellen Übergriffe in der katholischen Kirche. Der Film wurde ausgezeichnet mit dem Oscar bester Film und bestes Originaldrehbuch. Die sexuellen Übergriffe von ranghohen Vertretern aus Kirche, Justiz und Politik wurden über Jahrzehnte hinweg unter den Teppich gekehrt. Als eine Journalistin des Boston Globe in einem Artikel einen Missbrauchsfall in den Reihen der katholischen Kirche Bostons aufdeckte, weckt sie damit das Interesse des neuen Chefredaktors. Dieser setzt das Spotlight-Team auf die Angelegenheit an, deren Recherche einiges ans Tageslicht bringt. Der Film basiert auf wahren Begebenheiten. Als Beispiel für die Schweiz: RIES/BECK, *Mauern.*

zu beschreiten, sondern unter stillem Erdulden menschlicher Unzulänglichkeiten der Kreuzweg, da das Kreuztragen in der Nachfolge Christi selbst noch einmal der Verwirklichung der salus animarum dient.»[312]

Journalisten des Boston Globe entdecken in ihren Recherchen, dass an die 90 Priester Missbrauch an Kindern begangen haben, «und dass das Erzbistum mit Kardinal Law an der Spitze die Fälle kannte und lediglich mit Versetzungen der Täter darauf reagiert hatte. Am 06. Januar 2002 veröffentlichte die Zeitung den Artikel und löste damit einen der grössten Skandale der US-Kirchengeschichte und Folgen weltweit aus. Der Kardinal trat zurück, viele Fälle wurden aufgedeckt, Entschädigungsklagen in Milliardenhöhe wurden Opfern zugesprochen, in einigen Bistümern führte das zur Insolvenz.»[313] Die US-amerikanische Bischofskonferenz entschied sich im Juni 2002 für eine «Null-Toleranz-Politik» gegen Täter von sexuellem Missbrauch, um das verlorene Vertrauen der Kirche wieder zu erlangen unter ihren eigenen Gläubigen. «Mit der ‹*Charter for the Protection of Children*› verpflichtete sie sich u. a., sichere Umgebungen für Kinder und Jugendliche zu schaffen, jeden Missbrauchsverdacht gegen kirchliche Mitarbeiter staatlichen Behörden anzuzeigen und innerkirchliche Disziplinarmassnahmen zu vollziehen. Hilfen für Opfer und ihre Familien wurden ausgebaut.»[314] Mit grosser Verspätung fand ein vergleichbarer Prozess u. a. in Deutschland und der Schweiz statt.[315] Die hauptberufliche Präventionsbeauftragte der Diözese Rottenburg-Stuttgart, Sabine Hesse, ist der Auffassung: Nach wie vor gibt es aber «auch den Reflex, es nicht so genau wissen zu wollen. Zuweilen scheint es, als sollte Prävention wirken, ohne dass Vorfälle in der Vergangenheit wirklich analysiert worden wären. Aufarbeitung und Intervention in aktuellen Fällen werden nicht in gleichem Masse wie die Prävention professionalisiert und vernetzt. Noch immer gibt es auch Schweigekartelle und ein System des Wegschauens. [...] Die Beschäftigung mit den perfiden Täterstrategien führt fast zwangsläufig zu einer Verunsicherung: ‹Wem kann ich eigentlich noch vertrauen?› Die eigene Identität als Familienmitglied, Ex-Schüler oder Kirchgängerin gerät ins Wanken. [...] Wissen wollen fällt leichter, wenn es die Erlaubnis und den Auftrag, z. B. von Führungskräften dazu gibt. Eindeutig zeigt ‹Spotlight› die Bedeutung des Chefredakteurs Marty Baron, der nicht selbst recherchiert, aber ohne den nichts ins Rollen gekommen wäre. Marty Baron verlangt von seinen Leuten, sich nicht zu

---

312 SCHWARZ, *Geist* 223–240, 239.

313 HESSE, *Spotlight.*

314 Ebd. Vgl. DIÖZESE ROTTENBURG-STUTTGART, *Prävention.*

315 HALLAY-WITTE/JANSSEN, *Schweigebruch.*

früh mit Erkenntnissen über Personen zufrieden zu geben, sondern das System zu hinterfragen. Deutlich wird, dass sich mehr ändern muss als der Umgang mit an die 90 Tätern und ihren Opfern. Es genügt auch nicht, dass ein Kardinal zurücktritt. Nein, es muss genauer gefragt werden: Wer ist beteiligt gewesen an welchen konkreten Entscheidungen? Und warum hat er/sie sich so entschieden?»[316]

Die weltweite systemische Dimension des Problems der sexuellen Gewalt von Priestern in der Kirche und die Vertuschung durch Bischofsvikare, Bischöfe und Päpste[317] wird übersehen. «Als die ersten Fälle von sexuellem Kindesmissbrauch öffentlich wurden, gingen die meisten davon aus, dass es sich um isolierte Vorfälle handelt. Ja, gaben einige Bischöfe zu, leider gibt es diesen einen Fall von sexuellem Missbrauch, aber es ist ein seltener Fall. In aller Welt sagten die Kirchenführer: Das ist nur ein amerikanisches Problem. Als dann weitere Fälle in anderen Ländern auftauchten, sagten sie: Das ist ein Problem der englischsprachigen Länder. Dann als sich der Kreis des Missbrauchs weitete, hiess es: Das ist ein Problem des Westens. Die Grenzen wurden immer weiter ausgedehnt, aber jedes Mal sagten die Kirchenoberen: Bei uns passiert so etwas nicht. Eine [...] Metaanalyse zeigt, dass sexueller Kindesmissbrauch in Afrika, Asien, Australien, Europa, Süd- und Nordamerika in ähnlich hohem Masse vorkommt. Die Weltgesundheitsorganisation schrieb in ihrem Bericht zum sexuellen Missbrauch 2002: Der Missbrauch und die Vernachlässigung von Kindern stellen weltweit ein ernstes Gesundheitsproblem dar. Dieses Problem betrifft alle Generationen, sozialen Schichten und Gesellschaften.»[318]

Der Film «Spotlight» zeigt, wie eine freie Justiz mit diesem Problem der sexuellen Gewalt umgeht, indem sie die Akten öffentlich zugänglich macht und damit Transparenz herstellt. Der Zugang zu den Akten kann nur in einem funktionierenden Rechtssystem eingeklagt werden, noch nicht in der Rechtsinstitution

316 HESSE, *Spotlight*.

317 Mit Benedikt XVI. ist ein Papst von der Presse und den Anwälten (z. B. Geoffrey Robertson QC, The Case of the Pope. Vatican Accountability for Human Rights Abuse, London 2010) ins Visier genommen worden, «was Kardinalsstaatssekretär Angelo Sodano Ostern 2010 zu dem kontraproduktiven Versuch verleitete, den Papst vor dem ‹Geschwätz der Welt› in Schutz zu nehmen; manche Papstverteidiger schaden dem Papst mehr als alle seine Kritiker. Benedikt XVI. hatte schon vor 2010 Signale der Bereitschaft zur Aufklärung von sexuellem Missbrauch in der Kirche gesetzt. [...] Sprach man Johannes Paul II. zum Beispiel auf die Vorwürfe gegen den Gründer der Legionäre Christi, Marcial Maciel an, so reagierte er ungehalten. Anders sein Nachfolger; er liess das Doppelleben Maciels aufdecken – inzwischen nicht die einzige Gemeinschaft, deren Gründer oder Gründerkreis als Missbrauchstäter enttarnt wurde.» MERTES, *Vertrauen* 57.

318 ROSSETTI, *Fehlern*, zitiert nach MERTES, *Vertrauen* 57 f.

katholische Kirche. Für die Aufklärung von sexueller Gewalt durch Kleriker in der Kirche braucht es daher den Rechtsstaat. Die Rahmenordnung Prävention der Deutschen Bischofskonferenz weist auf Partizipation und Transparenz als Grundprinzipien hin und zeigt damit in die richtige Richtung.

Bedenklich ist allerdings c. 1719 CIC/1983, der die Akten, «falls sie für einen Strafprozess nicht notwendig sind, im Geheimarchiv der Kurie» abzulegen vorschreibt: «Die Voruntersuchungsakten über die (für Kleriker) hoch sanktionierte Straftat des Missbrauchs müssen im Geheimarchiv des Bischofs verschwinden. Mit dieser Regel wird wirkliche Aufklärung systemimmanent verhindert. Wenn Papst Franziskus seine scharfen Verurteilungen von Missbrauch ernst meint, wird er auch an dieser Stelle Taten folgen lassen müssen.»[319]

Aber auch die kirchlichen Medien müssen sich fragen: «Gehört unabhängige Recherche zum Profil eines Journalisten, der in einem der kirchlichen Blätter arbeitet? Wollen die Herausgeber, also die Kirchenleitungen, überhaupt investigativen Journalismus? […] Privilegierte Orte des ‹Wissenwollens› sind Wissenschaften, also auch die Theologie. Auch sie war in Fragen, die mit Sexualität und Machtmissbrauch zusammenhängen, lange sprachlos. Auch sie muss sich fragen lassen, welchen Anteil sie daran hat, dass es zu Missbrauch durch Amtsträger [in diesem weltweiten Ausmass] kommen konnte. Wissen wollen könnte man aber auch, warum kirchliche Medien und die Theologie selbst so sprachlos sind, und damit dagegen anzugehen.»[320]

Beschränkt sich eine an den Vorgesetzten (Hierarchie) orientierte Theologie des Kirchenrechts auf die Wahrheit der Institution? Interessiert sich eine an den Vorgesetzten einer Institution (Hierarchie) orientierte Theologie des Kirchenrechts für die schonungslose Offenlegung der Wahrheit der Opfer? Welche Folgen die Auseinandersetzung mit der Wahrheit der Opfer für die Kirche und ihr Kirchenrechts-System hat, skizziert der Jesuit Klaus Mertes, der in Deutschland die transparente Aufarbeitung der sexuellen Gewalt in der Kirche eingeleitet hat.[321] Eine an den Freiheitsrechten der Menschen orientierte Kirchenrechtswissenschaft setze die Rechte der Opfer nicht nur in der Karfreitagsliturgie ins Zentrum.

Es gebe keine Aufklärung an den Opfern vorbei. Es gelte den Machtmissbrauch in der Kirche aufzudecken, fordert der Jesuit Klaus Mertes, der als Rektor des Canisius-Kollegs die Fälle sexuellen Missbrauchs an seiner Berliner Schule öffentlich machte. Er rief in einem Brief die Missbrauchsopfer auf, sich zu mel-

---

319 HESSE, *Spotlight*.

320 Ebd.

321 Vgl. MERTES, *Vertrauen*.

den. Dies löste eine solche Lawine aus, wie sie niemand erahnen konnte. Er hat den Betroffenen geglaubt. Es geht bei sexuellen Übergriffen «immer um den Missbrauch einer Position – als Lehrer, Priester, Vater, Arbeitgeber – gegenüber einem schutzbedürftigen Menschen»[322], so die Professorin für Religionspädagogik und Psychoanalytikerin Helga Kohler-Spiegel. Missbräuche führten dazu, dass Betroffene «der eigenen Wahrnehmung nicht mehr trauen»[323]. Man müsse für das Geschehene Worte finden, es benennen lernen. Deshalb werden im Folgenden nicht nur abstrakte Begriffe verwendet, sondern konkrete Gewaltanwendung in der Kirche aus der Sicht der Opfer thematisiert, die oft erst nach Jahrzehnten eine Sprache gefunden haben, um darüber sprechen zu können.

4.9 Der Rechtsschutz der Opfer

«Die Würde der menschlichen Person kommt den Menschen unserer Zeit immer mehr zum Bewusstsein.» (DH 1)[324] Gleichzeitig wächst das Bewusstsein der menschlichen Person, «Träger allgemeingültiger sowie unverletzlicher Rechte und Pflichten» (GS 26b) zu sein, so das oberste Lehramt der Kirche im Zweiten Vatikanischen Konzil. Nach dem Konzil wurden deshalb grundlegende Rechte auch in das geplante Grundgesetz der Kirche (Lex Ecclesiae Fundamentalis) aufgenommen. Diese wurden teilweise in den CIC/1983 übernommen. Das Recht auf den Schutz der Privatsphäre und das Recht auf guten Ruf wurden in c. 220 miteinander verbunden. Träger dieser Rechte sind nicht etwa alle Gläubigen, wie der Titel[325] vermuten liesse, sondern alle Menschen. «Niemand darf den guten Ruf […] und das persönliche Recht eines jeden auf Schutz der eigenen Intimsphäre verletzen.» (c. 220) Niemand darf also die genannten Persönlichkeitsrechte verletzen. «Mit anderen Worten: c. 220 CIC/1983 ist ein typisches Beispiel dafür, dass die kanonische Gesetzgebung die innerkirchliche Rechtsordnung überschreitet und sich den Schutz der Menschenrechte zu eigen macht.»[326] Könnte damit das Kirchenrecht, was «die Achtung der Würde der Person und die Verwirklichung von Gerechtigkeit […] anlangt, exemplarisch für weltliches Recht sein»[327]? Be-

---

322 METZGER-BREITENFELLNER, *Aufklärung* 36 f., 36.

323 Ebd.

324 Dies stellt die Konzilserklärung über die Religionsfreiheit (DH 1) fest.

325 Pflichten und Rechte aller Gläubigen.

326 KRÄMER, *Recht* 286–302, 287.

327 HOLLERBACH, *Göttliches* 212–235, 228.

trachten wir zuerst die Rechtslage, dann die Sachlage und konfrontieren beide mit der Frage nach der Vorbildlichkeit.

4.9.1 Rechtslage

In einem Interview mit Papst Benedikt XVI. stellte Peter Seewald betroffen fest: «Es ist nicht nur der Missbrauch, der erschüttert, es ist auch der Umgang damit. Die Taten selbst wurden über Jahrzehnte verschwiegen und vertuscht, eine Bankrotterklärung für eine Institution, die sich die Liebe auf ihr Banner geschrieben hat.»[328] In seiner Antwort erinnerte Papst Benedikt daran, dass seit der Mitte der Sechzigerjahre des 20. Jahrhunderts das Strafrecht in der Kirche nicht mehr angewandt wurde. Im Bewusstsein, dass die Kirche keine Rechtskirche, sondern eine Liebeskirche sei, könne daher nicht gestraft werden.[329] Der Papst forderte, sich primär den Opfern zuzuwenden, um ihnen therapeutisch zur Seite zu stehen und die Täter zu bestrafen und von jeder Möglichkeit auszuschliessen, die Taten wiederholen zu können.[330] Jede Rechtsgemeinschaft muss das, was sie für wesentlich erachtet, auch schützen können. «[...] zu den Minimal-Anforderungen an den Begriff der Rechtsnorm [... gehöre] die Ausstattung mit einer Sanktion, d. h. mit einer Rechtsfolge, die der Norm zur effektiven Geltung verhelfen soll und die in einem organisierten Verfahren der betreffenden Rechtsgemeinschaft zu verwirklichen ist.»[331]

Beginnen wir also mit dem rechtlichen Schutz der Opfer, um dann zu fragen, unter welchen Voraussetzungen Täter mit einer gerechten Strafe belegt werden können. «Bei sexualisierter Gewalt wird das Grundrecht auf Integrität und Intimität [c. 220] missachtet und gewaltsam verletzt.»[332] Andererseits hat auch der Gesetzgeber aus c. 220 CIC/1983 nicht die notwendigen Folgerungen für das kirchliche Strafrecht gezogen. Der Opferschutz ist nicht zureichend angesprochen und die Aufmerksamkeit gilt primär dem Täter. Peter Krämer listet drei Defizite im geltenden Strafrecht auf:

1. C. 1395 § 2 CIC/1983, der die Sexualdelikte an Kindern und Jugendlichen behandelt, beschränkt den Täterkreis auf die Kleriker und erfasst damit kirchliche Mitarbeiter und Mitarbeiterinnen bzw. ehrenamtliche Gläubige nicht.

---

[328] BENEDIKT XVI., *Licht* 42.

[329] A. a. O. 43.

[330] A. a. O. 45.

[331] PREE, *Bemerkungen* 25–61, 55.

[332] KRÄMER, *Recht* 286–302, 294.

2. Kinder und Jugendliche werden als Opfer nur bis zum 16. Lebensjahr erfasst. Zudem beschränkte sich die Verjährungsfrist auf fünf Jahre.
3. Noch prekärer ist aber die Tatsache, dass sexuelle Gewalt als Delikt gar nicht vorkommt. Es wird als Verstoss «gegen das sechste Gebot des Dekalogs» (c. 1395 § 2 CIC/1983) behandelt.[333]

Die den CIC/1983 korrigierenden Strafrechtsnormen der Glaubenskongregation[334] von 2001 und 2010[335] hoben das Schutzalter der minderjährigen Opfer auf das 18. Lebensjahr. Besonders bedeutsam ist, dass die Verjährungsfrist erst zu laufen beginnt, wenn das Opfer des sexuellen Missbrauchs das 18. Lebensjahr vollendet hat. Zudem verjährt der Strafanspruch neu erst nach 20 Jahren. Selbst dann besteht die Möglichkeit, im Einzelfall von der Verjährung abzusehen. All diese neuen Strafrechtsnormen belegen den stärkeren Rechtsschutz des Opfers. Peter Krämer stellt zu Recht die Frage: «Warum müssen in einem kirchlichen Verfahren bezüglich des sexuellen Missbrauchs durch Kleriker alle wichtigen Prozessstellen mit Priestern besetzt werden, auch wenn im Einzelfall von dieser Bestimmung dispensiert werden kann?»[336] Zeigt sich hier das über ein Jahrtausend alte Denken in Standesprivilegien[337]? Es blendet aus, dass es gemäss dem Lehramt des Konzils in der Kirche «keine Ungleichheit aufgrund von Rasse und Volkszugehörigkeit, sozialer Stellung oder Geschlecht» (LG 32) gibt. Denn «jede Form einer Diskriminierung in den gesellschaftlichen und kulturellen Grundrechten der Person, sei es wegen des Geschlechts oder der Rasse, der Farbe, der gesellschaftlichen Stellung, der Sprache oder der Religion, muss überwunden und beseitigt werden, da sie dem Plan Gottes widerspricht» (GS 29). Dies müsste ja auch bei den Richterinnen und Richtern der Kirche gelten.

C. 1395 § 2 CIC/1983, der auf eine lange Rechtsgeschichte[338] zurückgeht, hat wenig Bewusstsein der verletzten Menschenwürde des Opfers, weil sexuelle Vergewaltigung einer Frau oder eines Kindes gleichgesetzt wird mit anderen Tatbeständen wie versuchte Eheschliessung eines Klerikers, die keineswegs die Menschenwürde eines Menschen verletzen, vorausgesetzt, dass beide Partner zur Ehe zustimmen.

---

333 A. a. O. 295.

334 Vgl. RIEGER, *delictis* 327–345.

335 Vgl. AAS 93 (2001) 737–739, abgedruckt in: AKathKR 170 (2001) 144–147; AAS 102 (2010) 419–430, abgedruckt in: AKathKR 179 (2010) 169–179. Vgl. SEKRETARIAT DER DEUTSCHEN BISCHOFSKONFERENZ, *Arbeitshilfe 246* 49–69.

336 KRÄMER, *Recht* 286–302, 296.

337 Vgl. Die Rechtsgeschichte der klerikalen Standesprivilegien seit Konstantin: KOCH WALTER, *Standesprivilegien* 14–220.

338 Wie ein Blick in die Quellen des Vorgängerkanons zeigt: C. 2359 § 2 CIC/1917.

Beide Tatbestände sind für das kanonische Recht Verstösse gegen das sechste Gebot (c. 1395). Bei einer solchen Rechtslage müssen die Menschenwürde und die entsprechenden Menschenrechte der Vergewaltigungsopfer zu kurz kommen. Denn es geht bei sexuellem Missbrauch durch einen Kleriker oder Ordensmann[339] oder eine andere Person der Kirche nicht ausschliesslich um die Feier der Sakramente und die Unsittlichkeit des gebrochenen Zölibats- oder Eheversprechens. Die Menschenwürde der Opfer steht im Zentrum. Denn sonst wird die vergewaltigte Person (Kind, Frau oder Mann) nicht zum Subjekt der Gerechtigkeitskommunikation.

Von einem Vorbild des kirchlichen Rechts für andere Rechtsgemeinschaften kann also nach dem Dargelegten keine Rede sein. Im Gegenteil, der entscheidende Anteil des staatlichen Rechts am kirchlichen Umschwung ist nicht zu übersehen. «Die Menschen, auch die Christen, wissen sehr genau, warum die Kirche schliesslich ihre ‹Politik› in Sachen Kindesmissbrauch änderte. Sicher haben auch die Sorge um die Opfer und theologische Gründe bei der Entwicklung neuer Strategien und Verfahrensweisen mitgespielt. Doch sie waren nicht der entscheidende Punkt für den Paradigmenwechsel. Der eigentliche Grund, warum Leitlinien und ein neuer Massnahmenkatalog eingeführt wurden, war der Druck, der vom staatlichen Recht ausging, und die Furcht kirchlicher Würdenträger vor einer möglichen Verhängung schwerer Strafen», so der langjährige Dekan der Kanonistischen Fakultät der Universität Löwen, Rik Torfs.[340] Auch eine andere internationale Organisation, die FIFA[341], war erst bereit, die nötigen Strukturreformen gegen Korruption anzugehen, als bei einer Ablehnung der Reformen das amerikanische Departement of Justice suggerierte, es «würde die Fifa zur ‹kriminellen Organisation› degradieren»[342], mit den entsprechenden unangenehmen Folgen für den Weltfussballverband.

4.9.2 Sachlage

Der Kirchenrechtler Peter Krämer verlangt mit Klaus Mertes[343], «dass die Kirche sich gleichsam in die Schule der Opfer begeben muss. Nicht mehr die Sorge um

---

339 Sexuelle Gewalt wurde sowohl beim Gründer der Legionäre Christi, P. Marcial Maciel, als auch beim Gründer der «Gemeinschaft der Seligpreisungen», Ephraim Croissant, als auch beim Gründer der geistlichen Bewegung «Sodalicio de vida Christiana», Priester German Doig, nachgewiesen. Vgl. MERTES, *Vertrauen* 214, Anm. 52.

340 TORFS, *Kindesmissbrauch* 344–354, 353. Wer diese These von Torfs als übertrieben einschätzt, sollte das Buch des englischen Anwalts Geoffrey Robertson lesen: ROBERTSON, *Case*.

341 Fédération Internationale de Football Association oder Weltfussballverband.

342 WAGNER, *Kommentar* 3.

343 MERTES, *Spalten* 144–155, 148 und 152 f.

den Schutz der Täter und die Wahrung des guten Rufes der Kirche darf an erster Stelle stehen, sondern die hörbereite Wahrnehmung der Opfer und ihrer Leiden, verbunden mit der Bereitschaft zur Aufarbeitung und Genugtuung, soweit dies überhaupt möglich ist.»[344]

Allein in Irland sind 35 000 Fälle von sexuellen Übergriffen aktenkundig.[345] Zudem wäre auch an die Einkerkerung von rund 10 000 Frauen in kirchlichen Wäschereien Irlands zu erinnern. Ist damit der Tatbestand von Sklaverei in der katholischen Kirche am Ende des 20. Jahrhunderts erfüllt? Dies müsste eigens abgeklärt werden.[346] Zusätzlich zu dieser 10 000-fachen «Versklavung» der unverheirateten Mütter steht der Verdacht der Vernachlässigung bzw. Tötung von 796 Kindern und Säuglingen in der westirischen Ortschaft Tuam. Laut Catherine Corless, die u. a. die Sterberegister des Ortes ausgewertet hat, stammen die Gebeine aus dem «St.-Marien-Heim für Mütter und Babies», in dem die unverheirateten Frauen aufgenommen wurden.

> «Der Umgang der – staatsfinanzierten – katholischen Sozialeinrichtungen mit ‹unzüchtigen› Mädchen und Frauen beschäftigt die Iren seit Jahren. Zu einem Skandal wurden die ordensgeführten ‹Magdalenen-Wäschereien›, in denen Nonnen tausende Frauen wie Sklaven hielten. Im vergangenen Jahr entschuldigte sich Premierminister Enda Kenny bei den betroffenen Frauen im Namen des Staates. [...] Der Fund in Tuam stellt alle bisherigen Skandale in den Schatten.»[347]

---

344 KRÄMER *Recht* 286–302, 299.

345 Seit 2012 ist ein internationales Forschungsprojekt im Gange an der Professur für Kirchenrecht und Staatskirchenrecht der Universität Luzern in Zusammenarbeit mit der Rechtsfakultät der Universität Cork. Dabei erfolgte eine sorgfältige Lektüre der staatlicherseits veranlassten Missbrauchsberichte, die vor allem in Irland erstellt worden sind, und mehrere tausend Druckseiten entsetzlicher Detailschilderungen aus weiter zurückliegender, aber auch aus jüngster Vergangenheit enthalten.

346 «Die Sinn-Fein-Politikerin Mary-Lou McDonald bezeichnete die Vorgänge in den Wäschereien [katholischer Nonnen] als ‹sehr irische Variante der Sklaverei›». ALIOTH, *Variante* 7. Vgl. auch «Philomena», ein britisches Filmdrama von Stephen Frears aus dem Jahr 2013. Dieser Film erzählt: Im Jahr 1952 wird die etwa 15-jährige Philomena Lee schwanger – eine Schande im streng katholischen Irland, weswegen ihre Eltern sie in ein Kloster abschieben. Dort darf sie, so wie andere «gefallene» Mädchen, ihren Sohn Anthony zur Welt bringen, muss für diese «Gnade» jahrelang schwere Arbeit verrichten und darf ihr Kind, das zur Adoption freigegeben wird, täglich nur für eine Stunde sehen. Der gefürchtete Tag kommt, an dem Anthony gegen Philomenas Willen an Adoptiveltern weggegeben wird. Da in der Folge alle Spuren von den Nonnen verwischt werden, gelingt es Philomena später nicht, etwas über den Verbleib ihres Kindes zu erfahren – bis sie, an Anthonys 50. Geburtstag, erstmals ihrer Tochter Jane von seiner Existenz erzählt und diese Martin Sixsmith bittet, die Geschichte ihrer Mutter aufzuschreiben.

347 BUCHSTEINER, *Fund*.

Über all diese Verbrechen soll hier nicht berichtet werden. Ich konzentriere mich im Folgenden auf die Geschichte eines Opfers von sexueller Gewalt in der Kirche: Ein Opfer sexueller Gewalt, Frau Marie Collins, bricht das Schweigen.[348] Als zwölfjähriges Mädchen freut sie sich im Kinderkrankenhaus auf die Besuche von Pater Paul, der erst wenige Jahre zuvor seine Priesterausbildung beendet hatte. Erst allmählich erkennt sie,

> «dass er dabei war, mein Vertrauen zu gewinnen – mich auf das ‹vorzubereiten›, was noch kommen würde. Als er anfing, mich intim zu berühren, war ich schockiert und verwirrt. Instinktiv fühlte ich, dass das, was geschah, verwerflich war. Ich versuchte ihn abzuhalten. […] Er sei ‹ein Priester, und Priester können kein Unrecht begehen›! […] Falls ich meinte, etwas sei verwerflich, dann hätte ich ‹Recht und Unrecht verwechselt›. […] Mein Peiniger hatte Macht und Autorität – er war ein Erwachsener, ich war ein Kind. Es war ein ungleicher Kampf. Er nutzte meine Verletzlichkeit, meine Abhängigkeit und meine Unschuld aus. […] Er benutzte sein Priesteramt, um seinem abscheulichen Tun leichter nachgehen zu können. Ich verliess das Krankenhaus nach drei Wochen als ein sehr verändertes Kind.»[349]

Es folgen akute Angstsymptome, Panikattacken und Depressionen, Agoraphobie, ein Gefühl von Wertlosigkeit. Nach 25 Jahren im Rahmen einer Psychoanalyse kann das Opfer zum ersten Mal davon sprechen.

> «Mein Arzt arbeitete schwer daran, mir bei der Einsicht zu helfen, dass der Missbrauch nicht meine Schuld gewesen war. […] Irgendwann fühlte ich mich stark genug, der Kirche zu melden, was geschehen war. […] Die Reaktion des Vikars bestand darin, mir zu sagen, ich sei für die Taten meines Peinigers wahrscheinlich verantwortlich gewesen, und er lehnte es ab, seinen Namen zu notieren oder ihn zu melden.»[350]

Diese Reaktionen eines Kirchenvertreters erschütterte die Patientin zutiefst und warf sie in den Abgrund der Schuld zurück. Erst 1995, nachdem irische Medien ein Schlaglicht auf die Pädophilie warfen, wagte sie nochmal einen Versuch beim Erzbischof von Dublin und beim Krankenhaus. Letzteres bot sofort jegliche Hilfe an, die die ehemalige Patientin benötigte, einschliesslich Beratung.

---

348 COLLINS, *Schweigen* 251–258.

349 A. a. O. 251–252.

350 A. a. O. 253.

«Die Kirche schickte mir einen Brief, in dem sie dazu riet, mich mit einem Anwalt in Verbindung zu setzen, und darum bat, telefonisch mit ihr einen Termin zu vereinbaren, um Bericht zu erstatten. [...] Ich wollte die Kirche nur darauf aufmerksam machen, dass eines ihrer Mitglieder eine Gefahr für Kinder darstellen könnte. Gedanken an Anwälte oder Rechtsansprüche kamen mir nicht in den Sinn.»[351]

Schwer verständlich ist, dass die Kirchenvertreter keine Sorge um zukünftige Opfer zeigten.

«Anstatt dass meine Kirche mich in dieser schwierigen Zeit unterstützte, schützte sie meinen Peiniger. Ich wurde belogen und von der Kirche bedroht, weil ich mit der Polizei zusammenarbeitete.»[352]

Nach dem Prozess benötigte das Opfer sexueller und institutioneller Gewalt eine jahrelange Therapie,

«die mir half, mein Leben zurückzugewinnen, Selbstwertgefühl und Selbstvertrauen wiederzuerlangen. Langsam fand ich mich mit dem ab, was mit mir und meinem Leben geschehen war. Seitdem ist meine Depression nicht mehr wieder aufgetreten. Ich schaue nicht verbittert darauf zurück, wie anders mein Leben verlaufen wäre, wenn Pater Paul meinen Weg nicht gekreuzt hätte – es hat keinen Zweck. Ich habe ihm vergeben; er war ein Mann mit einem Problem. Das Handeln meiner Kirche ist nicht so leicht zu verzeihen. [...] Sie hat sich für ihre Priorität entschieden: den Schutz der Institution. Den Verwundbaren Gottes Liebe zu zeigen und Gefährdete zu schützen stand nirgendwo auf ihrer Tagesordnung.

Im [...] Bericht über die irische Kirche ‹Zeit zuzuhören – Der katholische Klerus in Irland stellt sich dem Problem der sexuellen Misshandlung von Kindern›[353] hat sich das in vielen ähnlichen Fällen als Norm erwiesen. [...] Meine Religion wurde mir nicht von meinem Peiniger, sondern von der Kirche weggenommen. Damit bin ich nicht allein. Die Entfremdung von der Kirche hat bei Opfern und Familienmitgliedern ‹eher aufgrund der Art [stattgefunden], wie auf ihre Beschwerde über den Missbrauch reagiert und mit ihr umgegangen wurde, statt als direkte Folge des Missbrauchs selbst›.»[354]

---

351 Ebd.

352 A. a. O. 255.

353 GOODE/MCGEE/O'BOYLE, *Time* 201.

354 Ebd.

Das Opfer sexueller und institutioneller Gewalt in der Kirche, der die Interessen der Institution vorgingen vor den Rechten des Opfers, stellt interessante Fragen:

> «Die Zeit für eine vollständige Neubewertung der Strukturen und des Ethos der Institution ist gekommen. Soll es in dieser geschlossenen Männergesellschaft einen Platz für Frauen geben? Kann eine ausschliesslich [zölibatäre] männliche Gruppe die Bedürfnisse und Gefühle einer Gesellschaft, die zu 50 % weiblich ist, verstehen und widerspiegeln? [...] Das Prinzip, dass der Schutz der Institution an erster Stelle steht, muss durch die, die in der Kirche sind, infrage gestellt werden. Das vorrangige Anliegen, einen ‹Skandal› um jeden Preis zu vermeiden, hat im Falle der klerikalen Misshandlungen von Kindern zu ungeheuren Schäden an der Institution geführt, die die Hierarchie schützen wollte.»[355]

Der an einer nachhaltigen Gewaltprävention arbeitende Psychiater und Psychotherapeut Werner Tschan fragt mit Pater Klaus Mertes:

> «Warum erfährt ein Jugendlicher oder auch ein Kind, das sich gegen die [sexuelle] Gewalt wehrt, soviel [institutionelle] Gewalt? Die Antwort lautet: aus Angst vor dem Opfer. Das Opfer hat eine Geschichte zu erzählen, die das Selbstverständnis von Gruppen, von Familien, Schulen [sowie Kirchen] und Gesellschaften erschüttert. Einem Opfer zuzuhören – nicht aus der beobachtenden, begleitenden oder therapeutischen Perspektive, sondern aus der beteiligten, sich selbst dem System zurechnenden Perspektive – bedeutet, sich einem anderen Blick auf sich zu öffnen, Mythen des Selbstverständnisses loszulassen, den Stolz aufgrund von Zugehörigkeit zurückzustellen. Das tut weh. Um den Schmerz zu vermeiden, bietet sich als Alternative an, das Opfer zum Schweigen zu bringen.»[356]

Da die Opfer gegenüber der Institution und den Institutionsvertretern (Priester, Ärzte, Professoren, Chefs, Trainer) die Schwächeren sind, ist diese Strategie über Jahrhunderte erfolgreich gewesen. Die Freiheitsrechte bzw. die Menschenrechte schützen das Opfer vor der Institution (Staat, Kirche, Spital, Universität, Firma, Sportverein etc.). Daher hat sich hier auch rechtlich etwas geändert, sogar in der Kirche.[357] Es sind interne Prozesse gegen Bischöfe möglich geworden, die die Missbrauchsvergehen ihrer Priester vertuscht haben.[358] Die Freiheitsrechte

355 COLLINS, *Schweigen* 251–258, 256 f.

356 TSCHAN, *Grenzverletzungen* 19–28, 19.

357 Vgl. LORETAN, *Schützen Menschenrechte?* 77–88.

358 Vgl. REIS SCHWEIZER, *Papst* 4.

schützen also die Opfer von sexueller Gewalt gegen die institutionelle Gewalt der Institutionen (Kirche, Staat, Spital, Universität, Firma, Sportverein etc.). Wer sich gegen die Freiheitsrechte in den Institutionen wehrt, der will die sexuellen Übergriffe von Institutionsvertretern nicht zur Kenntnis nehmen, die in diesem Unterkapitel nur bezogen auf die irische Kirche thematisiert worden sind.

4.9.3 Die Kinderrechtskonvention[359]

1989 wurde die Kinderrechtskonvention verabschiedet, um für alle Kinder der Welt eine Grundlage für gleiche Rechte zu schaffen. Diese Konvention, die auch als Präventionsmittel gegen sexuelle Gewalt an Kindern durch Institutionsvertreter verstanden werden kann, umfasst 54 Artikel zum Schutz und Entwicklung der Kinder und basiert auf den Prinzipien der Nichtdiskriminierung, des Kindeswohls sowie der Anhörung von Kindern. Entscheide, die das Kind betreffen, müssen in seinem besten Interesse gefällt werden. Kinder dürfen mitreden in Belangen, die sie selbst betreffen. Als völkerrechtliches Übereinkommen verpflichtet die Kinderrechtskonvention die Staaten, Kinder mit gesetzlichen Massnahmen zu schützen. Auch die römisch-katholische Weltkirche ist dieser Konvention beigetreten, um die Familien zu stärken und das Engagement der politisch Verantwortlichen für Bildung, Gesundheit und soziale Fürsorge zu unterstützen. Nach dem Bekanntwerden der Misshandlungen von Kindern in kirchlichen Einrichtungen klagt man die Kirche an vor dem modernen Weltgewissen in Gestalt der menschenrechtlichen Überwachungsausschüsse. Das Kinderrechtsabkommen dient dabei auch als eine Art Gewissensspiegel. Bedauerlicherweise bezieht der Heilige Stuhl bislang eine Minimalposition, was seine völkerrechtliche Umsetzungsverpflichtung angeht. Auch hier werden die institutionellen Interessen des Vertreters des Heiligen Stuhls den Rechten der Kinder vorgezogen. Die Kinderrechtskonvention würde sich als Rechtsverpflichtung nur auf den Staat der Vatikanstadt beziehen (Völkerrechtssubjekt), wo es praktisch keine Kinder gibt, und nicht auf das Völkerrechtssubjekt des Heiligen Stuhls und damit auf die ganze Kirche. «Die Frage nach der Zukunft der Beziehungen des Hl. Stuhls zu den internationalen Organisationen wird sich demgemäss nicht nach dem Ob dieser Beziehungen, sondern danach stellen müssen, wie die Teilnahme des Hl. Stuhls noch effektiver gestaltet werden kann.»[360] Und was soll mit den mehr als fünfzig Millionen Kindern

359 In diesem Abschnitt beziehe ich mich auf Vorarbeiten von Herrn Franz Wittmann, Doktorand in Cork, Irland, und ehemaliger Forschungsassistent an meiner Professur.

360 Vgl. *Völkerrechtliche Beziehungen des Heiligen Stuhls zu den internationalen Organisationen* 479–772, 772.

und Jugendlichen weltweit geschehen, die in katholischen Schulen betreut, ausgebildet und erzogen werden, möchte man dieser vatikanischen Minimalposition entgegenhalten? Gerade für das im internationalen Vergleich sehr bedeutsame kirchliche Bildungswesen wird man nach Formen vertrauensvoller Zusammenarbeit zwischen staatlichen und kirchlichen Stellen suchen, bisweilen auch um tragbare Kompromisse ringen müssen. Entscheidend ist nur, dass man dabei nicht aus dem Auge verliert, wem der Aufwand schliesslich zugutekommen soll: den Freiheitsrechten des Kindes gemäss der Kinderrechtskonvention.

Paradigmatisch befasst sich ein Forschungsprojekt zwischen der Rechtsfakultät der Universität Cork (Irland) und der Professur für Kirchenrecht und Staatskirchenrecht der Universität Luzern (Schweiz) mit der Entwicklung eines Rechtes auf gewaltfreie Erziehung, das im Rang einer menschenrechtlichen Garantie, auch im Kirchenrecht, anerkannt werden sollte. Mit publizierten Ergebnissen dieser neuartigen Entwicklung im Grenzbereich zwischen moderner Menschenrechtsentwicklung und dem Recht der Kirche ist ab Ende 2017 zu rechnen.

4.9.4 Zusammenarbeit von Kirche und Staat bei Übergriffen

Die Frage der Vorbildlichkeit kirchlichen Rechts haben verschiedene Autoren als Postulat aufgestellt. Obwohl weder die Rechtslage (CIC/1983) noch die Sachlage (Irland und der Heilige Stuhl) erlauben, von einer Vorbildlichkeit im Umgang mit kirchlichem Recht im Zusammenhang mit sexuellen Übergriffen zu sprechen, ist an dem Postulat des vorbildlichen Rechts festzuhalten. Dies verlangt aber ein Umdenken. Es dürfen nicht mehr Personenrechte von Kindern, Frauen und Männern verletzt werden. Es kann als Erfolg gewertet werden, dass die Kirche bei der Verfolgung von sexueller Gewalt durch Kleriker neu bereit ist, mit staatlichen Gerichten zusammenzuarbeiten gemäss den Richtlinien der Glaubenskongregation.[361] Nach der geltenden Rechtslage ist es dem zuständigen Bischof «keineswegs verwehrt, einen straffällig gewordenen Kleriker beim weltlichen Gericht anzuzeigen. Es ist ihm nur verwehrt, Einzelheiten aus dem Verfahren vor der Glaubenskongregation des Apostolischen Stuhles weiterzugeben.»[362]

---

361 Strafrechtsnormen der Glaubenskongregation, AAS 93 (2001) 737–739, abgedruckt in: AKathKR 170 (2001) 144–147; AAS 102 (2010) 419–430, abgedruckt in: AKathKR 179 (2010) 169–179. Vgl. SEKRETARIAT DER DEUTSCHEN BISCHOFSKONFERENZ, *Arbeitshilfe 246* 49–69.

362 KRÄMER, *Recht* 286–302, 297: «Und was die Besetzung aller wichtigen Prozessrollen durch Priester betrifft, ist zuzugeben, dass die entsprechende Bestimmung aus der Perspektive des Opfers kaum vermittelbar ist.»

Über Jahrhunderte war diese Form der Zusammenarbeit mit weltlichen Gerichten nicht denkbar. Der Machtanspruch der Kirche auch in weltlichen Angelegenheiten sah die Kirche in ihrer Kompetenz bezüglich der Sünde *ratione peccati* begründet, wie die grossen Diskussionen über das Verhältnis zwischen Sünde und Macht des 13. Jahrhunderts zeigen: Lässt sich die politische Herrschaft «von der Erbsünde ableiten, von der Ruchlosigkeit der Menschen, und bildet sie damit ein Mittel gegen die Sünde, wie es die traditionelle augustinische Lehrmeinung sieht? Oder rührt diese Ruchlosigkeit, wie in den Theorien, die mit der Verbreitung des aristotelischen Denkens nach 1260 in das abendländisch-christliche Gedankengut [z. B. bei Thomas von Aquin] eingeführt wurden, aus dem Wesen des Menschen selbst als ‹zoon politikon›?»[363] Dieses neue Verständnis der politischen Macht bezeichnet Paulo Prodi als «einen der grössten Wendepunkte überhaupt in der Geschichte des abendländischen politischen Denkens und eröffnet den Weg hin zur Lehre von der demokratischen Partizipation und zur Freiheit»[364].

Das Thema der Sünde hat alle politischen und theologischen Denkrichtungen geleitet, aber unterschiedlich zwischen den Unterstützern der päpstlichen und den Unterstützern der politischen Macht.

> «Während die einen die Sünde ideologisch zur Unterstützung der Macht des Papstes als oberstem Richter über die Sünde instrumentalisieren, dient sie anderen als Beleg für die Autonomie der Herrscher als von Gott Beauftragten (und Gott unmittelbar dafür Verantwortlichen), über das der menschlichen Gemeinschaft innewohnende Böse zu walten.»[365]

Die Besonderheit des abendländischen Christentums im Mittelalter kann darin gesehen werden, dass im Kampf um die Hegemonie der fundamentale Dualismus zwischen geistlich und säkular bewahrt bleibt. Dieser Dualismus bewirke,

> «dass das kanonische Recht für das profane Recht geradezu einer der Führer auf dem Wege zur Rationalität wurde. […] Die prinzipielle Schrankenlosigkeit des Anspruchs auf materiale Beherrschung der gesamten Lebensführung, welche es mit allen theokratischen Rechten teilte, blieb im Okzident für die juristische Technik um deswillen relativ unschädlich, weil in Gestalt des römischen Rechts ein formal zu

363 PRODI, *Geschichte* 82.

364 A. a. O. 82 f.

365 A. a. O. 83.

ungewöhnlicher Vollendung gediehenes und durch die historische Kontinuität zum universalen Weltrecht gestempeltes profanes Recht ihm Konkurrenz machte»[366],

so Max Weber.

Unter Gregor VII. «liefert die Kirche die Legitimation für eine Desakralisierung nicht nur der politischen Macht, sondern auch der Rechtspflege»[367]. Die Kirche als Institution war von grösster Bedeutung «als Prototyp bei der Errichtung des Staates und des modernen [säkularen] Rechts»[368], wie u. a. Ernst Kantorowicz nachgewiesen hat in seinem Kapitel über die Bedeutung des Corpus Christi mysticum für die Entwicklung des unpersönlichen Begriffs des Staates und der Staatskasse[369]. Das kanonische Recht hatte Modellfunktion «für die Entstehung und Entwicklung des abendländischen Rechts als positives und veränderbares Recht und daher seinerseits säkularisiertes Recht [...] in Bezug auf Formalisierung und Normensicherheit, juristische Verfahren und das Berufungsrechtssystem, subjektive Schuld sowie Vertrags- und Eherecht»[370] sowie für das gesamte Privatrecht der Neuzeit. Es wurden Spielregeln entwickelt, mit denen Konflikte ausgetragen und nicht unter dem Deckmantel der Vermeidung eines Skandals verschwiegen werden. Kurz: Die kirchliche Rechtswissenschaft, die Kanonistik, hat Rechtsstandards in der westeuropäischen Rechtsgeschichte gesetzt, die die Rechtsstaaten prägen. Die Kanonistik muss daher das Gespräch mit dieser Rechtsentwicklung fortsetzen, indem sie *der Würde der menschlichen Person* (DH 1) und den modernen Freiheitsrechten Achtung verschafft, nötigenfalls in Zusammenarbeit mit den Rechtsstaaten, die die Freiheitsrechte der Opfer sexueller Übergriffe schützen.

4.10 Wie sollen in der Kirche Konflikte ausgetragen werden?

«Wie ist es um die Streitkultur in der Kirche bestellt? [...] Wie sollen in der Kirche Konflikte ausgetragen werden, ohne dass es zu einer Spaltung kommt?»[371] Das Kirchenrecht setzte einst Rechtsstandards für die europäische Rechtsentwicklung.

---

366 WEBER MAX, *Wirtschaft* 481.

367 PRODI, *Geschichte* 85.

368 Ebd.

369 Vgl. KANTOROWICZ, *Körper*. «Königtum und Verfassung: Corpus mysticum» 208–282.

370 PRODI, *Geschichte* 85.

371 KRÄMER, *Streitkultur* 124–145, 124.

Heute hat aber die Kirche die Standards der modernen, freiheitlichen Rechtsentwicklung nur in ihrer Soziallehre, nicht aber in ihrem Recht, akzeptiert.[372] So wird das Kirchenrecht immer noch als Recht der Herrschenden bzw. der Hierarchie wahrgenommen. Solche aristotelischen Rechtsvorstellungen haben aber grosse Akzeptanzprobleme in Gesellschaften mit freiheitlichen Rechtsstandards. Zudem kann das mittelalterliche Konzept der Verankerung des Rechts in einer ewigen unveränderlichen göttlichen Weltordnung nicht mehr überzeugen, weil selbst das oberste Lehramt der katholischen Kirche in Vat. II die Verankerung des Rechts in der sittlichen Würde der menschlichen Person sieht (DH 1). Die Frage der Legitimation kirchlichen Rechts wird daher auch bei der Rechtsanwendung gestellt. Ja, selbst die Hierarchie weigert sich, das Kirchenrecht anzuwenden, wie Papst Benedikt XVI. im Schreiben an die Katholiken Irlands erwähnt.[373]

In Österreich löste eine Pfarrerinitiative mit ihrem «Aufruf zum Ungehorsam», mitunterschrieben vom ehemaligen Generalvikar der Erzdiözese Wien (von 1995 bis 1999), erhebliche Irritationen aus. Deutet dieser Aufruf Risse im Fundament der Kirche an, die zu einer echten Spaltung auswachsen könnten, wie Jan-Heiner Tück, Schriftleiter der Zeitschrift Communio, vermutet?[374] Oder sind dies ganz normale Auseinandersetzungen, wie es sie in jeder Institution gibt, in der Freiheitsrechte nicht mit Füssen getreten werden? Verschiedene kirchliche Initiativen (z. B. Pfarrei-Initiative Schweiz, Initiative Kirche von unten etc.) melden ihre Sorge um den Kurs der Kirche an. Sie machen damit deutlich, «dass alle Glieder der Kirche zur aktiven Mitwirkung an der kirchlichen Sendung berufen und berechtigt sind»[375].

Wie können Konflikte der Kirchengemeinschaft ausgetragen werden? Im Folgenden sollen ein paar Rechtsmöglichkeiten in Erinnerung gerufen werden, die zur Deeskalation bzw. zur Konfliktlösung beitragen können:

---

372 Vgl. dazu BERKMANN, *Nichtchristen.*

373 Papst Benedikt XVI. schreibt in seinem Hirtenbrief an die Katholiken in Irland im 11. Kapitel «An meine Mitbrüder im Bischofsamt», «dass einige von Euch und Euren Vorgängern bei der Anwendung der seit langem bestehenden Vorschriften des Kirchenrechts zu sexuellem Missbrauch von Kindern bisweilen furchtbar versagt haben. [...] Ich rufe Euch auf, neben der vollständigen Umsetzung der Normen des Kirchenrechts im Umgang mit Fällen von Kindesmissbrauch weiter mit den staatlichen Behörden in ihrem Zuständigkeitsbereich zusammenzuarbeiten. [...] Es ist zwingend erforderlich, dass die Normen der Kirche in Irland zum Schutz von Kindern ständig überprüft und aktualisiert werden und dass sie vollständig und unparteiisch in Übereinstimmung mit dem Kirchenrecht angewandt werden.» BENEDIKT XVI., *Hirtenbrief.*

374 TÜCK, *Risse.*

375 KRÄMER, *Streitkultur* 124–145, 125.

- Das kanonische Recht besteht nicht nur aus dem kirchlichen hierarchischen Verfassungsrecht, sondern hat schon früh eine Definition der juristischen Person geliefert, die eigenständige kirchliche Institutionen entwickeln liess, wie z. B. die Universität[376] und die kirchlichen Vereine (c. 215 CIC/1983), die auch sehr eigenständige Wege[377] gehen können, die in Spannung zur kirchlichen Autorität stehen[378].
- Als Instrumente der Konfliktlösung sind auch die Menschenrechte zu verstehen. Sie gründen in der Würde der menschlichen Person (DH 1) und sind damit Bestandteil der Schöpfungsordnung. Sie müssen daher auch im kirchlichen Bereich einklagbar sein. Die gegenüber dem Staat eingeforderten Menschenrechte benötigen eine schöpferische Anpassung in der Kirche. Sie erfahren dabei eine Modifizierung, indem sie ausgerichtet werden auf den Heilsauftrag der Kirche. Dabei kann das Grundanliegen des Menschenrechts sehr stark geschmälert werden. So gewährt z. B. c. 212 § 3 CIC/1983 ein Recht auf Meinungsäusserung. Die Gläubigen haben das Recht und bisweilen sogar die Pflicht, ihre Meinung den Leitern der Institution Kirche, die «geistliche Hirten» genannt werden, mitzuteilen. Dieses Recht auf freie Meinungsäusserung wird aber mit vielen Einschränkungen und Vorbehalten umgeben. Aber kann die Erlösungsordnung (Heilsauftrag) die Schöpfungsordnung (Menschenrechte) so einschränken, dass sie beinahe ausser Kraft gesetzt wird?
- Da die Kirche «die Grundrechte der menschlichen Person» (c. 747 § 2 CIC/1983) nach aussen einfordert, wird die Kirche noch erleben, dass auch bei ihr die Grundrechte der menschlichen Person eingefordert werden. Auch jene Grundrechte werden eingeklagt, die der CIC/1983 und der CCEO noch nicht kennen. Denn es hat sich die Auffassung durchgesetzt, «dass die den Grundrechten zugrundeliegenden Wertvorstellungen für die gesamte Rechtsordnung wirksam und daher nicht nur auf öffentlich-rechtliche, sondern auch auf

---

376 Vgl. LORETAN, *Theologia* 7–14, bes. 8.

377 Von einem «laisierten» Ordenspriester ging in Luzern die Initiative zur Gassenarbeit vor über 30 Jahren aus. Im Sommer 1985 schuf die Kirchgemeinde auf seine Initiative eine 50-Prozent-Stelle für die Gassenarbeit. Ohne Büro, jedoch mit dem Rucksack war der Gassenarbeiter unterwegs bei den Drogenkranken auf der Gasse. 1993 gründeten die katholische, die reformierte und die christkatholische Kirche der Stadt Luzern den ökumenischen Verein Kirchliche Gassenarbeit Luzern, die heute rund 50 Mitarbeitende hat und als diakonisches Projekt von allen drei Landeskirchen als Flaggschiff alle Jahresberichte krönt. Es wird damit unterstrichen, wie wichtig der sozial-diakonische Beitrag der Kirchen für die Gesellschaft ist. Vgl. LORETAN/MÄDER/RIEDENER U. A., *Gassenarbeit.*

378 Vgl. DEMEL, *Kirche* 82–86. Vgl. dazu auch KRÄMER, *Streitkultur* 124–145, 136–140.

privatrechtliche Beziehungen anwendbar seien. [...] Da aber Kirchen und Religionsgemeinschaften ebenso wie der Staat und sonstige öffentlich-rechtliche und privatrechtliche Gemeinschaften nicht Träger von eigentlichen Grundrechten sein können, weil diese [...] nur Individuen zukommen, können sie der Drittwirkung eigentlicher Grundrechte auch keine eigenen Grundrechte entgegenhalten. [...] Zu nennen ist in diesem Zusammenhang insbesondere Art. 21 [der Europäischen Menschenrechtskonvention] (Nichtdiskriminierung), nach dessen Abs. 1 Diskriminierungen, insbesondere wegen des Geschlechts, der Rasse, der Hautfarbe, der ethnischen oder sozialen Herkunft [...] verboten»[379] sind. Heribert Franz Köck hält es für unverständlich, dass leitende Funktionäre der Religionsgemeinschaften «sich auf ein angebliches göttliches Recht [...] berufen, um Verstösse gegen diese Grundwerte, die im Bereich ihrer Kirchen und Religionsgemeinschaften stattfinden, zu rechtfertigen und sich von der Beachtung von Demokratie, Gleichheit, Rechtsstaatlichkeit, der Gleichheit von Mann und Frau und vom Verbot der Diskriminierung für dispensiert halten. Noch unverständlicher aber ist es, dass der Staat derartige Verstösse ohne Reaktion hingehen lässt und seine Untätigkeit auch noch [als] Beweis für seine Achtung der religiösen Freiheit ansieht.»[380] Die Diskriminierung der Frau z. B. ist aber in Gesellschaft und Staat kein Kavaliersdelikt mehr, das hingenommen würde. Es stellt sich die Frage, warum der Staat Einrichtungen fördern soll, wenn sie wesentliche Grundrechte für ihren eigenen Bereich ablehnen. Die Frage wird durch die laufende Debatte um die öffentlich-rechtliche Anerkennung der islamischen Religionsgemeinschaften in der Schweiz verstärkt. Die Frage nach der Grundrechtskompatibilität der islamischen Gemeinschaften[381] wirft auch für die Kirchen neue Fragen auf: Sind die Kirchen grundrechtskompatibel?

– Die Hierarchie und die Gläubigen dürfen die Christenrechte nicht als spirituelle Verschönerung der Codices verstehen, sondern als eigentliche Rechte. Trotz den Unterschieden zwischen den Christenrechten und den Menschenrechten, die in der Erlösungsordnung bzw. in der Schöpfungsordnung verankert sind, ist die Anknüpfung der Christenrechte an die Menschenrechtsidee nicht zu übersehen. «Wie die Menschenrechte sind auch die spezifischen Christenrechte der jeweiligen Autorität vorgegeben und richten sich gegen willkürliche Vorgehensweisen kirchlicher Amtsträger.»[382]

---

379 KÖCK, *Grundrechte* 1035–1054, 1042.

380 A. a. O. 1043.

381 Vgl. LORETAN/WEBER/MORAWA, *Freiheit* 50–59; 81–118.

382 KRÄMER, *Streitkultur* 124–145, 126.

– Die Bibel (Gal 3,28), das Zweite Vatikanische Konzil (LG 32) und das geltende Recht (c. 208 CIC/1983) erinnern die Gläubigen und die Hierarchie daran, dass unter allen Gläubigen «eine wahre Gleichheit in ihrer Würde und Tätigkeit» (c. 208) besteht. Die Laien haben «die geweihten Amtsträger zu Brüdern» (LG 32). Hier wird die mittelalterliche Ständegesellschaft durchbrochen, die zwischen Klerikern und Laien immer zuerst zu unterscheiden wusste. Bruder Franziskus durchbrach mit seinem Leben die Ständeordnung. Er nennt die Gemeinschaft, die er gegründet hat, bewusst «Brüderschaft (Br.Ord.2)»[383]. In der Französischen Revolution wird dieser Begriff aufgegriffen, um die Überwindung der Ständeordnung des Ancien Régime auszudrücken. «Der Gebrauch des Begriffs ‹Bruder/Schwester› in der weiteren Geschichte bis zu seinem Auftauchen im ersten Artikel der UNO-Menschenrechts-Deklaration kann bis zu seinen biblischen Wurzeln zurückverfolgt werden.»[384]
– Die wahre Gleichheit in der Kirche ist in der Taufwürde gegeben, insofern haben alle Gläubigen am priesterlichen, prophetischen und königlichen Amt Christi teil, wie der neue Taufritus belegt. Am Ende von LG 32 findet sich das berühmte Zitat von Augustinus, der ebenfalls die Taufgnade und Taufwürde vor seinem Amt als Bischof hervorhebt: «Wo mich erschreckt, was ich für euch bin, da tröstet mich, was ich mit euch bin. Für euch bin ich Bischof, mit euch bin ich Christ. Jenes bezeichnet das Amt, dieses die Gnade, jenes die Gefahr, dieses das Heil.» Alle Gläubigen sind also berufen, am Aufbau des Leibes Christi mitzuwirken. Differenzen, in fairer Weise ausgetragen, könnten zu einem vertieften Verständnis der Einheit führen.
– «Denken ist eine Art Dialog – nach Platon ist das Denken ein stilles Gespräch der Seele mit sich selbst. Verstehen setzt Denken voraus. Also liegt der Schluss nahe, dass Verstehen eine Art Dialog voraussetzt.»[385] Dialog in der Kirche ist nur möglich, wenn «die geistlichen Amtsträger zu einem offenen Austausch der Meinungen mit allen Gliedern der Kirche bereit sind und diese nicht, wie es noch in vielen Bestimmungen heisst (vgl. cc. 87, 91, 751 CIC u. ö.), als Untergebene (‹subditi›) begreifen und dadurch die Lehre über die wahre Gleichheit verdunkeln»[386]. Aber auch die Gläubigen haben in einem Dialogforum die Rolle der Minister, der Diener an der Einheit des Volkes Gottes, zu respektieren.

---

383 MITTERER, *Brüderlichkeit* 334–337, 334.

384 A. a. O. 335.

385 DAMSCHEN/VIGO, *Vorwort* 7.

386 KRÄMER, *Streitkultur* 124–145, 128.

– Auch die Synoden können als Dialogforen und damit als innerkirchliche Konfliktlösungsinstrumente verstanden werden, auch wenn die Diözesansynode vom Bischof abhängt, indem er sie einberuft, leitet und die Beratungsgegenstände festlegt (c. 465 CIC/1983) und als einziger gesetzgebende Vollmacht innehat (cc. 461, 462, 466 CIC/1983). Die Synodenbeschlüsse werden über die päpstliche Nuntiatur auch dem Apostolischen Stuhl zur Kenntnisnahme mitgeteilt, nicht aber approbiert.[387] Drei Neuerungen nach Vat. II sind dabei zu beachten: Die Diözesansynode ist keine reine Klerikerversammlung mehr, vielmehr sind auch Laien als gleichberechtigte Mitglieder der Synode einzuladen. Es besteht in der Kirche Meinungsäusserungsfreiheit (c. 212 § 3 CIC/1983). Auch den als Beobachter eingeladenen, nicht katholischen Christen kann ein Rederecht eingeräumt werden, wenn die vorbereitende Kommission für eine Synodenordnung dies vorsieht. Die Diözesansynode ist auf der einen Seite Ausdruck des bischöflichen Leitungsamtes, auf der anderen Seite eine Erfahrung der kirchlichen Gemeinschaft im Heiligen Geist. Als Gefahr sieht damit Peter Krämer einerseits die Überbetonung der bischöflichen Leitung. Kanon 127 § 2 CIC/1983 betont, «dass der Bischof von einem mehrheitlich oder sogar einstimmig erteilten Rat nicht abweichen [darf], sofern hierfür nicht ein schwerwiegender Grund gegeben ist»[388]. Das Direktorium für den Hirtendienst der Bischöfe[389] betont in Nr. 173 andererseits die Pflicht des Bischofs, von der Synodendiskussion solche Themen und Positionen auszuschliessen, die nicht mit der ständigen Lehre der Kirche oder des päpstlichen Lehramtes übereinstimmen.
– Um die Dialogkultur in der Kirche ist es dann schlecht bestellt, wenn der Dialog abreisst. In der Kirche sollte Raum bleiben für konstruktive Kritik, ohne dass vorschnell mit Sanktionen gearbeitet wird. Ein Beispiel dafür hat Benedikt XVI. gegeben, der dem «Aufruf zum Ungehorsam» der österreichischen Pfarrer-Initiative nicht mit Sanktionen begegnete, sondern mit einer Argumentation: «Vor kurzem hat eine Gruppe von Priestern in einem europäischen Land einen Aufruf zum Ungehorsam veröffentlicht und dabei gleichzeitig auch konkrete Beispiele angeführt, wie dieser Ungehorsam aussehen kann, der sich auch über endgültige Entscheidungen des kirchlichen Lehramtes hinwegsetzen soll wie zum Beispiel in der Frage der Frauenordination. [...] Wir wollen den Autoren dieses Aufrufs glauben, dass sie die Sorge um die Kirche

---

387 Vgl. a. a. O. 143.

388 A. a. O. 142.

389 SEKRETARIAT DER DEUTSCHEN BISCHOFSKONFERENZ, *Direktorium.*

umtreibt; dass sie überzeugt sind, der Trägheit der Institutionen mit drastischen Mitteln begegnen zu müssen, um neue Wege zu öffnen – die Kirche wieder auf die Höhe des Heute zu bringen. Aber ist Ungehorsam wirklich ein Weg? Spüren wir darin etwas von der Gleichgestaltung mit Christus, die die Voraussetzung jeder wirklichen Erneuerung ist, oder nicht doch nur den verzweifelten Drang, etwas zu machen, die Kirche nach unseren Wünschen und Vorstellungen umzuwandeln?»[390]

- Weitere Modelle der Konfliktbewältigung hat die Kirchenrechtswissenschaft entwickelt bei der Frage der (Weiter-) Geltung von Gesetzen, obwohl sie nicht in die Codices (1917, 1983, 1990) aufgenommen wurden. Zum Inkrafttreten bedarf ein kirchliches Gesetz keinerlei Zustimmung oder Annahme (*acceptatio*) vonseiten der Normadressaten, wohl aber einer Rezeption (*receptio*). Für Gratian erlangt ein Gesetz seine Bestätigung und Dauerhaftigkeit erst durch die Einhaltung seitens der Normadressaten. «Ein rein kirchliches Gesetz, das von Anfang an oder ab einem späteren Zeitpunkt allgemein nicht beobachtet wird, verliert seine Wirksamkeit und damit seine Verpflichtungskraft.»[391] Als Beispiel wird die Apostolische Konstitution «Veterum sapientia» vom 22. Februar 1962[392] genannt, die den Gebrauch der lateinischen Sprache für den Unterricht in Seminaren und anderen kirchlichen Einrichtungen vorschrieb und nicht rezipiert wurde. Heimerl geht von einer dialogischen Sicht der Normgeltung aus. Sie ist eine «notwendige Konsequenz aus dem Dialog- bzw. Konsensprinzip des Kirchenrechts, demzufolge die normsetzende Autorität und der Konsens der Gemeinschaft aufeinander verwiesen sind»[393].
- «Verwandt mit der Desuetudo ist das gesetzeswidrige Gewohnheitsrecht.»[394] Das kanonische Recht anerkennt neben dem positiven Gesetz die Gewohnheit als zweite Rechtsquelle (cc. 21–28 CIC/1983; 1506–09 CCEO). Die Gewohnheit gilt auch als beste Auslegerin der Gesetze (c. 27 CIC/1983). Das Zusammenwirken einer passiv gesetzesfähigen Gemeinschaft mit dem Gesetzgeber, in der Absicht, Recht einzuführen, lässt Gewohnheitsrecht entstehen (c. 25 CIC/1983). Gewohnheit kommt durch eine lange andauernde, beständige und gleichförmige Praxis zustande. Sie kann auch stillschweigend erfolgen. Sie bildet einen Ausgleich zwischen einem weltweit geltenden Recht

---

390 BENEDIKT XVI., *Chrisam-Messe.*

391 REES, *Bewahrung* 81–111, 91.

392 JOHANNES XXIII., *«Veterum sapientia»* Nr. 129–135.

393 HEIMERL/PREE, *Kirchenrecht* 34; Hervorhebung getilgt. Vgl. PFEIFER, *Heimlichtuerei* 387 f.

394 KALDE, *Desuetudo* 407 f., 407.

(Rechtseinheit) und «der örtlichen oder sachlichen Angemessenheit des Rechts (Rechtsinkulturation)»[395]. Eine Gewohnheit darf dem *ius divinum* nicht widersprechen (c. 24 CIC/1983). Eine dem Gesetz widersprechende Gewohnheit (*contra legem*) kann nur dann Gesetz werden, wenn sie vernünftig ist, d. h. mit der kirchlichen Ordnung übereinstimmt. Eine im Gesetz ausdrücklich verworfene Gewohnheit ist nicht vernünftig (c. 24 § 2 CIC/1983). «Eine blosse Gesetzeswidrigkeit gilt demgegenüber nicht als unvernünftig.»[396]

– Das Remonstrationsrecht (*ius remonstrandi*) der Bischöfe gegen päpstliche Gesetze kennt die Kirchenrechtswissenschaft seit den Anfängen im 12. Jahrhundert. Der Bischof ist der Universalkirche verpflichtet und hat die gemeinsame Ordnung der ganzen Kirche zu fördern (c. 392 § 1 CIC/1983). Um den pastoralen Erfordernissen seiner Ortskirche gerecht zu werden, hat er neben der Dispens von päpstlichen Gesetzen (c. 87 CIC/1983) in Einzelfällen zusätzlich das sogenannte bischöfliche Remonstrationsrecht mit Suspensivwirkung, «d. h. das Recht, beim Apostolischen Stuhl vorstellig zu werden und gegen ein universalkirchliches Gesetz begründeten Einspruch zu erheben, der aufschiebende Wirkung hat und so auf legitime Weise ein universalkirchliches Gesetz in der Ortskirche zumindest zunächst nicht zum Zuge kommen lässt»[397]. Papst Bonifaz VIII. ging noch einen Schritt weiter und verkündete den Rechtssatz, «dass ein universalkirchliches Gesetz partikulares Sonder- und Gewohnheitsrecht, sofern dieses vernünftig ist, nicht treffen wolle»[398].
– Zudem können Gesetze verändert werden. Unveränderbar gilt in der Kirche nur göttliches Recht. In Bezug auf die Kirchenverfassung hat Peter Kistner aufgezeigt, dass der Freiraum für eine Kirchenrechtsreform aber sehr viel grösser ist, als allgemein angenommen. «Ein institutionelles Kirchenverständnis neigt dazu, die institutionelle Kirche als eine kompakte, von Gott durch Jesus Christus geschaffene Wirklichkeit zu sehen.»[399] Anders dagegen das personale Kirchenverständnis von Thomas von Aquin. Er definiert die Kirche als «congregatio fidelium»[400] oder als *corpus*. Damit nimmt er den neutestamentlichen (paulinischen und nachpaulinischen) Sprachgebrauch von der Kirche als *corpus Christi* oder als *corpus mysticum* auf. Die Kirche ist damit «keine substantielle

395 RIEDEL-SPANGENBERGER, *Grundbegriffe* 124.

396 RIEDEL-SPANGENBERGER, *Gewohnheitsrecht* 142–144, 143.

397 MÜLLER HUBERT, *Verwirklichung* 14–38, 32.

398 A. a. O. 32 f.

399 KISTNER, *Das göttliche Recht* 128.

400 THOMAS VON AQUIN, Sent. IV 41, 1, 5 ad 1.

Einheit; sie besitzt nur akzidentelle Einheit, Beziehungseinheit, Ordnungseinheit, so wie die gesellschaftlichen Gebilde insgesamt»[401]. Das personale Kirchenverständnis unterscheidet sich vom institutionellen Kirchenverständnis dadurch, «dass die göttliche Vorgabe zum Kirche-Sein ausschliesslich normativer Natur ist; [...] dagegen ist die kirchliche Realität einschliesslich der kirchlichen Institutionen Menschenwerk zur Verwirklichung der normativen Vorgabe Gottes»[402]. Zudem muss das inhaltliche Fundament des *ius divinum* in Rechtsinstitute und Rechtssätze transformiert werden. Solche «Sätze des ius humanum sind deshalb niemals göttliches Recht, sondern enthalten dessen Grundgedanken stets nur mehr oder weniger in Anpassung an die geschichtlichen Umstände, in der Formulierung der Rechtssprache, also kontingent. Der einzelne auf ius divinum zurückgeführte Rechtssatz kann deshalb in grösserer oder geringerer Nähe zum zu Grunde liegenden Wert, Gut oder Prinzip stehen. Damit lassen sich Phänomene wie die einer Änderung des ius divinum oder auch die Frage seiner möglichen Dispensabilität widerspruchsfrei und theologisch legitim lösen.»[403]

– Wo die Kirche aus Treue gegenüber der Botschaft Jesu gebunden ist, kennt sie im Einzelfall alte Rechtsprinzipien wie die Epikie, die kanonische Billigkeit (*aequitas canonica*), die Oikonomia oder auch die Toleranz und Dispens, um dem obersten Gesetz der Kirche, dem Heil der Seelen (*salus animarum*) (c. 1752 CIC/1983), entsprechen zu können. Die Kirche hat bei Weitem mehr lehramtlichen Spielraum, als sie vorgibt. Dazu kommt eine sachdienliche Interpretation des gesamten positiven Rechtstextes: In Bezug auf die geschiedenen Wiederverheirateten soll dies nun exemplifiziert werden mit dem grundrechtlichen Ansatz: Jede christgläubige Person hat das Recht auf den Empfang der Eucharistie (c. 213 CIC/1983). Einschränkungen von Grundrechten bedürfen einer gesetzlichen Grundlage. Die Nichtzulassung zur Eucharistie ist damit nur dann zulässig, wenn dies die gesetzliche Grundlage verlangt. Diejenigen, die «hartnäckig in einer offenkundigen schweren Sünde verharren» (c. 915 CIC/1983), dürfen nicht zur heiligen Kommunion zugelassen werden. Es ist klar, dass das Leben von geschiedenen Wiederverheirateten der kirchlichen Lehre[404] widerspricht. Die Frage des Eucharistieempfangs von geschiedenen Wiederverheirateten ist im Kontext des c. 916 CIC/1983 zu beantworten.

---

401 KISTNER, *Das göttliche Recht* 133.

402 A. a. O. 132.

403 PREE, *Rechtscharakter* 49–70, 66.

404 JOHANNES PAUL II., *«Familiaris consortio»* Nr. 84.

Wer sich subjektiv «einer schweren Sünde bewusst ist» (c. 916), darf ohne vorherige sakramentale Beichte nicht die Eucharistie empfangen. Mit c. 916 liegt eine Ergänzung zu c. 915 vor, «als dass hier dessen eng auszulegende Kriterien durch den Aufruf zur Selbstbeurteilung ein gewisses Korrektiv erfahren.»[405] Oder anders ausgedrückt: Die Norm des Kanon 916 wendet sich im Unterschied zu Kanon 915 «nicht an den Kommunionspender, sondern an den Empfänger»[406], sie stellt «nicht auf öffentlich feststellbare Fakten, sondern auf das Gewissensurteil des einzelnen ab. C. 916 schärft eine moralische Pflicht ein und enthält keinen rechtlichen Ausschlussgrund, der vom Kommunionspender bzw. *minister sacer* wahrgenommen werden könnte. Wäre der Spender gleichzeitig Beichtvater des Empfängers, so dürfte er das in Zusammenhang mit der Beichte erworbene Wissen für die Zulassung zur Eucharistie im *forum externum* nicht verwenden.»[407] Somit kann die Argumentation mit Wilhelm Rees zusammengefasst werden: «Niemand ausser dem Sünder selbst kann hinreichend sicher wissen, dass er ein Sünder ist.»[408]

- Die Differenz von Recht und Moral ist für Helmuth Pree für die Auslegung der Rechtsnormen der Unauflöslichkeit der Ehe von entscheidender Bedeutung, «ermöglicht sie doch in sittlich einwandfreier und damit auch rechtlich zulässiger Weise, dass Geschiedene und Wiederverheiratete unter bestimmten Voraussetzungen zu den Sakramenten zugelassen werden können; bei den Sakramenten geht es um ein höchstes Gut im unmittelbaren Heilsinteresse der Person, welche niemals durch eine blosse (!) Rechtsnorm behindert werden kann»[409]. Pree plädiert dafür, dass «die Güterabwägung es in optimaler Weise auch im Kirchenrecht ermöglicht, eine dem Einzelfall entsprechende Lösung zu finden, ohne den Absolutheitsanspruch in irgendeiner Weise zu gefährden oder, wie hier, die Unauflöslichkeit auszuhöhlen»[410]. Ausführlicher wird diese Problematik im Zusammenhang mit der Enzyklika «Amoris laetitia» (2016) behandelt.[411]
- Ein Konfliktpunkt in den Diözesen, der auf einer Synode zur Sprache kommen sollte, sind die Zusammenlegungen der Pfarreien. Ist das Recht auf «Wort und Sakrament» (c. 213 CIC/1983) einklagbar in der Kirche? Gläubige fordern ihr Recht auf Wort und Sakrament ein gegen die Zusammenlegung der

405 ALTHAUS, *c. 916 CIC/1983* Rn. 2b.

406 PREE, *Unio* 119–152, bes. 141–150, 145.

407 A. a. O. 145 f.; Hervorhebungen im Original.

408 REES, *Bewahrung* 81–111, 97.

409 PREE, *Ehe* 339–396, 396.

410 Ebd.

411 Vgl. Teil 2 II. B) 3.3 in diesem Buch.

Pfarreien gemäss der Anzahl der noch vorhandenen zölibatären Priester einer Diözese. Hat die Pfarrei ein Recht auf die Eucharistie?[412]

- Der Zölibat ist «nicht vom Wesen des Priestertums selbst gefordert, wie die Praxis der frühesten Kirche [vgl. 1 Tim 3,2–5; Tit 1,6] und die Tradition der Ostkirchen zeigen, wo es […] auch hochverdiente Priester im Ehestand gibt. […] Der Zölibat ist jedoch in vielfacher Hinsicht dem Priestertum angemessen.» (PO 16) Karl Rahner bezeichnet die Sorge um einen genügend zahlreichen Seelsorgeklerus als «eine Verpflichtung, die als göttliches Recht auf der Kirche liegt, eine Verpflichtung, die im Konfliktfall das legitime Bestreben der Kirche nach einem zölibatären Seelsorgeklerus überbietet»[413]. Und Karl Rahner fährt fort: «Die Stimmen mehren sich, die die Überzeugung aussprechen, dass dieser Konfliktfall heute für Europa gegeben sei.»[414] Mit der Zölibatsfrage ist in der Kirche auch die gesamte heilige Macht (*sacra potestas*) verknüpft. Ausschliesslich zölibatäre Männer können trotz der theologisch neuen Sicht auf die Ehe (GS 47–52) zum Priestertum zugelassen werden und damit Leitungsfunktionen in der Kirche übernehmen (c. 129 § 1 CIC/1983). So wird deutlich, wieso die Neuverteilung der heiligen Macht (*sacra potestas*) ein langsamer Vorgang ist. Diakone und Laien können an der Ausübung von Leitungsvollmacht mitwirken (c. 129 § 2 CIC/1983), aber diese möglicherweise Verheirateten sind noch keine Jurisdiktionsträger im eigentlichen Sinn (c. 129 § 1), ausser in Situationen des Priestermangels (c. 1421 § 2; c. 517 § 2 CIC/1983). «Die Kirche ist eine menschliche Organisation, und so ändert sie sich nach der Art aller Organisationen, nämlich mit langsamen, immer grösseren Schritten. […] Doch die vielen praktischen Einzelheiten, die mit den verwickelten Problemen von Macht, Autorität und Zölibat zusammenhängen, werden sich nie lösen lassen ohne ehrlichen Konflikt.»[415]
- An die grosse Flexibilität des Kirchenrechts hat Papst Johannes Paul II. im Nachsynodalen Apostolischen Schreiben «Christifideles laici» erinnert. Die zuständigen örtlichen Autoritäten, d. h. die Bischöfe, müssen vor allem bei Priestermangel dafür Sorge tragen, dass «die Pfarrstrukturen den Situationen mit der grossen Flexibilität, die das Kirchenrecht vor allem durch die Förderung der Teilhabe der Laien an der pastoralen Verantwortung gewährt, angepasst werden»[416].

---

412 LORETAN, *Zukunft* 125–151, 148 f.

413 RAHNER, *Dienste* 132–147, 145 f.

414 A. a. O. 146.

415 Vgl. SCHOENHERR, *Macht* 625–633, 633.

416 JOHANNES PAUL II., *«Christifideles laici»* Nr. 26 Abs. 4. Vgl. LORETAN, *Laien.*

– Bis die verantwortlichen Entscheidungsträger in der Kirche die Fragen des kirchlichen Personalrechts bereinigt haben, ist c. 517 § 2 CIC/1983 anzuwenden. Denn «es gibt kirchliche Strukturen, die eine Dynamik der Evangelisierung beeinträchtigen können»[417]. Und weiter schreibt Papst Franziskus: «Die Pfarrei ist keine hinfällige Struktur; gerade weil sie eine grosse Formbarkeit besitzt, kann sie ganz verschiedene Formen annehmen.»[418] Die Beschreibung der Gläubigen als handelndes Subjekt in der Eucharistie bringt die Konzilsväter des Vat. II dazu, auch die Gemeinden zur Sprache zu bringen. Die Pfarrer sollen dafür sorgen, dass die Feier der Eucharistie Mitte und Höhepunkt des Lebens der christlichen Gemeinde ist (CD 30b). Die Ortsgemeinde wird im Konzil sogar als Kirche im vollen Sinn bezeichnet. In ihrer Verbundenheit mit den Bischöfen durch die Predigt des Evangeliums und die Feier des Herrenmahles ist «Kirche Christi wahrhaft in allen rechtmässigen Ortsgemeinden der Gläubigen anwesend» (LG 26).[419] Gemeinden werden damit zum ersten Mal «in der Geschichte der lehramtlichen Dokumente seit dem Mittelalter als eine eigenständige theologische Grösse genannt»[420]. Wer die Pfarrei nach Vat. II nicht entsprechend würdigt, widerspricht dem Lehramt der höchsten Autorität der Kirche, dem Konzil, und folgt dem CIC/1917, der aber nicht mehr in Kraft ist. Bistumsplaner wollen den Personaleinsatz wieder nach dem vorkonziliaren Grundsatz des CIC/1917 ausrichten: «Ubi sacerdos, ibi parochia.» Das Konzil wäre aber umzusetzen mit dem Grundsatz: «Ubi parochia, ibi parochus» (Wo eine Pfarrei, dort ein Pfarrer). Die priesterzentrierte Pastoral des CIC/1917 entspricht eben nicht mehr der Entdeckung der Pfarrei als theologisches und rechtliches Subjekt von Konzil und CIC/1983. Die Chancen der Evangelisierung in den Gemeinden gilt es in der ausserordentlichen Gemeindeleitung (c. 517 § 2 CIC/1983) in die Pfarreiplanung aufzunehmen.[421]
– In einer strittigen Personalfrage ist der Apostel Paulus auf dem Apostelkonzil von Jerusalem (Apg 15) dem Kephas «offen entgegengetreten» (Gal 2,11). Es ging um die Aufnahme von unbeschnittenen Nichtjuden in die christliche Gemeinde. Ohne diese Auseinandersetzung in der Kirche, die im Neuen Testament festgehalten ist, wäre das Christentum eine innerjüdische Gruppe geblieben. Paulus hat den Konflikt gewagt, Gott sei Dank!

---

417 FRANZISKUS, *«Evangelii gaudium»* Nr. 26.

418 A. a. O. Nr. 28.

419 «Diese Kirche Christi ist wahrhaft in allen rechtmässigen Ortsgemeinschaften der Gläubigen anwesend, die in der Verbundenheit mit ihren Hirten im Neuen Testament auch selbst Kirchen heissen.» (LG 26).

420 HÜNERMANN, *Eucharistie* 30–46, 35.

421 LORETAN, *Gemeindeleitung* 315–326, 326.

Diese oben besprochenen Verfahrensregeln für das Austragen von Konflikten in der Kirche zeigen, dass eine rein positivistische Auslegung des Rechts genauso wenig zielführend ist wie eine fundamentalistische Auslegung der Bibel. Walter Kasper zählt verschiedene Vorurteile gegenüber dem Kirchenrecht auf. Er gibt aber zu verstehen, «dass nicht das Recht als solches schuld ist an solchen Vorurteilen, als vielmehr eine bestimmte rein positivistische und rigorose Rechtsanwendung. Doch eine solche unbarmherzige Buchstabengerechtigkeit lässt sich weder von der Bibel noch von der grossen Kirchenrechtstradition v. a. des hohen Mittelalters her rechtfertigen. [...] Ein Blick in profane Rechtstheorien und in die juristische Methodenlehre kann zudem hilfreich sein, um einen Ausweg aus dem von vielen empfundenen Dilemma zu weisen und so der sich rasch verändernden und sich individualisierenden Lebenswirklichkeit besser gerecht zu werden.»[422]

Die Zeichen der Zeit nach dem Zweiten Vatikanischen Konzil könnten mit den Worten Immanuel Kants umschrieben werden: «Dass die Menschen [...] schon im Stande wären [...] in Religionsdingen sich ihres eigenen Verstandes ohne Leitung eines anderen sicher und gut zu bedienen, daran fehlt noch sehr viel. Allein, dass jetzt doch das Feld geöffnet wird [...] und die Hindernisse der allgemeinen Aufklärung und des Ausganges aus ihrer selbstverschuldeten Unmündigkeit allmählich weniger werden, davon haben wir deutliche Anzeichen»[423] hier aufgespürt. Das Bewusstsein der Würde der menschlichen Person (DH 1) und der damit verbundenen menschenrechtlichen Argumentationen des Konzils (LG 32; GS 29) stärken auch in den Kirchenkonflikten die Freiheitsrechte der Person.

B) Die Freiheitsrechte in der katholischen Kirche – Aporien und Desiderate

Die Freiheitsrechte prägen seit der Allgemeinen Erklärung der Menschenrechte weltweit die staatlichen und internationalen Ordnungen. Die modernen Verfassun-

---

422 KASPER, *Gerechtigkeit* 59–75, 59. Dem Kirchenlehrer Augustinus wird das Wort zugeschrieben: «In necessariis unitas, in dubiis libertas, in omnibus caritas.»

423 KANT, *Beantwortung* XX.

gen sehen sowohl individuelle als auch kollektive Selbstbestimmung (Autonomie) vor. Die *individuelle* Selbstbestimmung wird durch die Freiheitsrechte (Grundrechtskatalog), die *kollektive* Selbstbestimmung durch demokratische Verfahren gesichert.

Papst Paul VI. hatte 1965 ein Grundgesetz, die «Lex Ecclesiae Fundamentalis», mit einem Grundrechtskatalog in Auftrag gegeben. Trotz den radikalen Streichungen kennt der CIC/1983 Ansätze von Meinungsfreiheit (c. 212 § 3), Vereinigungsfreiheit (c. 215), Recht auf kirchlichen Rechtsschutz (c. 221) etc. Das kirchliche Recht geht aber von einem schrankenlosen Vorbehalt zugunsten der kirchlichen Autorität aus. Deshalb kann von Grundrechten in einem strikten Sinn nicht gesprochen werden.

1. Freiheitsgeschichte ausserhalb der Institution Kirche

> «Unter allen ethischen Werten, die in der modernen Gesellschaft zur Herrschaft gelangt sind und seither um Vormachtstellung konkurrieren, war nur eine einzige dazu angetan, deren institutionelle Ordnung auch tatsächlich nachhaltig zu prägen: die Freiheit im Sinne der Autonomie des einzelnen.»[424]

Der Autonomiegedanke bietet die Möglichkeit, zwischen dem Individuum und der gesellschaftlichen Ordnung eine Verknüpfung herzustellen. Die Frage nach dem, was das Gute für das Individuum ist, enthält gleichzeitig Anweisungen für eine legitime Gesellschaftsordnung. Diese faktische Verbindung von individueller Freiheit und Gerechtigkeit ist das Resultat eines jahrhundertelangen Lernprozesses.

Diese vom Naturrecht mitbegründete Entwicklung lehnte das Papsttum bis zur Enzyklika «Pacem in terris»[425] ab. Ihr zufolge verkörpere das kirchliche Recht den höchsten Menschenrechtsstandard, und es gebe keinen Anlass, über «Menschenrechte in der Kirche» zu sprechen oder solche einzufordern.

> «Dieses Argument wurde seit der Zeit Pius' XII. noch mit folgendem Weiteren überhöht: Da Gott die Kirche mit der Autorität zur Rechtssetzung ausgestattet habe und die Glieder der Kirche verpflichtet seien, das kirchliche Recht einzuhalten, könne das kirchliche Recht nicht gegen die Menschenrechte verstossen, weil Gott

---

424 HONNETH, *Recht* 35.

425 Vgl. weitere Materialien zu «Pacem in terris» auf der Website der Pontificial Academy for Social Sciences: www.pass.va/content/scienzesociali/en/search.html?q=Pacem+in+terris (26.04.2016).

dies nicht zulassen und die Menschen nicht auf menschenrechtswidriges Recht verpflichten könne. Menschenrechte, die nicht im kirchlichen Recht ihre Grundlage hätten oder gar mit diesem in Konflikt stünden, seien gar keine Menschenrechte und könnten daher in der Kirche auch nicht eingefordert werden.»[426]

Diese andere, göttliche Natur schützte die Kirche als menschliche Institution vor der Kritik der Menschenrechte. Ein Umdenken kam erst mit dem Zweiten Vatikanischen Konzil; seit diesem Konzil wird die Kirche als «einzige komplexe Wirklichkeit, die aus menschlichem und göttlichem Element zusammenwächst» (LG 8), verstanden.

1.1 Die rechtlich geschützte Menschenwürde jedes Individuums

Das Individuum wird im europäischen Mittelalter, bei den spanischen Klassikern des Naturrechts, in Humanismus, Reformation und in den Religionskriegen entdeckt. Den Individualismus bringt die Aufklärung mit dem Universalismus in Zusammenhang. Der Mensch wird nicht mehr durch äussere Merkmale (Stand, Geschlecht, Rasse etc.) definiert. Aufgrund der dem Menschen zustehenden Würde kommt jedem Menschen ein Wert als einzelnes Individuum zu.[427] Die individuelle Menschenwürde kann nur dann wirksam gedacht werden, wenn sie universell ist.

Die Menschenrechte geraten in Gefahr, wenn «die Würde nicht mehr dem einzelnen Menschen zugeschrieben [wird], sondern einer Gruppe von Menschen als Kollektiv»[428]. Der Universalismus der Menschenwürde geht verloren, «wenn die Würde statt dem einzelnen Menschen einer Religion zugeschrieben wird oder nur jenen Menschen, welche dieser Religion angehören»[429]. Daraus folgt: «Wenn Menschenwürde als religiöse Kategorie gilt, wird sie partikularisiert und verliert ihre universale Eigenschaft. Genau dies geschieht, wenn eine Religion, eine Nation, eine Kultur oder eine Ethnie sich anmasst, die Menschenrechte besser verstanden zu haben als andere Religionen, Nationen, Kulturen oder Ethnien, und wenn sie sich

---

426 KÖCK, *Menschenrechte* 79–99, 98, Anm. 1; vgl. DERS., *Stellung*.

427 Zum theologischen Beitrag der Achtung vor der Würde aller Menschen: vgl. KIRCHSCHLÄGER, *Menschenrechte* 102–132; SCHMID, *Philosophen* 51; zur juristischen Bedeutung des Begriffs Menschenwürde vgl. SEELMANN, *Recht* 101–120.

428 HALLER, *Politik* 65.

429 A. a. O. 66.

daran macht, die so verstandenen Menschenrechte den anderen aufzuzwingen.»[430] Partikulare Zugehörigkeit basiert auf Ungleichheit, universale Zugehörigkeit basiert auf Gleichheit. Deshalb ist der Rechtsstaat der Garant der Freiheitsrechte.[431]

1.2 Negative Freiheit

Ein freier Mensch ist für Thomas Hobbes, «wer nicht daran gehindert ist, Dinge, die er auf Grund seiner Stärke und seines Verstands tun kann, seinem Willen entsprechend auszuführen»[432]. Die Freiheit des Menschen besteht darin, all das zu tun, was in seinem unmittelbaren Selbstinteresse liegt. «Die Idee, dass die Freiheit des Einzelnen in der ‹von aussen› ungestörten Verfolgung eigener Interessen besteht, rührt an eine tief sitzende Intuition des modernen Individualismus.»[433] So verstanden werden alle noch so unverantwortlichen, selbstdestruktiven Lebensziele «als Zweck der Realisierung von Freiheit gelten, solange sie nur die Rechte anderer Personen nicht verletzen»[434].

Eine Demokratie, die Staatsbürgerinnen und Staatsbürger selbst als Urheber eigener Rechtsgrundsätze begreift, kann nicht ausschliesslich auf einer negativ verstandenen Freiheit im Sinne Hobbes' beruhen. Denn dazu bedarf es «im Freiheitsstreben des einzelnen eines zusätzlichen, höherstufigen Gesichtspunktes, von dem aus es gerechtfertigt wäre, ihm ein Interesse an der Kooperation mit allen anderen zu unterstellen»[435]. Ein solch negatives Freiheitsverständnis hat kaum Vordenker in Antike und Mittelalter und muss als Produkt der Moderne betrachtet werden.

1.3 Positive oder reflexive Freiheit

Anders verhält es sich bei der positiven Freiheit, die auch reflexive Freiheit[436] genannt wird. Ihre intellektuellen Wurzeln reichen bis in die Antike. Gemäss Aristoteles gelangt ein freies Individuum zu eigenen Entscheidungen und kann

430 A. a. O. 189.

431 Vgl. a. a. O. 70–72.

432 HOBBES, *Leviathan* 163; Hervorhebung getilgt.

433 HONNETH, *Recht* 47.

434 A. a. O. 51.

435 A. a. O. 55 f.

436 Vgl. BERLIN, *Freiheitsbegriffe*, in: DERS., *Freiheit* 197–256, 215.

auf seinen Willen einwirken.[437] Die bewusst gewählte Entscheidung zu einer eigenständigen, persönlichen Lebensform als Paar beispielsweise setzt ebenfalls Freiheit voraus. Selbstgesetzgebung oder Autonomie ist das Stichwort, das bei dem bewussten Entscheidungswillen einer Person im Zentrum der positiven Freiheit steht. Schon am Ende der Spätantike verlangt der Mönchsvater Benedikt vom Novizen, nachdem jener das Mönchsleben kennengelernt hat, eine klare Entscheidung gemäss den Massstäben der Regel. Hier entscheidet sich eine Person (Nonne, Mönch) für einen konkreten Lebensentwurf.[438] Es geht um eine Willensentscheidung zu positiven Werten. Im Gegensatz zur negativen Freiheit, die sich vor allem als Selbstverwirklichung versteht, ist das Individuum gemäss positiver Freiheit nur in dem Masse frei, wie es sich selbst zu bestimmen vermag.

Das Faktum des menschlichen Wollens belegt, dass der Mensch zur Freiheit befähigt ist. Immanuel Kant versteht die Freiheit als Resultat einer Selbstgesetzgebung (Autonomie). Als frei kann das Individuum nur gelten, insofern und weil es sich selbst Gesetze seines Handelns zu geben imstande ist. Diese Gesetze, denen selbst zugestimmt wurde, können aber nur dann Freiheit bewirken, wenn sie sich einer Einsicht in die richtigen, also vernünftigen Gründe verdanken.[439] Richtschnur des Handelns ist der Massstab möglicher Verallgemeinerbarkeit. Das Individuum hat sich zu fragen, ob die von ihm gewählte Handlung auch die Zustimmung aller Mitsubjekte finden würde. Es respektiert auch ihre Vernünftigkeit und behandelt sie als Zwecke in sich selbst, wie es die berühmte Zweckformel des kategorischen Imperativs zum Ausdruck bringt.[440] John Rawls knüpft an Kants Kriterium der Verallgemeinerbarkeit an: Jede Person hat gleiches Recht auf das umfangreiche Gesamtsystem gleicher Grundfreiheiten. Soziale und wirtschaftliche Ungleichheiten müssen so beschaffen sein, dass sie den am wenigsten Begünstigten den grösstmöglichen Vorteil bringen und mit Positionen verbunden sind, die jedem offenstehen.[441] Rawls hält ein Abweichen von diesem Grundsatz im Bereich der Freiheit für nicht begründbar: Freiheit muss gleich verteilt sein.

Die Nähe dieser Gerechtigkeitstheorie zu biblischen Impulsen der Gerechtigkeitstradition hat Wolfgang Huber aufgezeigt.[442] Der biblische Text, der explizit die Menschenwürde reflektiert, betont die Gottebenbildlichkeit von Mann und

---

437 Vgl. TUGENDHAT, *Begriff* 334–351; BIERI, *Handwerk*.

438 PUZICHA, *Kommentar* 55.

439 Vgl. KANT, *Metaphysik* 11–102.

440 «Handle so, dass du die Menschheit, sowohl in deiner Person, als in der Person eines jeden anderen, jederzeit zugleich als Zweck, niemals bloss als Mittel brauchest.» KANT, *Grundlegung* 61.

441 Vgl. RAWLS, *Theorie* 81.

442 Vgl. HUBER, *Gerechtigkeit*; vgl. GROTEFELD, *Überzeugungen* 58–69.

Frau (Gen 1,27). Dies müsste die «gender-blindness»[443] der Kirchen nach innen aufrütteln (Gal 3,28).

Das kantische Verallgemeinerungsprinzip kann als eine Weiterentwicklung der Goldenen Regel verstanden werden: «Alles, was ihr also von anderen erwartet, das tut auch ihnen!» (Mt 7,12) Bereits das «Decretum Gratiani» stellte dieses biblische Verallgemeinerungsprinzip an den Anfang seines naturrechtlichen Argumentierens.[444] Als Reziprozitätsprinzip ist es für die Tragweite und Interpretation der Grundrechte in staatlichen Verfassungen heute von grosser Bedeutung.

1.4 Grundrechte in der Verfassungsgeschichte

Begrifflich entwickelt sich aus der Vielfalt der Freiheiten ständischer Vorrechte die allen gemeinsame Freiheit im Singular.[445] Aus der Vielfalt der «constitutiones et leges fundamentales» des Heiligen Römischen Reiches entsteht der Kollektivsingular der Verfassung («Constitutio») im Westfälischen Frieden (IPO Art. VIII § 4, 190 f.). Die Verfassung intendiert sowohl individuelle als auch kollektive Selbstbestimmung (Autonomie). Die individuelle Selbstbestimmung wird durch die Freiheitsrechte (Grundrechtskatalog) am Anfang jeder Verfassung garantiert. Die kollektive Selbstbestimmung wird durch demokratische Verfahren gesichert. «Verfassung in diesem Sinn ist also ein normativer Begriff mit ganz bestimmten Anforderungen an die Organisation eines politischen Gemeinwesens: Schutz der Grundrechte und eine machtbeschränkende Organisation der obersten Instanzen (Gewaltenteilung) stehen im Zentrum.»[446] Die Republik definiert sich als wohlgeordnete Freiheit. Die Freiheit findet ihre natürliche, vernünftige Schranke in der gleichen Freiheit der anderen. «In dieser Reziprozität der Freiheit liegt die Autonomie des Menschen begründet. Aufgabe des Staates und seines Rechts ist es, die legitimen Freiheitssphären aller zu konkretisieren.»[447]

Hans Joas betont: «Die Rede von Rechten, die dem Staat vorausgehen und übergeordnet sind, hat eine lange und umfangreiche Vorgeschichte einerseits in der Philosophie, andererseits im politischen Diskurs des Ancien Régime.»[448]

---

443 HEIMBACH-STEINS, *Human Rights* 229–257, 232.

444 RICHTER/FRIEDBERG, *Corpus* 1.

445 Vgl. KANT, *Metaphysik* 354.

446 MÜLLER JÖRG PAUL, *Verfassung*. Zwischen Verständigung und Revolte 87.

447 MÜLLER JÖRG PAUL, *Verfassung*. Von der Selbstbestimmung der Menschen 37.

448 JOAS, *Sakralität* 35.

Entscheidend ist aber nicht die Vorgeschichte, «sondern die Tatsache, dass aus philosophisch raffinierten Überlegungen und […] Artikulationen von Ungerechtigkeitsempfindungen […] der Anspruch abgeleitet wurde, den Staat selbst neu zu begründen»[449]. Dieser politische Anspruch gibt dem Dokument der französischen «Erklärung der Menschen- und Bürgerrechte» vom 26. August 1789 den epochalen Charakter.[450] In einem mehrheitlich katholischen Land wird die Monarchie, die mit der Kirche eng verbunden ist, durch die Verfassung von 1793 abgeschafft. Jedoch ist die Erklärung der Menschen- und Bürgerrechte in der Französischen Revolution nicht als Ursprung der Kodifizierung der Menschenrechte anzusehen. Der Verfassungshistoriker Georg Jellinek hob schon Ende des 19. Jahrhunderts die chronologische Priorität der amerikanischen Menschenrechtserklärung und ihren Einfluss auf die französische Menschenrechtserklärung hervor. Sie wurde mitbestimmt von den verschiedenen «Bills of Rights» in den sich unabhängig erklärenden nordamerikanischen Staaten wie Virginia und Pennsylvania und in der amerikanischen Unabhängigkeitserklärung. Die eigentliche dynamische Kraft, die zu den Menschenrechten geführt hat, erkennt Jellinek in den Kämpfen nordamerikanischer Protestanten um religiöse Freiheit. Er beeinflusste damit die viel berühmtere Schrift Max Webers über die protestantische Ethik und den Geist des Kapitalismus (1934)[451]. Das «Wechselspiel zwischen der christlichen Liebesidee und Konzeptionen des Naturrechts»[452] verdankte sich vor allem protestantisch-religiösen und säkularen Bewegungen. Hans Joas spricht diesbezüglich von einer «quasipietistischen Massenbewegung und einer rationalistisch-aufklärerischen Elite»[453].

Unerwartete andere Zusammenhänge zeigt eine neuere Forschungsarbeit auf. In dem von Katholiken gegründeten Bundesstaat Maryland fanden diese einen sicheren Hafen vor Verfolgung. «Among all the early colonies, it was Maryland alone that established no official church. In 1649 the colonial government passed an Act of Toleration of the religious beliefs of all Christian settlers of Maryland.

---

449 Ebd.

450 Den Vorschlag, eine «Erklärung» zu verfassen, hatte zuerst der Marquis de Lafayette entwickelt, einer der wichtigsten militärischen Führer des amerikanischen Unabhängigkeitskrieges. Ein Entwurf wurde mit dem amerikanischen Botschafter in Paris, Thomas Jefferson, beraten. Selbst am «Tag der Verabschiedung der französischen Erklärung fand ein Treffen von Abgeordneten mit Thomas Jefferson in dessen Wohnsitz statt, um letzte Meinungsverschiedenheiten zu überwinden». A. a. O. 39.

451 Vgl. a. a. O. 41.

452 A. a. O. 49 f.

453 A. a. O. 52.

The law encompassed the first recorded use of the words ‹free exercise› with reference to religion.»[454] Obwohl Mitglieder der katholischen Kirche in den USA bereits 1649 wesentlich zur Abschaffung der Staatskirche beigetragen haben, ist die Religionsfreiheit von deren offiziellen Vertretern erst 1965 anerkannt worden. Das belegt die These, dass zwischen den Mitgliedern einer Religionsgemeinschaft (hier dem Katholizismus) und der offiziellen Vertretung derselben (hier der katholischen Kirche) zu unterscheiden ist. James Madison und Thomas Jefferson formulierten in Art. 16 der «Virginia Declaration of Rights» von 1776: «That religion [...] can be directed only by reason and conviction, not by force or violence; and therefore all men are equally entitled to the free exercise of religion, according to the dictates of conscience.»[455] Dieses Modell von Religionsfreiheit war bald im ganzen Land verbreitet. Es waren vor allem diese staatlichen Verfassungstexte und nicht ökumenische Gespräche, die zur Toleranz beigetragen haben. Die Verbindung des Unabhängigkeitskampfes der nordamerikanischen Kolonien mit der französischen Menschenrechtserklärung ist vielschichtig. Frankreich unterstützte die Kolonien gegen seinen weltpolitischen Rivalen Grossbritannien. Es zeigt sich, dass die englische Rechtstradition mit ihrer Verbriefung von Freiheitsrechten ebenfalls nicht als direkte Vorgängerin der Menschenrechtserklärungen des späten 18. Jahrhunderts verstanden werden kann. Denn diese Rechte der Untertanen des englischen Königs konnten keinesfalls auf alle Menschen angewendet werden. Die Universalisierung fehlt bei diesen verbrieften Rechten der Untertanen des englischen Königs.

Die freiheitlichen Verfassungen konnten sich zuerst im christlichen Umfeld etablieren. Dies sollte aber nicht vergessen lassen, dass liberale Verfassungen sich häufig gegen die Kirchen durchsetzen mussten. Dies gilt in besonderer Weise für die Grundrechte und die Demokratie; beides sind Verfassungsprinzipien, zu denen die grossen christlichen Kirchen erst nach dem Zweiten Weltkrieg einen positiven Zugang gefunden haben[456]. Der hier nur skizzierte Verfassungsbegriff bringt einen jahrhundertelangen spezifisch europäischen Prozess zum Abschluss, «in dem von der griechischen Rechtsphilosophie und der römischen Jurisprudenz her die Rechtsordnung in dieser und nur in dieser abendländischen Kultur eine relative Selbstständigkeit gegenüber allen politischen und ideologischen Machtansprüchen errungen hat»[457]. Auch der Begriff der abendländischen Identität ist

---

454 STÜSSI, *Models* 86.

455 THORPE, *Federal and State Constitutions* 3814.

456 Vgl. DREIER, *Grundgesetz*. Kommentar, Art. 1, Rn. 7.

457 HOFMANN, *Entstehung* 157–171, 168.

nicht unproblematisch, waren es doch gerade europäische Staaten, deren Totalitarismus in der Geschichte des 20. Jahrhunderts aus ebendiesem Abendland entstanden ist.[458] Die schwierige Unterscheidung zwischen Religion, Staat und Kultur bleibt auf der Strecke, wenn abendländische Identität als Verfassungsvoraussetzung unterstellt wird, wie Möllers kritisiert[459].

2. Der heutige Kampf um die Menschenrechte in der Kirche

Der Begriff Menschenwürde oder «Dignitatis humanae personae», mit dem die Erklärung über die Religionsfreiheit des Zweiten Vatikanischen Konzils beginnt, erinnert an die in der Präambel der Allgemeinen Erklärung der Menschenrechte von 1948 formulierte «Anerkennung der allen Mitgliedern der menschlichen Familie inhärenten Würde und ihrer gleichen und unveräusserlichen Rechte». Zugleich rufen die Termini *dignitas humana* und *persona* den theologischen Beitrag zur Individualität ins Gedächtnis. «Recently, medievalists have started to address the question of individuality in the Middle Ages. [...] Jakob Burckhardt and others were misguided in understanding the Renaissance as a break with the dark medieval collectivism. [...] In the Middle Ages, a number of perspectives arise that break ground for the idea of dignity and equality between humans.»[460] Aus diesen vielfältigen Denktraditionen soll hier exemplarisch nur an die kanonistischen Schulen[461] von Bologna und Padua erinnert werden, die naturrechtlich die Rechte der Nichtgetauften entwickelt haben. Darauf konnte sich die spanische Schule von Salamanca stützen, um die Menschenrechte der ungetauften Indianer zu verteidigen. Diese Schule zeigt eindrücklich, «wie auch personell Moraltheologen mit

---

458 Vgl. ARENDT, *Elemente.*

459 Vgl. MÖLLERS, *Freiheit* 47–93, 63.

460 MIETH, *Human dignity* 74–84, 74.

461 «Was not the canon law the source of the [...] Spanish Inquisition, granting inquisitors the power to condemn men and women to death because of their religious opinions? Did it not lodge all legitimate authority in an autocratic papacy, granting to the Roman pontiff a potentially unlimited power over church and clergy? Did it not perpetuate the Roman law's institution of slavery, allowing religious institutions to hold men and women in perpetual servitude? It did. [...] Why, then, does the law of the medieval church deserve any place at all in a work devoted to Christianity and human rights? [...] Indeed that the source of many modern rights is actually to be found in the evolution of the canon law. That scholarship invites readers to examine human rights as they were understood and worked out by learned jurists in the Middle Ages.» HELMHOLZ, *Human rights* 99–112, 99.

Kanonisten und Legisten, also Juristen des kirchlichen und römischen Rechts, bei der Problembewältigung an Ort und Stelle zusammen arbeiteten»[462]. Das aufeinander Angewiesensein der Disziplinen beschränkte sich allerdings nicht auf ein rein äusserliches. Die westliche Christenheit erlebte einerseits eine ganz immanente Juridifizierung ihrer Theologie. Nach der These des Strafrechtlers und Rechtsphilosophen Kurt Seelmann verdankt andererseits «die Entwicklung des modernen Rechts ihre Existenz bis in den Kern hinein theologischen Auseinandersetzungen des Mittelalters»[463]. Demzufolge entwickelte sich gemäss Seelmann die moderne Rechtswissenschaft an der Epochenwende zur Neuzeit aus einer Synthese der beiden mittelalterlichen Traditionslinien der Theologie: dem Ideenrealismus und dem Voluntarismus.[464] Max Weber hat das kanonische Recht als einen «Führer auf dem Wege zur Rationalität»[465] bezeichnet, dessen Vorbildcharakter und Wegbereiterfunktion «sowohl die strukturell-organisatorische wie die inhaltliche, materiell- oder prozessrechtliche Seite des Staats- und Rechtlebens»[466] betrifft.

«The Western tradition knew ‹liberty long before liberalism› and had human rights in place long before it fought democratic revolutions in their name. We must retrieve these ancient sources and reconstruct them for our day. [...] In part, this is a return to slender streams of theological jurisprudence that have not been part of the mainstream of the religious traditions. [...] This is a return to prophetic voices of dissent.»[467] Die Formulierungen der spanischen Klassiker des Naturrechts waren von grösster Bedeutung für die Entwicklung und Ausbreitung des westlichen Rechtsverständnisses.

«Vitoria was particularly prescient in pressing for the rights of Indians and other indigenous peoples as well as for soldiers and prisoners of war – both critical topics of international human rights law.»[468] Vitoria verstand Naturrecht als subjektives Recht. «Der ius-Begriff wird wieder Handlungsmacht eines Subjekts, verbindet sich also mit der Idee der Freiheit.»[469] Für Ernst-Wolfgang Böckenförde ist damit der Grund gelegt, «um Menschenrechte als subjektive Rechte zu qualifizieren»[470]. Vitoria begründet naturrechtlich «das Recht auf Selbstbestimmung

---

462 SEELMANN, *Thomas von Aquin* 8.

463 A. a. O. 9.

464 Vgl. a. a. O. 18.

465 WEBER MAX, *Wirtschaft* 481.

466 DREIER, *Säkularisierung* 44.

467 WITTE, *Introduction* 8–43, 13 f.

468 A. a. O. 22.

469 BÖCKENFÖRDE ERNST-WOLFGANG, *Geschichte* 327.

470 A. a. O. 328.

und Selbstorganisation für jede politische Gemeinschaft›[471], die für ihn an «die ursprüngliche Gleichheit der Menschen»[472] anknüpft. Die Reziprozität der Goldenen Regel der Bergpredigt deuten die spanischen Klassiker des Naturrechts in rechtlichen Kategorien. Daraus entstand der universale Anspruch der Freiheit des Individuums vor aller Verknechtung durch Wahrheit oder System. Der Autonomie Las Casas' und Kants entspringen unveräusserliche Freiheitsrechte. Die Kirche sollte sich ihrer eigenen naturrechtlichen bzw. vernunftrechtlichen theologischen Denktradition erinnern, um Freiheitsrechte auch in die zukünftige Verfassung der Kirche aufzunehmen.

2.1 Lehramtliche Beiträge

Die Autonomie wurde als Angriff auf die Theonomie gewertet. Evangelischerseits und katholischerseits wurden und werden teilweise die Menschenrechte mit dem Argument abgelehnt, dass die Kirche die Verwirklichung des göttlichen Heilsplanes zu fördern habe und deshalb keine subjektiven Rechte der Individuen anerkennen könne. Eine solche Verwechslung der *relatio coram Deo* und *coram hominibus* muss aufgedeckt werden. Denn «Grundrechte in der Kirche sind immer Rechte coram hominibus»[473].

Kirchenrechtlich ist festzuhalten: «Die säkularen Menschenrechte gelten [bisher positiv-rechtlich] nur gegenüber dem ‹normalen› Staat und der internationalen Gemeinschaft, gegenüber der Kirche und dem Vatikanstaat gilt nur das kanonische Recht und die innere, vom Papst erlassene bzw. von ihm abgeleitete Ordnung des Vatikanstaates. [...] Will man daher von der kirchlichen Autorität [...] ‹Menschenrechte in der Kirche› einfordern, so muss dies ‹von innen› geschehen.»[474] In der Enzyklika «Pacem in terris» von Johannes XXIII. wird der Freiheitsbegriff schon im Titel aufgegriffen: «Über den Frieden unter allen Völkern in Wahrheit, Gerechtigkeit, Liebe und Freiheit». Diese neue Sicht auf die Freiheit wird in der Anerkennung der Menschenrechte konkretisiert. Die «Allgemeine Erklärung der Menschenrechte» der Vereinten Nationen wird seitens der katholischen Kirche als Basis einer gerechten Ordnung des Zusammenlebens verstanden. «Die Anerkennung des Rechts auf religiöse Freiheit folgt der Überzeugung, dass der

---

471 A. a. O. 334.

472 A. a. O. 333.

473 HUBER, *Grundrechte* 518–544, 532.

474 KÖCK, *Menschenrechte* 79–99, 81.

Mensch wesentlich Person, mit Vernunft und Willensfreiheit ausgestattet ist.»[475] Das moderne Freiheitsbewusstsein wird als Zeichen der Zeit gedeutet und als Ausdruck der Personenwürde. Die Schwierigkeiten der Menschenrechtsrezeption von «Pacem in terris» im kirchlichen Innenverhältnis gehen u. a. auf zwei Unterscheidungen zurück. Johannes XXIII. sprach zum einen «von Aufgaben hinsichtlich der ‹Doktrin› und von solchen der ‹Disziplin›»[476]. Zum anderen übernahm er die noch folgenschwerere Unterscheidung von «Kirche *ad extra*, Kirche *ad intra*»[477]. Diese problematische Unterscheidung ist für die Rezeptionsgeschichte entscheidend. Sie muss begrifflich überwunden werden, um nicht bestimmte Bereiche (wie z. B. die Kirche) gegenüber Menschenrechten auszuklammern.

Ebenfalls ist auf dem Zweiten Vatikanischen Konzil menschenrechtlich argumentiert worden. Drei Konzilsväter plädierten dafür, die «Allgemeine Erklärung der Menschenrechte» von 1948 formell zu übernehmen.[478] Das Konzil greift dieses Anliegen auf. Mit der Erklärung der Religionsfreiheit «Dignitatis humanae» hat die katholische Kirche das Grundprinzip neuzeitlicher Freiheitsrechte übernommen. Rechtssubjekt auf religiöse Freiheit ist die individuelle Person aufgrund ihrer Würde (DH 1). So wird das individuelle Subjekt des modernen Verfassungsstaates im Lehramt verankert. Eine partikulare Inanspruchnahme der Menschenrechte lehnt das Konzil in «Nostra aetate» Nr. 5 ab: «Jeder Theorie oder Praxis [wird] das Fundament entzogen, die zwischen Mensch und Mensch […] bezüglich der Menschenwürde und der daraus fliessenden Rechte einen Unterschied macht. Deshalb verwirft die Kirche jede Diskriminierung eines Menschen […] um seiner Rasse oder Farbe, seines Standes oder seiner Religion willen, weil dies dem Geist Christi widerspricht.» Es gibt «in Christus und in der Kirche keine Ungleichheit aufgrund von Rasse und Volkszugehörigkeit, sozialer Stellung oder Geschlecht» (LG 32; vgl. c. 208 CIC/1983). Daher muss «jede Form einer Diskriminierung […] beseitigt werden, da sie dem Plan Gottes widerspricht» (GS 29). In einer Kirche von bisher Ungleichen wären diese Konzilstexte, die die Gleichheit der Menschen und Gläubigen betonen, revolutionäre grundrechtliche Töne, wenn nicht zwischen *ad extra* und *ad intra* unterschieden würde.

Vom säkularen Staat erwartet die Kirche mit der Erklärung «Dignitatis humanae» nicht mehr die Durchsetzung ihres religiösen Wahrheitsanspruchs. Der Umgang mit moralischer und religiöser Vielfalt wird in der Folge zu einer «der

---

475 HEIMBACH-STEINS, *Religionsfreiheit* 61.

476 KAUFMANN/KLEIN, *Johannes XXIII.* 66.

477 A. a. O. 69.

478 Vgl. BEYER, *iuribus* 29–58, 29.

grössten Herausforderungen, mit denen unsere Gesellschaften gegenwärtig konfrontiert sind»[479]. Die Kirche ist einverstanden, dass der Rechtsstaat dieses grosse Wagnis «um der Freiheit willen»[480] eingeht. Deshalb gilt es, das herkömmliche Staatskirchenrecht in einer postsäkularen Gesellschaft angemessen zu einem Religionsverfassungsrecht weiterzuentwickeln, das «in seinem Kern als Freiheitserhaltungsrecht zu verstehen und zu interpretieren»[481] ist. Es muss Abschied genommen werden von einem «über Jahrzehnte wirksamen Diskurs zwischen Kirchen und Staat, der vornehmlich den überkommenen Status der Kirchen im Auge hat, deren kulturprägende Leistungen hervorhebt und daraus Forderungen bezüglich einer [...] Privilegierung der Kirchen gegenüber anderen Religionen ableitet»[482].

Das Konzil musste «das Verhältnis zwischen der Freiheit der Person (Gewissensfreiheit, Glaubensfreiheit), der Wahrheit und der Wahrheitserkenntnis theologisch klären»[483]. Es anerkannte das individuelle Recht, in Freiheit ein eigenes selbstbestimmtes und verantwortliches Leben führen zu können. So gelingt der Konzilserklärung eine «Versöhnung von Wahrheit und Freiheit [...] ‹Die Freiheit steht dem Menschen zu, nicht weil er die Wahrheit bereits besitzt, sondern damit er nach ihr strebt.›»[484] Mit dieser Erklärung gelingt auch eine Versöhnung mit dem modernen Rechtsstaat und mit den Grundfreiheiten und Grundrechten, die seit der Französischen Revolution abgelehnt wurden.

Mit dem Grundrechtskatalog «Lex Ecclesiae Fundamentalis»[485] schuf Paul VI. eine Möglichkeit, die Unterscheidung der Kirche *ad extra* und *ad intra* zu überwinden. Die Bischofssynode 1967 hatte als eines der Hauptanliegen dieses Grundgesetzes die Grundrechte der Gläubigen genannt. Daher darf «der Gebrauch von Macht [...] in der Kirche nicht willkürlich sein, weil dies nach dem Naturrecht, nach dem positiven göttlichen Recht und nach dem kirchlichen Recht verboten ist. Die Rechte eines jeden Christgläubigen müssen anerkannt und geschützt werden»[486]. Die Päpstliche Kommission Justitia et Pax (1975) und der erste Präsident des Päpstlichen Rates für die Auslegung der Gesetzestexte des neuen CIC, Rosalio Castillo Lara (1986), betonten, dass die Menschenrechte vor-

---

479 MACLURE/TAYLOR, *Laizität* 9.

480 BÖCKENFÖRDE ERNST-WOLFGANG, *Recht* 112.

481 BOGNER, *Instituierung* 27–50, 30.

482 BOGNER, *Schutzbereich* 251–261, 255.

483 HEIMBACH-STEINS, *Religionsfreiheit* 57.

484 BÖCKENFÖRDE ERNST-WOLFGANG, *Religionsfreiheit als Aufgabe der Christen* 15–31, 30 f.

485 Vgl. SWIDLER, *II. Vaticanum* 175–199, 175–179.

486 PONTIFICIA COMMISSIO CODICI IURIS CANONICI RECOGNOSCENDO, *Principia* 82 (Deutsche Übersetzung A. L.).

positiv auch für die Kirche gelten. Das Lehramt anerkennt die Tradition der naturrechtlichen Argumentation und regt seit «Pacem in terris» eine Weiterführung in der menschenrechtlichen Argumentation an.

Papst Johannes Paul II. betonte, die Kirchenrechtswissenschaft habe den Auftrag zu studieren, wie die Grundrechte in der Kirche aussehen könnten. Menschenwürde und Grundrechte gelten für ihn nicht nur in der Weltgemeinschaft, sondern auch in der kirchlichen Glaubensgemeinschaft.[487] Hier besteht nun eine Aporie. Johannes Paul II. übernahm mit den Namen Johannes und Paul das grosse menschenrechtliche Engagement der ihm vorangegangenen Päpste. Er forderte die Kirchenrechtswissenschaft auf, die Freiheitsrechte auch in der Kirche zu denken. Kurz vor der Promulgation des CIC/1983, in allerletzter Minute, streicht er den Grundrechtskatalog. Derselbe Papst, der für die Menschenwürde und Grundrechte in der kirchlichen Glaubensgemeinschaft eintrat, lässt das kirchliche Grundgesetz (LEF) «ohne Erklärung» fallen, obwohl es von einer speziell dafür einberufenen internationalen Kommission 1981 genehmigt worden war.[488] Eine mögliche Erklärung dafür liegt in der Theologie des Kirchenrechtsberaters, Bischof Eugenio Corecco, der im Rahmen der Internationalen Kirchenrechtskongresse der «Consociatio Internationalis Studio Iuris Canonici Promovendo» die Frage der «Grundrechte in Kirche und Welt»[489] thematisiert hat.

Der knappe Abriss lässt erkennen, dass die höchste Autorität der Kirche (Papst und Bischofskollegium) die Verteidigung der Menschenrechte als genuin christliches Anliegen begreift. Dabei zeigt die Kirche, «etwa in Fragen des Lebensschutzes, in Fragen von Armut, Krieg und Gewalt, ein grosses Gespür für die zahlreichen Verletzungen von elementaren Rechten»[490]. Das Lehramt scheint aber unterschiedlichen rechtsphilosophischen bzw. rechtsethischen Denktraditionen zu folgen, je nach zu behandelnder Frage. Im Bereich der Religionsfreiheit wird die Autonomiefreiheit des Subjekts anerkannt. Hingegen wird im «Fall selbstbestimmter Sexualität, die heute als ein Menschenrecht betrachtet wird, [... als] Ausgangspunkt die ‹objektive› Schöpfungsordnung»[491] angesehen. In der Mitte des 20. Jahrhunderts, mitten im Kampf gegen den Totalitarismus, wurden die Rechte der Person lehramtlich wiederentdeckt. «[... Z]u Beginn des einundzwanzigsten [Jahrhunderts] steht die katholische Kirche vor der Herausforderung, diese

---

487 Vgl. CORECCO/HERZOG/SCOLA, *Grundrechte* XXXII f.

488 Vgl. SWIDLER, *II. Vaticanum* 175–199, 180.

489 Vgl. CORECCO/HERZOG/SCOLA, *Grundrechte.*

490 GOERTZ, *Streitfall* 78–83, 82.

491 Ebd.

Rechte als freiheitliche Individualrechte anzuerkennen, damit sie den Anschluss an die neue Politik der Menschenrechte nicht verliert.»[492] Denn die Begriffe Menschenwürde und Menschenrechte «gelten als prägnante Kurzformeln, die der Vergewisserung der moralischen Grundlagen einer demokratischen Rechtsordnung und der Selbstverständigung des Menschen in Philosophie, Recht und Ethik dienen. Zugleich sind sie Schlüsselworte der kirchlichen Verkündigung und der theologischen Ethik geworden.»[493]

Die Menschenrechte können als Weiterentwicklung des naturrechtlichen Denkens verstanden werden. Der Entstehungsprozess der «Allgemeinen Erklärung der Menschenrechte» von 1948 unterstreicht dies mehrfach: Der katholische Philosoph Jacques Maritain war Mitglied der von der UNESCO 1947 bestimmten Gruppe von Philosophen, die die theoretischen Grundlagen der Menschenrechte zu erörtern hatte.[494] Sein eigener Entwurf «einer Erklärung enthielt 26 Rechte; 22 von ihnen finden sich in der Allgemeinen Erklärung [der Menschenrechte] wieder. In ‹The Rights of Man and Natural Law› (New York 1943) unterschied er ‹Rechte der menschlichen Person als solcher›, ‹Rechte der bürgerlichen Person› und ‹Rechte der sozialen Person›, und er postulierte beharrlich die Aufnahme der wirtschaftlichen, sozialen und kulturellen Rechte.»[495] Der französische jüdische Jurist René Cassin, französischer Delegierter in der mit der Abfassung der «Allgemeinen Erklärung der Menschenrechte» beauftragten Kommission, traf wohl mehrfach im Herbst 1948 mit Angelo Roncalli, dem späteren Papst Johannes XXIII. zusammen, der für die Öffnung des Lehramtes gegenüber den Menschenrechten so bedeutsam wurde[496]. Die amerikanische katholische Kirche leistete ebenfalls einen bedeutenden Beitrag zum Entwurf der «Allgemeinen Erklärung der Menschenrechte», der «einen stolz macht, ein Katholik [...] zu sein»[497].

---

492 A. a. O. 83.

493 SCHOCKENHOFF, *Einleitung* 3–7, 3.

494 Maritain betont, «the goal of UNESCO is a practical goal, agreement between minds can be reached spontaneously, not on the basis of common speculative ideas, but on common practical ideas, not on the affirmation of one and the same conception of the world, of man and of knowledge, but upon the affirmation of a single body of beliefs for guidance in action». MARITAIN, *Introduction* 9–17, 10.

495 GUT, *Sternstunde* 675–682, 682. Wie die amerikanische Unabhängigkeitserklärung nicht von Thomas Jefferson alleine geschrieben wurde, so ist noch viel mehr die «Allgemeine Erklärung der Menschenrechte» ein Konglomerat, das nicht auf einen Autor zurückgeht, vgl. JOAS, *Sakralität* 265–281. «Die Empfehlungen kamen von katholischer, protestantischer und jüdischer Seite, von Juristen, Diplomaten und Friedensaktivisten.» A. a. O. 268.

496 Vgl. a. a. O. 273.

497 SWIDLER, *II. Vaticanum* 175–199, 183.

Das Lehramt wehrt sich kirchenintern gegen die Implikationen der eigenen naturrechtlichen Denktradition, die in Gestalt der «Allgemeinen Erklärung der Menschenrechte» 1948 in die institutionelle Ordnung der Moderne eingegangen ist. Katholische Juristen wie der Völkerrechtler Heribert Franz Köck bringen den Spagat in der Argumentation zwischen Menschenrechtsverbot im kirchlichen Innerorts und Menschenrechtseinsatz in der Welt nicht mehr zusammen, gerade weil Menschenrechte nach kirchlicher Lehre auf dem Naturrecht basieren. Eine Lösung «erfordert ihre [sc. Menschrechte] uneingeschränkte Anerkennung und ihren uneingeschränkten Schutz durch die Kirche, die beide grundsätzlich und vor allem durch das kirchliche Recht zu gewähren sind»[498].

2.2 Rechtstheologie versus Rechtsphilosophie

Es kann keine Institution moralische Legitimität beanspruchen, die sich nicht zum Wert der individuellen freien Selbstbestimmung bekennt.[499] Seit Immanuel Kant ist die Menschenwürde verzahnt mit der Idee der zur Selbstbestimmung befähigten Person. Die Gottebenbildlichkeit (Gen 1,27) jedes Menschen ist zum jüdisch-christlichen Begründungsfundament für dieses moderne Verfassungsverständnis geworden. Die Freiheit des Menschen «zu würdigen, weil sie dem Plan Gottes mit den Menschen entspricht, heisst aber unter den Bedingungen unserer Zeit, die Achtsamkeit gegenüber den vielfältigen Formen von Diskriminierung zu kultivieren und sich an den Konstruktionen nicht zu beteiligen»[500]. Dennoch ist «der Streit darüber, ob Menschenrechte überhaupt in der Kirche einen Platz haben, bis heute noch nicht ausgestanden»[501]. Ausgehend davon soll im Folgenden zwei Fragen nachgegangen werden: Wie werden Menschenrechte in der Kirche in Misskredit gebracht? Wie können Menschenrechte in der Kirche gedacht werden?

2.2.1 Wie werden Menschenrechte in der Kirche in Misskredit gebracht, wie gefördert?

In der Diskussion um die Rechtstheologie in der römisch-katholischen Kirchenrechtswissenschaft treten die obigen rechtsphilosophischen Überlegungen

---

498 KÖCK, *Menschenrechte* 79–99, 84.

499 Vgl. HONNETH, *Recht* 35

500 GOERTZ, *Streitfall* 78–83, 82.

501 BRIESKORN, *Menschenrechte* 3–14, 12.

gegenüber der nachkonziliaren theologischen Akzentuierung deutlich in den Hintergrund. Die Bedenken gegenüber dieser Entwicklung richten sich nicht gegen klare rechtstheologische Grundlagen der Kirchenrechtswissenschaft, sondern gegen bestimmte Theologien des Kirchenrechts, die in Konkurrenz zum Anspruch rechtsphilosophischer bzw. rechtswissenschaftlicher Reflexion geraten. Ich zitiere ein Beispiel, das die theologische Abwehr der Forderungen, die das freiheitliche Menschenrechtsethos an die Kirche als Institution richtet, aufzeigt: «Im Gegensatz zur staatlichen Gemeinschaft könne der Christ [...] gar nicht erst in ein Spannungsfeld zur kirchlichen ‹communio›, ja zur institutionell vermittelten Kirchlichkeit überhaupt, geraten. Denn sein Christsein sei ihm ja ausschliesslich und unmittelbar durch seine vorgängige Bezogenheit auf die kirchliche Gemeinschaft und deren ‹geistliche Vollmacht› [*sacra potestas*] vermittelt›»[502]. Es scheint, dass die Gerechtigkeit «dem Vokabular des Kanonisten abhandengekommen [ist], zerrieben zwischen den Mühlsteinen einer legalistischen Praxis und einer spiritualistischen Rechtstheorie»[503]. Eine Kirche, die derart die Gemeinschaft und die ‹Heilige Gewalt› (*sacra potestas*) hervorhebt, verharmlost das Phänomen des Machtmissbrauchs in der Kirche.[504] Die Förderung der Eigenverantwortung und die Verstärkung der Rechtsschutzeinrichtungen werden so vernachlässigt. Die Moralisierung des Kirchenrechts, die nicht zwischen personalem Glauben und dessen moralischen Anforderungen und den Grundrechten der Kirchenmitglieder gegenüber den kirchlichen Institutionen unterscheidet, trägt zudem zur Aushöhlung des Rechtsbegriffs in der Kirche bei. Konflikte zwischen Mitgliedern der Kirche und den religiösen Institutionen können dann nur in Formen paternalistischer Fürsorge gelöst werden, da keine Freiheit gewährenden Grundrechte vorhanden und entsprechende rechtliche Verfahren nur rudimentär ausgestaltet sind.[505] Ein solcher die Grundrechte ausschaltender religiöser Rechtsbegriff fördert nicht das

502 MAIER EVA MARIA, *Communio* 63–87, 78.

503 A. a. O. 63.

504 Vgl. PROVOST/WALF, *Vorwort* 170 f.; Vgl. LORETAN, *Menschenrechte* 263–283.

505 Vgl. BÖCKENFÖRDE WERNER, *Menschenrechte*. Z. B. hat das Verfahren vor der Kongregation für die Glaubenslehre zum Ziel festzustellen, ob eine Lehre mit der *regula fidei*, also mit der geoffenbarten und vom Lehramt der Kirche vorgelegten Lehre, übereinstimmt. Werner Böckenförde hat vorgeschlagen, dass dieses Verfahren zu einem förmlichen Strafverfahren umgebaut wird. «Ein förmliches Strafverfahren wird der Subjektstellung des Betroffenen besser gerecht als ein Lehrverfahren. [...] In einem gerichtlichen Strafverfahren wären zwingende Prozessvorschriften zu beachten, ein Verteidiger zu bestellen, Akteneinsicht zu gewähren. Und das Wichtigste: Fragestellung und Beweislast änderten sich. Denn nicht, ob eine Lehre der regula fidei entspricht, wäre zu prüfen, sondern, ob sie der regula fidei widerspricht [...] und das Lehramt wäre gehalten, den Widerspruch aufzuweisen.» A. a. O. 31 f.

Vertrauen und die Akzeptanz der Kirchenmitglieder in die eigene Rechtskultur. Die Ohnmacht gegenüber sexuellen Übergriffen durch Kleriker zeigt deutlich das Ungenügen der kanonischen Rechtskultur hinsichtlich der Aufklärung dieser Fälle.[506] Das Zurückdrängen der Rechtsphilosophie durch solche Rechtstheologien verdrängt auch die grosse rechtsphilosophische Tradition des Naturrechts und damit verbunden den Gesetzesbegriff des Thomas von Aquin als *ordinatio rationis*. Anders hingegen erinnert sich der baptistische Pfarrer Martin Luther King im Gefängnis an den Gesetzesbegriff Thomas von Aquins. So ist für King ein «gerechtes Gesetz ein von Menschen gemachter Kodex, der mit dem moralischen Gesetz und dem Gesetz Gottes übereinstimmt. Ein ungerechtes Gesetz ist ein Kodex, der nicht mit dem moralischen Gesetz harmonisiert. Um es in den Worten des heiligen Thomas von Aquin zu sagen, ein ungerechtes Gesetz ist ein Gesetz von Menschen, das nicht in der Ewigkeit und im natürlichen Recht verwurzelt ist. Jedes Gesetz, das die menschliche Person entwürdigt, ist ungerecht. Alle Rassentrennungsgesetze sind ungerecht, weil die Rassentrennung die menschliche Seele verzerrt und die Persönlichkeit beschädigt.»[507]

Wie werden die Menschenrechte gefördert? Im Anschluss an die Bischofssynode von 1974 über die Evangelisierung in der Welt von heute hält Paul VI. in seiner Botschaft über Menschenrechte und Versöhnung fest: «Im Bestreben, sich ganz ihrem Herrn anzugleichen und ihr Dienstamt besser zu erfüllen, will die Kirche die Achtung und die Sorge für die Menschenrechte bei sich selbst deutlich machen.»[508] Daher hat der CIC/1983 eine Art von Grundrechtskatalog an den Anfang der Kirchenverfassung gesetzt. Ein Grundrechtskatalog am Anfang einer Verfassung ist typisch für die Verfassungen nach der «Allgemeinen Erklärung der Menschenrechte». Dieser Grundrechtskatalog steht in Parallele zu den modernen Verfassungen: «Das Recht auf freie Meinungsäusserung [c. 212 § 3], das Recht auf Vereinigungsfreiheit [c. 215], das Recht auf freie Wahl des Lebensstandes [c. 219], das Recht auf Schutz des guten Rufes und der Intimsphäre [c. 220], das Recht auf kirchlichen Rechtsschutz [c. 221], das Recht auf Religionsfreiheit sui generis [c. 748], das primäre Erziehungsrecht der Eltern [c. 793].»[509] Dieser Menschenrechtskatalog wird um einen Katalog mit spezifischen Gläubigenrechten erweitert: «Das Recht auf geistliche Hilfen durch die Verkündigung des Wortes Gottes und die Feier der Sakramente [c. 213], das Recht auf Gottesdienstfeier

---

506 Vgl. TORFS, *Kindesmissbrauch* 344–354, bes. 348 f.; vgl. WIJLENS, *Bischöfe* 163–187.

507 KING, *Letter*; vgl. RAWLS, *Liberalismus* (1998) 357, Anm. 39.

508 PAUL VI., *Botschaft* 624.

509 GRAULICH, *Menschenrechte* 46–68, 66.

gemäss dem eigenen Ritus [c. 214], das Recht auf eine eigene Form des geistlichen Lebens, das Recht auf gestufte Beteiligung an der apostolischen Tätigkeit der Kirche [c. 216], das Recht auf christliche Erziehung [c. 217], das Recht auf theologische Forschung [c. 218].»[510]

Der Grundrechtskatalog gibt zu verstehen, dass auch kirchliche Institutionen nur als Institutionen der Freiheit legitimiert werden können. Es ist ihre Aufgabe, Freiheit zu stimulieren, sie zu schützen und zu stützen. Dies kommt besonders deutlich im Kirchenrechtsverständnis von Papst Paul VI. zum Ausdruck. «Das kirchliche Recht ist nicht Hindernis, sondern pastorale Hilfe […] Seine vornehmste Aufgabe ist nicht zu unterdrücken, zu behindern oder gegen etwas anzugehen, sondern es soll anregen, fördern, schützen und einen Raum wahrer Freiheit ermöglichen.»[511] Für Paul VI. war das kirchliche Eintreten zugunsten der Menschenrechte nach aussen (Soziallehre) mit einer Selbstprüfung der Kirche nach innen (Kirchenrechtswissenschaft) verbunden. Denn aus «ihrer eigenen Erfahrung weiss die Kirche, dass ihr Einsatz für die Förderung der Menschenrechte eine ständige Selbstüberprüfung und Reinigung ihres eigenen Lebens, ihrer Gesetze, Institutionen und Planungen verlangt»[512]. An dieser ihrer eigenen Freiheitsfunktion muss die Kirche kritisch gemessen werden. «In diesem Horizont müsste Kirche als Institution der christlichen Freiheit verstanden werden. Versteht man die Kirche als Institution der christlichen Freiheit, dann ist es ihre Aufgabe, nach innen wie nach aussen für die Menschenrechte als Voraussetzung christlicher Freiheit einzutreten.»[513] Es ist damit aufgezeigt, wie Kirche nicht als «klerikale Theokratie»[514], sondern als Institution der Freiheit gedacht werden kann. Dieses grundrechtliche Denken in der Kirche verlangt allerdings «theologische Zivilcourage»[515]. Ein Grundrechtskatalog im kanonischen Recht kann keine blosse Rezeption staatlicher Vorbilder sein. Vielmehr gilt es, die eigene naturrechtliche bzw. menschenrechtlich-theologische Tradition innerhalb des kanonischen Rechts weiterzuentwickeln. Es bedarf also einer «schöpferischen Transformation»[516]. Mit den Grundrechten verändern sich die Rollen aller Kirchenmitglieder.[517] Es kommt im institutionellen

510 A. a. O. 67.

511 MÜLLER HUBERT, *Diskussion* 97–101, 101; Hervorhebung getilgt.

512 PAUL VI., *Wort* 367.

513 KASPER, *Bestimmung* 285–302, 301 f.

514 A. a. O. 301.

515 METZ, *Opfer* 148–150, 150.

516 LUF, *Grundrechte* 107–157, 115.

517 «Nachdem die allgemeinen Menschenrechte durch ‹Pacem in terris› leges canonizatae geworden sind, kann die Kirche sie auch den Ordensleuten nicht mehr absprechen. Damit stellt sich

Bereich ein Prinzip der reziproken Anerkennung zum Tragen, «welches allen Beteiligten nach Jahrhunderten der politischen Bevormundung und der ständischen Rangunterschiede vollkommen neu sein» wird.[518] Denn die reziproke Anerkennung, die die Goldene Regel nach Mt 7,12 fordert, wird in einem eigenständigen Grundrechtskatalog verfassungsrechtlich und institutionell eingefordert.

2.2.2 Opferperspektive und Forschungsdesiderate

«Die philosophische und theologische Tradition hat Gerechtigkeit und Ungerechtigkeit vorwiegend aus der Sicht der Täter betrachtet. Sie sah in der Gerechtigkeit diejenige Tugend, die jedem das Seine gewährt, und fand Ungerechtigkeit dort, wo es an dieser Tugend fehlt.»[519] Die Perspektive auf die Begriffe Gerechtigkeit und Ungerechtigkeit verändert sich grundlegend, wenn diese Begriffe nicht aus der Sicht der Täter, sondern aus derjenigen der Opfer betrachtet werden. Dann wird Ungerechtigkeit nicht als Abwesenheit einer Tugend verstanden, «sondern als Verweigerung von Anerkennung»[520]. Vor allem dort wird Anerkennung vorenthalten und Macht missbraucht, «wo die Achtung vor der menschlichen Würde [irgendeiner Person] verleugnet, [...] wo Menschen der Zugang zu Freiheit, Gleichheit und gesellschaftlicher Teilhabe [...] verweigert wird»[521]. Die Freiheitsrechte – in ihrer individuellen und sozialen Ausprägung – sind gerade auch in der Kirche wichtige Indikatoren für solchen Machtmissbrauch. Ungerechtigkeit und Machtmissbrauch sind geschichtlich geprägte Begriffe; deutlich illustriert dies beispielsweise die zu bestimmten Zeiten gegebene Rechtlosigkeit Farbiger, die sie als unabänderliches Unglück hinnahmen; fernerhin zeigen dies Frauen, die ihre gesellschaftliche Unterordnung als gottgewollt verstanden haben, sowie Kinder, die ihre sexuelle Ausbeutung als eigene Schuld ansahen. Als jedoch Farbige, Frauen und Kinder erkannt haben, dass die ihnen aufgenötigte rechtliche Ungleichheit den Charakter willkürlichen Machtmissbrauchs trägt, waren sie nicht länger bereit, diese hinzunehmen. *Rassismus und Sexismus* sind zwei Grundformen von Machtmissbrauch. In beiden Fällen wird strukturelle und gesellschaftliche Ungerechtigkeit aus der Gruppenzugehörigkeit als solcher hergeleitet. Dies ist mit dem Gedanken einer

---

die ungemein schwierige Aufgabe, die Ordensaszese auf diese ihr bisher fremde Stufe höherer Rechtskultur zu heben, ohne dass die Unbedingtheit der Hingabe und der Einsatzfreudigkeit [...] dabei Schaden leidet.» NELL-BREUNING, *Selbstkritik* 508–527, 521.

518 HONNETH, *Recht* 484.

519 HUBER, *Gerechtigkeit* 184.

520 Ebd.

521 Ebd.

allen Menschen gleichen Würde schlechterdings nicht vereinbar. Deshalb ist es bedrückend, «dass die Kirchen im Kampf gegen die Diskriminierung von Frauen keineswegs eine Vorreiterrolle übernahmen, sondern in manchen Teilen der Welt eher unter den Nachzüglern zu finden sind»[522].

Für die Entkräftung der rechtspositivistischen[523] und rechtstheologischen[524] Argumente gegen die Menschenrechte sind rechtsphilosophische[525] und theologische Argumente ins Feld zu führen, wie es kanonistisch Markus Graulich im Ansatz geliefert hat[526]. Der Kirchenrechtler und Theologe Bartolomé de Las Casas forderte bereits im 16. Jahrhundert die zwei zentralen Verfassungsprinzipien Demokratie und Grundrechte für das Völkerrecht und für die Kirche.[527] Diese kirchenrechtliche Naturrechtstradition verbindet katholische Moraltheologie, Völkerrecht, Menschenrechts- und Kirchenrechtscodices und ist in Anknüpfung an diese grosse Denktradition der katholischen Kirche weiterzuentwickeln. Das kanonische Recht hält heute ausdrücklich fest, dass es Aufgabe der Kirche ist, «immer und überall die sittlichen Grundsätze auch über die soziale Ordnung zu verkündigen [...] insoweit die Grundrechte der menschlichen Person [...] dies erfordern» (c. 747 § 2 CIC/1983). Umstritten bleibt, «ob die dadurch vollzogene Inkorporation allgemeiner Menschenrechte in das kanonische Recht auch nach innen entsprechende Konsequenzen nach sich gezogen hat oder nach sich ziehen muss»[528]. An die breite Grundrechtsdiskussion im Pontifikat Pauls VI. gilt es kirchenrechtswissenschaftlich und theologisch wieder anzuknüpfen. Der CIC/1983 geht heute von einem schrankenlosen Vorbehalt zugunsten der kirchlichen Autorität aus. Deshalb «kann von Grundrechten in einem strikten Sinn nicht [mehr] die Rede sein; denn deren Wesen besteht darin, dass sie der Ausübung von amtlicher Autorität Schranken setzen»[529]. Die Theologie der Freiheitsrechte wird eine befriedigende

---

522 A. a. O. 186.

523 Der Gleichheitssatz im CIC/1983 habe keine Rechtsverbindlichkeit (c. 208) im Unterschied zu Art. 3 des deutschen Grundgesetzes. «Diese Rechtsverbindlichkeit besitzt der Satz [‹Alle Menschen sind vor dem Gesetz gleich.›] als Bestandteil des höchstrangigen formellen deutschen Verfassungsrechts. Eine solche Stufenordnung kennt das kanonische Recht nicht und so auch keine Grundrechte, weder dem Begriff noch der Sache nach.» LÜDECKE/BIER, *Kirchenrecht* 59.

524 Vgl. CORECCO, *Ordinatio* 95–114.

525 «In dieser Fundierung des Rechts in der Freiheit als der transzendentalen Bestimmung des Menschen ist eine wesentliche systematische Grundlage für die Möglichkeit des Dialoges zwischen Theologie, Rechtsphilosophie und Jurisprudenz gelegt.» LUF, *Grundlagen* ([2]1999) 33–48, 47.

526 Vgl. GRAULICH, *Theologie*; MEEGEN/GRAULICH, *Menschen*.

527 Vgl. HUSER, *Vernunft*.

528 HUBER, *Grundrechte* 518–544, 530 f.

529 A. a. O. 531.

theologische Antwort auf die neuzeitliche Freiheitsproblematik erst «im Rahmen einer umfassenden [Philosophie[530] und] Theologie[531] der Freiheit» entwickeln[532]. Eine «Theologie der Freiheit» gilt es von verschiedenen theologischen Disziplinen her zu entfalten. Freiheit ohne Freiheitsrechte und ihren grundrechtlichen Schutz zu denken ist seit der modernen Verfassungsgeschichte völlig inadäquat. Denn «als letztes Element des Naturrechts, das im Tiefsten ein Vernunftrecht sein wollte, [...] sind die Menschenrechte stehen geblieben»[533]. Deshalb wird über Freiheit nicht ohne eine «Theologie der Freiheitsrechte» zu sprechen sein, die die Kirchenrechtswissenschaft zusammen mit dem Religionsverfassungsrecht[534] zu entwickeln hat. Entwürfe dazu habe ich in den letzten Jahren skizziert.[535] Wer auf Freiheitsrechte in der Kirche meint verzichten zu müssen, sollte bedenken, es «ist niemals ein Dokument der Kultur [z. B. Evangelium], ohne zugleich ein solches der Barbarei zu sein»[536]. Eine Kirche mit einem einklagbaren Grundrechtskatalog von Freiheitsrechten zeigt dagegen institutionelle Verantwortung.

3. Schlusswort

Die Freiheitsrechte sind im positiven Recht der katholischen Kirche wie in anderen Rechtsbereichen (staatliches Recht, Völkerrecht) aufzuzählen. Dabei ist

---

530 «Der Ursprung des Bewusstseins der Freiheit – so sagten wir mit Kant – ist die Selbstbehauptung des Menschen als sittliche Person. Der Mensch weiss und anerkennt sich selbst und den anderen Menschen als ansprechbar, als verantwortlich, als frei – in welchen Grenzen auch immer. [...] Der transzendentale Akt der Anerkennung des Menschen als frei und als sittliche Person begründet DAS RECHT. In der Tradition des klassischen und des christlichen Denkens ist der Ursprung des Rechts zutreffend als göttlich bezeichnet worden. [...] weil der Grund des Rechts die unbedingte Achtung vor dem Unbedingten im Menschen, die Achtung seiner Freiheit ist. Gott selbst achtet nach der christlichen Lehre die Freiheit des Menschen.» KRINGS, *Staat* 185–208, 197 f.

531 Thomas Pröppers Theologie versucht, «mit HERMANN KRINGS' [Denken] und anderen Vertretern des transzendentalen Denkens auf dem von KANT und FICHTE eröffneten Weg weiterzugehen». PRÖPPER, *Evangelium* 16; Hervorhebungen im Original.

532 Vgl. KASPER, *Wahrheit* 38.

533 RATZINGER, *Welt* 28–40, 36.

534 Die Bedeutung der Drittwirkung der staatlichen Grundrechte müsste ein eigener Beitrag erörtern. Ebenso wäre der Frage der Konkordate und im Besonderen der Kinderrechtskonvention nachzugehen, die der Apostolische Stuhl mitunterzeichnet hat.

535 Vgl. LORETAN, *Religionen*; vgl. LORETAN, *Religionsfreiheit im Kontext der Grundrechte*.

536 BENJAMIN, *Begriff* 691–704, 696. Dieses Zitat findet sich auf Benjamins Grabstein in Port Bou.

an die eigene naturrechtliche bzw. vernunftrechtliche Denktradition anzuknüpfen. Die Konzilserklärung über die Religionsfreiheit (DH) und die Präambel der «Allgemeinen Erklärung der Menschenrechte» von 1948 anerkennen eine allen Menschen inhärente Würde und davon abgeleitet gleiche und unveräusserliche Rechte. Davon kann eine Kirche nicht dispensiert werden.

Zusammenfassung

Ein Rechtsstaat (engl.: *the Rule of Law*) schützt die freiheitliche Selbstbestimmung des Individuums (Autonomie) im Grundrechtskatalog der Verfassung. (1) Die katholische Kirche ist beim ersten Versuch der schöpferischen Transformation der Freiheitsrechte in ihre Verfassung gescheitert. (2) Kann die Lehrerin des Naturrechts, die Kirche, abseitsstehen? Läuft sie damit Gefahr, ihre vernunftrechtliche Denktradition zu verraten, die u. a. einen wichtigen Beitrag für die moderne Verfassungsgeschichte geliefert hat?

C) Das Verhältnis von Rechtsstaat und Religionsgemeinschaften

In den obigen Kapiteln wurde der Frage nachgegangen: Werden die Menschenwürde und die darauf aufbauenden Menschenrechte in einer Religionsgemeinschaft, der katholischen Kirche, als einklagbare Rechte anerkannt? Nun wird der Fragehorizont ausgeweitet: Wie haben sich die Institutionen (Kirche, Staat) in der Vergangenheit gegenseitig beeinflusst beim Entstehen der Freiheitsrechte? Wie reagierte die katholische Kirche auf die neuen Freiheitsrechte des Staates? Wie reagiert der Rechtsstaat heute auf die Verletzung von Menschenrechten in den Religionsgemeinschaften?

Formal könnte man sagen, zuerst wurde die kirchenrechtliche Frage der Menschenrechte in der Kirche behandelt, im Folgenden wird die staatskirchenrechtliche (Institutionen) und die religionsverfassungsrechtliche (Grundrechte) Frage der Menschenrechte im Rechtsstaat behandelt, die in der Frage gipfelt: Welches sind die Folgen des staatlichen Rechts bei Missachtung der Menschenrechte in den Religionsgemeinschaften?

1. Von den Institutionen (Kirche, Staat) zum Grundrecht der Person

Es war in der Tradition der christlichen Kirchen selbstverständlich, dass Menschen, die die Wahrheit teilweise (Häretiker) oder ganz (Apostaten) ablehnten, getötet werden können. Der Kirchenlehrer Ambrosius (339–397) setzte den weltlichen Arm im Kampf um den rechten Glauben ein, sobald die Kirche Staatsreligion geworden war. Die staatstragende Idee des römischen Staates, wonach die Einheit des Staates nur durch die Einheit der Religion gewährt werden kann, kam ihm dabei zu Hilfe.[537] Der Kirchenlehrer Augustinus (354–430) konnte gegenüber Häretikern und Schismatikern keine Religionsfreiheit gewähren.[538] Darin folgten ihm sowohl Thomas von Aquin, Martin Luther und Jean Calvin und viele mehr. Der politische Augustinismus des Früh- und Hochmittelalters verstand die Institutionen der *civitas terrena* als einen dem Himmelreich untergeordneten Dienst. Weltliche Zwangsgewalt stand im Dienst der Wahrheit. «Der Staat hat die Pflicht, die Kirche in Verfolgung ihrer transzendenten Zielsetzung zu fördern. Dieses Verständnis des Verhältnisses der irdischen zur geistlichen Gewalt sollte ein halbes Jahrtausend später zur geistigen Grundlage des Verhältnisses von imperium [Kaisertum] und sacerdotium [Papsttum] werden.»[539] Die Zwei-Gewalten-Lehre des Papstes Gelasius identifiziert die augustinische Unterscheidung von *civitas Dei* und *civitas terrena* mit der realen Kirche und der realen weltlich-politischen Ordnung, was der Intention des Augustinus entgegensteht. Sie stellt aber «jenes Begriffsinstrumentarium zur Verfügung, mittels dessen dann der Streit um das rechte Verhältnis der weltlichen und der geistlichen Gewalt ausgetragen werden kann»[540].

Ein erster Schritt der Säkularisierung der religiös-politischen Einheitsvorstellung des christlichen Staates bzw. der *res publica christiana* ereignet sich in der

537 Vgl. STUDER, *La riflessione*.

538 Augustinus hatte in seinem Werk «De civitate Dei» (Der Gottesstaat) unterschieden zwischen den Ebenen: Der Staat sichert den irdischen Frieden, die Kirche führt die Menschen zum ewigen Heil.

539 LEISCHING, *Strukturen* 19–31, 21.

540 STEIN, *Trennung* 197–222, 205.

päpstlichen Revolution des 11. Jahrhunderts. Im Investiturstreit ist das geschehen, was Rosenstock-Huessy als das «Ur-Recht» jeder Revolution ansieht: «von sich aus einen neuen Rechtsgrund zu schaffen und mit allen vorhergehenden Rechtsgrundlagen zu brechen»[541]. Das Geistliche stand in der Sichtweise Papst Gregors VII. über dem Weltlichen: «Der Geringste im Reiche des geistlichen Schwertes ist grösser als der Kaiser selbst, der [bloss] das weltliche Schwert schwingt.»[542] In der päpstlichen Revolution sieht Harold Berman die Initialzündung für die Herausbildung des westlichen Rechtssystems. Das Recht der Kirche war den weltlich-politischen Ordnungen hinsichtlich ihres Regierungssystems ein Modell für die entstehenden Königtümer. Auch als leitende Fachbeamte waren Kirchenjuristen (bzw. mit dem richtigen Namen: Kanonisten) in den staatlichen Kanzleien gefragt. Im ganzen 12. Jahrhundert und im geringeren Masse im 13. Jahrhundert, d. h. während der Entstehungszeit des westlichen politischen und juristischen Denkens, waren «die höchsten Beamten der Könige selbst hohe geistliche Würdenträger, die zum Teil auch Rom verpflichtet waren»[543]. Die Kirche wurde zu einem Modell in der Ausbildung eines systematischen Rechtssystems. Dabei wurde «die Herrschaft *durch* das Recht theoretisch, wenn auch keineswegs immer praktisch, durch einen verbreiteten Glauben an die Herrschaft des Rechts gestützt»[544]. Es war dieser Glaube der Kirchenjuristen an das Recht, «dass der König selbst durch das Recht gebunden sei und seine Untertanen unter bestimmten Umständen sogar das Recht hätten, seinen Befehlen nicht zu gehorchen, wenn sie rechtswidrig waren.»[545] Ein Beispiel dieses neuen Rechtsdenkens ist die Urform einer Menschenrechtserklärung: die «Magna Carta Libertatum» (1215) oder der Grosse Freiheitsbrief. Diese ersten Freiheitsrechte trotzten der Hohe Adel und die Geistlichkeit Englands ihrem König Johann I. ab. Die Magna Carta garantierte persönliche Freiheitsrechte gegen die Willkür des Königs. Damit waren Freiheitsrechte einzelner Personen geschützt, die eine Entwicklung auslösten. Weitere Personengruppen forderten im Lauf der Rechtsgeschichte ihre Freiheitsrechte ein: die nicht adligen Landbesitzer, das Wahlrecht für Nicht-Landbesitzer, die Rechte der Schwarzen und ehemaligen Sklaven, die Rechte der Frauen, die Rechte der Kinder, die Rechte der Behinderten etc. Der in Harvard

---

541 ROSENSTOCK-HUESSY, *Revolutionen* 144.

542 BERMAN, *Recht* 817.

543 A. a. O. 186. Z. B. war der Lordkanzler im Englischen Königreich meistens ein Kanonist, ein im kirchlichen Recht Gebildeter. Darum ist das anglo-amerikanische Rechtssystem bis heute vom Fallrecht des Corpus Iuris Canonici geprägt: Case law (Fallrecht).

544 A. a. O. 817.

545 Ebd.

lehrende Harold Berman führt daher die Wurzeln der westlichen Rechtstradition zurück auf diese päpstliche Revolution und das daraus entstehende Rechtssystem in der Institution Kirche. Die Kirchenrechtswissenschaft bzw. Kanonistik entwickelte sich in den eben erst entstandenen europäischen Universitäten, die das kirchliche Recht zusammen mit dem römischen Recht in den Rechtsfakultäten ins interdisziplinäre Gespräch brachten, so dass noch heute vom Studium der Rechte, *iura* (Plural) bzw. von den Rechtswissenschaften (Plural) die Rede ist.

Ein zweiter Schritt der Säkularisierung ereignet sich mit der Reformation und den anschliessenden Religionskriegen. «Mit Luther findet die christliche Reichsidee ein theologisch begründetes Ende. [...] Das weltliche Regiment mit seinen äusserlich wirkenden Zwangsmitteln schafft äusserlichen Frieden und wehret den bösen Werken, das geistliche Regiment des Reiches Gottes mit seinen innerlich wirkenden Überzeugungsmitteln macht die Menschen fromm und gerecht. Aber keines kann ohne das andere wirken.»[546] Der mit der Reformation ausgelöste Säkularisierungsschub ist erst in den Religionskriegen deutlich geworden. Denn in diesen Kriegen bestätigt sich, dass Wahrheitsfragen sich nicht mit Gewalt entscheiden lassen. Zudem kann eine weltlich-politische Ordnung, die ihren Zweck mit dem Seelenheil der Menschen verknüpft, nicht für den irdischen Frieden aller Menschen sorgen, da ein Teil der Gläubigen als Häretiker betrachtet wird. Deshalb entscheidet gemäss dem Augsburger Religionsfrieden (1555) der Fürst über die Religion: «cuius regio, eius religio». Mit dem *ius reformandi* und dem *ius emigrandi*, das heisst dem Recht, den anderen Glauben anzunehmen und auszuwandern, kommt ein individuelles, subjektives Element in die Rechtsordnung. Entscheidend ist zudem das Akzeptieren der Parität der Konfessionen. Sie fand eine rechtliche Legitimation auf Reichsebene, «ohne dass es deswegen galt, die Fehlgläubigen jenseits der Grenze mit dem weltlichen Mittel des Schwertes zu bekämpfen. Nach aussen hin war das weltliche Regiment [...] nicht mehr für Heils- und Wahrheitsfragen zuständig. Aber Religionsfreiheit im Sinne der freien Wahl des religiösen Bekenntnisses gab es nur für die Landesherren. [...] Den Untertanen blieb *lediglich* das Recht, im Falle eines anderen Bekenntnisses das Land zu verlassen, auf deren Gewissen dadurch *immerhin* nicht mehr mit den Zwangsmitteln des weltlichen Regiments eingewirkt wurde.»[547]

Auch im Westfälischen Frieden von 1648, dem das «Instrumentum Pacis Osnabrugense» (IPO) zugrunde liegt, wird im Wesentlichen die staatskirchenrechtliche Lage des Augsburger Religionsfriedens fortgeschrieben mit ein paar

---

546 STEIN, *Trennung* 197–222, 217 f.

547 A. a. O. 219 f.

folgenreichen Modifikationen: Es wird eine Verfahrensregel neu eingeführt, nach der in Religionsangelegenheiten fortan keine Mehrheitsentscheidung mehr erfolgen soll. Darin hat sich die Erkenntnis politisch durchgesetzt, «dass die Religion in die Sphäre des politisch Unabstimmbaren gehört, die heute durch die Grundrechte [z. B. der Religionsfreiheit und der Meinungsfreiheit] institutionell geschützt ist. Die vollständige Anerkennung einer grundrechtlich geschützten Sphäre in individueller wie in korporativer Hinsicht nahm bekanntlich noch einige Zeit in Anspruch. [...] Aber mit dem Westfälischen Frieden tolerierte der Landesherr die Andersgläubigen. [...] Damit ist der Grundstein für die verfassungsrechtliche Herausbildung des Prinzips der religiösen Neutralität [des Staates] gelegt.»[548] Als Folge der Religionskriege ist nur der religiös neutrale Rechtsstaat fähig, religiösen Frieden herzustellen, nachdem die Kirchen sich gegenseitig weiterhin als Häretiker verstehen, bis im 20. Jahrhundert ökumenische Gespräche ein Umdenken einleiten. Deshalb wird im «Instrumentum Pacis Osnabrugense» die staatliche Souveränität nach innen und nach aussen behauptet. Die Überwindung der Religionskriege setzte die Idee einer Wahrheitsansprüchen gegenüber neutralen staatlichen Souveränität voraus. Diese war das Fundament der individuellen Glaubens- und Gewissensfreiheit. Aber es wird noch eine Zeit dauern, bis die kirchlichen Wahrheitsansprüche den Kontext dieser neuen staatlich garantierten Freiheitsrechte der Person anerkennen.

2. Konfliktgeschichte von katholischer Kirche und demokratischer Öffentlichkeit[549]

Die katholische Kirche hatte bis zum Zweiten Vatikanischen Konzil (1965) den modernen liberalen Rechtsstaat abgelehnt, der individuelle Religionsfreiheit in der Bundesverfassung von 1874 garantierte. Die Kirche hatte es geschafft, die freiheitsrechtlichen Werthaltungen der Aufklärung vom katholischen Kirchenvolk fernzuhalten. Es begann mit einer «Reform der Priesterausbildung und deren Bindung an die (neu-) scholastische Philosophie; es setzte sich fort über eine systematische päpstliche Lehrverkündigung, die einerseits die grundlegenden Irrtümer des liberal-aufklärerischen Zeitgeistes verurteilte [Gregor XVI.: Enzyklika «Mirari vos», 1832; Pius IX.: «Syllabus errorum», 1864], andererseits ein Gebäu-

548 A. a. O. 220 f.

549 Vgl. GROSSE KRACHT HERMANN-JOSEF, *Kirche*. LORETAN/BERNET-STRAHM, *Kreuz*.

de eigener sozialer und politischer Ordnungsideen entwickelte, das […] vielfach an vorrevolutionäre und vorindustrielle Ordnungsbilder[550] anknüpfte; es kulminierte in der Erhebung des scholastischen Naturrechts von einer theologischen Doktrin zu einer kirchenamtlichen Lehre […] Um so unvermittelter kam dann freilich der Einbruch der Aufklärungsideen in diese ‹geschlossene› katholische Bewusstseins- und Lebenswelt [katholisches Getto …] Man kann die These wagen, dass die Nichtbewältigung dieses Einbruchs einen wesentlichen Teil der heutigen Krise der katholischen Kirche ausmacht.»[551]

Mit der Erklärung über die Religionsfreiheit «Dignitatis humanae» (1965) hat das Zweite Vatikanische Konzil ein neues Kapitel im Verhältnis zum liberalen Rechtsstaat aufgeschlagen, nachdem bis weit ins 20. Jahrhundert die Freiheitsrechte und die Demokratie abgelehnt wurden vom für alle Katholiken verbindlichen Lehramt[552]. Seit der Enzyklika «Pacem in terris» von Johannes XXIII. und der Konzilserklärung über die Religionsfreiheit hat die Kirche versucht, ein neues Verhältnis zu den Prinzipien von Demokratie und Öffentlichkeit zu entwerfen. Sie versteht sich selbst heute als Teil der demokratischen Zivilgesellschaft. Für Johannes Paul II. werden jene Millionen von Menschen zur neuen Lebenskraft des Glaubens, «die angeregt und geleitet vom Sozialen Lehramt der Kirche, sich dem Dienst in der Welt zur Verfügung gestellt haben. Im persönlichen Einsatz oder in Form von Gruppen, Gemeinschaften und Organisationen werden sie zu einer *Grossbewegung zur Verteidigung und zum Schutz der Würde des Menschen* (A. L.). Dadurch haben sie in den Wechselfällen der Geschichte zum Aufbau einer gerechteren Gesellschaft beigetragen und dem Unrecht eine Grenze gesetzt.» (Enzyklika «Centesimus annus», Einleitung Nr. 3)

---

550 Welche Auswirkungen diese lehramtliche Ablehnung der Freiheitsrechte und der Demokratie auf den deutschen und österreichischen Katholizismus im Jahre 1933 hatte, darf nicht übersehen werden (vgl. BÖCKENFÖRDE ERNST-WOLFGANG, *Katholizismus*). Zudem: Der katholische Kanzler Franz von Papen war es, der Adolf Hitler den Posten des Vizekanzlers anbot; vgl. WINKLER, *Weg* 518. Vgl. für Österreich z. B. Johannes Hollnsteiner, Ordenspriester und o. Univ.-Prof. für Kirchenrecht an der Wiener Universität, Vizepräsident des Erzbischöflichen Metropolitangerichts. «Er war die rechte Hand von Kardinal Innitzer und verfügte über gute Kontakte nach Rom. […] Dem späteren Bundeskanzler Kurt von Schuschnigg war er als Beichtvater und geistlicher Berater besonders verbunden. Beide hatten sich Anfang der zwanziger Jahre in der Wiener katholischen Studentenverbindung ‹Norica› kennen gelernt, aus der sich ab 1934 die politische Führungsschicht des ‹Ständestaates› rekrutieren sollte.» (HILMES, *Witwe* 250) Er war zudem einer der Liebhaber von Alma Mahler-Werfel («Ich verehre diesen Menschen bis zum Niederknien» (249), weshalb sich die entsprechende Forschung für Hollnsteiner interessierte. Vgl. BUCHMAYR, *Priester.*

551 BÖCKENFÖRDE ERNST-WOLFGANG, *Verhältnis* 73–102, 95 f.

552 Vgl. LÜDECKE, *Grundnormen.*

3. Religionsfreiheit schafft eine Austrittsmöglichkeit

In grundrechtsgeschützten Rechtsstaaten können Religionsgemeinschaften ihren Glauben nur durch Zustimmung der Mitglieder von einer Generation an die nächste weitergeben. Religionszugehörigkeit ist gemäss der Bundesverfassung freiwillig (Art. 15 Abs. 4 BV). Ob jemand zu einer Religionsgemeinschaft gehören will, ist eine persönliche Entscheidung. Menschen müssen überzeugt werden, dass sie mit ihrem Glauben ein sinnvolles Leben entwerfen können. Das Begleiten und Aufsuchen von Menschen in ihrem Ringen mit dem Glauben in einer pluralistischen Gesellschaft ist Seelsorge.

Die völkerrechtlichen Garantien der Religions- und Glaubensfreiheit fasst der «UN Special Rapporteur» Heiner Bielefeldt wie folgt zusammen: «they ‹all meant precisely the same thing: that everyone has the right to leave one religion or belief and to adopt another, or to remain without any at all›.»[553] Dieser freiheitsrechtliche Kontext ist auch theologisch mitzudenken, wenn dogmatische Formulierungen drastische Konsequenzen des Glaubensabfalls beschreiben.[554] Im islamischen Kontext wird die Todesstrafe bei Apostasie (Glaubensabfall) heute noch von Autoren vertreten.[555] Dissidentinnen und Dissidenten einer Religionsgemeinschaft stören nicht mit ihrer Kritik den Dialog der Kulturen. «Ihre leidenschaftliche Verteidigung eines selbstbestimmten Lebens, der Freiheit des Individuums gegenüber einem religiösen, domestizierten Kollektiv verlangt [...] Unterstützung. [...] In der Verschmelzung von Glauben und Gesellschaftsordnung, von Wahrheit, Hierarchie und sozialer Realität entstand eine säkulare Umma, in der der einzelne vergemeinschaftet werden sollte. Das Individuum ist allen [...] Totalitarismen suspekt.»[556] Genau dieses Individuum schützt aber die staatliche Verfassung eines freiheitlichen Rechtsstaates gegen alle Formen von Theokratie. Denn die mit Gewalt ausgetragenen Auseinandersetzungen über den wahren Glauben hat der säkulare Rechtsstaat beendet mit einer neuen Friedenszwecksetzung des Staates. Die Antwort des Thomas Hobbes auf das Problem der Religionskriege lautete, «dass ein weltlicher Zweck, nämlich das Überleben der Individuen an die Stelle der vormals um das Seelenheil

---

553 BIELEFELDT, *Freedom* 100.

554 LG 14: «Darum können jene nicht gerettet werden, die um die katholische Kirche und ihre von Gott durch Christus gestiftete Heilsnotwendigkeit wissen, in sie aber nicht eintreten, oder in ihr nicht ausharren wollten. [...] Nicht gerettet wird aber, wer, obwohl der Kirche eingegliedert, in der Liebe nicht verharrt und im Schoss der Kirche zwar ‹dem Leibe›, aber nicht ‹dem Herzen› nach verbleibt.»

555 Zum islamischen Verständnis der Apostasie ausführlicher in Teil 1 II. A) 2. in diesem Buch.

556 ACKERMANN, *Lob* 140–146, 145.

der Untertanen besorgten politischen Ordnung tritt»[557]. Damit ist auch die Kirche getrennt vom Staat zu denken. Schon Thomas von Aquin hatte Kirche und Staat von ihren unterschiedlichen Zwecken her gedacht,[558] was eine Entwicklung ermöglichte, die in der Konzilserklärung über die Religionsfreiheit (1965) mündete.

4. Missachtung der Menschenrechte im Lehrprüfungsverfahren – und der Rechtsstaat

«Menschenrechte gehören nicht zum klassischen Traditionsgut der Religionen.»[559] Papst Johannes XXIII. hat die «Allgemeine Erklärung der Menschenrechte» von 1948 in der Enzyklika «Pacem in terris» von 1963 ins kirchliche Denken aufgenommen, wie im obigen Kapitel über die Freiheitsrechte in der Kirche ausführlich gezeigt wurde. «Pacem in terris» ist die Magna Carta der Menschenrechte in der Kirche geworden. Johannes Paul II. weist in seiner Ansprache an das Gericht der Rota Romana 1979 auf die Verdienste der Kirche an der Entstehung und Entwicklung der Menschenrechte hin. Er bezeichnet es «als eine Aufgabe der Kirche, die Menschenrechte überall und jederzeit zu proklamieren und zu verteidigen, und leitet daraus die Verpflichtung ab, speculum iustitiae [Spiegel der Gerechtigkeit] zu sein. Er hebt die Bedeutung der Garantie der Rechte der Person im Verfahren und die oberste Pflicht des kirchlichen Richters hervor, der Person die gebührende Achtung zu schenken.»[560]

---

557 STEIN, *Quellen* 268.

558 Vgl. meinen Vortrag zur Thomas-Akademie 2007 in Salzburg: LORETAN, *Kirche und Staat in der Schweiz im Horizont einer globalisierten Gesellschaft* 189–211, 191–195.

559 SCHWARTLÄNDER, *Freiheit* 14.

560 Deutsche Übersetzung nach NAY, *Kirche* 289–291, 289. Wortlaut im Original: «Ma il compito della Chiesa, e il merito storico di essa, di proclamare e difendere in ogni luogo e in ogni tempo i diritti fondamentali dell'uomo non la esime, anzi la obbliga ad essere davanti al mondo ‹speculum iustitiae›. La Chiesa ha al riguardo una propria e specifica responsabilità.» In: Apollinaris 52 (1979) 30–39, 31; Titel: Allocutio Ad Praelatos Auditores ceterosque Officiales S. Romanae Rotae (die 17 februarii 1979); auch in: Monitor ecclesiasticus 104 (1979) 5–14, 7; Titel: Allocutio summi Pontificis ad Praelatos Auditores aliosque Administros sacrae Romanae Rotae (die 17–II–79); auch in: AAS 71 (1979) 422–427, 423; Titel: Ad Decanum Sacrae Romanae Rotae ad eiusdemque Tribunalis Praelatos Auditores, ineunte anno iudiciali; auch online unter: https://w2.vatican.va/content/john-paul-ii/it/speeches/1979/february/documents/hf_jp-ii_spe_19790217_roman-rota.html (14.06.2016). Titel: Discorso di Giovanni Paolo II, agli officiali e avvocati del tribunale della Rota Romana, 17 febbraio 1979.

Der ehemalige Präsident des Schweizer Bundesgerichts, Giusep Nay, zeigt sich erstaunt, dass die katholische Kirche im eigenen Bereich die Menschenrechte und faire Rechtsverfahren dennoch nicht umsetzt, die sie nach aussen einfordert und Papst Johannes Paul II. auch nach innen einforderte: «In der Rechtswissenschaft gilt die Menschenwürde [vgl. DH 1], die in den modernen demokratischen Verfassungen und auch in internationalen Erklärungen und Abkommen garantiert wird, als Kern der anderen Grundrechte und Richtschnur für deren Auslegung. [...] Die Europäische Menschenrechtskonvention und der UNO-Pakt über bürgerliche und politische Rechte wie auch die nationalen Verfassungen und die reichhaltige Rechtsprechung dazu entwickelten und *garantieren* [...] *einen menschenrechtlichen und verfahrensrechtlichen Minimalstandard gerechter und fairer Verfahren der Rechtsanwendung.* Der Betroffene hat danach vor allem den Anspruch, dass die Behörde ihn vor Erlass eines Entscheides anhört und ihm Gelegenheit gibt, Einsicht in die Akten zu nehmen und seinen eigenen Standpunkt darzulegen. Fällt sie eine Entscheidung, muss sie eine Begründung dafür geben; der Betroffene darf über die Motive der entscheidenden Instanz nicht im Dunkeln gelassen werden. [...] Die Verfahrensgarantien sind konkreter und lebendiger Ausdruck des Respekts der administrativen Behörde wie des Richters vor der Person des oder der vom Verfahren Betroffenen. Sie gründen letztlich in der Garantie der Menschenwürde und bedeuten, dass keine Person als blosses Objekt eines administrativen oder gerichtlichen Verfahrens behandelt werden darf, sondern als Subjekt auch von Verfahrensrechten zu beachten ist; und selbstverständlich dann, und gerechterweise nur dann ebenso von Verfahrenspflichten.»[561]

Nay stellt fest, dass z. B. die Lehrprüfungsverfahren gegen Theologen und Theologinnen der staatlichen Universitäten zwar verbessert worden sind, aber immer noch «das Menschenrecht des Betroffenen, von Beginn weg in allen Stadien als Subjekt im Verfahren behandelt und vor jeder Entscheidung gebührend angehört zu werden, nicht gewährleistet. [...] Das Gleiche gilt für Mängel des kirchlichen Ehenichtigkeitsverfahrens, wie sie aus dem Urteil Pellegrini c. Italien, no. 30882/96, vom 20. Juli 2001 des Europäischen Gerichtshofes für Menschenrechte [...] hervorgehen.»[562] Universitäten beanspruchen die «Freiheit der Forschung» für die Theologie (c. 218 § 1 CIC/1983), die in Ansätzen auch im CIC/1983 anerkannt wird; das Lehramt aber beansprucht eine Mitsprache darüber, was im Namen der Kirche in römisch-katholischen Theologischen Fakultäten gelehrt wird. Vom kirchlichen Lehramt ist dabei zu erwarten, dass es

---

561 NAY, *Kirche* 290; Hervorhebung A. L.

562 A. a. O. 291.

seine Stellungnahmen mit Argumenten darlegt, die auch eine Entgegnung erlauben. Ebenso nötig ist ein klares Verfahren, das sowohl dem Lehramt wie den betroffenen Lehrpersonen gerecht wird. Das bisher übliche Lehrprüfungsverfahren genügt diesen Ansprüchen nicht. Die Verweigerung der Lehrerlaubnis betrifft im deutschen Sprachraum seit 1980 3 Prozent der Berufungsverfahren. Im rechtsstaatlichen Kontext bietet das kirchliche Lehrbeanstandungsverfahren Schwierigkeiten wegen seiner Intransparenz, wie auch die Rechtsprofessoren Fleiner und Pahud de Mortanges hervorheben.[563]

Kann der Rechtsstaat solche intransparenten Rechtsverfahren einer Religionsgemeinschaft mittragen, die einen menschenrechtlichen und verfahrensrechtlichen Minimalstandard gerechter und fairer Verfahren der Rechtsanwendung nicht garantieren? Werden die Betroffenen sich an den Europäischen Menschenrechtsgerichtshof wenden? Wird das der Ort sein, an dem Menschenrechte in der Kirche in Zukunft erstritten werden, falls die Kirche einklagbare Grundrechte nicht selbst anerkennen wird? Noch einen Schritt weiter geht der Völkerrechtler Heribert Franz Köck. Für ihn ist es unverständlich, dass es noch immer leitende Funktionäre in Kirchen und Religionsgemeinschaften gibt, «die sich nicht scheuen, sich auf ein angebliches göttliches Recht zu berufen, um [...] sich von der Beachtung von Demokratie, Gleichheit, Rechtsstaatlichkeit, der Gleichheit von Mann und Frau und vom Verbot der Diskriminierung für dispensiert halten. Noch unverständlicher aber ist es, dass der Staat derartige Verstösse ohne Reaktion hingehen lässt und seine Untätigkeit auch noch als Beweis für seine Achtung der religiösen Freiheit ansieht.»[564] Wird in Zukunft die kollektive Religionsfreiheit weiterhin als Legitimation für die Verletzung von Grundrechten in den Religionsgemeinschaften vor staatlichen Gerichten herangezogen werden können?

Wolfgang Huber[565] hat das Problem zutreffend auf den Punkt gebracht: «So unzweifelbar der Gedanke der Menschenrechte sich [u. a.] unter christlichem Einfluss entwickelt hat, so unzweifelbar ist zugleich, dass er gegen erheblichen kirchlichen Widerstand durchgesetzt werden musste.»[566] Glaubenswahrheiten und subjektive Freiheitsrechte lassen sich in den Religionsordnungen theologisch verbinden, wie oben in der Einleitung ausführlich aufgezeigt. Die Gewährleistung der

---

563 SCHERRER, *Staat* 117 f.

564 KÖCK, *Grundrechte* 1035–1054, 1043.

565 Wolfgang Huber hatte 1994 bis 2009 das Amt des Bischofs der Evangelischen Kirche Berlin-Brandenburg-schlesische Oberlausitz und war von 2003 bis 2009 Ratsvorsitzender der Evangelischen Kirche in Deutschland.

566 HUBER, *Menschenrechte* 82–99, 82.

Freiheitsrechte in der katholischen Kirche findet ihre Grenze an der Verpflichtung gegenüber der Wahrheit, für deren Beachtung das kirchliche Lehramt eine besondere Verantwortung trägt.[567] Dies führt dazu, dass der CIC/1983 «von einem ‹schrankenlosen Vorbehalt zugunsten der kirchlichen Autorität› ausgeht»[568]. Deshalb kann nach der Streichung des kirchlichen Verfassungsprojekts (Lex Ecclesiae Fundamentalis) «von Grundrechten in der Kirche in einem strikten Sinn nicht [mehr] die Rede sein; denn deren Wesen besteht darin, dass sie der Ausübung von amtlicher Autorität Schranken setzen»[569].

Welche Rolle spielt dabei der Rechtsstaat? Nimmt er durch die Gewährung von kollektiven Rechten Partei für die amtlichen Vertreter der Religionsgemeinschaften? Oder erlaubt er den Mitgliedern der Religionsgemeinschaften selbst zu definieren, was ihre kulturelle und religiöse Identität ausmacht entsprechend der individuellen Glaubens- und Gewissensfreiheit (Art. 15 BV)? Rechtlich ausgedrückt heisst das: individuelle contra kollektive Religionsfreiheit. Entscheidend ist es, wie die Religionsfreiheit verstanden wird,[570] wie der jüdische Philosoph Moses Mendelssohn[571] zur Zeit der Aufklärung aufzeigte. Verlangt der Rechtsstaat einen menschenrechtlichen und verfassungsrechtlichen Minimalstandard gerechter und fairer kirchlicher Verfahren, von denen er sich abhängig macht z. B. bei einer Entlassung (Entzug der Missio canonica) einer Theologie-Professorin an einer staatlichen Universität? Ansonsten könnte es geschehen, dass der Rechtsstaat mit einer Klage wegen Verfahrensmängel des kirchlichen Lehrprüfungsverfahrens, auf das er sich gestützt hat, beim Europäischen Gerichtshof für Menschenrechte konfrontiert würde.

Wer sich heute in den Kirchen und Religionsgemeinschaften mit ihrem Verhältnis zum Rechtsstaat auseinandersetzen will, darf keine reine theologische Binnenperspektive einnehmen. Zu einem interdisziplinären Dialog hat das Zweite Vatikanische Konzil die ganze theologische Wissenschaft aufgerufen, als es festhielt: «In der Seelsorge sollen nicht nur theologische Prinzipien, sondern auch die Ergebnisse der profanen Wissenschaften […] wirklich beachtet und angewendet werden.» (GS 62) Unter der Autonomie der irdischen Wirklichkeiten versteht das Konzil, dass «die Gesellschaften ihre eigenen Gesetze und Werte haben, die der Mensch schrittweise erkennen, gebrauchen und gestalten muss» (GS 36). Es be-

---

567 Vgl. KASPER, *Wahrheit.*

568 HUBER, *Grundrechte* 518–544, 531.

569 Ebd.

570 Vgl. LORETAN, *Religionsfreiheit im Kontext der Grundrechte.*

571 Vgl. Teil 1 II. B) in diesem Buch.

steht also noch Hoffnung, dass die anstehenden Grundrechtskonflikte der Kirche nicht vor dem Europäischen Menschenrechtsgerichtshof, sondern in der Kirche ausgetragen werden.[572]

5. Vision eines friedlichen Zusammenlebens der Religionen

Der Rechtsstaat ist seit Thomas Hobbes wesentlich für ein friedliches Zusammenleben von Katholikinnen und Muslimen, von nicht religiösen Menschen und religiösen Fundamentalisten verantwortlich. Aber auch die Religionsgemeinschaften sind herausgefordert, in Dialog zu treten mit der freiheitlich-demokratischen Rechtskultur. Sie müssen ihr Verhältnis zum liberalen Staat, zu anderen Religionsgemeinschaften und zur zunehmend säkularen Gesellschaft neu bestimmen.[573] Bei der Frage der Anerkennung weiterer Religionsgemeinschaften wird das Kriterium der Freiheitsrechte ebenfalls aufgeführt.[574] Dies hat aber zur Folge, dass auch die bisher öffentlich-rechtlich anerkannten Religionsgemeinschaften sich ebenfalls diesem Kriterium der Freiheitsrechte zu stellen haben.[575]

---

572 Zu fünf Grundrechtskonflikten der Religionsgemeinschaften in der Schweiz: vgl. LORETAN, *Kirche und Staat in der Schweiz 1888–1913* 1900–1902.

573 Vgl. HABERMAS, *Intoleranz* 43–56, 48.

574 LORETAN/WEBER/MORAWA, *Freiheit.*

575 Erste entsprechende Eingaben in den Parlamenten (z. B. Kanton Aargau) und in den Gerichten der Schweiz sind zu beobachten.

II. Religionen und gesellschaftlicher Pluralismus

A) Pluralismus – eine Herausforderung für den Rechtsstaat und die Religionsgemeinschaften

Der Umgang mit weltanschaulicher und religiöser Vielfalt ist eine der grössten Herausforderungen, mit denen unsere Gesellschaften in der europäischen Flüchtlingskrise gegenwärtig konfrontiert sind. Der Pluralismus ist auch für die Religionsgemeinschaften nach innen eine neue Herausforderung. Auf die Fragen nach der Toleranz innerhalb der Religionsgemeinschaften werden drei tendenziell unterschiedliche Hermeneutiken herangezogen: kommunitaristische, feministische und liberale Ansätze. Die Grundrechte bzw. Freiheitsrechte bilden einen staatlichen Rahmen, innerhalb dessen solche Konflikte heute immer häufiger vor Gericht ausgetragen werden.

1. Pluralismus in der Gesellschaft

1.1 Rechtsphilosophische Grundlagen

Der Kongress der Vereinigten Staaten von Amerika wollte das Christentum zur «established religion» erklären.[576] Das Christentum sollte Staatsreligion auch in

[576] Das Ringen um eine Staatsreligion in den USA dauerte sehr lange. Erstmals wurde im Staat Maryland 1649, mithilfe katholischer Bürger, die Staatsreligion in der Verfassung verboten. 1654 kamen die Puritaner wieder an die Macht und verboten erneut die Ausübung des katholischen und anglikanischen Glaubens. (Vgl. STÜSSI, *Models* 79–93) Katholische Bürger zählten wegen ihrer Verfolgung in den USA zu jenen, die 1649 erstmals das Verbot einer Staatskirche einführten. Es muss also unterschieden werden zwischen der Lehre einer Religion und dem bürgerlichen Handeln von deren Mitgliedern. In der katholischen Kirche wurde auf dem Zweiten Vatikanischen Konzil 1965 durch die Konzilserklärung «Dignitatis humanae» die Religionsfreiheit lehramtlich anerkannt.

den USA werden. James Madison[577], Bill Jefferson[578] und der Berliner Philosoph Moses Mendelssohn[579] anerkannten keine Staatsreligionen mehr, sondern nur das individuelle Gewissen des Einzelnen, d. h. Religionsfreiheit des Individuums. Mit dem First Amendment von 1797[580], das die Staatsreligion verbot, begann die neue Zeitepoche des Religionsverfassungsrechts. Die Religionsfreiheit des Individuums fand definitiv Eingang in die Verfassungen, z. B. in der Schweiz 1874. Seither haben in einer liberalen Demokratie religiöse Bürgerinnen und Bürger die säkularen Prinzipien eines Rechtsstaates zu akzeptieren, d. h. also auch jene Grundsätze, die eine Trennung von Religion und Staat bzw. die Religionsfreiheit vorschreiben. Diese Grundsätze sollten Bürgerinnen und Bürger auch aus ihrem Glaubensverständnis bzw. aus ihrer religiösen Ethik heraus begründen und verantworten können.

Die Philosophie der Aufklärung entwickelte Konzepte der Toleranz und der Religionsfreiheit. Sie entwarf Vorstellungen einer multireligiösen Gesellschaft, in der auch Angehörige einer Minderheitenreligion gleiche bürgerliche Rechte erhielten.[581] Somit wandte der Philosoph Mendelssohn sich von dem bisherigen Konzept «Kirche und Staat»[582] bzw. «Staat und Religion»[583] ab und fragte neu, wem die Sorge für das Ewige anvertraut werden solle[584], der Kirche oder dem Staat. Der Aufklärer Mendelssohn weist beide ab und entwickelt ein Drittes. Denn beide, Staat und Kirche, «vertragen sich selten anders, als um ein drittes moralisches Wesen, die Freiheit des Gewissens, die von ihrer Uneinigkeit einigen Vorteil zu ziehen weiss»[585]. In Gesellschaften, die auf der Grundidee grösstmög-

---

577 «Madison believed this approach was required in order to protect the church from the state [...]» STÜSSI, *Models* 93.

578 «To Jefferson's mind, religious tolerance was best achieved by ‹building a wall of separation between Church and State›.» A. a. O. 92.

579 «Sogar in Amerika, notierte Mendelssohn besorgt in einer Randbemerkung, stimme der Kongress das alte Lied an und spreche von einer herrschenden Religion.» FEINER, *Moses Mendelssohn* 167.

580 «Congress shall make no law respecting an establishment of religion, nor prohibiting the free exercise thereof.» STÜSSI, *Models* 92.

581 MENDELSSOHN, *Jerusalem*.

582 Der erste Entwurf von «Jerusalem» beginnt mit dem Satz: «Kirche u. Staat. Grenzstreitigkeiten zwischen denselben hat schreckliche Übel verursachet.» MENDELSSOHN, *Jerusalem* 29.

583 Die definitive Fassung von «Jerusalem» beginnt mit «Staat und Religion – bürgerliche und geistliche Verfassung – weltliches und kirchliches Ansehen – diese Stützen des gesellschaftlichen Lebens [...]». A. a. O. 33.

584 Vgl. a. a. O. 38.

585 A. a. O. 33.

licher Selbstbestimmung des Einzelnen entstehen, ist eine Vielfalt von religiösen Meinungen die Konsequenz der Freiheit.

1975 erklärte der Ökumenische Rat der Kirchen in Nairobi: «Die Religionsfreiheit ist und bleibt ein Hauptanliegen der Mitgliedkirchen des ÖRK. […] Dieses Recht ist von anderen grundlegenden Freiheitsrechten der Menschen nicht zu trennen. Keine Religionsgemeinschaft darf für sich Religionsfreiheit beanspruchen, ohne selbst die Glaubensüberzeugungen und die grundlegenden Menschenrechte der anderen zu respektieren und zu wahren.»[586] Dass religiöse und weltanschauliche Konflikte die inzwischen pluralistisch gewordenen Gesellschaften nicht zerreissen, ist auf das Grundrecht Religionsfreiheit zurückzuführen. Es bietet den Religionsgemeinschaften innerhalb des Rechtsstaates einen institutionellen Rahmen für die Lösung ihrer eigenen Konflikte.

1.2 Aktuelle Herausforderung

Im Kontext der Anerkennung weiterer Religionsgemeinschaften schreibt Charles Taylor in einem Gutachten: «Der Umgang mit moralischer und religiöser Vielfalt ist eine der grössten Herausforderungen, mit denen unsere Gesellschaften gegenwärtig konfrontiert sind.»[587] Das Thema der religiösen und kulturellen Pluralisierung der westlichen Gesellschaften hat sich seit den späten Neunzigerjahren des 20. Jahrhunderts in den öffentlichen Debatten des Westens stark etabliert.

Die enge Bindung des Staates an eine Religionsgemeinschaft «würde aus den Anhängern anderer Religionen und aus Menschen ohne Religion Bürger zweiter Klasse machen. Daher hat der demokratische Staat in seinem Verhältnis zu den verschiedenen Religionen neutral oder unparteilich zu sein. Zudem muss er alle Bürger gleich behandeln, ob sie auf der Basis religiöser Überzeugungen handeln oder nicht. Er hat, mit anderen Worten, gegenüber den verschiedenen Weltbildern und säkularen, spirituellen und religiösen Auffassungen des Guten, mit denen sich die [Bürgerinnen und] Bürger identifizieren, neutral zu sein.»[588] Die Neutralität des demokratischen und liberalen Staates kann jedoch nicht absolut sein. Der Staat ist gegenüber den Glaubens- und Wertesystemen der Bürgerinnen und Bürger neutral. Zugleich aber verteidigt er die Gleichheit und Freiheit der Bürger, «ihre eigenen Ziele zu verfolgen. Der Staat ergreift demnach Partei für die

---

586 KRÜGER/MÜLLER-RÖMHELD, *Bericht* 80.

587 MACLURE/TAYLOR, *Laizität* 9.

588 A. a. O. 17.

Gleichheit und Autonomie der Bürger […]»[589] Diese klare Parteinahme des Staates für die Freiheitsrechte jeder Bürgerin und jedes Bürgers macht das Luzerner Gutachten des Zentrums für Religionsverfassungsrecht im Titel bereits deutlich: «Freiheit und Religion»[590]. Die Autoren der Expertise haben sich der Herausforderung gestellt, für die direkt-demokratische Schweiz eine Antwort auf die Frage nach der «Anerkennung weiterer Religionsgemeinschaften»[591] zu erarbeiten. Es kommt dabei nicht zufällig der Freiheit des Individuums, den Freiheitsrechten, das erste Wort zu. Das klassische Staatskirchenrecht ging im Ansatz von den Institutionen (Kirche, Staat) aus. Über Jahrhunderte bestand eine enge Verbindung zwischen «Kirche und Staat» (Art. 72 Abs. 1 BV).[592] Alle westlichen Gesellschaften mussten und müssen weiterhin daran arbeiten, «die Ressourcen ihrer Einheit woanders als in einem philosophischen [oder religiösen] Konsens zu finden»[593], der in der einen oder anderen Form auf die Augsburger Religionsfriedensformel «cuius regio, eius religio»[594] zurückgeht. So setzte sich das Luzerner Gutachten indirekt auch mit der Frage John Rawls' auseinander: «Wie kann eine stabile und gerechte Gesellschaft freier und gleicher Bürger, die durch vernünftige und gleichwohl einander ausschliessende religiöse, philosophische und moralische Lehren einschneidend voneinander getrennt sind, dauerhaft bestehen?»[595] Gerade die religiöse und weltanschauliche Vielfalt wird die westlichen Gesellschaften in den nächsten Jahrzehnten noch öfters beschäftigen, wie dies insbesondere die Reaktionen auf die oben genannte Expertise zeigten.[596] Es ist zu hoffen, dass sich auch die Rechtswissenschaften und die Politikwissenschaften auf diese Herausforderung mit entsprechenden Lehrstühlen und Forschungsprojekten einstellen werden.

---

589 A. a. O. 26.

590 LORETAN/WEBER/MORAWA, *Freiheit.*

591 So der Untertitel der Expertise.

592 Es ist überraschend, dass das Verhältnis Staat–Religionsgemeinschaften (so die Formulierung in der Luzerner Verfassung) in der Bundesverfassung noch mit dem historischen Titel «Kirche und Staat» umschrieben wird. Vgl. LORETAN, *Religionsgemeinschaften*: § 79 Öffentlich-rechtliche Anerkennung und § 80 Organisation und Finanzierung 665–676.

593 MACLURE/TAYLOR, *Laizität* 28.

594 Vgl. HECKEL, *Religionsfriede* 13–34.

595 RAWLS, *Liberalismus* (2003) 14.

596 Sowohl die Eidgenössische Kommission gegen Rassismus wie auch die Behörden verschiedener Kantone, darunter ein Bildungsdirektor, sowie verschiedene Religionsgemeinschaften suchten das Gespräch. Ein grosses Interesse der Schweizer Medien hat die beiden Autoren Weber und Loretan über vier Monate beschäftigt, nachdem Dr. Maizar als damaliger erster muslimischer Präsident des Rates der Religionen der Schweiz die Expertise am 5. Januar 2014 in der NZZ am Sonntag (S. 6) ganzseitig thematisierte.

2. Pluralismus bzw. Konflikte in der Religionsgemeinschaft[597]

Der Pluralismus ist auch für die Religionsgemeinschaften nach innen eine neue Herausforderung. Gerade hinsichtlich der Frage, wie die Konflikte eines Mitglieds mit seiner Religionsgemeinschaft gelöst werden können,[598] wird die Problematik deutlich. Vor dem Rechtsstaat stellt das Vertreten häretischer Lehren keine Rechtsverletzung mehr dar. Seitens des Rechtsstaates können diejenigen, die die Autorität einer Religion nicht länger anerkennen, aus der Religionsgemeinschaft austreten. Sie geraten in keinen Konflikt mit der Staatsgewalt. Die individuelle Religionsfreiheit wird hier als Schutz des Individuums gegenüber der Religionsgemeinschaft verstanden. Dabei schützt das staatliche Austrittsrecht das Individuum vor der Religionsgemeinschaft. Aber werden mit diesem Austrittsrecht auch interne Religionskonflikte gelöst? Eine Muslima hat im Rahmen einer Veranstaltung der Eidgenössischen Kommission gegen Rassismus aufgezeigt, dass sie ihre Religionsgemeinschaft nicht verlassen kann, trotz der verfassungsmässigen Garantie von Art. 15 Abs. 4 BV. Religionsgemeinschaften sind zum Teil weltumspannende Grossorganisationen sowie Arbeitgeberinnen in grossen Bildungseinrichtungen. Zudem bilden sie für Gläubige eine emotionale und kulturelle Heimat, die meist nicht leichthin aufgegeben werden kann, ohne dass Familien- oder Freundschaftsbande zu zerreissen drohen. Ein Austritt, der als Glaubensabfall (Apostasie) bewertet wird, kann mit dem Tode bestraft bzw. mit Enterbung, Scheidung oder Verlust jeglichen Rechtsschutzes in der Primärgesellschaft bedroht werden.[599]

Es stellt sich daher die Frage: Wie werden Konflikte zwischen Individuum und Religionsgemeinschaft innerhalb der Religionsgemeinschaft gelöst? Welche Rolle spielt der Staat dabei? Schaltet die vom Staat gewährte kollektive Religionsfreiheit

597 Bei dieser Thematik stütze ich mich auf eine früher veröffentlichte Studie: LORETAN, *Religionsfreiheit und Gleichstellung aus religionsrechtlicher und rechtsphilosophischer Sicht*, in: DERS., *Religionen* 111–134.

598 Wie Konflikte in der katholischen Kirche ausgetragen werden können, siehe Teil 1 I. A) 4.10 in diesem Buch.

599 «Apostasie, der Abfall vom Glauben (ridda), ist nach der klassischen islamischen Rechtslehre ein Tatbestand, der von einem männlichen erwachsenen Muslim, der ohne Zwang und ohne Alkoholeinfluss handelt, begangen werden kann. Apostasie erstreckt sich nicht nur auf die verbale Leugnung Gottes, sondern auf jegliche Konversion vom Islam, sowie auf Handlungen, Unterlassungen und sogar Gedanken und wird mit einer Reihe von zivilrechtlichen Konsequenzen – von einer erzwungenen Ehescheidung bis hin zur faktischen Enteignung – und zuletzt mit der Todesstrafe belegt. Obgleich nach der klassischen islamischen Rechtslehre die Bestrafung der Apostasie eines genau geregelten Verfahrens durch ein Gericht mit eindeutig nachweisbaren Äusserungen

die anderen Grundrechte einer Verfassung im Bereich Religion teilweise aus? Oder gelten Menschenrechte auch in den Religionen?[600] Wie ist das Verhältnis von kollektiver Religionsfreiheit zu den anderen Grundrechten einer Verfassung?[601] Wie verhält sich der Staat z. B. zu den «vielen Gesichtern des Islams»[602] und gegenüber jenen Vertretern einer Religionsgemeinschaft, die einen säkularen Rechtsstaat ablehnen?[603] Wie ist das Verhältnis von Religionsfreiheit und Gleichstellung? Im Folgenden sollen drei Ansätze kurz umrissen werden.

2.1 Kommunitaristische Ansätze

Kommunitaristische Vertreter wollen unabhängig von den Mitgliedern Korporativrechte begründen. Die hohe Bedeutung der Gruppe gegenüber dem Individuum erlaube es, dass Grundrechte der betroffenen Mitglieder eingeschränkt werden können. Dies bringe «ein Potenzial gruppeninterner Unterdrückung»[604] mit sich, wie Texte von Charles Taylor[605] und Michael Walzer zeigen. Michael Walzer ist bereit, interne Unterdrückung zu tolerieren, solange die Mitgliedschaft freiwillig ist. Bei Eingriffen wie beispielsweise der geschlechtsbegründeten Herabsetzung will er Toleranz walten lassen, ausser wenn Frauen zu einer bestimmten Praxis gezwungen werden.[606] Mit diesem Ansatz wären z. B. die Diskriminierung von Frauen in Leitungsfunktionen von Religionsgemeinschaften oder die Nicht-Gleichberechtigung der Frauen im Eheverständnis in verschiedenen Religionsgemeinschaften vertretbar. Gerade in der privaten Sphäre erweise sich die vollständige Durchsetzung tatsächlicher Gleichheit von Mann und Frau – so Walzer – als problematisches Instrument, das zur Auflösung traditioneller, vormoderner Kul-

---

oder Handlungen und Zeugenaussagen bedarf, kommen in der Praxis auch Bestrafungen durch Dritte vor, da der Apostat vom Moment des Vorwurfs an kaum mehr Rechtsschutz geniesst.» Fazit der unveröffentlichten schriftlichen Arbeit zum Hauptseminar «Religious Life Style and Law» (HS 2013) der Islamwissenschaftlerin Ann-Katrin Gässlein zum Thema: Der Abfall vom Glauben nach der Interpretation reformorientierter islamischer Theologie.

600 Vgl. LORETAN, *Religionen.*

601 Vgl. LORETAN, *Religionsfreiheit im Kontext der Grundrechte.*

602 MANEA, *Ich will nicht mehr schweigen* 80–95.

603 STAUFFER, *Kräftemessen* 41; ARD, *Fernsehsendung «Im Netz der Salafisten»*, 16. Juli 2012.

604 HABERMAS, *Gleichbehandlung* 367–394, 388.

605 Vgl. TAYLOR, *Multikulturalismus* 52. Er vertritt die These: Man könnte für die französischsprachigen Bürger von Quebec «die französische Sprache als eine kollektive Ressource betrachten, deren sich Individuen bedienen wollen, und könnte sich deshalb für ihre Erhaltung einsetzen».

606 Vgl. WALZER, *Toleranz* 79, 86 (engl. Titel: Toleration).

turen führe. Deshalb müssen gemäss Walzer Staat und Mehrheitsgesellschaften auf die Durchsetzung der Geschlechtergleichheit verzichten. Dies läuft allerdings auf die Abschaffung der Grundrechte (wie zum Beispiel Gleichstellung) für die Mitglieder in der religiösen Gruppe hinaus. Es wird zudem zugestimmt, dass intolerante Haltungen in einem gewissen Ausmass hinzunehmen seien, weil Kulturtraditionen und religiöse Gruppen, die sie leben, einen – auch grundrechtlich geschützten – kollektiven Eigenwert besitzen.

Dieser kommunitaristische Ansatz wird gemäss Walter Kälin «der Friedensfunktion staatlicher Neutralität […] gerecht, da staatliches Eindringen in die Binnenstrukturen geschlossener Gruppierungen und Gemeinschaften immer konfliktfördernd ist»[607]. Somit ist für Walter Kälin der kommunitaristische Ansatz realistischer und leichter mit traditioneller juristischer Grundrechtsdogmatik zu vereinbaren als die im Folgenden darzustellenden liberalen und feministischen Ansätze. Mit anderen Worten, in der Rechtswissenschaft ist es durchaus denkbar, mit dem Grundrecht der Religionsfreiheit das Grundrecht der Gleichstellung der Geschlechter stark zu reduzieren. Wer wirkliche Gleichstellung der Geschlechter will, sollte anscheinend nicht religiös sein. Wer in den Religionsgemeinschaften bleibt, hat Diskriminierungen in Kauf zu nehmen. Gerade auch für viele Vertreter der Rechtswissenschaft scheint es schwierig bis unmöglich, Gleichstellung der Geschlechter und Religionsfreiheit zusammenzudenken. Einige gehen in ihrem Verständnis für die Nicht-Gleichheit sogar noch weiter, wenn sie anmerken, dass das, was in einer Kultur moralisch ist, in einer anderen unmoralisch sein kann und wiederum in einer anderen ethisch neutral. Augenfälliges Beispiel für derartige unterschiedliche Moralvorstellungen, die wesentlich mit der kulturell tradierten Nicht-Gleichheit der Geschlechter zusammenhängen, sind die vielen Abtreibungen von Mädchen in Indien.[608]

2.2 Feministische Ansätze

Wenn es keine Gender-Vorurteile gäbe, hätte «das Phänomen der ‹fehlenden Frauen› in Indien, China und vielen anderen Ländern […] stark zurückgehen müssen, da in weiten Teilen der Welt Fortschritte in der Bekämpfung der Geschlechter-

---

607 KÄLIN, *Grundrechte im Kulturkonflikt* 47.

608 Vgl. 3SAT, *Fernsehbeitrag* «Sag mir, wo die Mädchen sind», 6. Mai 2014: In Indien fehlen etwa 50 Millionen Frauen und Mädchen, weil man sie nicht leben oder gar nicht zur Welt kommen lässt. Der Film «Kajarya» von Madhureeta Anand bringt dieses schwierige Thema zur Sprache.

Voreingenommenheit dazu geführt haben, dass sie sich weniger auf die Mortalität auswirkt. Leider hat das relativ neue Phänomen, dass Gender-Vorurteile die Geburtenziffern beeinflussen (Föten werden abgetrieben, wenn oder weil sie weiblich sind), in die entgegengesetzte Richtung gewirkt.»[609] Die religiösen oder weltanschaulichen Geschlechter-Vorurteile tragen also zur Mortalität der Frauen bei. Feministische Ansätze[610] beurteilen daher die diskriminierenden kulturellen und religiösen Gruppen anders. Sie stellen fest, dass staatliche Zurückhaltung gegenüber gruppeninterner Diskriminierung faktisch Parteinahme für die bedeutet, die andere diskriminieren. Zurückhaltung des Staates und der Mehrheitsgesellschaft gegenüber gruppeninterner Diskriminierung kann zur Folge haben, dass Frauen schutzlos den sozialen Zwängen und eigentlicher Unterdrückung ausgeliefert werden. Der Staat darf nicht neutral bleiben, weil vormoderne, althergebrachte Privilegien und Diskriminierungen sonst nicht beseitigt werden können. So habe der Staat auch in der privaten Sphäre zu intervenieren, wenn er die Grundrechte wirklich umsetzen wolle.[611] In diesem Zusammenhang ist hinsichtlich der tatsächlichen Durchsetzung des Gleichstellungsauftrags eine Analyse der Rolle der Gerichte[612] anzuregen. Auf die Religionsfreiheit bezogen heisst das: Dieser Ansatz zeigt auf, dass in den Religionsgemeinschaften die korporative Religionsfreiheit Grundrechte wie die Gleichstellung der Geschlechter ausser Kraft setzt oder doch stark reduziert.[613] Eine berühmte Schweizer Vordenkerin für die Gleichberechtigung in Staat und Kirche sei hier namentlich erwähnt: Dr. iur. Gertrud Heinzelmann.[614]

---

609 SEN, *Idee* 195.

610 Vgl. BUSER, *Diskriminierung*. BUSER/LORETAN, *Gleichstellung*; AHLERS, *Gleichstellung*.

611 Vgl. OKIN, *Justice* 116 f.

612 Vgl. SACKSOFSKY, *Gleichberechtigung* 323–340. Vorarbeiten zu einer entsprechenden Forschungsarbeit liegen vor. Es fehlen die entsprechenden Forschenden mit Vorkenntnissen in Rechtswissenschaften bzw. Politologie, die z. B. die konkreten Rechtsfälle, in denen Gleichstellung und Religionsfreiheit kollidieren, genauer analysieren, z. B. beim Schweizerischen Bundesgericht, beim Deutschen Bundesverfassungsgericht und beim Europäischen Gerichtshof (EuGH), bei den EMRK-Organen und dem UNO-Menschenrechtsausschuss. Als Anleitung für Theologinnen und Theologen könnte die rechtswissenschaftliche Arbeit von Sahlfeld herangezogen werden: SAHLFELD, *Aspekte*.

613 Es ist mit keinem Wort gesagt, «dass etwa ein Gleichstellungsgesetz und, viel wichtiger, die verfassungsrechtlich geschützte Gleichstellung von Mann und Frau automatisch auf eine öffentlichrechtlich verfasste Kirche keine Anwendung finden sollte. Eine gerichtliche Klärung dieser Frage erschiene wünschenswert.» SAHLFELD, *Aspekte* 187 f. HAFNER FELIX/BUSER, *Frauenordination* 1207–1214, 1207.

614 Vgl. KOPP, *Unbeirrbare*.

Um nicht die privaten Angelegenheiten des Ehepaares beurteilen zu müssen, hat der Staat über Jahrhunderte Zurückhaltung geübt bei der Thematik der Vergewaltigung in der Ehe. Dieses Verhalten des Staates bedeutete gegenüber eheinterner Diskriminierung faktisch Parteinahme für den Vergewaltiger in der Ehe. In Zukunft werden staatliche Organe auch bei Themen wie Diskriminierungen in den Religionsgemeinschaften nicht mehr wegschauen können. Die sexuellen Übergriffe bzw. der Machtmissbrauch in den Kirchen und Religionsgemeinschaften durch Religionsdiener hat dies mit aller Deutlichkeit gezeigt. So wird zum Beispiel bereits verstärkt der völkerrechtliche Rechtsschutz, insbesondere die Kinderrechtskonvention von 1989 der Vereinten Nationen, bei der Beaufsichtigung der religiösen oder weltanschaulichen Privatschulen durch staatliche Stellen herangezogen.[615]

2.3 Liberale Ansätze

Was soll Vorrang haben, der Schutz der Gruppenautonomie oder der Schutz der Entscheidungsfreiheit der Mitglieder? Dies war schon eine Streitfrage bei dem Verständnis von Glaubens- und Gewissensfreiheit in der Bundesverfassung von 1874.[616] Will Kymlicka nimmt die kommunitaristische Kritik am Liberalismus auf und verbindet deshalb individuelle Autonomie mit dem Schutz kultureller Gruppenidentität. Das Verständnis der Erzählungen der eigenen Kultur und Religion (Schriftstudium) bildet eine Vorbedingung dafür, dass wir sinnvolle Entscheidungen über unsere Lebensführung treffen können. Kulturen sind aber nicht schon an sich wertvoll, sondern sie erlangen ihren besonderen Wert deshalb, weil Menschen erst über kulturelle Erfahrungen Zugang zu verschiedenen Optionen

---

615 Vgl. dazu die sehr umfangreichen irischen Untersuchungsberichte: Commission to Inquire into Child Abuse, Report, Vols. I–V, Government Publications, Dublin 2009 (Ryan); Commission of Investigation, Report into the Catholic Archdiocese of Dublin, July 2009, Government Publications, Dublin 2009 (Murphy); Commission of Investigation, Report into the Catholic Diocese of Cloyne, Government Publications, Dublin 2010 (Cloyne); vgl. auch den im Internet herunterladbaren Film «submission» von Theo van Gogh über das Thema im Islam. Das Thema harrt der Bearbeitung durch Mitglieder der jeweiligen Religionsgemeinschaften.
Link zu Ryan: http://www.dcya.gov.ie/documents/publications/implementation_plan_from_ryan_commission_report.pdf;
Link zu Murphy: http://www.justice.ie/en/JELR/Pages/PB09000504; Links zu Cloyne: http://www.justice.ie/en/JELR/Cloyne_Rpt_Intro.pdf/Files/Cloyne_Rpt_Intro.pdf und http://www.justice.ie/en/JELR/Cloyne_Rpt.pdf/Files/Cloyne_Rpt.pdf.

616 Die individualistische Konzeption der religiösen Freiheitsrechte zeigt sich bereits in den Materialien zur Entstehung dieses Artikels; vgl. HAFNER PIUS, *Staat* 200, Anm. 95.

haben. Deshalb sind im Interesse individueller Autonomie Kulturen zu schützen. Kymlicka[617] unterscheidet dabei zwischen berechtigten und unberechtigten korporativen Rechten. Mit ersteren kann sich eine religiöse oder weltanschauliche Organisation nach aussen hin, gegen Pressionen ihres gesellschaftlichen Umfeldes, wehren. Problematisch wird es, wenn mittels korporativer Rechte im Inneren einer Religionsgemeinschaft eine Veränderung des gewohnten Religionslebens verhindert wird vonseiten der diskriminierenden Religionsmitglieder.

3. Lösungsansätze aus den staatlichen Verfassungen

Nach diesen drei Sichtweisen auf die inneren Religionskonflikte einer grundrechtlich organisierten Gesellschaft (kommunitaristisch, feministisch und liberal) sollen im Folgenden Lösungsansätze vorgestellt werden, die sich an den Grundrechtskatalogen der Verfassungen orientieren.

3.1 Gruppenrechte als derivate Rechte[618]

In der Anerkennung von fest gefügten kulturellen Gruppenrechten sehen verschiedene Autoren (Reese Schäfer, Steven Rockefeller, Jürgen Habermas) eine Gefahr für die Demokratie.[619] Gefährlich für die Demokratie erscheint vor allem die Anerkennung von Gruppen mit stark fundamentalistischen Tendenzen.[620] Gruppenrechte sind der liberalen Intuition zufolge nur dann legitim, «wenn diese

617 Vgl. KYMLICKA, *Citizenship* 38.

618 Man könnte diesen Ansatz der derivaten Rechte weitgehend auch durch die klare Unterscheidung von kollektiven und korporativen Grundrechten einbringen. Die kollektiven Rechte sind Individualrechte, die nur im Verbund wahrgenommen werden können (z. B. das Recht auf Versammlung, Demonstration, Streik oder religiöse Betätigung «in Gemeinschaft mit anderen», z. B. Art. 15 Abs. 2 BV); es sind aber nicht Rechte einer Körperschaft (eines Vereins, einer Partei, Gewerkschaft oder Kirche), sondern eben der einzelnen Personen.

619 Die Demokratie fordert «alle Kulturen dazu auf, von jenen intellektuellen und moralischen Werten abzulassen, die sich mit den Ideen von Freiheit, Gleichheit und beharrlicher kooperativ-experimenteller Suche nach Wahrheit und Wohlergehen nicht vertragen.» ROCKEFELLER, *Kommentar* 95–108, 101.

620 Sie lassen keinen Spielraum offen, «in dem eine Partei ohne Preisgabe des eigenen Geltungsanspruchs die anderen Parteien als Mitstreiter um authentische Wahrheiten anerkennen kann». HABERMAS, *Anerkennungskämpfe* 147–196, 177.

sich als derivate Rechte – im Sinne einer Ableitung aus den kulturellen Rechten der einzelnen Gruppenmitglieder – verstehen lassen»[621].

In pluralistischen Gesellschaften können religiöse Gruppen ihr Erbe nur durch die Zustimmung von Mitgliedern von einer Generation an die nächste weitergeben. Das Überleben von Religionsgemeinschaften kann nicht durch die Gewährung korporativer Rechte von Staats wegen garantiert werden. Eine religiöse Überlieferung muss sich so darstellen können, dass auch Mitglieder in einer grundrechtlich geschützten Gesellschaft davon überzeugt werden, dass es sich lohnt, diese Tradition weiterzuführen. Kann mit dem Selbstbestimmungsrecht im Rahmen der kollektiven Religionsfreiheit das Nicht-Inkulturieren in eine Menschenrechtskultur geschützt werden? Anders gefragt: Darf der religiös neutrale Staat Weltanschauungsgemeinschaften und Religionsgemeinschaften vor den Veränderungswünschen ihrer eigenen diskriminierten Mitglieder (z. B. der Frauen) schützen?

Ich fasse thesenartig zusammen: Für Kommunitaristen und einige Gerichte scheint es lediglich die Alternative zwischen Religionsfreiheit oder Gleichstellung der Geschlechter zu geben. Wer dagegen Religionsfreiheit und die Gleichstellung der Geschlechter zusammendenken will, betritt schwieriges Terrain. Arbeiten zum Thema «Gleichstellung der Geschlechter und Religionsfreiheit» bleiben Forschungsdesiderate.[622]

3.2 Verhältnis von Assimilation und Differenz

Die verschiedenen Grundrechtsansätze geben unterschiedliche Antworten auf die Frage, inwieweit Religionsgemeinschaften auf der Basis grundrechtlicher Freiheit zu gestalten sind. Es kommt im Bereich des Religionsverfassungsrechts darauf an, welche Grundrechtspolitik ein Staat verfolgt. Dürfen die Religionsgemeinschaften ihre eigenen kulturellen Traditionen und Werte unter Umständen in Abweichung von Verfassung und Gesetz leben? Wo ist der kulturellen Vielfalt das Prinzip der Rechtsgleichheit entgegenzuhalten? Damit ist ein normatives Grundproblem angesprochen: die Frage nach dem richtigen Verhältnis von Assimilation und Differenz.

Assimilation meint dabei die Eingliederung von Minderheiten mit eigenen kulturellen Traditionen und Werten in die Mehrheitsgesellschaft im Sinne einer Angleichung der Werte und Verhaltensweisen an die Mehrheit. Von Differenz

---

621 HABERMAS, *Gleichbehandlung* 367–394, 387.

622 Vgl. BUSER, *Diskriminierung*.

wird gesprochen, wo Menschen sich selbst von der Mehrheit kulturell abgrenzen oder aber von dieser als andersartig eingestuft und behandelt werden. Walter Kälin zufolge lässt sich «die Spannung zwischen Assimilation und Differenz bzw. zwischen Gleichheit und Freiheit in differenzierter Weise entschärfen [...] wenn der Gedanke der Integration zum Ausgangspunkt genommen wird»[623]. Verschiedene grundrechtspolitische Konzeptionen beeinflussen die Gerichte bei der Beurteilung der zu entscheidenden Fälle. Sie machen deutlich, dass grundrechtsbezogene Fragestellungen nicht allein juristisch determiniert sind. Die fünf Modelle, die im Folgenden skizziert werden, geben keine Patentrezepte für alle nur irgendwie denkbaren Situationen. Sie können aber «bekannte Fragestellungen aus einem anderen Blickwinkel betrachten und dabei neue Verständnishorizonte eröffnen»[624].

3.2.1 Fünf Modelle der Grundrechtspolitik

Das Grundrechtsverständnis staatlicher Gerichte und Behörden prägt das Zusammenleben der Religions- und Weltanschauungsgemeinschaften. Im Folgenden sollen fünf Modelle der Grundrechtspolitik skizziert werden. Es gilt verstehen zu lernen, auf welcher Grundrechtspolitik die eigene Analyse, die Analyse eines Gerichtes oder einer Behörde basiert.

Die Politik der Neutralität (1) stellt im Sinne der weltanschaulichen Neutralität des Staates die formale Gleichbehandlung aller Menschen, ungeachtet von Religion und kultureller Herkunft, in den Mittelpunkt. Der Staat darf sich mit keiner Religion identifizieren. Die Politik des Schutzes der eigenen Identität (2) strebt kulturelle Homogenität im Sinne der Mehrheit an. Die Minderheit hat sich mehr oder weniger anzupassen. Die Politik des Minderheitenschutzes (3) setzt den Akzent auf den Schutz ethnischer, religiöser oder sprachlicher Minderheiten und ihrer Lebensformen. Die Politik der Anerkennung (4) will im Sinne von Charles Taylor[625] kulturelle Gruppierungen in ihrer Identität schützen, weil Missachtung ihrer Gruppenidentität auch Menschen verletzen und herabsetzen kann. Die Po-

---

623 KÄLIN, *Grundrechte in der Einwanderungsgesellschaft* 139–160, 143; Hervorhebung getilgt. Der Begriff der Integration ist allerdings komplex und bedarf der Klärung.

624 KRAUS, *Rezension* zu: KÄLIN, *Grundrechte im Kulturkonflikt* 207–209, 207.

625 TAYLOR, *Politik* 13–78, 13 f.: Er ist der Meinung, dass «unsere Identität [...] teilweise von der Anerkennung oder Nichtanerkennung [...] durch die anderen geprägt [werde], so dass ein Mensch oder eine Gruppe von Menschen wirklichen Schaden nehmen, [...] wenn die Umgebung oder die Gesellschaft ein einschränkendes, herabwürdigendes oder verächtliches Bild ihrer selbst zurückspiegelt. Nichtanerkennung oder Verkennung kann Leiden verursachen, kann eine Form von Unterdrückung sein.»

litik des Multikulturalismus (5) nimmt das Konzept «eine Nation, viele Völker, viele Kulturen» zum Ausgangpunkt.

Kulturelle Autonomie und damit Differenz, die durch den Schutz der grundrechtlich gewährleisteten Freiheiten aufrechterhalten wird, fördern die Modelle drei bis fünf. Es ist zu analysieren, welche Grundrechtspolitik in einem bestimmten Kanton bzw. Land zu einer bestimmten Zeit vorherrschend ist. Deutsche Gerichte argumentieren oft, «dass der Schutz der eigenen kulturellen Identität ein legitimes Anliegen sei, während das schweizerische Bundesgericht in der Regel den Grundsatz der religiösen Neutralität betont. [...] Wiederum anders ist der Ausgangspunkt des kanadischen Supreme Court, wenn er seine Entscheide mit dem Hinweis auf das multikulturelle Erbe Kanadas begründet.»[626] Das Verhältnis von Gleichheit und Freiheit, also von Assimilation und Differenz, lässt sich nach Walter Kälin nicht generell, sondern nur bereichsspezifisch bestimmen. Er unterscheidet deshalb mit Hannah Arendt drei Sphären:[627]

In der staatlichen Sphäre treten Menschen in staatlicher Funktion auf oder sind als Private direkt der staatlichen Gewalt unterworfen. Die staatliche Sphäre ist also von sogenannten Subordinationsverhältnissen geprägt. Deshalb will Kälin hier den Aspekt der weitestgehenden Gleichbehandlung dominieren lassen. Das Diskriminierungsverbot untersagt Gesetzgebern und Behörden, Minderheiten durch Ungleichbehandlung herabzusetzen. Formale Gleichbehandlung wirkt im Ergebnis allerdings dort diskriminierend, wo sie Menschen marginalisiert (indirekte Diskriminierung).

Die öffentliche Sphäre ist jener Bereich, der nicht mehr staatlich, aber auch nicht privat ist. In ihr spielen sich die meisten sozialen Aktionen ab, so dass hier ein Ausgleich zwischen Gleichheit und Differenz nötig ist. Hier kämpfen Menschen um Anerkennung, ökonomischen Gewinn und gesellschaftliche Macht. Der Staat tritt als Anbieter von Dienstleistungen auf (öffentliche Schulen und Spitäler) und reguliert Beziehungen von verschiedenen Kategorien von Privaten, wie z. B. das Religionsverfassungsrecht.

Die private Sphäre ist der Ort enger zwischenmenschlicher Beziehungen. Hier ist der Schutz von Werten wie Vertrauen oder Zuneigung bedeutsam, der durch die staatliche Anerkennung weitreichender Autonomie verwirklicht wird. Diese Sphäre ist daher durch Autonomie und Ausschluss charakterisiert. Der Staat hat diese Autonomie zu respektieren und darf nur dort eingreifen, wo die Grenzen dessen überschritten werden, was im Wege der Toleranz hingenommen werden

---

626 KÄLIN, *Grundrechte in der Einwanderungsgesellschaft* 139–160, 141.

627 KÄLIN, *Grundrechte im Kulturkonflikt* 92.

muss. Im privaten Bereich steht seine Rolle als Überwachungs- und Schutzorgan für Opfer privater Übergriffe im Vordergrund.

Diese drei Sphären stellen also verschiedene Kategorien der Beziehungen zwischen Privaten und staatlichen Behörden im liberalen Verfassungsstaat westlicher Prägung dar. «Wendet man dieses analytische Raster auf die Gerichtspraxis an, ergeben die vielfältigen und unterschiedlichen Urteile zu interkulturellen Fragestellungen ein weit kohärenteres Bild, als es auf den ersten Blick scheinen mag. Viele der Widersprüche lösen sich auf, weil unterschiedliche Resultate darin begründet sind, dass die konkreten Fälle nicht in der gleichen Sphäre angesiedelt sind. Gleichzeitig erlaubt diese Betrachtungsweise, den [...] Grundrechtspolitiken ihren jeweils richtigen Ort zuzuweisen.»[628]

3.2.2 Das Grundrecht Religionsfreiheit

Im direkt-demokratischen Rechtsstaat der Schweiz haben sich die Bürgerinnen und Bürger die Rechtsnormen selbst gegeben. Die Religionsfreiheit lässt keine theokratische Herrschaft im Namen einer religiösen Wahrheit zu. Die Bundesverfassung garantiert die Religionsfreiheit des Individuums (Art. 15 BV), das über seinen Glauben und seine Ausdrucksform entscheiden kann. Religion ist damit nicht ein theokratisches Gefängnis, aus dem man nicht entweichen kann, vielmehr sind Religions- und Weltanschauungsgemeinschaften offene und freie Gemeinschaften, aus denen man de iure jederzeit austreten kann. Dies wird ausdrücklich von Staats wegen garantiert. Ob es de facto auch durchgesetzt werden kann, ist, wie oben angesprochen, eine ganz andere Frage.

Rechtsstaatliche Normen können von Religionsgemeinschaften nicht abgelehnt werden. Dennoch sehen einige Religionsgemeinschaften keinen Religionsaustritt vor. Damit stossen ein staatliches und ein religiöses Normensystem aufeinander. Es ist eine Lösung zu erarbeiten. Denn Religionsfreiheit ist im Kontext der Grundrechte zu lesen, nicht aber als ein kollektives Sonderrecht, das einer Religionsgemeinschaft einen Sonderbereich erlaubt, um dann alle anderen Grundrechte, wie zum Beispiel die Gleichstellung der Geschlechter oder das Austrittsrecht, damit beiseiteschieben zu können. Religionsfreiheit ist nur im Kontext der anderen Grundrechte des säkularen Rechtsstaates zu denken.[629]

Der Rechtsstaat muss säkular sein, damit eben keine Religions- und Weltanschauungsgemeinschaft bevorzugt wird, wie das im religiösen Rechtsstaat der Fall

---

628 KÄLIN, *Grundrechte in der Einwanderungsgesellschaft* 139–160, 152.

629 Vgl. LORETAN, *Religionsfreiheit im Kontext der Grundrechte.*

ist. Deshalb ist dieser säkulare Rechtsstaat als Grundlage für eine Friedensordnung einer pluralistischen Gesellschaft primär von allen Religions- und Weltanschauungsgemeinschaften anzuerkennen. Aus dem Grundrecht der Religionsfreiheit wird die religiöse und weltanschauliche Neutralität des Staates abgeleitet, die Trennung von politischer und religiöser Sphäre. Es stellt sich die Frage, wie die Religionen mit dieser Trennung der Sphären umgehen können[630]. Gleichzeitig muss von den Religionsdienern eine Kenntnis des jeweiligen Verfassungsrechts verlangt werden, so dass sie die formale Friedensgrundlage der pluralistischen, westlichen Gesellschaften kennen. Dieser Lernprozess wird staatlicherseits noch kaum gefördert und gefordert.

In einem einschlägigen Bundesgerichtsurteil heisst es: «Die Glaubens-, Gewissens- und Kultusfreiheit verpflichtet die staatlichen Organe zu religiöser Neutralität. [...] Das Neutralitätsgebot hat nicht den Sinn, das religiöse oder weltanschauliche Moment aus der Staatstätigkeit völlig auszuschliessen. Es verlangt vielmehr die unparteiische, gleichmässige Berücksichtigung der in einer pluralistischen Gesellschaft auftretenden religiösen und weltanschaulichen Überzeugungen. Der Staat soll sich bei öffentlichen Handlungen konfessioneller oder religiöser Erwägungen enthalten, welche geneigt wären, die Freiheit der Bürger in einer pluralistischen Gesellschaft zu verletzen. [...] Wer von einer behaupteten Verletzung des Neutralitätsgebots betroffen ist, kann sich auf diesen Teilgehalt der Religionsfreiheit im Sinne eines individualrechtlichen Anspruchs berufen.»[631] Aus der Religionsfreiheit (Art. 15 BV), aber auch aus dem Gleichstellungsgebot (Art. 8 BV) ergibt sich hinsichtlich der verschiedenen Religionsgemeinschaften ein Paritätsgebot, d. h., Ungleichbehandlungen bestimmter Religionsgemeinschaften sind ausgeschlossen, wenn nicht rechtfertigende sachliche Unterschiede oder Gründe vorliegen. Das Gebot der Toleranz, das ebenfalls aus der Religionsfreiheit abgeleitet wird, verlangt als objektiver Verfassungsgrundsatz «Achtung vor der Würde, der Persönlichkeit und den abweichenden Glaubensansichten und Gewissensentscheidungen anderer und damit Mässigung eigener exzessiver Forderungen und Ansprüche auf Verwirklichung glaubensmässiger Vorstellungen.»[632] Das Toleranzgebot will die Bewährung eines offenen und auf gegenseitiger Achtung beruhenden Zusammenlebens fördern.

Die Einsicht, dass die Anerkennung von Grundrechten «von wesentlicher Bedeutung für die politische Integration von Gesellschaften ist, gilt daher auch für

---

630 Wie sich die grossen Religionen zur Trennung von politischer und religiöser Sphäre verhalten, fragt in einem abschliessenden Kapitel CAVULDAK, *Gemeinwohl*.

631 BGE *118 Ia 46 (infoSekta)* 58.

632 FRIEDERICH, *Kirchen* 350 f.

die Religionsfreiheit als Individualrecht[633], und zwar sowohl was ihre negative als auch was ihre positive Seite betrifft»[634]. Konrad Sahlfeld hat mit der Arbeit «Aspekte der Religionsfreiheit im Lichte der Rechtsprechung der EMRK-Organe, des UNO-Menschenrechtsausschusses und nationaler Gerichte» die Rechtsprechung analysiert und gezeigt, dass bisher dem Grundrecht der Religionsfreiheit eine integrierende Funktion durch die Gerichte zukommt.[635]

Fazit

Religiöser Pluralismus und kulturelle Vielfalt können zu Spannungen führen, die von den Beteiligten an kulturellen Kategorien wie Religion, Sprache und ethnischer Herkunft festgemacht werden können. Die Grundrechte bzw. die Freiheitsrechte bilden einen Rahmen, innerhalb dessen solche Konflikte heute immer häufiger vor Gericht ausgetragen werden. Sie suchen den Ausgleich zwischen den oft gegensätzlichen, aber gleichberechtigten Anliegen der Gleichheit und Differenz. Sie verlangen von beiden Seiten, der eingesessenen Mehrheit und der zugewanderten Minderheit, einander ein Stück entgegenzugehen, ohne die jeweils eigenen Traditionen und Identitäten aufgeben zu müssen.

Was hält dann pluralistische Gesellschaften noch zusammen? Nicht Religion oder Zivilreligion wie bisher, sondern das Recht ist für die Integration moderner Gesellschaften von eminenter Bedeutung, wie Jens Jetzkowitz in seiner soziologischen Untersuchung zu Recht und Religion festhält.[636] «Mag der moderne Staat entstanden sein, als sich das weltliche Recht von seiner religiösen Determiniertheit zu lösen begann, so wird er doch auf Dauer nicht fortbestehen können, wenn er aufhört, Religion zur Kenntnis zu nehmen, und sich weigern sollte, ihr

---

633 Zugunsten der korporativen Religionsfreiheit sei auf ein in der politischen Diskussion über das Verhältnis von Staat und Religionsgemeinschaft bislang wenig beachtetes Argument hingewiesen, das ebenfalls auf Grundrechte und politische Integration Bezug nimmt. Es besagt, dass die besondere Bedeutung der Religionsgemeinschaften für die Realisierung positiver Religionsfreiheit eine Förderung durch den Staat rechtfertigt.

634 GROTEFELD, *Integration* 107–143, 135.

635 SAHLFELD, *Aspekte.*

636 Mit dieser These analysiert der Soziologe Jens Jetzkowitz die Gerichtsurteile des deutschen Bundesverfassungsgerichts zu Fragen der Religion und durchleuchtet so die Inklusionsmechanismen des deutschen Rechtssystems, um auf diese Weise Aussagen über die Integrationskapazität der deutschen Gesellschaft zu treffen. Vgl. JETZKOWITZ, *Recht.*

Raum zu gewähren.»[637] Der Rechtsstaat wird Grundrechtsverletzungen innerhalb der Religionsgemeinschaften (z. B. religiöses Austrittsverbot, Gleichstellung der Geschlechter und sexuelle Übergriffe) in Zukunft nicht übergehen können. Das Religionsverfassungsrecht hat die Religionen mit der gesamten Verfassung eines Landes zu konfrontieren. Diese Auseinandersetzung wird, wie oben bei der katholischen Kirche ausgeführt, auch beim Islam einige Jahrzehnte benötigen. Der Islam steht, wie seinerzeit das Christentum, «vor einer epochalen Herausforderung, nämlich einer Begründung der Menschenrechte von der religiösen Warte aus»[638]. Die Rechtswissenschaften und die Politikwissenschaften[639] werden im interdisziplinären Austausch z. B. mit Theologie, Religionswissenschaften und Islamwissenschaften entsprechende Grundlagenforschungen zu leisten haben. Die nächste Generation der Studierenden mit Migrationshintergrund hat damit schon begonnen.

B) Moses Mendelssohn – ein Vordenker der Freiheitsrechte

Der Jude Moses Mendelssohn (1729–1786) hat aus persönlicher Betroffenheit die Frage aufgeworfen: Wie ist Staatsbürgerschaft ohne Zugehörigkeit zur christlichen Staatsreligion im Preussen Friedrich des Grossen (1712–1786) überhaupt denkbar? In folgendem Kapitel wird das Thema der individuellen Religionsfreiheit anhand der Schriften des aufklärerischen Vordenkers Moses Mendelssohn behandelt. Ziel in diesem Kapitel ist es, zu zeigen, inwiefern die individuelle Religionsfreiheit schon bei Mendelssohn als Voraussetzung für den gesellschaftlichen Frieden dient. Dies wird argumentativ gestützt durch eine Analyse von Mendelssohns Schriften «Jerusalem oder über religiöse Macht und Judentum» (1782) und «Manasse-Vorrede» (1783),[640] in denen Mendelssohn individuelle Religionsfreiheit für alle bei gleichzeitiger Anerkennung als Staatsbürger fordert.

---

637 KRAUS, *Religionsrecht* 11–38, 38.

638 MAIER HANS, *Gemeinwohl* 51. Vgl. dazu Teil 1, Freiheitsrechte als Kriterium 3. in diesem Buch.

639 Vgl. CAVULDAK, *Gemeinwohl.*

640 MENDELSSOHN, *Jerusalem.* MENDELSSOHN, *Vorrede.*

Folgende Fragen stehen im Vordergrund: Wie konnte Moses Mendelssohn Staatsbürgerschaft ohne Staatsreligion denken? Wie hat er individuelle Gewissensfreiheit verstanden, und wie ist Religionsfreiheit heute, als Folge des Pluralismus, zu verstehen? Wie sind individuelle Grundrechte innerhalb einer Religionsgemeinschaft grundsätzlich denkbar? In diesem Kapitel wird von den genannten Primärtexten von Moses Mendelssohn ausgegangen, es werden aber auch aktuelle Einschätzungen aus dem wissenschaftlichen Diskurs aufgenommen. Die Schlussfolgerung ist, dass mit Mendelssohn die individuelle Gewissensfreiheit als ein Schutzraum gegenüber Staat und Religion verstanden werden muss. Quintessenz des Kapitels ist, dass der Staat die individuelle Religionsfreiheit garantieren muss, um sein eigenes Fortbestehen zu erhalten. Dieser Grundkonsens wird bei gegenwärtigen Diskussionen um den Ort der Religionen im Staat eine wichtige Rolle spielen.

Das Verhältnis von Kirche und Staat (später Staat und Religionen) wurde als Institutionenverhältnis verstanden. Auch der Westfälische Friede nach den Religionskriegen hat fast ausschliesslich institutionenrechtliche Lösungen vorgeschlagen. Erst die Aufklärung hat die Interdependenz zwischen Recht und Religion individualrechtlich entwickelt. Moses Mendelssohn ist einer der Vordenker des individuellen Rechtsverhältnisses von Religion und Recht. Dies schuf die denkerischen Voraussetzungen für die individuelle Religionsfreiheit.

1. Staatsbürgerschaft ohne Staatsreligion

Moses Mendelssohn fordert 1783 in seiner rechtsphilosophischen Schrift «Jerusalem», dass auch die Juden Staatsbürger werden können, ohne der Staatsreligion Christentum beitreten zu müssen. Wie kann man aber Staatsbürgerschaft ohne Staatsreligion denken?

Im Folgenden möchte ich zeigen, wie der Berliner Aufklärer Moses Mendelssohn sich weigerte, dem Rat des Schweizer Pfarrers Johann Caspar Lavater (1741–1801) zu folgen, die Staatsreligion zu akzeptieren (sprich die Taufe), um damit Staatsbürger zu werden. Damit stellen sich neue Fragen: Wie ist individuelle Gewissensfreiheit, wie ist Religionsfreiheit, wie ist als Folge der Religionsfreiheit Pluralismus zu verstehen? Wie sind individuelle Grundrechte in einer Religionsgemeinschaft denkbar? Diese Forderung nach Toleranz will Moses Mendelssohn auch innerhalb seiner Religion, dem Judentum, verwirklicht sehen. Damit sollte klargeworden sein, dass er das Thema der Interdependenz von Recht und Religion nicht nur für das Judentum und nicht nur für Deutschland, sondern für viele Nationen vorgedacht hat, wie schon Immanuel Kant erkannte. Jürgen Habermas schreibt in der Neuen Zürcher Zeitung: «*Juden* haben seit den Tagen Moses Mendelssohns *in der deutschen Philosophie* eine so unvergleichliche Kreativität entfaltet, dass die Anteile der einen und der anderen Seite im objektiven Geist selbst verschmolzen sind.»[641] Wie hatte Moses Mendelssohn, der nicht Deutsch konnte, als er nach Berlin kam, diese Brücke zwischen Judentum und deutscher Philosophie bauen können?

2. Biografisches[642]

Der 13-jährige Moses Mendelssohn folgt 1742 seinem Lehrer, Oberrabbiner David Fränkel (1707–1762), von Dessau nach Berlin an die neu gegründete Talmudschule. Seine Muttersprache ist West-Jiddisch. Hebräisch und Aramäisch lernt er ab dem Alter von zwei Jahren. An der Talmudschule studiert er die eben erst von seinem Lehrer Fränkel neu edierte Ausgabe des zweibändigen Hauptwerkes «Führer der Unschlüssigen», das vom Philosophen Maimonides (1138–1204) stammt und ein anspruchsvolles Werk in hebräischer Sprache ist. Bei älteren Schülern lernt er Deutsch und später Latein, um auch den englischen Aufklärer John Locke zuerst auf Latein lesen zu können. Als Werkstudent muss er jedoch während sieben Jahren finanziell selbst für seine Studien aufkommen. Der 21-Jährige (1750) wird Hauslehrer beim Seidenhändler Isaak Bernhard, später Buchhalter (1754) und nach dem Tod von Isaak Bernhard (1768) auch Geschäftsführer und Teilhaber der Firma.

Er kann seine erste deutschsprachige wissenschaftliche Publikation veröffentlichen («Philosophische Gespräche») dank des neuen Freundes Gotthold Ephraim Lessing. Dieser führt ihn auch bei Friedrich Nicolai ein, wodurch er zu einem einflussreichen Literaturkritiker wird. Als 34-Jähriger gewinnt Mendelssohn 1763 vor Immanuel Kant den ersten Preis der Königlichen Academie, der späteren Preussischen Akademie der Wissenschaften. Die vorgeschlagene Aufnahme Mendelssohns in die Preussische Akademie der Wissenschaften, auf Antrag von Sulzer, dem Präsidenten der Philosophischen Klasse, scheitert jedoch am Widerstand Friedrichs II. Diese kurzen biografischen Notizen sollen zeigen, welch beachtliche

---

641 HABERMAS, *Remigranten* 61; Hervorhebung A. L.

642 Vgl. FEINER, *Moses Mendelssohn.*

Integrationsleistung Moses Mendelssohn erbrachte, indem er sich erst all das mühsam als Werkstudent aneignen musste, was er für seine spätere Arbeit benötigte.

2.1 Eine zeitgenössische Reaktion auf «Jerusalem»

Am 16. August 1783 schreibt Immanuel Kant einen langen Brief an Moses Mendelssohn, in dem er die grosse Bewunderung für die Schrift «Jerusalem» zum Ausdruck bringt. Er hält «Jerusalem» für die Ankündigung «einer grossen [...] bevorstehenden [...] Reform, die nicht allein Ihre Nation, sondern auch andere treffen wird. [1.] Sie haben Ihre Religion mit einem solchen Grade von Gewissensfreyheit zu vereinigen gewusst, die man ihr gar nicht zu getraut hätte und dergleichen sich keine andere rühmen kan. [2.] Sie haben zugleich die Nothwendigkeit einer unbeschränkten Gewissensfreyheit zu jeder Religion so gründlich und so hell vorgetragen, dass auch endlich die Kirche, unserer Seits darauf wird denken müssen, wie sie alles, was das Gewissen belästigen und drücken kan, von der ihrigen absondere [...]»[643]

Moses Mendelssohns Deutung des Judentums ist in der Tat sehr selbstständig. Er liefert ein Verständnis des Judentums, das seinen neuen, modern verstandenen, religionsverfassungsrechtlichen Ansprüchen entsprechen kann. Damit ist zweierlei gesagt: Gewissensfreiheit bzw. individuelle Religionsfreiheit für alle muss der Staat garantieren. Das heisst, der Staat muss dafür sorgen, dass die individuelle Religionsfreiheit auch gerichtlich durchsetzbar ist. Diese Gewissensfreiheit verändert aber auch die Religionen, was Mendelssohn am Beispiel seiner eigenen Religion, dem Judentum, durchdenkt. Damit wird die Interdependenz zwischen staatlichem Recht und Religion deutlich. Dass Religion so freiheitlich gedacht werden kann, überrascht Immanuel Kant. Moses Mendelssohn zeigt mit seiner Interpretation des Judentums, dass Religion als «Institution der Freiheit»[644] verstanden werden kann, nicht nur als «klerikale [bzw. rabbinische] Theokratie»[645], von der er sich auch im Judentum sehr deutlich abgrenzt. Seine Religionsgemeinschaft als «Institution der Freiheit» zu denken, verlangt allerdings auch heute noch viel «theologische Zivilcourage», wie selbst der heutige katholische Theologe Johann Baptist Metz unterstreicht.[646] Um wie viel grösser muss die Zivilcourage des angesehenen Berliner Philosophen Mendelssohn gewesen sein, der sich zum Judentum bekennt!

---

643 KANT, *Schriften* 347.

644 LORETAN, *Religionen* 15.

645 Ebd.

646 METZ, *Opfer* 148–150, 150.

2.2 Welche historischen Umstände ermutigen Mendelssohn, die Spätwerke «Manasse-Vorrede» (1782) und «Jerusalem» (1783) zu schreiben?

Mendelssohn war zurückhaltender in seinen Forderungen, als er 1770 auf die Provokation des Schweizer Pfarrers Johann Caspar Lavater zu reagieren hatte. Dieser forderte ihn damals auf, zum Christentum überzutreten oder gefälligst Gegengründe zu nennen. Mendelssohn gelang es, diese religionspolitische Zudringlichkeit auf diplomatische Weise abzuwehren, ohne seine Gründe gegen die damalige Staatsreligion, das Christentum, nennen zu müssen. Mehrere Ereignisse haben dann Mendelssohn darin bestärkt, die Lage seiner Glaubensgenossen im folgenden Jahrzehnt (1782/83) optimistischer einzuschätzen.

1779 war die Toleranzbotschaft in Lessings «Nathan der Weise» sehr deutlich angesprochen worden. 1781 veröffentlichte der Jurist Christian Wilhelm Dohm das Werk «Über die bürgerliche Verbesserung der Juden», an dem Mendelssohn tatkräftig beteiligt war. Hier wurden Vorschläge für die Verwaltungspraxis und die Gesetzgebung entwickelt. Die bürgerliche Gleichberechtigung der Juden sei nicht nur rechtlich geboten, sondern auch nützlich für den Staat, so Dohm. Michael Albrecht gibt in seiner Einleitung zu «Jerusalem» hingegen zu bedenken: «So begeistert Mendelssohn über den *Nathan* seines besten Freundes auch war – von der Schrift des Verwaltungsbeamten Dohm durfte er sich mehr unmittelbaren praktischen Einfluss versprechen.»[647]

1781 erliess Kaiser Joseph II. das Toleranzdekret für die böhmischen Juden, dem weitere Toleranzpatente für Juden in habsburgischen Ländern folgen sollten. Diese Ereignisse haben dazu beigetragen, dass Mendelssohn es überhaupt wagte, seine neuartigen religionsverfassungsrechtlichen Vorstellungen in zwei Schriften zu publizieren: in der «Manasse-Vorrede» und in «Jerusalem».

3. Die Manasse-Vorrede (1782)

Mendelssohn wollte sich in der durch Dohms Publikation angestossenen Debatte zu Wort melden. So entkräftete er die Kritiken, um Dohms Argumente zu stärken. Dafür liess er auch die Schrift von Manasse ben Israel «Rettung der Juden» von 1656 aus dem Englischen ins Deutsche übersetzen, weil der Amsterdamer Rabbiner mit dieser Schrift antijüdische Vorurteile erfolgreich bekämpft hatte. Dieser

---

647 ALBRECHT, *Einleitung* VII–XLII, X.

Übersetzung fügte Mendelssohn eine Vorrede an, die schon in den ersten Worten klarstellte, dass es bei der Verbesserung der bürgerlichen Situation für die Juden zugleich um die Menschenrechte überhaupt geht. Einerseits war Mendelssohn damit für seine Glaubensbrüder eingetreten, andererseits wusste er sich in die Argumentation der Aufklärung eingebettet. Hier hat also, wie Habermas im eingangs erwähnten NZZ-Artikel andeutet, die deutsch-jüdische Zusammenarbeit in der deutschen Rechtsphilosophie begonnen: «Gershom Scholems schmerzliche Feststellung, dass die sogenannte ‹deutsch-jüdische Symbiose› von Anbeginn eine Mesalliance gewesen ist, trifft soziologisch und politisch zu; sie beleuchtet eine immer wieder verleugnete Asymmetrie im Geben und Nehmen beider Seiten.»[648] Und Mendelssohn argumentiert: «Man fährt fort, uns [Juden] von allen Künsten, Wissenschaften und andern nützlichen Gewerben und Beschäftigungen der Menschen zu entfernen […] und macht den Mangel an Kultur zum Grunde unserer ferneren Unterdrückung. Man bindet uns die Hände, und macht uns zum Vorwurf, dass wir sie nicht gebrauchen.»[649]

Für ihn ist weder der preussische Staat noch die jüdische Gemeinde befugt, bestimmte Meinungen zu belohnen oder zu bestrafen. Denn jede religiöse Sanktion zieht auch bürgerliche Folgen nach sich. Von den Rabbinern erwartet er deshalb, «auf alle Religions- und Synagogenzucht» zu verzichten «und ihre Mitbrüder von ihrer Seite dieselbe Liebe und Duldung geniessen» zu lassen, «nach welcher sie selbst so sehr geseufzt haben» (27)[650]. Mendelssohn verlangt also für die erfahrene Toleranz des Staates auch eine nach innen tolerante Religionsgemeinschaft.[651] Er will Toleranz für ein tolerantes Judentum. Hierin distanziert er sich vom Verwaltungsjuristen Dohm. Mendelssohn argumentiert grundrechtlich bzw. menschenrechtlich. Auf die Grundrechte der Gewissensfreiheit und der Meinungsfreiheit kann nicht verzichtet werden, auch nicht durch Verträge unter den Gläubigen. Diese weitsichtige menschenrechtliche, individuelle Argumentation ist im deutschsprachigen Staatskirchenrecht erst in der zweiten Hälfte des 20. Jahrhunderts – und auch hier nur teilweise – aufgegriffen worden.

Mendelssohn kritisiert damit auch die Autonomie der jüdischen Gemeinden. Die Juden hatten zu seiner Zeit einen sogenannten Schutzstatus durch das revi-

---

648 HABERMAS, *Remigranten* 61.

649 MENDELSSOHN, *Vorrede* 1–27, 7.

650 Die Zahlen in Klammern beziehen sich auf die Seitenzahlen der folgenden Ausgabe von MENDELSSOHN MOSES, *Jerusalem oder über religiöse Macht und Judentum.* Mit dem Vorwort zu Manasse ben Israels «Rettung der Juden» und dem Entwurf zu «Jerusalem» sowie einer Einleitung, Anmerkungen und Register, hg. von Michael Albrecht, Hamburg 2005.

651 Vgl. LORETAN, *Religionen* 115–118.

dierte General-Privileg Friedrichs des Grossen von 1750. Sie standen unter der richterlichen und vormundschaftlichen Gewalt der Rabbiner und Ältesten. Diese frühe Form der kollektiven Religionsfreiheit lehnte Mendelssohn ab. Er fragt: «Wie weit sollen sich die Rechte jeder [religiösen] Kolonie, und der Juden insbesondere, über ihre Glieder, in Glaubenssachen erstrecken? welche Macht darf sie anwenden […]? wie weit darf sie ihren kirchlichen Arm ausstrecken, die Unwilligen zu züchtigen, oder auszustossen […]?» (19) Die individuelle Meinungsfreiheit gilt für Mendelssohn auch in den Religionsgemeinschaften und geniesst Vorrang vor der kollektiven Religionsfreiheit: «Ich weiss von keinem Rechte auf Personen und Dinge, das mit Lehrmeinungen zusammenhänge […] Am wenigsten weiss ich von Rechten und Gewalt über Meinungen, die die Religion erteilen und der Kirche zukommen sollen. Die wahre, göttliche Religion masst sich keine Gewalt über Meinungen und Urteile an.» (19) Mendelssohn anerkennt also auch kein Recht der Glaubensgemeinschaft auf Exkommunikation, wie der von ihm sehr geschätzte Jurist Dohm dies annimmt. (124) Dieser habe wohl eher die rechtspositive Lage beschrieben (*de lege lata*), als wie die Rechte sein sollten (*de lege ferenda*): «Die Menschen scheinen sich vereinigt zu haben, die äusserliche Form des Gottesdienstes, die Kirche, als eine moralische Person [d. h. als juristische Person] zu betrachten, die ihre eigenen Rechte und Pflichten hat; und ihr mehr oder weniger Gewalt einzuräumen, auf ihre Rechte zu halten und sie durch äusserlichen Zwang geltend zu machen.» (23)

In einer Zeit, in der Missbrauchsfälle in kirchlichen Institutionen ans Licht der Öffentlichkeit kommen, wirken folgende Zeilen Mendelssohns geradezu als aktueller Kommentar: «Ich schweige von der Gefahr, die mit dem Anvertrauen eines solches Ausschliessungsrechts verknüpft, von dem Missbrauche, der bei einem solchen Bannrechte, so wie bei jeder Kirchenzucht und Kirchenmacht unvermeidlich ist.» (24) Die Religion wird als Zwangssystem beschrieben, das auch der Staat meint mithilfe des Prinzips der kollektiven Religionsfreiheit stützen zu müssen. «Alle Völker der Erde schienen bisher von dem Wahne betört zu sein, dass sich Religion nur durch eiserne Macht erhalten [… könne].» (27)[652] Ganz anders Mendelssohn, der sein freiheitliches Verständnis von Religion am Schluss der Vorrede der Manasse-Übersetzung in der Goldenen Regel zusammenfasst: «Wollet ihr gehegt, geduldet und von anderen verschonet sein; so heget und dul-

---

[652] Im Gegensatz dazu vgl. die machtkritische Aussage des Juden Jesu bei Mt 20,25–27: «Ihr wisst, dass die Herrscher ihre Völker unterdrücken und die Mächtigen ihre Macht über die Menschen missbrauchen. Bei euch soll es nicht so sein, sondern wer bei euch gross sein will, der soll euer Diener sein, und wer bei euch der Erste sein will, soll euer Sklave sein.»

det und verschonet euch untereinander! Liebet; so werdet ihr geliebet werden!» (27) Die Quintessenz des jüdischen Gesetzes lautet nach Hillel dem Älteren, der unter Herodes dem Grossen als geistiger Führer der Juden lehrte: «Liebe deinen Nächsten wie dich selbst. Dieses ist der Text des Gesetzes; alles übrige ist Kommentar.» (103) Auch die Goldene Regel wird bei Hillel, in negativer Form, überliefert. «Was dir nicht lieb ist, das tue auch deinem Nächsten nicht. Das ist die ganze Tora und alles andere ist nur die Erläuterung; geh und lerne sie.» (162) Die positive und die negative Goldene Regel findet sich auch beim Rabbi Jesus von Nazaret, der in seiner Bergpredigt mit ähnlichen Worten fordert: «Alles, was ihr also von anderen erwartet, das tut auch ihnen! Darin besteht das Gesetz und die Propheten», so berichtet der Evangelist Matthäus (Mt 7,12).

4. «Jerusalem» (1783)

4.1 Jerusalem, Athen und Rom

Wie konnte eine so jüdisch geprägte Religion wie das Christentum sich derart lösen von ihren jüdischen Quellen? Athen hatte im europäischen Denken durch die griechische Philosophie Spuren hinterlassen. Die Kirchenväter hatten das platonische[653] bzw. aristotelische[654] Staatsverständnis mit seinem Beamtensystem, das die Wahrheit zu vertreten hatte, auf die Kirche übertragen. Gegen dieses wenig freiheitliche System schreibt Mendelssohn in der Manasse-Vorrede an, ähnlich, wie es später, nach dem Zweiten Weltkrieg und dem Versuch der systematischen Vernichtung der Juden, auch der Philosoph Karl Popper tat. Dieser schrieb 1945 das Werk «The Open Society and its Enemies» (deutsche Ausgabe 1957: «Die offene Gesellschaft und ihre Feinde») in Christchurch, Neuseeland, wohin er 1937 berufen wurde. Er verstand das Buch als seinen Beitrag zum «war effort», also zu den Pflichten, die jeder zu erfüllen hat, um die Nazis zu besiegen. Darin spürt er anhand von Platon, Hegel und Marx den Quellen des verhassten Totalitären nach.

Für die Antike waren die griechische Philosophie und das römische Recht massgebend. Die römische Kirche als Erbin der Antike liess sich von Athen und Rom Massstäbe setzen. Kaiser Konstantin der Grosse, der das Christentum

---

653 DEMANDT, *Idee* 57–68, 58–63.

654 HÜNERMANN, *Dienst* 15–38, 24.

aus der staatlichen Verfolgung geführt hatte, bezeichnete sich als Stellvertreter Christi[655] und führte das Kreuz als imperiales Repräsentationszeichen ein.[656] Hier wurden Politik und Religion vermengt. Mendelssohn dagegen fordert eine Trennung von staatlicher Verfassung und kirchlicher Verfassung.

Der Titel des Buches «Jerusalem» ist ein Bekenntnis zum Judentum und damit eine Replik auf August Friedrich Cranz (1737–1801), der an Lavater anknüpfend Mendelssohn aufgefordert hatte, seine angebliche Abweichung vom Judentum zu rechtfertigen oder aber seine Ablehnung eines Übertritts zum Christentum zu begründen. Seit und mit Moses Mendelssohn traten also Denker in den europäischen philosophischen Diskurs ein, die nicht ausschliesslich – durch die Renaissance inspiriert – aus der hellenistischen und römischen Antike, also von Athen und Rom, schöpften, sondern auch aus Jerusalem, aus dem jüdischen Denken. Europa hat seit Moses Mendelssohn drei geistige Hauptstädte der Philosophie: Jerusalem, Athen und Rom.[657] Die Reihenfolge, die Jerusalem zuerst anführt, stammt von Jürgen Habermas. Der Interviewer fragt nach Athen, Rom und Jerusalem. Habermas antwortet in einer anderen Reihenfolge: Jerusalem, Athen und Rom. Seit Mendelssohn reden Juden in der deutschen Philosophie mit und übernehmen bald eine entscheidende Rolle. Mit Mendelssohn beginnen die jüdischen Studien, und hier beginnt – aus jüdischer Sicht – der jüdisch-christliche Dialog.[658] Die Christen schienen allerdings noch überfordert zu sein von diesem freiheitlichen Denkangebot des Buches «Jerusalem», das so gar nicht in ihr von Athen und Rom geprägtes Denken hineinpasste. Moses Mendelssohn hat die Philosophie[659], die Literatur[660] und die Theologie dank seines aufgeklärten Bekenntnisses zum Judentum in «Jerusalem» grundlegend verändert. Vor allem aber hat er die staatsrechtliche bzw. religionsverfassungsrechtliche Diskussion mit seiner individualrechtlichen Argumentation der Meinungsfreiheit und Gewissensfreiheit entscheidend angestossen. Diese Argumentation soll im Folgenden näher analysiert werden.

---

655 Vgl. LEEB, *Konstantin* 148.

656 A. a. O. 158.

657 HABERMAS, *Jerusalem, Athen und Rom*, in: DERS., *Zeit* 171–196, 181.

658 Seit 1948 bekommt die christlich-jüdische Begegnung Impulse von dem von Gertrud Luckner begründeten «Freiburger Rundbrief». In dieser Zeitschrift wird u. a. die judenfeindliche Vergangenheit aufgearbeitet.
Luzern war die erste Hochschule in der Schweiz, die Judaistik 1971 als universitäres Fach eingeführt hat. 1981 wurde das Institut für Jüdisch-Christliche Forschung (IJCF) gegründet.

659 LEVINAS, *Préface* 7–21.

660 Vgl. BERGHAHN, *Moses Mendelssohns «Jerusalem»*.

4.2 Staat und Religion

Grenzstreitigkeiten zwischen Kirche und Staat haben «schrekliche Uebel verursachet» (29). So beginnt der erste Entwurf zu «Jerusalem». «Sobald sich die Kirche ein Eigenthum, ein Zwangsrecht anmasset; so usurpirt sie» (29), d. h., sie reisst widerrechtlich die Staatsgewalt an sich. Religion muss sich «schlechterdings auf Ueberredung einschrenken» (29). Mendelssohn nennt noch «ein drittes moralisches Wesen, die Freiheit des Gewissens» (33), die aus den Streitigkeiten zwischen Kirche und Staat «einigen Vorteil zu ziehen weiss» (33). Dieser konsequent grundrechtlich-individuelle, religionsverfassungsrechtliche Ansatz Mendelssohns hat die Religionsgemeinschaften verändert und wird sie auch in Zukunft noch verändern.

«Staat und Religion» sind die ersten Worte der definitiven Fassung. Der Begriff «Kirche» bedeutet für Mendelssohn die organisierte Religion; er wendet diesen Begriff auch auf nichtchristliche Religionen an. Beim Begriff «Kirchenrecht» ist zu unterscheiden. Einerseits ist damit bei Mendelssohn das Staatskirchenrecht bzw. das Religionsverfassungsrecht des Staates angesprochen. Andererseits kann aber auch das Kirchenrecht der Kirchen gemeint sein. Diese Begriffsverwendung ist auch heute keineswegs falsch, wird sie doch von einigen evangelischen Autoren so angewandt.

4.2.1 Erster Abschnitt: individuelles Recht – Gewissensfreiheit

Mendelssohn beginnt sein Plädoyer für die individuelle Gewissensfreiheit mit einer wissenschaftlichen Kritik der Lehrbücher des Kirchenrechts. Er kritisiert die ungenaue Verwendung wichtiger Begriffe, mit denen die Lehrbücher arbeiten. Diese seien nämlich «voller unbestimmter und schwankender Begriffe, sooft von Festsetzung der kirchlichen Gewalt die Rede ist» (34). Aber auch die aufgeklärten Autoren Thomas Hobbes und John Locke entsprechen ihm nicht.[661] Thomas Hobbes hat für die bürgerliche Freiheit keinen Sinn. «Alles Recht gründet sich, nach seinem System, auf Macht, und alle Verbindlichkeit auf Furcht.» (35) John Locke anerkennt in seinen «Briefen über die Toleranz» individuelle Freiheitsrechte, so auch die Gewissensfreiheit. Aber sein Staat ist zugleich eine Vereinigung der Bürger, «um ihre zeitliche Wohlfahrt gemeinschaftlich zu befördern» (37). Daraus folgt, «dass der Staat sich um die Gesinnungen der Bürger, ihre ewige

---

661 «Im Vergleich mit der englischen, französischen und amerikanischen Philosophie gibt es in Deutschland relativ wenig politisch denkende Geister», so HABERMAS, *Jerusalem, Athen und Rom*, in: DERS., *Zeit* 171–196, 183.

Glückseligkeit betreffend, gar nicht zu bekümmern, sondern jeden zu dulden habe, der sich bürgerlich gut aufführt» (37). Dies bringt Mendelssohn auf die Frage: «Wem sollen wir die Sorge für das Ewige antrauen?» (38) Der Kirche bzw. den Religionsgemeinschaften? Sobald der Staat die Sorge für das Ewige ganz aus den Händen gibt, wie bei John Locke, ist es in der Praxis ein kleiner Schritt zu Vorstellungen des Kardinals Bellarmin und seinen damals berühmten Ansichten einer Suprematie der Kirche über den Staat. (38 f.) Denn wie verhalten sich Staat und Religion zueinander? Hat die Kirche, die Repräsentantin des Ewigen, eine indirekte Macht über das Zeitliche? Der Staat wäre damit der Kirche untergeordnet, so Kardinal Bellarmin in «De Romano Pontifice». (39) Kardinal Bellarmin wurde dafür «beinahe von dem Pabste Sixtus V. verketzert, weil er ihm bloss eine indirekte Macht über das Zeitliche der Könige und Fürsten zuschrieb. Sein Werk ward in das Verzeichnis der Inquisition gesetzt» (38), heisst es bei Mendelssohn. Er versucht deshalb, die Begriffe Staat und Religion in ihrem wechselseitigen Einfluss aufeinander besser zu fassen. Er beginnt mit einer Klärung der Begriffe Kirche und Staat:

«Öffentliche Anstalten zur Bildung des Menschen, die sich auf Verhältnisse des Menschen zu Gott beziehen, nenne ich Kirche; – zum Menschen, Staat.» (41) Das heisst, die Begriffsverwendung «Staat und Kirche» bzw. «Staat und Religionen» ist für ihn dasselbe. Seine Begrifflichkeit ist nur insofern zu kritisieren, als er Kirche bzw. Religion im Singular verwendet, sehr wohl aber den Plural meint. Mendelssohn kritisiert also Lehrbücher des Kirchenrechts, die ernsthaft diskutieren, «ob auch Juden, Ketzer und Irrgläubige eine Kirche haben können» (41).[662] Die Pluralität der Religionsgemeinschaften, die Mendelssohn fordert, könne in diesen Büchern noch gar nicht gedacht werden.

Wie arbeiten nun aber Staat und Religionen im Mendelssohn'schen Sinne zusammen? Der Staat muss sich bemühen, «die Menschen durch Sitten und Gesinnungen zu regieren […][663] Und hier ist es, wo die Religion dem Staat zu Hülfe kommen, und die Kirche eine Stütze der bürgerlichen Glückseligkeit werden soll.» (43) Denn mit Gesetzen und Strafgesetzen allein ist kein Staat zu regieren. Lebt damit der Mendelssohn'sche freiheitliche Staat «von Voraussetzungen, die er selbst nicht garantieren kann»[664]? Das berühmte Zitat Böckenfördes, das hier an-

---

662 Vgl. LORETAN, *Religionen* 58–61.

663 «Nun gibt es kein Mittel, die Gesinnungen und […] die Sitten der Menschen zu verbessern, als Überzeugung. […] Erkenntnis, Vernunftgründe, Überzeugung, diese allein bringen Grundsätze hervor, die durch Ansehen und Beispiel, in Sitten übergehen können.» (43)

664 BÖCKENFÖRDE ERNST-WOLFGANG, *Staat* 60.

klingt, könnte dies unterstreichen, wenn es ausführlicher zitiert werden darf: «Der freiheitliche, säkulare Staat lebt von Voraussetzungen, die er selbst nicht garantieren kann. Das ist das grosse Wagnis, das er, um der Freiheit willen, eingegangen ist. Als freiheitlicher Staat kann er einerseits nur bestehen, wenn sich die Freiheit, die er seinen Bürgern gewährt, von innen her, aus der moralischen Substanz des einzelnen und der Homogenität der Gesellschaft, reguliert. Andererseits kann er diese inneren Regulierungskräfte nicht von sich aus, das heisst, mit den Mitteln des Rechtszwanges und autoritativen Gebots [vgl. Hobbes-Kritik] zu garantieren versuchen, ohne seine Freiheitlichkeit aufzugeben und – auf säkularisierter Ebene – in jenen Totalitätsanspruch zurückzufallen, aus dem er in den konfessionellen Bürgerkriegen herausgeführt hat.»[665] Der Mendelssohn'sche Staat ist entscheidend auf die Mitarbeit der religiösen Bürger angewiesen. Denn der Staat begnügt sich «mit Werken ohne Geist [...] Auch wer nicht an Gesetze glaubt, muss nach dem Gesetze *tun*, sobald es Sanktion erhalten hat.» (44) Die Religion dagegen «kennet keine Handlung ohne Gesinnung, kein Werk ohne Geist, keine Übereinstimmung im Tun, ohne Übereinstimmung im Sinne. Religiöse Handlungen, ohne religiöse Gedanken, ist leeres Puppenspiel, kein Gottesdienst.» (44) Hier zeigt sich für Mendelssohn ein wesentlicher Unterschied zwischen Staat und Religion.

«Der Staat gebietet und zwinget; die Religion belehrt und überredet; der Staat erteilt *Gesetze*, die Religion *Gebote*. Der Staat hat physische Gewalt und bedient sich derselben, wo es nötig ist; die Macht der Religion ist *Liebe* und *Wohltun*. [... D]ie bürgerliche Gesellschaft kann, als moralische Person, *Zwangsrechte* haben [...] Die religiöse Gesellschaft macht keinen Anspruch auf *Zwangsrecht* [...] Der Staat besitzet [daher] *vollkommene*, die Kirche bloss *unvollkommene* Rechte.» (45)

Im Unterschied zum Staat kommt der Kirche bzw. der Religion kein Zwangsrecht gegenüber ihren Mitgliedern zu. «Alle Rechte der Kirche sind, Vermahnen, Belehren, Stärken und Trösten, und die Pflichten der Bürger gegen die Kirche sind ein *geneigtes Ohr* und ein *williges Herz*.» (61) Letzteres unterstreicht Mendelssohn mit dem Psalmisten: «Dir gefällt nicht Opfer, nicht Geschenk, Ohren hast Du mir gegraben! (Ps 40,7)» (61)

In Bezug auf die Gesinnung hat aber auch der Staat kein Zwangsrecht. «Beide, Staat und Religion, haben sowohl Handlungen, als Gesinnungen zu ihrem Gegenstande.» (58) Der Staat wird als juristische Person betrachtet. Er kann nicht «durch *innere* Triebfedern wirken [...]; so wirkt er wenigstens durch *äussere*, und verhilft meinem Nächsten zu dem *Seinigen*» (59). Mendelssohn gibt hier keinen Verweis auf die antike Diskussion über den Gerechtigkeitsbegriff in der griechischen Phi-

[665] Ebd.

losophie und in der römischen Rechtswissenschaft. Dies wird stillschweigend von ihm vorausgesetzt.

Der Staat hat Zwangsrechte gegenüber seinen Bürgern. Es gibt für Mendelssohn aber kein Recht, «in das Innerste des Menschen so zu wühlen, und sie zu Geständnissen zu zwingen» (65). Ebenso haben weder Staat noch Kirche ein Recht, «mit dem Glauben und Schwören auf gewisse Sätze, Amt, Ehre und Würden zu verbinden» (70). So ist es zum Beispiel auch bei den Bischöfen im englischen Oberhaus der Fall, wenn sie 39 Artikel beschwören und so zu Amt und Würden kommen. Denn «das Recht auf unsere eigene Gesinnung ist unveräusserlich» (62). Dies gilt auch gegenüber der Kirche bzw. Religion. Daher ist das «Vorrecht, das ihr euren Religions- und Gesinnungsverwandten öffentlich einräumet, eine *indirekte Bestechung*», so Mendelssohn. (62) Diese Vorstellung von einer unveräusserlichen Gesinnung hat auch Auswirkungen auf das kirchliche Verfassungsrecht. Mendelssohn fragt: «Was wird also der Kirche für eine Regierungsform anzuraten sein? – Keine! – Wer soll entscheiden, wenn in Religionssachen Streitigkeiten entstehen? – Wem Gott die Fähigkeit gegeben, zu überzeugen.» (64) Staat und Religionen behalten aber wesentliche Funktionen. Sie «wirken auf *Gesinnung und Handlung* der Menschen» (71). Der Staat bezieht sich dabei auf das Verhältnis von Mensch zu Mensch oder von Mensch zur Natur. Die Kirche dagegen beruht «auf Verhältnissen zwischen Mensch und Gott» (71). Gott verlangt aber «keine Aufopferung unserer Rechte zu seinem Besten, keinen Verzicht auf unsere Unabhängigkeit zu seinem Vorteil. Seine Rechte können mit den Unserigen nie in Streit und Irrung kommen. Er will nur unser Bestes, eines jeden Einzelnen Bestes, und dieses muss ja mit sich selbst bestehen, kann sich ja selbst nicht widersprechen.» (60)

Damit ist schon 1783 theologisch die Grundlage dafür geschaffen worden, Menschenrechte bzw. Freiheitsrechte innerhalb der Religionsgemeinschaften denken zu können. Denn Menschenrechte betreffen das Verhältnis der Menschen untereinander, nicht das Verhältnis zu Gott.[666] Mendelssohn stellt das individuelle Gewissen des Einzelnen in den Mittelpunkt seiner religionsverfassungsrechtlichen Überlegungen. Er will der Gewissensfreiheit gegenüber Staat und Religion zu ihrem Recht verhelfen. Mendelssohn argumentiert also in «Jerusalem» zutiefst menschenrechtlich bzw. grundrechtlich. Er fordert verschiedene individuelle Grundrechte ein und schliesst kollektive Rechte der Religionsgemeinschaften aus. Dieser Denkansatz ist bis heute in Deutschland umstritten.[667] Mendelssohn ist daher ein Vordenker der Freiheitsrechte.

---

666 Vgl. LORETAN, *Religionen* 17–26.

667 Vgl. GROTE/MARAUHN, *Religionsfreiheit.*

Das staatliche Zwangsrecht gründet bei Mendelssohn auf der Vertragstheorie, wie dies auch bei Thomas Hobbes der Fall ist. Der Naturzustand ist für ihn aber im Gegensatz zu Hobbes rein fiktiv. Die Pointe seiner Vertragstheorie ist die Nichtanwendbarkeit des Vertragsmodells auf die Gewissensfreiheit. Die Kirche bzw. die Religionsgemeinschaften haben deshalb keinerlei Zwangsrechte – im Unterschied zum Staat, der die Legitimation seiner Zwangsrechte dem Gesellschaftsvertrag verdankt. Ein Zwangsrecht gegenüber Gesinnungen kann beim Vertragsrecht nicht entstehen, weil man seine Gesinnungsfreiheit nicht an andere (z. B. an seine Kirche) abtreten kann. «Das Recht auf unsere eigene Gesinnung ist unveräusserlich» (62), argumentiert Mendelssohn grundrechtlich im Rahmen seiner eigenen Vertragstheorie. Der Staat darf gemäss «Jerusalem» deshalb auch keine bestimmte Religion bevorzugen. Er fördert hingegen die allen Religionen innewohnende natürliche bzw. vernünftige Religion, die sich dadurch auszeichnet, dass sie die Moral aufrechterhält und befördert.[668] Weder Staat noch Religion haben also ein Recht, die Grundsätze der Gesinnungen der Menschen irgendeinem Zwang zu unterwerfen. Der natürliche bzw. vernünftige Kern der Religion des Christentums oder des Judentums «treibet nicht mit eisernem Stabe; sondern leitet am Seile der Liebe» (74), so Mendelssohn.

4.2.2 Zweiter Abschnitt: keine kollektive Religionsfreiheit

Mendelssohn möchte die Taufe nicht als «Entréebillett zur europäischen Kultur» in Kauf nehmen. Und auch Heinrich Heine, von dem dieses Bonmot stammt, kehrt in den letzten acht Jahren seines Sterbe-Lebens bewusst zurück zum Gott seiner Väter.[669] Mendelssohn schreibt: «Wenn die bürgerliche Vereinigung unter keiner anderen Bedingung zu erhalten, als wenn wir von dem Gesetze abweichen [...]; so müssen wir lieber auf bürgerliche Vereinigung Verzicht tun [...]» (137) Er möchte die diskriminierende Intoleranz der christlichen Mehrheitsgesellschaft überwinden und sich ihr nicht unterwerfen. Deshalb entfaltet er in diesem zweiten Abschnitt den Gedanken der Vielfalt der Religionsgemeinschaften und schliesst mit der sehr aktuellen Frage ab: Wie kann der Religionsfriede in einer multireligiösen Gesellschaft staatsrechtlich gedacht werden?[670] Er nennt «Heiden, Juden, Mahometaner und Anhänger der natürlichen Religion in einer Zeile» (88) und

---

[668] Hier wäre es interessant, die Parallelen und die Unterschiede im Vernunftsverständnis zwischen Mendelssohns «Jerusalem» und John Rawls' Ansatz in «Political Liberalism» zu untersuchen.

[669] Vgl. KUSCHEL, *Spass* 118–123.

[670] Vgl. KÖNEMANN/LORETAN, *Vielfalt*.

fordert für alle die gleiche Toleranz. «In Rücksicht auf die bürgerlichen Rechte sind alle Religionsgemeinschaften einander gleich, diejenigen allein ausgenommen, deren Meinungen den Grundsätzen der menschlichen und der bürgerlichen Pflichten zuwider laufen. Eine solche Religion kann in dem Staate auf keine Rechte Anspruch machen.» (79)[671]

Mendelssohn kritisiert die Schrift Dohms «Über die bürgerliche Verbesserung der Juden» (77), die er zuvor mitgetragen hatte, nun in Bezug auf ihre Vorstellung von der kollektiven Religionsfreiheit. Wenn weder der Staat noch die Religion ein Zwangsrecht in Religionssachen haben, «so ist aller kirchlicher Zwang widerrechtlich, alle äussere Macht in Religionssachen gewaltsame Anmassung» (77), so z. B. die «Bücherrichter», sprich Zensur (80), oder das kirchliche Strafrecht. Für Mendelssohn gilt das Prinzip «Belehre deinen Nächsten, oder ertrage ihn!» (78) Ihm ist bewusst, dass er hier Neuland betritt und bekennt: Ihm ist «kein Schriftsteller bekannt, der diese Fragen berührt und in Anwendung auf Kirchenmacht und Bannrecht untersucht hätte» (84). Er freut sich aber darüber, dass «einige würdige Glieder der hiesigen Geistlichkeit selber diese Grundsätze der Vernunft [...] unter dem Volke auszubreiten suchen» (80).

Heinrich Heine hat literarisch zu verarbeiten versucht, «welcher Psychoterror von einer Mehrheitsgesellschaft gegenüber Minderheiten ausgeübt wird, deren Anderssein sie nicht ertragen kann»[672]. Auch Mendelssohn musste u. a. dem Vorwurf begegnen, er habe sich vom Judentum abgewandt, da er ja ein jüdisches religiöses Strafrecht leugne, was doch wesentlich zum Judentum gehöre, so seine Kritiker. Und so solle er doch endlich zum Christentum übertreten. Dieser Vorwurf wurde zu einem weiteren Anlass seiner Schrift: «Ich komme zu einem weit wichtigern Einwurfe, der mir gemacht worden, und der hauptsächlich diese Schrift veranlasst hat.» (84)

4.3 Wahrheit und Vernunft

Mendelssohn anerkennt «keine anderen ewigen Wahrheiten, als die der menschlichen Vernunft» (90). Er fordert Vernunftgründe. «Vielleicht sind Sie jetzt dem Glauben der Christen näher getreten, in dem Sie der Knechtschaft eiserner Kirchenbande sich entreissen, und das Freiheitssystem des vernünftigern Gottesdienstes nunmehr selbst lehren [...]» (87) Damit ist er aber nicht vom Judentum

671 Dieser Gedanke ist in RAWLS, *Political Liberalism* ebenfalls entfaltet.

672 KUSCHEL, *Spass* 118.

abgewichen, wie Mörschel meinte, sondern diese Vernunftwahrheiten selbst stellen einen wesentlichen Punkt der jüdischen Religion dar. Er bringt dazu ein bildhaftes Argument gegen einen Übertritt zum Christentum: «Nun ist das Christentum, wie Sie wissen, auf dem Judentume gebauet, und muss notwendig, wenn dieses fällt, mit ihm über einen Haufen stürzen. Sie sagen, meine Schlussfolge untergrabe den Grund des Judentums, und bieten mir die Sicherheit Ihres obersten Stockwerks an; muss ich nicht glauben, dass Sie meiner spotten?» (87)

Das mosaische Gesetz kennt keine Forderung: «*Du sollst glauben! oder nicht glauben*; sondern alle heissen: *du sollst tun oder nicht tun!*» (100) Die Offenbarung auf dem Sinai setzte historisch und sachlich die Kenntnis der Vernunftwahrheiten voraus. «Wer Vernunft hat, der prüfe, und lebe nach seiner Überzeugung.» (89) Die Sinai-Gesetzgebung, die auf «Geschichtswahrheiten» gründet, verleiht der «Vernunftswahrheit», mit der sie innigst verbunden ist, gleichsam einen Körper. (100) Seine Argumentation baut Mendelssohn hier übrigens auf die Leibniz'sche Unterscheidung verschiedener Wahrheitsarten auf. Damit kann er seine «Begriffe vom Judentume [...] kurz zusammenfassen» (128) und deutlich machen, wieso er Aufklärungsphilosoph und religiöser Jude zugleich ist:

1. Zu den «ewigen Wahrheiten von Gott, [...] ohne welche der Mensch nicht aufgeklärt und glücklich sein kann» (128), zählt Mendelssohn den Lobpreis Gottes (Ps 103) wegen der väterlichen Barmherzigkeit: «Vergiss nicht aller seiner Wohltaten! Er vergibt Dir alle Deine Sünden; Er heilet Deine Krankheiten alle; Er erlöset Dein Leben vom Untergange; Er krönet Dich mit Liebe und Barmherzigkeit.» (128)
2. «Zeitliche Geschichtswahrheiten» (91; 129) werden auf glaubhafte Zeugen hin geglaubt: «‹*Ich bin der Ewige, dein Gott! der dich aus dem Lande Mizraim geführt, aus der Sklaverei befreiet hat* u. s. w.› Eine Geschichtswahrheit, auf die sich die Gesetzgebung *dieses* Volks gründen sollte [...] ‹Ich bin der Ewige, dein Gott, der mit deinen Vätern Abraham, Isaak und Jakob einen Bund gemacht [...] hat [...] Ich [...] mache auch mit euch einen Bund, und gebe euch Gesetze [...]›» (99)
3. Als dritte Wahrheit nennt er die «Gesetze, Vorschriften, Gebote, Lebensregeln» (129): «Diese Gesetze wurden *geoffenbaret*, d. i. von Gott durch *Worte* und *Schrift* bekannt gemacht. Jedoch ist nur das Wesentlichste davon in Buchstaben anvertrauet worden; und auch diese niedergeschriebenen Gesetze sind, ohne die ungeschriebenen, mündlich überlieferten und durch mündlichen, lebendigen Unterricht fortzupflanzenden Erläuterungen, Einschränkungen und näheren Bestimmungen, grösstenteils unverständlich [...]» (130) Staat und Religion war in dieser ursprünglichen Verfassung nicht vereiniget, sondern

eins. Daher gewann das Bürgerliche bei dieser Nation ein heiliges und religiöses Ansehen, z. B.: «Der Sabbat sei ein ewiger Bund zwischen mir und den Kindern Israels, spricht der Herr, ein immerwährendes Zeichen.» (131) Mendelssohn qualifiziert so das ursprüngliche Judentum. Es war «eine Hierokratie, eine kirchliche Regierung, ein Priesterstaat, eine Theokratie, wenn ihr wollet» (133). Aber die mosaische Verfassung hatte nicht lange bestanden. Schon zu Zeiten des Propheten Samuel (1 Sam 8; vgl. 12,12) «gewann das Gebäude einen Riss [...] Die Nation verlangte einen sichtbaren, fleischlichen König zum Regenten.» (134) Staat und Religion sind also nicht mehr dasselbe.

4.4 Kollisionen zwischen Religion und staatlichem Recht

Wie werden die Pflichtenkollisionen zwischen Religion und staatlichem Recht gelöst? «Schicket euch in die Sitten und in die Verfassung des Landes, in welches ihr versetzt seid; aber haltet auch standhaft bei der Religion eurer Väter. Traget beide Lasten, so gut ihr könnet!» (135) Mendelssohn formuliert auch: «Gebet dem Kaiser, was des Kaisers, und Gotte, was Gottes ist.» (135) Die Anspielung auf die Evangelien (Mk 12,17; Mt 22,21) bei seiner Argumentation ist nicht zu überhören. Mendelssohn zeigt damit nebenbei die Verwurzelung des Christentums im Judentum auf. Auch bei seiner Argumentation für die Zeremonialgesetze spielt er auf die Eherechtsbegründung der Christen an: «Was Gott verbunden hat, kann der Mensch nicht lösen» (136) (Mk 10,9), und das gilt also auch, wenn ein Jude zur christlichen Religion übergeht. «Jesus von Nazareth hat sich nie verlauten lassen, dass er gekommen sei, das Haus Jakob von den Gesetzen zu entbinden.» (136) Ja, ganz im Gegenteil, wie die Christen aus der Bergpredigt wissen.[673]

Glaubensunionen, wie sie unter reformierten und evangelischen Bekenntnissen aus Staatsräson vollzogen wurden, bringen für den interreligiösen Dialog Religionshass hervor (138) und Ausgrenzung, so Mendelssohn. Nicht durch Glaubensunionen und dem damit verbundenen Gewissenszwang, sondern durch Gewissensfreiheit entstehen die glücklichen Tage, wenn verschiedene Religions-

---

673 «Denkt nicht, ich sei gekommen, um das Gesetz und die Propheten aufzuheben. Ich bin nicht gekommen aufzuheben, sondern zu erfüllen. Amen, das sage ich euch: Bis Himmel und Erde vergehen, wird auch nicht der kleinste Buchstabe des Gesetzes vergehen, bevor nicht alles geschehen ist. Wer auch nur eines von den kleinsten Geboten aufhebt und die Menschen entsprechend lehrt, der wird im Himmelreich der Kleinste sein. Wer sie aber hält und halten lehrt, der wird gross sein im Himmelreich.» (Mt 5,17–19)

gemeinschaften friedlich nebeneinander in einer multireligiösen Gesellschaft eines Rechtsstaates leben. Er beschreibt diese glücklichen Tage in einem biblischen Bild. Diese «glücklichen Tage treten ein, da es heisst: *der Wolf wird mit dem Lamme wohnen, und der Leopard neben der Ziege u. s. w.*» (138) (Jes 11,6), wenn der Staat nicht Gewissenszwang, d. h. Glaubensvereinigung, sondern Gewissensfreiheit gewährt. Dies erlaubt es den religiösen Bürgern, sowohl die staatlichen als auch die religiösen Verpflichtungen einzuhalten, gemäss der jesuanischen Regel[674]: «Wenn wir dem *Kaiser geben, was des Kaisers ist*; so gebet ihr selbst *Gotte, was Gottes ist! Liebet die Wahrheit! Liebet den Frieden!*» (142); so schliesst Mendelssohn sein Buch «Jerusalem».

4.5 Das Grundrecht der individuellen Religionsfreiheit in staatlichen Verfassungen

Gleichzeitig mit dem Erscheinen des Buches «Jerusalem» (1783/84) wurde im Kongress der Vereinigten Staaten von Amerika eine «Bill for Support of Christian Denominations» eingebracht. Diese wollte das Christentum zur «established religion» erklären.[675] Das Christentum sollte Staatsreligion in den USA werden. Das Ringen um eine Staatsreligion in den USA hatte schon lange vorher eingesetzt. Erstmals wurde im Staat Maryland 1649, mithilfe katholischer Bürger, eine Staatsreligion in der Verfassung verboten. 1654 kamen die Puritaner wieder an die Macht und verboten wieder die Ausübung des katholischen und anglikanischen Glaubens. James Madison («to protect the church from the state»)[676], Bill Jefferson («building a wall of separation between Church and State»)[677] und der Berliner Moses Mendelssohn anerkannten dann aber keine Staatsreligionen mehr, sondern nur noch das individuelle Gewissen des Einzelnen, d. h. die Religionsfreiheit des Individuums. James Madison und der Anglikaner Thomas Jefferson beendeten die Verfolgung der Baptisten und Presbyterianer mit Art. 16 der «Virginia Declaration of Rights» von 1776: «That religion [...] can be directed only by reason and conviction, not by force or violence; and therefore all men are equally entitled to the free exercise of religion, according to the dictates of conscience.»[678] Dieses Modell von individueller Religionsfreiheit war bald im ganzen Land verbreitet.

---

674 Vgl. Mk 12,17; Mt 22,21.

675 Vgl. STÜSSI, *Models*.

676 A. a. O. 103.

677 A. a. O. 102.

678 A. a. O. 88.

Es waren staatliche Verfassungstexte, die zur Toleranz beitrugen, nicht etwa das ökumenische Gespräch der christlichen Konfessionen oder das interreligiöse Gespräch, das erst im 20. Jahrhundert – und anfangs nur zaghaft – wieder begann. Mit dem First Amendment von 1797[679], das die Staatsreligion ausdrücklich verbot, begann eine neue Epoche des Religionsverfassungsrechts: «Congress shall make no law respecting an establishment of religion, nor prohibiting the free exercise thereof.»

Eine wichtige Voraussetzung war, dass der deutsch-jüdische Philosoph Moses Mendelssohn diese Idee im Buch «Jerusalem» 1783 entfaltet und damit zusammen mit James Madison und Thomas Jefferson das religiöse oder säkulare Gewissen des Einzelnen in den Mittelpunkt allen Denkens über Religionsfreiheit gestellt hatte. Es war die Geburtsstunde der individuellen Religionsfreiheit. Der mittelalterliche Konflikt zwischen Kirche und Staat wurde aufgelöst zugunsten des individuellen Gewissens. Das war ein Wendepunkt im Religionsverfassungsrecht hin zu den individuellen Grundrechten. Insofern hatte Immanuel Kant richtig gesehen, dass dies auch weitere Länder betreffen würde. Religionsfreiheit bedeutet, dass jede und jeder frei wählen kann, in welcher Religion sie oder er ein sinnvolles Leben entwerfen will. Erst in den modernen Gesellschaften, deren Recht die individuelle Religionsfreiheit gegen staatliche und kirchliche Angriffe garantiert, wurde dies möglich. Als religiöses Wahlrecht hat die Religionsfreiheit aber auch entscheidend zur heutigen gesellschaftlichen Situation beigetragen, die von Individualisierung, Pluralismus und Konkurrenz der Religionen geprägt ist. Eine Staatsreligion wird damit explizit verunmöglicht, eine Staatsbürgerschaft ist somit völlig unabhängig von Religionszugehörigkeit möglich geworden. Seit Moses Mendelssohn sind in Staat *und* Religionsgemeinschaften die Freiheitsrechte denkbar geworden, weil Mendelssohn «die Nothwendigkeit einer unbeschränkten Gewissensfreyheit zu jeder Religion so gründlich und so hell vorgetragen»[680] hat.

---

679 A. a. O. 101.

680 KANT, *Schriften* 347.

B) Teil 2: Anwendungen

Moses Mendelssohn und Abdullahi A. An-Na'im fordern, dass der Dialog zwischen Anwältinnen der Freiheitsrechte und Vertretern der Religionsgemeinschaft geführt wird. Die Wahrheitsansprüche der Religionen und Weltanschauungen sollen im Kontext der Freiheitsrechte formuliert werden. Das heisst, der Mensch darf in seiner Suche nach der Wahrheit keinen Zwang erfahren. Dies garantiert der Staat im Grundrecht der Religionsfreiheit (Art. 15 Abs. 4 BV) gegenüber den Wahrheitsansprüchen der Religionen und der Gesellschaft.

Die Grundlagen des freiheitsrechtlichen Dialogs der Menschen lassen weder eine «Diktatur einer Wahrheit» im Namen einer Religion noch eine «Diktatur einer Wahrheit» im Namen eines säkularen Staates zu. Alle Wahrheitsangebote der Weltanschauungen und Religionsgemeinschaften sind im Kontext der Freiheitsrechte der Menschen einzubringen und zu diskutieren.

Der Begriff säkularer Staat wird häufig missverstanden, was zur völligen Ablehnung des säkularen Staates in Teilen der islamischen Diskussion[681] führte. Deshalb sollen hier verschiedene Schichten des Begriffs Säkularisierung unterschieden werden:

1. Die kirchenrechtliche Bedeutung von Säkularisierung meint den Übertritt eines Ordensgeistlichen in den Stand eines weltlichen Priesters.
2. Die staatskirchenrechtliche Bedeutung von Säkularisierung bezeichnet die Enteignung von Kirchengut (z. B. der Reichsdeputationshauptschluss von 1803).
3. Die sozialwissenschaftliche Bedeutung der Säkularisierung beschreibt damit den Prozess eines faktischen Rückgangs gelebter religiöser Praxis bis hin zum Verschwinden von Religion.
4. «Staats- und verfassungsrechtlich meint Säkularisierung hingegen die prinzipielle Trennung von Staat und Kirche, den Prozess der Durchsetzung der Religions- und Weltanschauungsfreiheit, Abkoppelung der Autorität des Rechts von der Autorität eines bestimmten Glaubens. Der säkularisierte Staat in diesem Sinne ist der weltanschaulich neutrale Staat mit umfassender Verbürgung der Glaubens- und Weltanschauungsfreiheit für seine Bürger. Weder zielt der Prozess der Säkularisierung im staatsrechtlichen Sinne der Intention nach auf eine Säkularisierung im sozialwissenschaftlichen Sinn noch zeitigt

[681] Vgl. JÄGGI, *Normativitäten.*

er zwingend derartige Effekte. Zwischen beiden Prozessen besteht kein unmittelbarer funktionaler oder kausaler Zusammenhang. […] Der säkularisierte Staat bezweckt nicht den Rückgang oder gar das Verschwinden der Religion. Freilich wird deren Wirkungsfeld auf die Sphäre der Bürger beschränkt und ihr der Status einer Legitimationsmacht für das staatliche Gemeinwesen entzogen. Das lässt sich anhand der Religionsfreiheit und der weltanschaulichen Neutralität des Staates erläutern.»[682]

Zur Einübung der Freiheitsrechte kann der liberale Rechtsstaat den Religionsgemeinschaften sein Recht zur Verfügung stellen: das Vereinsrecht für die private Organisation (z. B. als demokratischer Verein) und das öffentliche Recht für die öffentlich-rechtliche Organisation der Religionsgemeinschaften. Die Konsequenzen werden im Folgenden in zwei Bereichen näher analysiert: eine mögliche öffentlich-rechtliche Anerkennung des Islams (I) und die staatlichen Impulse für die Geschlechtergerechtigkeit in den Religionsgemeinschaften (II).

---

682 DREIER, *Säkularisierung* 14–16.

I. Die öffentlich-rechtliche Anerkennung des Islams

Die in den Verfassungen garantierte «Glaubens- und Gewissensfreiheit» (z. B. Art. 15 Abs. 1 BV) hat sich von der jeweiligen Staatsreligion (cuius regio, eius religio[683]) verabschiedet. Damit stellt sich die Frage nach der Anerkennung verschiedener Religionsgemeinschaften. Moses Mendelssohn hatte Kriterien aufgestellt, die eine Religionsgemeinschaft erfüllen muss, wenn sie von Staates wegen anerkannt werden will. «In Rücksicht auf die bürgerlichen Rechte sind alle Religionsgemeinschaften einander gleich, diejenigen allein ausgenommen, deren Meinungen den Grundsätzen der menschlichen und der bürgerlichen Pflichten zuwider laufen. Eine solche Religion kann in dem Staate auf keine Rechte Anspruch haben.»[684] Indem aber die liberalen Rechtsstaaten den Religionsgemeinschaften ihr öffentliches Recht zur Verfügung stellen, werden die Freiheitsrechte aller Menschen, nicht nur der Mitglieder, eingeübt. Deshalb verstehe ich die öffentlich-rechtliche Anerkennung einer Religionsgemeinschaft nicht so sehr als die Verleihung eines «privilegierten Status»[685], der mit der gesellschaftlichen Säkularisierung, aber auch mit der religiösen Pluralisierung zunehmend unter Druck gerät, sondern als eine Verpflichtung zu den Freiheitsrechten, als normative Verpflichtung auf die Verfassung. Der Dialog zwischen der Normativität des Rechtsstaates und den Normativitäten der Religionsgemeinschaften kann so institutionalisiert werden.

Der Rechtsstaat muss religiös und weltanschaulich neutral sein. Er darf gemäss Mendelssohn keine bestimmte Religion bevorzugen. Er begünstigt hingegen die allen Religionen innewohnende natürliche bzw. vernünftige Religion, die sich dadurch auszeichnet, dass sie die Moral aufrechterhält und befördert.[686] Aber kann eine Religionsgemeinschaft, die grundlegende Verfassungswerte (Grund- und Menschenrechte, Demokratie, Gewaltenteilung, Rechtsstaatsprinzip u. a. m.) ablehnt, als vernünftige Religion bezeichnet werden?[687] Oder anders ausgedrückt: Der Staat begünstigt jene Religionsgemeinschaften, die ihre Wahrheitsansprüche im Kontext der Freiheitsrechte verkünden.[688] Wenn der Staat Heimstatt aller

---

683 Vgl. ROBBERS, *Religionsfrieden* 81–86.

684 MENDELSSOHN, *Jerusalem* 79. Dieser Gedanke ist in RAWLS, *Political Liberalism* ebenfalls entfaltet.

685 Vgl. PAHUD DE MORTANGES, *Pluralisierung* 11–24, 23.

686 Hier wäre es interessant, die Parallelen und die Unterschiede im Vernunftsverständnis zwischen Mendelssohns «Jerusalem» und John Rawls' Ansatz in «Political Liberalism» zu untersuchen.

687 Vgl. die Artikelreihe in der Neuen Zürcher Zeitung: «Was ist eine gute Religion?», https://www.nzz.ch/suche?form%5Bq%5D=%22Was+ist+eine+gute+Religion%22 (25.05.2017).

688 Vgl. HÖFFE, *Glaube* 61.

Staatsbürger ist, die Bürger aber volle Freiheitsrechte geniessen, «dann liegt auf der Hand, dass der Staat sich nicht bestimmte Positionen einer besonderen Religion, Konfession oder Weltanschauung zu eigen machen darf. Insofern trifft die Wendung von der ‹Nicht-Identifikation› den entscheidenden Punkt»[689] der religiös-weltanschaulichen Neutralität des Staates.

In der Schweiz leben Menschen ganz unterschiedlicher kultureller und religiöser Herkunft. Es ist ein besonderes Merkmal dieses Landes, dass all diese Personen mit ihren unterschiedlichen Meinungen, Weltbildern und Überzeugungen seit 1848 friedlich zusammenleben. Sie tragen ihre Konflikte im Rahmen der rechtlichen Spielregeln miteinander aus. Es besteht ein stabiler öffentlicher Frieden.

Im Folgenden sollen jene Aspekte des Schweizer Religionsverfassungsrechts dargestellt werden, die für die Anerkennung von weiteren Religionsgemeinschaften, insbesondere der islamischen Gemeinschaften, von Bedeutung sind. Das Kapitel richtet sich vornehmlich an Mitglieder von Religionsgemeinschaften, die eine öffentliche oder öffentlich-rechtliche Anerkennung durch einen Kanton anstreben.[690] Es sollen Wege aufgezeigt werden, wie Religionsgemeinschaften ihren Platz im Schweizer Rechtssystem der Kantone finden können: Welche Fragen müssen seitens der Religionsgemeinschaft angegangen werden, um eine öffentlich-rechtliche Anerkennung zu erlangen? Was kann dieser Prozess für die religiöse Identität der Religionsgemeinschaft, aber vor allem auch für ihre Mitglieder bedeuten?

Das Schweizer Religionsverfassungsrecht ist selbst für Personen aus Nachbarländern nicht einfach zu verstehen, da die direkt-demokratischen Elemente einzigartig sind. In dieser rechtlichen Einführung kann es nicht darum gehen, eine politische Strategie zu entwerfen, wie eine öffentliche bzw. öffentlich-rechtliche Anerkennung am besten politisch erreicht werden kann. Es geht nur darum, über die Rechte der religiösen Menschen und der Religionsgemeinschaften zu informieren.

---

689 DREIER, *Säkularisierung* 26.

690 Das Kapitel ist aus der Erfahrung der Beratung entstanden und der Autor versucht, die Schweizer Rechtslage für Einwanderer möglichst einfach zu erklären. Für eine differenziertere Sicht vgl. LORETAN/WEBER/MORAWA, *Freiheit.*

1. Bundesrechtliche Vorgaben

1.1 Kein religiöser Staat

In religiösen Staaten vertritt der Staat eine Staatsreligion. Andere Religionen werden toleriert. Aber es sind auch Vertreibungen und Verfolgungen Andersgläubiger zu beobachten.[691] Es besteht in islamischen Staaten eine lange Tradition der Toleranz den Schriftreligionen Judentum und Christentum gegenüber. Pietro Longo hat als Politologe versucht, die religiösen islamischen Staaten als Rechtsstaaten zu verstehen, wobei Unterschiede zum säkularen Rechtsstaat klar festzuhalten sind.[692] Menschen, die aus einem religiösen Staat in die Schweiz einwandern, müssen deshalb zuerst lernen, mit einem säkularen Rechtsstaat umzugehen. Vieles ist im säkularen Rechtsstaat nicht denkbar, was bisher selbstverständlich war – vieles wird aber auch möglich, was im Herkunftsland nicht denkbar war. Das verlangt ein enormes Umdenken.

Früher war das Christentum, ob nun katholischer oder evangelischer Prägung, die Staatsreligion des jeweiligen Kantons. Heute ist jeder Staatsbeamte gehalten, sich religiös neutral zu verhalten, welcher Religionsgemeinschaft oder atheistischen Weltanschauungsgemeinschaft er auch immer angehört. Aber jeder Religionsgemeinschaft ist es grundsätzlich möglich, sich in das Gemeinwesen zu integrieren und von seinen rechtlichen Strukturen zu profitieren. Allerdings muss dabei immer auch die Glaubensfreiheit und Gewissensfreiheit der einzelnen Mitglieder und der Andersgläubigen berücksichtigt werden.

---

[691] Z. B. SDA, *Isis* 2: «Isis-Kämpfer haben bei Aleppo acht Männer hingerichtet und deren Leichen auf einem zentralen Platz an Kreuze geschlagen, weil sie für andere Rebellengruppen gekämpft haben sollen. Ein weiterer Mann wurde in Al-Bab nordöstlich von Aleppo auf einem öffentlichen Platz lebendig gekreuzigt, weil er Falschaussagen gemacht haben soll.» Vgl. auch Christenverfolgung Länder-Ranking 2013: RENGGLI, *Frühling* 8. Am 18. Dezember 2012 fand auf Initiative der Abgeordneten Konrad Szymanski (ECR) und Mario Mauro (EPP) im Europaparlament die Vorstellung des von KIRCHE IN NOT herausgegebenen Berichtes «Religionsfreiheit weltweit» statt. Der Bericht «Religionsfreiheit weltweit 2012» analysiert die Religionsfreiheit in 196 Ländern und ist auf Deutsch, Französisch, Italienisch und Englisch in Form einer CD-ROM erhältlich.

[692] LONGO, *Costituzioni* 269–295.

1.2 Glaubens- und Gewissensfreiheit oder «Der Irrtum hat kein Recht»

Nach dem Sonderbundskrieg liess man sich 1848 vom Anliegen leiten, den Religionsfrieden zu sichern. Die Garantie eines Individualrechts stand damals nicht zur Debatte. Erst seit der Bundesverfassungsrevision von 1874 gewährt die Schweiz individuelle «Glaubens- und Gewissensfreiheit» (Art. 49 der alten BV). Im vorausgehenden Kulturkampf der Siebzigerjahre des 19. Jahrhunderts «standen sich die liberal radikalen Anhänger eines säkularisierten Staates und die gegen Aufklärungsgeist, Liberalismus und Radikalismus kämpfende römisch-katholische Kirche gegenüber»[693]. Die Aufrechterhaltung des religiösen Friedens war demnach oberstes Gebot. «Darin liegt der Grund für verschiedene Einschränkungen der Religionsfreiheit, insbesondere für die Aufstellung der konfessionellen Ausnahmeartikel über die Jesuiten und andere geistliche Orden sowie über die Klöster. [...] Trotzdem ist in einer klaren Entwicklung die individualrechtliche Garantie der Religionsfreiheit in den Vordergrund getreten.»[694] Die meisten Ausnahmeartikel gegen die katholische Kirche wurden nach 100 Jahren in einer Volksabstimmung wieder aufgehoben, nachdem die oberste Autorität dieser Kirche, das Zweite Vatikanische Konzil, die «Erklärung über die Religionsfreiheit» (1965) verabschiedet hatte, in der sie sich zu den Grundrechten eines säkularen Rechtsstaates bekannte. «Die Frage der anerkannten öffentlichen Religion [ist] nicht mehr eine Frage der Wahrheit, die keine Kompromisse duldet, sondern eine Frage der Politik; so war sie aus jener zerstörerischen Unbedingtheit entlassen, die in die konfessionellen Bürgerkriege geführt hatte.»[695]

Die traditionelle katholische Lehre vor 1965 hat die Religionsfreiheit immer abgelehnt. Sie ging vom Primat der Wahrheit gegenüber der Freiheit und von der These aus, dass der Irrtum an sich kein Recht hat gegenüber der Wahrheit. «Nur besondere Gründe [...] im Hinblick auf das Gemeinwohl können es gestatten, dass dem Irrtum gleichwohl Existenz zuerkannt werde, dies aber niemals de iure, als Prinzip, sondern immer de facto, als Hinnahme eines Übels.»[696] Wie versteht man den Satz «Die Wahrheit hat Recht»? Dies kann nur bedeuten, dass diejenigen Menschen, die sich im Besitz der Wahrheit glauben, sich auch durchsetzen wollen. «Die Wahrheit hat Recht» besagt «in Anwendung auf die Ordnung des menschlichen Zusammenlebens betrachtet: nur die Kirche als die Instanz, die konkret

---

693 HAEFELIN, *Kommentar zu Art. 49 und 50 BV* 5 f.

694 A. a. O. 6.

695 BÖCKENFÖRDE ERNST-WOLFGANG, *Religionsfreiheit als Aufgabe der Christen* 15–31, 17.

696 A. a. O. 20.

über die Wahrheit entscheidet, und diejenigen, die ihr angehören, haben Recht. Das aber ist keine Rechtstheorie, sondern eine Machttheorie und sie ist prinzipiell sozial unverträglich.»[697] Letztendlich geht es dann auch wieder nur um die religiöse Macht und nicht darum, dass jeder Einzelne zu seinem Recht kommt. Das heisst, die Freiheitsrechte jedes Menschen können nicht garantiert werden.

Diese Toleranzlehre der mittelalterlichen Kirche hat «trotz aller historischen und kulturellen Differenzen – erstaunliche strukturelle Ähnlichkeiten mit der islamischen Toleranzlehre [...], wie sie von den klassischen islamischen Rechtschulen im 8. und 9. Jahrhundert ausgebildet wurde»[698]. Hat also die frühmittelalterliche islamische Toleranzlehre die christliche Toleranzlehre beeinflusst? Zu Recht wird auf die geschichtliche Leistung der islamischen Toleranztheorie verwiesen, «die in der Tat gegenüber der christlichen Praxis der damaligen Zeit zumeist differenzierter und grosszügiger war. Dennoch wird das Aufkommen des menschenrechtlichen Bewusstseins die prinzipielle Grenze dieser Toleranzlehre aufzeigen.»[699] Im Rahmen dieser Toleranzkonzeption war es nur möglich, Religionsgemeinschaften, nicht aber Individuen anzuerkennen. Die Anerkennung der individuellen «Religionsfreiheit als Recht des Menschen»[700] erfolgte erst in der Aufklärung, wie im obigen Kapitel gezeigt.

1.3 Religionsfreiheit und Ausnahmeartikel

Die individuelle «Glaubens- und Gewissensfreiheit» (Art. 15 Abs. 1 BV) wird auch mit dem Begriff der Religionsfreiheit umschrieben. Dieser Begriffswechsel gibt der Glaubens- und Gewissensfreiheit nicht selten einen stark korporativen Anteil. Die schweizerische Bundesverfassung und die völkerrechtlichen Menschenrechtskonventionen[701] folgen in ihren Formulierungen aber «den Menschenrechtserklärungen der Französischen Revolution. Die Religionsfreiheit ist in dieser Sicht primär ein Recht des einzelnen Menschen.»[702] Die individualistische Ausrichtung von Art. 9 EMRK und Art. 15 BV kommt dadurch zum Ausdruck, dass bei beiden auch die Gewissensfreiheit gewährleistet wird. Das

---

697 A. a. O. 24.

698 SCHWARTLÄNDER, *Freiheit* 32.

699 Ebd.

700 Ebd.

701 Vgl. Art. 15 BV, Art. 9 EMRK, Art. 18 des Internationalen Pakts über bürgerliche und politische Rechte.

702 HANGARTNER, *Grundrahmen* 91–112, 95.

Gewissen, als innere Instanz des Menschen, als Forum internum, dient zur eigenen Selbstprüfung.[703] Die Bundesverfassung garantiert mit der Glaubens- und Gewissensfreiheit jeder Person positiv das Recht, «ihre Religion und ihre weltanschauliche Überzeugung frei zu wählen und allein oder in Gemeinschaft mit anderen zu bekennen» (Art. 15 Abs. 2) und «religiösem Unterricht zu folgen» (Art. 15 Abs. 3). Andererseits garantiert die Verfassung negativ, dass niemand gezwungen werden darf, «einer Religionsgemeinschaft [...] anzugehören, eine religiöse Handlung vorzunehmen oder religiösem Unterricht zu folgen» (Art. 15 Abs. 4).

Die Religionsfreiheit ist nicht nur ein individuelles und kollektives Freiheitsrecht, sondern auch eine objektive Norm, an der sich die gesamte Staatstätigkeit zu orientieren hat. Sie hat die Funktion, das Individuum und die Religionsgemeinschaft vor unzulässigen Eingriffen des Staates zu schützen, und ist gleichzeitig eine wichtige normative Funktion des Gesetzgebers.[704] Als Teilgehalte der Religionsfreiheit werden in der Lehre regelmässig die Grundsätze der Neutralität, der Parität und der Toleranz genannt.[705] Die positive Religionsfreiheit ermöglicht es jeder Person, ihren Glauben allein oder in Gemeinschaft öffentlich auszuüben. Die kollektive Kultusfreiheit ist zu unterscheiden von der korporativen Religionsfreiheit. Unter den Rechtsschutz Letzterer fallen nicht nur religiöse Handlungen im engeren Sinn, sondern auch religiös motivierte Sitten- und Moralüberzeugungen oder die innere Organisationsstruktur einer Religionsgemeinschaft. So hat der Europäische Menschenrechtsgerichtshof «in seiner Rechtsprechung zur in Art. 9 EMRK verankerten Gedanken-, Gewissens- und Religionsfreiheit festgehalten, dass den Religionsgemeinschaften aufgrund der Religionsfreiheit autonome Bereiche zustehen müssen, allerdings nicht im Sinne einer Kirchenfreiheit mit umfassendem Selbstbestimmungsrecht»[706]. Ein «relativ enges Verständnis»[707] im Hinblick auf die Herleitung allfälliger korporativer Rechte liegt Art. 9 EMRK zugrunde. Die Strassburger Praxis zu Art. 9 EMRK «schützt das Individuum; die Perspektive, aus welcher das Schutzobjekt dieses Grundrechts umschrieben wird, ist der Einzelne. [...] Entsprechend stützt der Gerichtshof den Schutz der kollektiven Religionsausübung nicht allein auf Art. 9 EMRK, sondern zieht dafür stets auch die Versammlungsfreiheit nach Art. 11 EMRK heran; das kollektive Element

703 Vgl. HILTI, *Gewissensfreiheit* 65–113. Vgl. KÜHLER, *Grundrecht* 22–54.

704 Vgl. TAPPENBECK/PAHUD DE MORTANGES, *Religionsfreiheit* 105–136.

705 Vgl. SAHLFELD, *Aspekte* 108–122; FRIEDERICH, *Kirchen* 298, vgl. ferner a. a. O. 297–360.

706 HAFNER FELIX, *Religionsfreiheit* 121–161, 147.

707 WEBER HERMANN, *Religionsfreiheit* 265–302, bes. 277 f.

ergibt sich damit nicht aus der Religionsfreiheit selber, sondern aus dem – seiner Grundausrichtung nach – kollektiven Grundrecht der Versammlungsfreiheit.»[708]

Ausnahmeartikel in der Bundesverfassung, die die Religionsfreiheit der katholischen Kirche einschränkten, wurden 1973 gestrichen: so der Artikel über das Jesuitenverbot[709] und über das Verbot der Errichtung neuer Klöster. Kaum war der allerletzte Ausnahmeartikel (Verbot der Gründung neuer Bistümer) durch den Souverän aus der neuen Bundesverfassung gestrichen, wurde er ersetzt durch einen Minarettverbotsartikel: «Der Bau von Minaretten ist verboten.» Dieser war in der Volksabstimmung vom 29. November 2009 angenommen und am gleichen Tag in Kraft gesetzt worden. Damit gibt es neu wieder einen Ausnahmeartikel, durch den die Religionsfreiheit einer einzelnen Religionsgemeinschaft eingeschränkt wird. Gegen das Minarettverbot wurde von Muslimen geklagt. Der Europäische Gerichtshof für Menschenrechte in Strassburg hielt die Kläger nicht für klageberechtigt, da sie mangels eines abgewiesenen Minarett-Bauantrages nicht direkt betroffen sind.[710] Die hier aufgeworfene Frage «lässt sich letztlich nur klären, wenn ein Antrag für einen Minarettbau von Schweizer Behörden abgelehnt wird und die abgewiesenen Muslime gegen ein solches Verdikt vor der Schweizer Justiz scheitern: Dann kann der Menschenrechtsgerichtshof angerufen werden.»[711] Ob die Schweizer Richter es so weit kommen lassen, darauf darf man gespannt sein.

1.4 Religiöse Vielfalt

Die Konsequenz der Glaubens- und Gewissensfreiheit ist eine Vielfalt von religiösen Meinungen. Grundrechte können aber selbst dann nicht verwirkt werden, wenn eine Person Auffassungen vertritt, die nicht von Toleranz geprägt sind. Um fundamentalistische Ansprüche zurückweisen zu können, dienen Güter wie die öffentliche Ordnung oder die Rechte Dritter. «Grundrechtsbeschränkungen greifen aber erst, wenn fundamentalistische Haltungen und Auffassungen in irgendeiner Weise umgesetzt werden. […] Es sind somit nicht die Haltung des Fundamentalismus, sondern die verpönten Aktionen, die der Grundrechtsaus-

---

708 SCHEFER, *Religionsfreiheit* 105–119, 110.

709 Vgl. LORETAN, *Jesuitenartikel* 1137–1150.

710 Vgl. EGMR erklärt Beschwerden gegen das Minarett-Bauverbot in der Schweiz für unzulässig. Pressemitteilung des Kanzlers vom 8. Juli 2011.

711 KOS, *Bau* 13.

übung Grenzen setzen.»[712] Mit John Rawls stellt sich die Frage des Zusammenhalts der multireligiösen Schweizer Gesellschaft: «Wie kann eine gerechte und stabile Gesellschaft von freien und gleichen Bürgern dauerhaft bestehen, wenn diese durch ihre vernünftigen religiösen, philosophischen und moralischen Lehren einschneidend voneinander getrennt sind? [...] Die Frage sollte [...] schärfer so gestellt werden: Wie können auch diejenigen, die eine auf einer religiösen Autorität, wie zum Beispiel [dem Islam oder dem Koran oder] der Kirche oder der Bibel, beruhende religiöse Lehre bejahen, eine vernünftige politische Konzeption haben, die eine gerechte demokratische Ordnung stützt?»[713]

Die Kantone sollten die Frage beantworten, wie sie ihr Verhältnis zu den neu in der Schweiz wirkenden Religionsgemeinschaften regeln wollen. Denn mit den Einwanderungsschüben seit dem Zweiten Weltkrieg ist die Schweiz zur multireligiösen Einwanderungsgesellschaft geworden. Aber auch die neuen Religionsgemeinschaften müssen verbindliche Antworten auf die Frage finden, wie ein plurales Zusammenleben verbindlich geregelt werden kann. Der Forderung nach einer Besserstellung der muslimischen Glaubensgemeinschaften wird u. a. von der «Eidgenössischen Kommission gegen Rassismus» politisch Gehör verschafft. Auch im Rahmen der Totalrevisionen der kantonalen Verfassungen nach der Revision der Bundesverfassung von 1999 kommt die Frage der öffentlich-rechtlichen Anerkennung weiterer Religionsgemeinschaften auf die Traktandenliste.

1.5 Der säkulare Rechtsstaat als Garant des religiösen Friedens

Gläubige, die in einer pluralistischen Gesellschaft leben, müssen sich «auf die Prämissen des Verfassungsstaates einlassen, die sich aus einer profanen Moral begründen»[714]. Die Mitglieder der Gesellschaft sollten die Chancen des säkularen Rechtsstaates in der Schule kennenlernen. Eine öffentlich-rechtliche Anerkennung z. B. der islamischen Gemeinschaften in der Schweiz ist im Hinblick auf den Integrationsprozess in die schweizerische Gesellschaft und ihre Rechtsstrukturen zu befürworten. Religionsgemeinschaften werden im säkularen Rechtsstaat grundsätzlich gleich behandelt entsprechend dem Diskriminierungsverbot (Art. 8 Abs. 2 BV). Wer dagegen die islamischen Gemeinschaften in die Hinterhöfe

---

712 KÄLIN, *Grundrechte im Kulturkonflikt* 43.

713 RAWLS, *Liberalismus* (1998) 35.

714 HABERMAS, *Glauben* 14.

verdrängen will, fördert dadurch eine Parallelgesellschaft, die die moderne, pluralistische Gesellschaft und den liberalen Rechtsstaat ablehnt.

Viele Einwanderer, die in einer repräsentativen Demokratie oder in einer Diktatur aufgewachsen sind, lernen in den öffentlich-rechtlichen Körperschaften ihrer Religionsgemeinschaft mit dem direkt-demokratischen Rechtssystem der Schweiz umzugehen. Eine öffentlich-rechtliche Anerkennung der neuen Religionsgemeinschaften könnte zur Ausbildung neuer Akteure beitragen, die Verantwortung für das Schweizer Gemeinwesen auf Gemeinde-, Kantons- und Bundesebene übernehmen. Zunächst sollte aber die gesellschaftliche Integration der eingewanderten Menschen gefördert werden, da am Schluss das Stimmvolk eines Kantons (bzw. das Parlament) über eine öffentlich-rechtliche Anerkennung einer neuen Religionsgemeinschaft abstimmen wird. Der oberste Souverän in der Schweizer direkten Demokratie ist das Volk.

1.6 Säkulare Übersetzung der religiösen Überzeugung

Seit den Terroranschlägen auf das World Trade Center in New York und das Pentagon in Washington (11. September 2001) und den vielen weiteren Terroranschlägen in Europa (u. a. London, Madrid, Paris, Brüssel) und in der muslimischen Welt (u. a. Naher Osten, Pakistan[715] und Südostasien[716], aber auch Indien und das nördliche Afrika) zeitigt die breite Berichterstattung ihre Wirkung. Die Angst vor dem religiösen Fundamentalismus provoziert ein politisches Misstrauen gegen alles, was mit Religion zu tun hat.[717] In dieser politisch schwierigen Situation wirft die neuere religionssoziologische Forschung die Frage auf, wie das Verhältnis von staatlichen Institutionen und den in der Schweiz an Bedeutung gewinnenden muslimischen Gemeinschaften geregelt werden kann. Wie sollen Staaten mit ihrem Religionsrecht auf die neu entstandene multikulturelle Situation reagieren? Genügen die bisherigen religionsrechtlichen Modelle des Religionsverfassungsrechts? Nicht nur in den Gefängnissen ist es schwierig für den Rechtsstaat, «eine Balance zu finden zwischen der Respektierung der verfassungsmässig garantierten Religions- und Meinungsfreiheit einerseits und dem Schutz moderater Muslime vor dem Druck radikaler Elemente aus ihrer eigenen Glaubensgemeinschaft andererseits»[718].

---

715 PAB, *Staatstrauer* 1 und 3.

716 KREMB, *Angst* 5.

717 BLOCH RENÉ, *Angst* 43. Vgl. NUSSBAUM, *Intolerance*.

718 HERMANN, *Dänemark* 6.

Wenige Wochen nach dem 11. September 2001 betonte Habermas in seiner Rede zum Friedenspreis des Deutschen Buchhandels, dass religiöse Menschen, welcher Herkunft auch immer, jetzt lernen müssen, ihre religiösen Sachverhalte auch in säkulare Sprache zu übersetzen. «Sie sind es, die ihre religiösen Überzeugungen in eine säkulare Sprache übersetzen müssen, bevor ihre Argumente Aussicht haben, die Zustimmung von Mehrheiten zu finden.»[719] Diese Übersetzungsarbeit ist eine grosse kulturelle Leistung, die von allen Religionsgemeinschaften eingefordert wird. Dies bedeutet u. a. auch, sich im säkularen Religionsrecht der Kantone einzuordnen. «Dazu gehört eine dreifache Reflexion der Gläubigen auf ihre Stellung in einer pluralistischen Gesellschaft. Das religiöse Bewusstsein muss erstens die kognitiv dissonante Begegnung mit anderen Konfessionen und anderen Religionen [und dem Atheismus] verarbeiten. Es muss sich zweitens auf die Autorität von Wissenschaften einstellen, die das gesellschaftliche Monopol an Weltwissen innehaben. Schliesslich muss es sich auf die Prämissen des Verfassungsstaates einlassen, die sich aus einer profanen Moral begründen. Ohne diesen Reflexionsschub entfalten die Monotheismen in rücksichtslos modernisierten Gesellschaften ein destruktives Potenzial.»[720] Dieser Reflexionsprozess findet seine Anwendung bei den Begegnungspunkten mit der demokratischen Öffentlichkeit in den Kantonen. Bei aller Zusammenarbeit von Staat und Religionen in der Schweiz wird das Recht immer vorausgesetzt. Dieser Umstand verlangt von den Leiterinnen und Leitern der Religionsgemeinschaften eine Übersetzung in ein säkulares Denken und in ein rechtliches Denken mit individuellen Freiheitsrechten, das wir im Grundlagenteil dieses Buches entwickelt haben.

1.7 Gegenbeispiel: Kairoer Erklärung der Menschenrechte

Müssen staatliche Gesetze der anderslautenden Gesetzestradition des Islams, das heisst der Scharia, angepasst werden, wie das auch die Kairoer Erklärung der Menschenrechte verlangt: z. B. «Art. 24: Alle Rechte und Freiheiten, die in dieser Erklärung genannt werden, unterstehen der islamischen Scharia.» oder: «Art. 25: Die islamische Scharia ist die einzige zuständige Quelle für die Auslegung oder Erklärung jedes einzelnen Artikels dieser Erklärung.»?[721] In der Präambel der Kairoer Menschenrechtserklärung heisst es: «Die Mitglieder der Organisation der Islamischen Konferenz betonen die kulturellen Rechte der islamischen Umma,

[719] HABERMAS, *Glauben* 21.

[720] A. a. O. 14.

[721] CHERVEL, *Vorwort* 7–21, 18.

die von Gott als die beste Nation geschaffen wurde und die der Menschheit eine universale und wohlausgewogene Zivilisation gebracht hat [...] Anders als in demokratischen Verfassungen ist nicht vom Individuum die Rede, sondern von der Umma, der Gemeinschaft der Gläubigen, vom Kollektiv.»[722]

Haben Menschen in den Unterzeichnerstaaten der Kairoer Erklärung garantierte individuelle Grundrechte? «Das Recht auf körperliche Unversehrtheit wird garantiert, [...] ausser wenn ein von der Scharia vorgeschriebener Grund vorliegt»[723], so Art. 2d der Kairoer Erklärung. Dies ist der Fall nach Sure 17:33: «Und tötet niemand, den zu töten Gott verboten hat, ausser wenn ihr dazu berechtigt seid! Wenn einer zu Unrecht getötet wird, geben wir seinen nächsten Verwandten Vollmacht zur Rache.» Necla Kelek versteht diese Ausnahme als eine von den muslimischen Aussenministern abgesegnete Lizenz zur Blutrache.[724] Damit ist eine mittelbare Rechtfertigung von Selbstjustiz in einer Menschenrechtserklärung verabschiedet worden.

Die Gleichstellung der Geschlechter ist eine Herausforderung für die Religionsgemeinschaften, die angegangen werden muss. Gleichberechtigung von Mann und Frau ist in der Kairoer Menschenrechtserklärung nicht vorgesehen. Art. 6 lautet: «Die Frau ist dem Mann an Würde gleich» – an «Würde», nicht an Rechten! Denn, so der Koran, Sure 4:34: «Die Männer stehen über den Frauen, weil Gott sie von Natur vor diesen ausgezeichnet hat.» Damit wird die männlich geprägte soziale Kontrolle und Denunziation legitimiert, wie Art. 22 der Kairoer Erklärung deutlich macht: «Jeder Mensch hat das Recht, in Einklang mit den Normen der Scharia für das Recht einzutreten, das Gute zu verfechten und vor dem Unrecht und dem Bösen zu warnen.»[725]

Die kollektivistische Sicht auf die Menschenrechte hat auch Auswirkungen auf Europa,[726] beispielsweise: «Der politische Islam will, mit dem Kopftuch, mit der geschlechtsspezifischen Trennung öffentlicher Räume die Apartheid der Geschlechter in den freien europäischen Gesellschaften etablieren.»[727] Diese Trennung der Geschlechter zeigt auch in Europa Wirkung, in französischen Spitälern, in den Badezonen italienischer Strände usw. Von einem solchen «Recht auf Differenz» kann man leicht zu einer «Differenz der Rechte» der Individuen gelangen. So stellt sich z. B. auch Buruma «auf die Seite des Amsterdamer Bürgermeisters Job Cohen, der zur Not auch ‹bestimmte Gruppen orthodoxer Muslime tole-

---

722 KELEK, *Stereotype* 110–116, 112.

723 Ebd.

724 Vgl. a. a. O. 112 f.

725 A. a. O. 113.

726 Vgl. MAYER, *Islamic world* 401–413.

727 KELEK, *Stereotype* 114.

rieren› will, «die ihre Frauen ganz bewusst diskriminieren»».[728] Die Verteidigung eines selbstbestimmten Lebens jeder Person, die «Freiheit des Individuums gegenüber einem religiösen, domestizierten Kollektiv verlangt […] Unterstützung»[729]. Denn die Toleranz gegenüber einem Frauen in der Ehe nicht gleichberechtigt behandelnden «Islam wird auf dem Rücken der Frauen ausgetragen»[730], was der Rechtsgleichheit widerspricht. «Niemand darf diskriminiert werden, namentlich nicht wegen […] des Geschlechts» (Art. 8 Abs. 2 BV).

1.8 Grundrechte in der Verfassung

Die freiheitsrechtliche Betonung des Individuums ist für Menschen aus Gesellschaften, die stark in Kollektiven (Familie, Religion etc.) denken, eine Herausforderung. Dazu kommt die Trennung von religiös neutralem Staat und Religionsgemeinschaft. Trotz der Verwendung des kantonalen Rechts bei der öffentlich-rechtlichen Anerkennung sind die Religionsgemeinschaften rechtlich vom Staat (Kanton) getrennt. Der grundsätzliche Ausschluss islamischer Gemeinschaften von der öffentlich-rechtlichen Anerkennung und damit die ausschliessliche Anerkennung von Religionsgemeinschaften, die ein christliches oder jüdisches Glaubensbekenntnis vertreten, widerspricht dem Diskriminierungsverbot (Art. 8 Abs. 2 BV) und dem Willkürverbot (Art. 9 BV). Die Grundrechte bekommen eine alle Menschen im Staat integrierende Funktion.[731]

Für die Integration sind aber auch die Grundrechte der Verfassung zu beachten: z. B. die rechtliche Gleichstellung der Geschlechter. Die Freiheitsrechte der Individuen können nicht ausgeklammert werden. Es geht nicht nur um ein Verhältnis von Staat (Kanton) und Religionsgemeinschaft (Staatskirchenrecht), sondern auch um die Verwirklichung der Grundrechte der Mitglieder der Religionsgemeinschaften (Religionsverfassungsrecht). Z. B. gilt es konkrete Lösungen für Schulen mit einem hohen Ausländeranteil, beispielsweise in Kreuzlingen (TG) mit 52.8 Prozent, zu finden. Ein Schulleiter der Sekundarschule sieht vor allem in den Geschlechterrollen Reibungspunkte: «Weil die Frau in gewissen muslimischen Familien eine

---

728 Zitiert nach: CHERVEL, *Vorwort* 17.

729 ACKERMANN, *Lob* 140–146, 145.

730 CHERVEL, *Vorwort* 17.

731 Die siebtgrösste Volkswirtschaft der Welt, Brasilien, kennt diese alle Menschen integrierende Funktion der Grundrechte nicht. Dieses faktische Fehlen des liberalen Rechtsstaates wird ausführlich beschrieben bei RUFFATO, *Geburt* 61.

andere Rolle habe als in der Schweizer Durchschnittsfamilie, würden Lehrerinnen als Autoritäten von muslimischen Knaben gelegentlich nicht respektiert. Deshalb sei es wichtig, sehr früh Regeln aufzustellen und konsequent durchzusetzen. Aber auch der Kontakt mit dem Imam, der Gemeinde und den Eltern helfe, ein gutes Einvernehmen zu generieren. Kreuzlingen hat im Umgang mit der muslimischen Gemeinde in der Tat viel Erfahrung.»[732] Hinzu komme «ein falscher Ehrbegriff, den manche Knaben früh mitbringen, nämlich, dass ein ‹ehrenhafter› Mann einer Frau überlegen sein muss. […] Wenn ein solcher Fall auftaucht, muss dieses Verhalten besprochen und reflektiert werden, notfalls können auch Sanktionen folgen. Die Schule muss hier ihr ganzes Gewicht in die Waagschale werfen. Sonst tragen die jungen Männer diese Vorstellung weiter in die Gesellschaft»[733], sagt Saïda Keller Messahli, Präsidentin des Forums für einen fortschrittlichen Islam. Es gilt auch die muslimischen Verfechterinnen des Kopftuchverbots in der Schule in die Diskussion einzubeziehen. «Ich kenne sehr viele Muslime, die so denken. Auch in der Schweiz beharrt nur eine kleine Minderheit von Muslimen auf dem Kopftuch.»[734] In Frankreich ist das Burka-Verbot rechtens. «Der Menschenrechtsgerichtshof [in Strassburg] hat ein Gesetz gebilligt, das es muslimischen Frauen untersagt, in der Öffentlichkeit ihr Gesicht mit der Burka zu verhüllen.»[735] Die Gerichte werden die Grundrechtsinterpretationen weiterentwickeln müssen, wobei länderspezifische Unterschiede schon jetzt deutlich werden.[736] Religionsfreiheit ist dabei im Kontext der Grundrechte länderspezifisch zu interpretieren.[737]

2. Die öffentlich-rechtliche Anerkennung einer Religionsgemeinschaft durch die Kantone[738]

Die Regelung der Beziehung des Staates zu den Religionsgemeinschaften ist aufgrund Art. 3 und 72 Abs. 1 der Bundesverfassung im Wesentlichen den

---

732 SCHREGENBERGER, *Welten* 44.

733 SCHREGENBERGER, *Schule* 44.

734 Ebd.

735 SATTLER, *Burka-Verbot* 1.

736 Vgl. SAHLFELD, *Aspekte* 108–122.

737 Vgl. LORETAN, *Religionsfreiheit im Kontext der Grundrechte.*

738 Vgl. KÖLBENER, *Anerkennungsrecht* 287–369. Dieser Anhang ermöglicht eine zuverlässige Orientierung im jeweiligen kantonalen Recht. Vgl. dazu auch: UNIVERSITÄT FREIBURG, *Dienstleistungen*, online unter: http://www.unifr.ch/ius/religionsrecht_de/dienstleistungen.

Kantonen überlassen. Auch das internationale Recht, also Art. 9 der Europäischen Menschenrechtskonvention (EMRK) oder Art. 18 des für die Schweiz geltenden Internationalen Paktes über bürgerliche und politische Rechte, ergeben keine zusätzlichen Anforderungen an das kantonale religionsrechtliche System. Die Kantone genügen dem übergeordneten Religionsverfassungsrecht, wenn sie die Religionsgemeinschaften nicht feindlich behandeln. Innerhalb der Grenzen des Bundes und des internationalen Rechts haben die Kantone also eine grosse Gestaltungsfreiheit. Die kantonalen Staatskirchenrechte enthalten von der institutionellen Einheit bis hin zur partnerschaftlichen Trennung praktisch sämtliche Modelle des Verhältnisses von «Kirche und Staat», wie die Bundesverfassung von 1999 das Verhältnis von Staat und Religionsgemeinschaften in Art. 72 Abs. 1 immer noch nennt.

Es gibt zwei Formen der staatlichen Anerkennung von Religionsgemeinschaften: die öffentliche Anerkennung und die öffentlich-rechtliche Anerkennung, die im Folgenden beschrieben werden.

2.1 Die öffentliche Anerkennung

Die beiden grossen «Landeskirchen», d. h. die evangelisch-reformierten Kantonalkirchen und die römisch-katholische Kirche, sind in allen 26 Kantonen «öffentlich» anerkannt. In den beiden Trennungskantonen Genf und Neuenburg sind die Kirchen wie alle Religionsgemeinschaften privatrechtliche Vereine. Aber auch in den Trennungskantonen sind die Kirchen von öffentlichem Interesse. Diese Form der öffentlichen Anerkennung wird auch als Modell für die Anerkennung weiterer Religionsgemeinschaften besprochen, so z. B. in den Kantonen Basel-Stadt[739] und im Schlussbericht der Arbeitsgruppe «Staat–Kirchen/Glaubensgemeinschaften»[740] der Totalrevision der Luzerner Staatsverfassung. Mit der Anerkennung der Aleviten wurde zum ersten Mal eine nichtchristliche und nichtjüdische Gemeinschaft vom Parlament Basel-Stadt öffentlich anerkannt. Basel-Stadt ist im Bereich der öffentlichen Anerkennung einen ersten Schritt gegangen. Es ist zu erwarten, dass von dem Beispiel Basel-Stadt eine Signalwirkung auf andere Kantone ausgeht. Diese Form der «Kleinen Anerkennung» gibt es nur in wenigen Kantonen.

Eine öffentlich anerkannte Religionsgemeinschaft befindet sich rechtlich gesehen im Privatrecht. Mit dieser staatlichen Anerkennung durch den Kanton ist

---

739 WINZELER, *Anerkennungspraxis* 25–37.

740 Der Autor begleitete diese politische Arbeitsgruppe als wissenschaftliche Fachperson.

eine Integrationsmöglichkeit geschaffen worden. Die öffentliche Anerkennung ist ein symbolischer Akt, der zeigt, dass Staat und Religionsgemeinschaft nun enger und verbindlicher miteinander ins Gespräch kommen. Man kann die öffentliche Anerkennung bildlich gesprochen als eine «Verlobung» bezeichnen. Kanton und Religionsgemeinschaft lassen sich auf ein verbindliches institutionelles Gespräch miteinander ein.

2.2 Die öffentlich-rechtliche Anerkennung

Basel-Stadt hat als einer der ersten Kantone die jüdische Gemeinschaft öffentlich-rechtlich anerkannt. «Schlüsselbegriff des kantonalen Rechts im Verhältnis von Staat und Religionsgemeinschaften ist die öffentlich-rechtliche Anerkennung.»[741] Eine Folge dieser Anerkennung ist der Umstand, dass die Kantone den öffentlich-rechtlich anerkannten Kirchen und der Israelitischen Gemeinde einen Teil ihrer Hoheitsgewalt zukommen lassen. Das staatliche Recht gibt den Religionsgemeinschaften die Möglichkeit, von ihren Mitgliedern Kirchensteuern bzw. Religionssteuern zu erheben. Diese Hoheitsfunktion des Staates wird in der Schweiz nur an Religionsgemeinschaften übertragen, die sich dafür direktdemokratisch organisieren. Dazu stellen die Kantone z. B. der römisch-katholischen Kirche zusätzliche, demokratisch verfasste Körperschaften des öffentlichen Rechts zur Seite. Diesen öffentlich-rechtlichen Körperschaften der Katholikinnen und Katholiken, und nicht der kanonischen Kirche, verleihen die Kantone das Steuerrecht.[742] Man spricht von einem dualistischen System.[743] Die öffentlich-rechtlichen Körperschaften der Religionsgemeinschaften verfolgen aber nicht den Zweck, selber Religionsgemeinschaft sein zu wollen, sondern «die finanziellen

---

[741] WINZELER, *Einführung* 77. Übereinstimmend in dieser Beurteilung die Rezension von KRAUS, *Rezension* zu: WINZELER, *Einführung* 181–184, 183.

[742] Dazu schreibt der ehemalige Bischof von Basel, Kurt Koch: «Das strukturelle Hauptproblem der katholischen Kirche in der Deutschschweiz besteht somit in der Existenz von zwei verschiedenen Systemen, die miteinander zur Deckung zu bringen sind. Deshalb reiben sich die staatskirchenrechtlichen Systeme mit dem katholischen Kirchenverständnis und vor allem mit der Ekklesiologie des Zweiten Vatikanischen Konzils. Dieses versteht unter ‹Ortskirche› weder die einzelne Gemeinde noch einen regionalen Verband, sondern das Bistum. […] Demgegenüber gehen die staatskirchenrechtlichen Systeme ganz von der Gemeinde aus und haben dazu geführt, dass die Pastoral weitestgehend auf Pfarrei und Kirchgemeinde konzentriert ist.» KOCH KURT, *Kirche an der Schwelle zum dritten Jahrtausend* 722–725, 723 f. Vgl. DERS., *Kirche im Übergang zum dritten Jahrtausend* 25.

[743] Vgl. LUTERBACHER-MAINERI, *Kirche* 71–83; KOSCH, *Risiken* 85–139.

und administrativen Voraussetzungen für die Seelsorge zu schaffen, und sie leisten Hilfe zur Erfüllung kirchlicher Aufgaben»[744]. Dennoch bleiben sehr viele Fragen offen, wenn der religiös neutrale, die Religionsfreiheit respektierende Staat den Mitgliedern einer Religionsgemeinschaft sein öffentliches Recht leiht.

Wenn eine Religionsgemeinschaft öffentlich-rechtlich anerkannt wird, ist sie deshalb nicht Teil der staatlichen Verwaltung. Es sind mindestens drei Rechtsebenen zu unterscheiden. Wir sprechen vom staatlich-kantonalen Recht, vom religiösen Recht (z. B. kanonischem Recht) und von einem Recht, das im öffentlichen Recht organisiert ist (Staatskirchenrecht), aber nicht Teil des Staates ist. Dieses Staatskirchenrecht hat den Zweck, eine Religionsgemeinschaft zu finanzieren. Die Finanzierung der Religionsgemeinschaften ist aber kein Staatszweck, zumal der Staat religiös neutral zu sein hat. In dieser öffentlich-rechtlichen Organisation können nur Mitglieder einer Religionsgemeinschaft Mitgliedschaft beanspruchen. Wäre es eine staatliche Angelegenheit, wären alle Staatsbürger grundsätzlich mitgliedsberechtigt in der Körperschaft der Religionsgemeinschaft. Die Konstituierung einer Religionsgemeinschaft im öffentlichen Recht gibt der Religionsgemeinschaft das Recht, ihre Mitglieder zu besteuern. Die Religionsgemeinschaften haben, wenn sie Steuern[745] erheben wollen, sich nach direktdemokratischen und rechtsstaatlichen Prinzipien zu organisieren. Kantonales öffentliches Recht, das die öffentlich-rechtlich anerkannten Religionsgemeinschaften bei der Steuererhebung anwenden, muss auf demokratischen Grundlagen beruhen. Der Bund gewährleistet Kantonsverfassungen nur, wenn sich die Kantone demokratisch organisieren (Art. 51 Abs. 1 BV). Bei der Steuererhebung müssen die der Steuer zugrunde liegenden Rechtserlasse demokratisch legitimiert sein. Dies gilt auch für die nach kantonalem öffentlichem Recht organisierten öffentlich-rechtlichen Religionsgemeinschaften. Dieses Erfordernis läuft hierarchisch gegliederten Religionsgemeinschaften – wie etwa der römisch-katholischen Kirche – zuwider, scheint aber letztlich den Mitgliedern dieser Religionsgemeinschaften zu nützen, weil ihnen damit ein demokratisches Mitspracherecht bei der Finanzierung ihrer Religionsgemeinschaft vermittelt wird, zudem dient es der Sendung der entsprechenden Kirche.[746]

Die öffentlich-rechtliche Anerkennung schafft Voraussetzungen, um Aufgaben der Religionsgemeinschaften finanzieren zu können, z. B. den Religionsunterricht. So ist der islamische Religionsunterricht, den es im Kanton Luzern gab,

744 CAVELTI, *System* 31–43, 31.

745 Vgl. HAFNER FELIX, *Kirche* 37–90, bes. 77–81.

746 Vgl. GEROSA, *Körperschaften.* Kommentar dazu: FINK, *Ja zu Körperschaften* 401 f.

daran gescheitert, dass er nicht finanzierbar war. Diese Finanzierung übernimmt nicht der Staat, sondern muss seitens der Mitglieder einer Religionsgemeinschaft erbracht werden. Diese können das aber nur, wenn es ein geregeltes Finanzierungssystem gibt.

In den meisten Kantonen sind nur die beiden christlichen bzw. die drei christlichen Kirchen öffentlich-rechtlich anerkannt. Der Prozess einer Parität zwischen den grossen Kirchen war also erst am Ende des 20. Jahrhunderts abgeschlossen. Seit der Spaltung der Kirche in der Schweiz (16. Jahrhundert) ist also viel Zeit vergangen, bis die mehrheitlich reformierten Kantone die katholische Kirche und die mehrheitlich katholischen Kantone die reformierte Kirche gleichberechtigt öffentlich-rechtlich anerkannt haben. Man sollte sich also auf einen längeren Prozess einlassen, um die islamischen Gemeinschaften in verschiedenen Kantonen zur öffentlichen und später zur öffentlich-rechtlichen Anerkennung zu führen. Denn es gibt bisher keinen Automatismus der öffentlich-rechtlichen Anerkennung.

Wenn in Deutschland eine religiöse Organisation rechtlich als Religionsgemeinschaft verstanden wird, dann hat sie als Religionsgemeinschaft auch einen Rechtsanspruch auf öffentlich-rechtliche Anerkennung.[747] Genau diesen Rechtsanspruch kann man in der Schweiz bisher noch nicht geltend machen. Eine entsprechende Vorlage im Kanton Zürich wurde vom Souverän abgelehnt. Das heisst, der oberste Souverän, das Volk in diesem Land, möchte sich ein Recht vorbehalten, zu entscheiden, ob es einer Religionsgemeinschaft das hoheitliche Besteuerungsrecht übertragen will. Die Frage der öffentlich-rechtlichen Anerkennung könnte auch das Parlament oder die Regierung entscheiden. So sah der Verfassungsentwurf im Kanton Luzern vor, dass die Regierung die öffentlich-rechtliche Anerkennung ausspricht, wenn die im Gesetz genannten Kriterien erfüllt sind. Das Parlament hat diesem Vorschlag aber nicht zugestimmt.[748] Es soll keinen Automatismus der öffentlich-rechtlichen Anerkennung geben. Analog dazu wurde das Frauenstimmrecht mit demokratischen Mitteln der Männerdemokratie den Frauen vorenthalten; erst vor dem Beitritt der Schweiz zur Europäischen Menschenrechtskonvention (EMRK) konnte das Frauenstimmrecht (1971) demokratisch errungen und gegenüber einem einzelnen Kanton (Appenzell-Innerrhoden) per Bundesgerichtsentscheid durchgesetzt werden. Ob die demokratische Verweigerung der öffentlich-rechtlichen Anerkennung eines staatlichen Hoheitsrechts an eine Religionsgemeinschaft als Diskriminierung

---

747 Vgl. KREUSCH, *Staatskirchenrecht* 219–250, bes. 234–240.

748 Vgl. LORETAN, *Religionsgemeinschaften* 665–676, bes. 671 f.

bzw. als Verletzung der Religionsfreiheit bezeichnet werden kann, wird im Völkerrecht diskutiert.[749]

Keine Diskussion über die Anerkennung von weiteren Religionen will die Mehrheit im Luzerner Kantonsparlament. Es «hat eine Motion von Heidi Rebsamen (Grüne, Luzern), welche die definitive Ausarbeitung eines Gesetzes über die Anerkennung von Religionsgemeinschaften forderte, mit 63 zu 50 Stimmen versenkt. […] Bildungsdirektor Reto Wyss (CVP) sagte, der Auftrag zur Ausarbeitung eines Gesetzes sei noch in der letzten Legislatur erteilt worden. Er wies darauf hin, dass zur Anerkennung hohe Hürden übersprungen werden müssten – und der Prozess brauche ‹Zeit, ganz viel Zeit›.»[750]

3. Chancen und Risiken einer öffentlich-rechtlichen Anerkennung

Im Folgenden sollen Themenfelder diskutiert werden, die für die öffentlich-rechtliche Anerkennung von Bedeutung sind: Repräsentation und Organisation der Mitglieder in einer öffentlich-rechtlich anerkannten Körperschaft; Mitgliedschaft und Austritt aus der Körperschaft bzw. aus der Religionsgemeinschaft und die Regelung der religiösen Bildung und Ausbildung innerhalb der Religionsgemeinschaft.

3.1 Repräsentation und Organisation der Mitglieder

Es dürfen nur Mitglieder der entsprechenden öffentlich-rechtlichen Körperschaft der Religion besteuert werden. Der Kanton bzw. die politische Gemeinde hat genau zu wissen, wer Mitglied ist. Darum ist die Frage der Mitgliedschaft in der öffentlich-rechtlichen Körperschaft einer Religionsgemeinschaft klar zu regeln. Jedes Mitglied hat das Recht, aus der öffentlich-rechtlichen Körperschaft, z. B. einer muslimischen Gemeinschaft, auszutreten (Art. 15 Abs. 4 BV).

Die Religionsgemeinschaft muss sich in dem Bereich demokratisch organisieren, in dem sie die staatliche Hoheitsgewalt der Besteuerung ihrer Mitglieder hat. Es gibt keine Besteuerung ohne Mitbestimmung der Besteuerten. Oder an-

---

749 Vgl. LORETAN/WEBER/MORAWA, *Freiheit* 81–139, bes. 119–132.

750 NUSSBAUMER, *CVP* 21.

ders ausgedrückt: «No taxation without representation»[751]. In der Schweiz muss sich eine Religionsgemeinschaft demokratisch organisieren vor allem in Bezug auf die Besteuerung der Mitglieder; hinsichtlich der anderen Bereiche bleibt es ihr selbst überlassen, wie sie diese organisiert. Dies müsste für die islamischen Gemeinschaften kein Problem darstellen. Denn «Partizipation auf allen Gebieten ist [...] ein zutiefst islamischer Grundsatz, der das harmonische und von gegenseitiger Bereicherung getragene Zusammenleben in einer immer pluralistischeren Welt fördert»[752].

Die Repräsentation der Mitglieder von Religionsgemeinschaften ist dadurch gekennzeichnet, dass die Religionsdiener (Imam, Pfarrerin) in den öffentlich-verfassten Körperschaften von den Mitgliedern zu wählen sind. In einigen Kantonen müssen sich die Religionsdiener regelmässig nach Ablauf einer Amtsperiode von vier, fünf oder sechs Jahren der Wiederwahl stellen. Zudem wird in einigen Kantonen als Wahlvoraussetzung im Kantonsgesetz festgehalten, dass der Pfarrer über eine Maturitätsprüfung sich auszuweisen habe, so in Basel-Landschaft. Die Regelung der Anstellungsform der Religionsdiener in den Kirchgemeinden würde eigentlich zum autonomen Regelungsbereich der kantonalen Körperschaften (Landeskirchen) bzw. der Kirche gehören. Mit der heutigen Wiederwahl der Pfarrer nach einer Amtsperiode hat jedenfalls die römisch-katholische Kirche Probleme.[753] In der katholischen Kirche der Schweiz kam es zu einer breit geführten Diskussion darüber, wie sinnvoll es ist, die öffentlich-rechtliche Anerkennung für diese Kirche weiterzuführen.[754]

3.2 Mitgliedschaft

Wieso die Klärung der Mitgliedschaft rechtlich von grosser Bedeutung ist, soll an einem Beispiel gezeigt werden. Das Leitungsorgan einer Moschee möchte z. B.

---

751 «Keine Besteuerung ohne [gewählte politische] Vertretung» wurde als Parole und Kriegsgrund im Amerikanischen Unabhängigkeitskrieg angeführt. Fürsprecher der amerikanischen Unabhängigkeit vom britischen Mutterland kritisierten, dass die 13 amerikanischen Kolonien zur Steuerzahlung an die Britische Krone verpflichtet waren, ohne durch eigene gewählte Abgeordnete im Parlament Grossbritanniens repräsentiert zu sein.

752 ISLAMISCHE GLAUBENSGEMEINSCHAFT ÖSTERREICH (IGGiÖ), *Grazer Erklärung*.

753 Vgl. KOCH KURT, *Fragestellungen* 291–320.

754 Die Dokumentation der Tagung vom 3.–4. November 2008 der Schweizer Bischofskonferenz in Zusammenarbeit mit dem Hl. Stuhl ist in Italienisch, Französisch und Deutsch erhältlich: GEROSA, *Chiesa Cattolica*. GEROSA/PAHUD DE MORTANGES, *Eglise catholique*. Deutsch siehe vorige Anmerkung.

das Jahresbudget verabschieden. Dieses muss vor den Mitgliedern, die in der öffentlich-rechtlichen Körperschaft organisiert sind, zur Abstimmung gebracht werden. Die Entscheidung der Mitglieder muss respektiert werden. Das heisst, stimmt die Mehrheit gegen das Jahresbudget, ist diese Entscheidung seitens des Leitungsorgans so anzunehmen. Sollten sich dabei einige Mitglieder übergangen fühlen, könnten diese, als Mitglieder einer öffentlich-rechtlichen Körperschaft, ihrerseits so weit gehen, dass sie aus Protest aus der öffentlich-rechtlichen Körperschaft der Religionsgemeinschaft austreten. Auch dieses Recht (individuelle Religionsfreiheit) muss anerkannt werden.

Das Fallbeispiel zeigt, dass mit der demokratischen Organisationsform auch eine demokratische Diskussionskultur bis hin zur Akzeptanz der Verweigerung, also des Austritts von Mitgliedern aus der öffentlich-rechtlichen Körperschaft der Religionsgemeinschaft, gepflegt wird. Was dieser Austritt jedoch genau bedeutet, ob er nur einen Austritt aus dem öffentlich-rechtlichen Gremium, aber nicht aus der Religionsgemeinschaft selbst darstellt, ist umstritten. Nach den neuesten Bundesgerichtsentscheiden über den partiellen Kirchenaustritt ist der Austritt aus der öffentlich-rechtlichen Körperschaft einer Religionsgemeinschaft möglich. Welche Konsequenzen dieser Austritt für das religiöse Recht einer Religionsgemeinschaft hat, legt das Bundesgericht bewusst nicht fest.

3.3 Der Austritt aus der Religionsgemeinschaft oder der Austritt aus der öffentlich-rechtlichen Körperschaft («Landeskirche»)

Wer für sich die Religionsfreiheit in Anspruch nimmt, muss selbst die Religionsfreiheit gewähren. Somit muss in besonderer Weise gerade eine öffentlich-rechtlich anerkannte Religionsgemeinschaft garantieren können, dass jeder und jede die Möglichkeit hat, seine eigene Religionsgemeinschaft auch wieder zu verlassen. Denn es darf nach der Schweizerischen Bundesverfassung niemand gezwungen werden, «einer Religionsgemeinschaft beizutreten oder anzugehören, eine religiöse Handlung vorzunehmen oder religiösem Unterricht zu folgen» (Art. 15 Abs. 4 BV).

Eine Religionsgemeinschaft muss akzeptieren, dass im Rahmen einer freiheitlichen Ordnung ein Lebensentwurf in Freiheit gewählt werden kann. Religionen haben im modernen Rechtsstaat die Grundrechte ihrer Mitglieder zu achten. Religionen können Angebote machen, die die Menschen davon überzeugen, dass gerade diese Religion die Richtige ist; aber sie haben kein Gewaltmonopol, mit dem sie ihre eigenen Mitglieder zwingen können. Das ist ein wesentlicher Unterschied zu einem religiösen Staat, in dem der Staat gewisse Druckmittel im

Namen der richtigen Religion einsetzen kann. Deshalb ist es wichtig wahrzunehmen: In einem freiheitlichen Staat, in dem die Grundrechte des Individuums garantiert sind, und in einem religiösen Staat, in dem die Wahrheit einer Religion über allem steht, hat die gleiche Religion einen ganz anderen Kontext der Freiheitsrechte. Diesen äusseren Rahmen der Freiheitsrechte sollte eine Religionsgemeinschaft zuerst theologisch, philosophisch und rechtlich verarbeiten. Auch das Christentum hatte nach der Französischen Revolution in diesem Punkt enorm viel Zeit gebraucht, diese gegenüber dem neutralen Staat eingeschränkte Bedeutung der eigenen Religionsgemeinschaft akzeptieren zu können. Wer das nicht leistet und nur eine Gegengesellschaft beabsichtigt, wird eher nicht öffentlich-rechtlich anerkannt. Denn die demokratischen Bürger werden wohl kaum einer Religionsgemeinschaft zustimmen, die sich nicht deutlich hinter den Rechtsstaat und damit die religiöse Friedensordnung mit ihren Freiheitsrechten stellt.

Es gilt, den Auftrag einer Religionsgemeinschaft unter den konkreten staatsrechtlichen Bedingungen eines Landes optimal zu erfüllen. Die Möglichkeit des partiellen Austritts, die ein Bundesgerichtsentscheid Katholiken einräumt,[755] ist nicht zu empfehlen. Die damit indirekt verbundene Freiwilligkeit der Steuer stellt nur das System der öffentlich-rechtlichen Körperschaften der katholischen Kirche mit ihrer Dualstruktur infrage. Die evangelische Kirche ist davon nicht betroffen. Das Bundesgericht hat diese Praxis in einem zweiten Urteil bestätigt,[756] hat aber inzwischen von einem neuen Urteil des Verwaltungsgerichts des Kantons Luzern zum partiellen Kirchenaustritt mindestens die Idee des rechtsmissbräuchlichen partiellen Kirchenaustritts übernommen.[757]

3.4 Religiöse Ausbildung

Religionsdiener, z. B. Imame, Rabbiner, Pfarrerinnen etc. benötigen einen Ausbildungsteil an einer schweizerischen Hochschule. Sie müssen sich mit der freiheitsrechtlichen Rechtsordnung auseinandersetzen und sich aktiv in die pluralistische Gesellschaft integrieren. Es wäre wünschenswert, wenn sie dauerhaft hier

---

755 BGE *134 I 75*. Es handelt sich bei diesem Bundesgerichtsentscheid um eine Fehlentscheidung, wie Yvo Hangartner überzeugend argumentiert. Vgl. HANGARTNER, *Grundsatzfragen* 983–994, 987–990.

756 Urteil (des Bundesgerichts) 2C_406/2011 vom 9. Juli 2012. Vgl. HANGARTNER, *Entscheidungsbesprechungen* 1636–1643.

757 Vgl. Urteil des Verwaltungsgerichts Luzern vom 11. April 2011 zum modifizierten bzw. partiellen Kirchenaustritt 141–157. Vgl. KOSCH, *Gericht* 455 f. und 461 f.

leben und sich hier mit dem schweizerischen Rechtsstaat vertraut machen würden. Sie müssten im Land ausgebildet werden und eine Landessprache (deutsch, französisch, italienisch oder rätoromanisch) sprechen. Es geht nicht darum, dass sie ihre kulturelle Herkunftsidentität ablegen, sondern allein darum, dass die Grundprinzipien der individuellen Freiheitsrechte im schweizerischen Rechtssystem anerkannt und akzeptiert werden.

Deshalb ist eine Ausbildung der Imame in einem säkularen Kontext, zum Beispiel an einer Universität[758] oder Pädagogischen Hochschule, notwendig. Eine gute Ausbildung ist nicht zuletzt auch für das religionskundliche Gespräch an Schulen und in der Öffentlichkeit wichtig. Imame und islamische Religionslehrer bzw. Religionslehrerinnen werden damit zu Botschaftern ihrer jeweiligen Glaubensgemeinschaft gegenüber der Öffentlichkeit und innerhalb des jeweiligen lokalen Gemeinwesens.

3.5 Religionsunterricht an öffentlichen Schulen

Islamunterricht kann als ein wichtiges Instrument der innermuslimischen Integration verstanden werden. Seine Organisation und Finanzierung wird durch eine öffentlich-rechtliche Anerkennung der anbietenden Religionsgemeinschaft wesentlich realistischer und verbindlicher. «Von Seiten der Muslime ist die Ausbildung und Heranbildung der Jugend vordringlich. Hier hat sich das Mittel des in den Schulalltag integrierten Islamunterrichts [in Österreich] bewährt. Islamunterricht trägt dazu bei, Differenzen zwischen Tradition und islamischer Lehre aufzuzeigen und zu überwinden. Er fördert die innermuslimische Integration durch die lebendige Vielfalt der teilnehmenden SchülerInnen und schafft somit Identität als Muslime und Europäer. Qualitätsvolle, institutionalisierte islamische Bildung ist ein Garant für die Vermeidung von Engstirnigkeit, Fanatismus und Fatalismus. Dazu gehört die Gründung von Fakultäten zur Ausbildung auf dem europäischen Boden beheimateter islamischer Rechtsgelehrten.»[759] Diese haben Themenkomplexe wie den folgenden zu beantworten: Müssen Verletzungen von Frauenrechten durch Religionen toleriert werden? Der Berner Völkerrechtler Walter Kälin hat in einer Radiosendung[760] zum Thema «Wie universell sind die

---

758 Vgl. HALLENSLEBEN, *Selbstauslegung* 190–196; VERGAUWEN, *Centre* 4 f.

759 ISLAMISCHE GLAUBENSGEMEINSCHAFT ÖSTERREICH (IGGiÖ), *Grazer Erklärung*; vgl. GARTNER, *Status*.

760 Vgl. RADIO DRS 2, *Sendung «Kontext»*, 24. Mai 2010.

Menschenrechte» verlangt: Die Menschenrechte müssen in den verschiedenen Religionen theologisch begründet werden, damit individuelle Freiheitsrechte ihren Platz finden.[761] Wie können islamische Wahrheitsansprüche theologisch begründet im Kontext der Freiheitsrechte vorgetragen werden?

4. Das Verfahren einer öffentlich-rechtlichen Anerkennung

4.1 Wie beantragt eine Religionsgemeinschaft die öffentlich-rechtliche Anerkennung?[762]

Die Mitglieder einer Religionsgemeinschaft stellen ein Gesuch um öffentlich-rechtliche Anerkennung an den Kanton, das heisst, sie beantragen den Körperschaftsstatus einer öffentlich-rechtlichen Person des kantonalen Rechts. Im Voraus muss hierzu von der Mehrheit der Stimmenden der betreffenden Religionsgemeinschaft eine «staatskirchenrechtliche bzw. religionsrechtliche» Ordnung angenommen worden sein. So ist z. B. das Stimm- und Wahlrecht in den Religionsgemeinden und in der kantonalen Körperschaft («Landeskirche») zu regeln.

In den meisten Kantonen kann auch den ausländischen Mitgliedern das Stimmrecht gewährt werden. Den Frauen hingegen kann das Stimmrecht nicht gewährt werden, wie ältere Rechtstexte formulieren. Diese «Kann-Bestimmung» räumt Ermessensspielräume ein, die unzulässig sind, «weil es sich dabei um öffentlich-rechtliche Körperschaften handelt, die in Bezug auf die politischen Rechte an das Gleichbehandlungsgebot der Geschlechter gebunden sind und den Frauen zwingend das Stimm- und Wahlrecht zu gewähren haben»[763].

4.2 Genehmigung und Antrag an das Parlament

Die staatskirchenrechtliche bzw. religionsrechtliche Ordnung dieser neu zu schaffenden öffentlich-rechtlichen Körperschaft unterliegt – wie die Verfassungen der

---

761 Vgl. LORETAN, *Religionen.*

762 Hier kann nur ein verallgemeinertes Verfahren besprochen werden, ohne auf die Verschiedenheiten in den Kantonen eingehen zu können.

763 HAFNER FELIX, *Religionsverfassungsrecht* 43–98, 71.

Landeskirchen – der Genehmigung. Es ist eine kantonale Instanz, meist der Regierungsrat, die überprüft, ob die Voraussetzungen für die öffentlich-rechtliche Anerkennung erfüllt sind. Ist dies der Fall, leitet diese Instanz das Gesuch mit dem entsprechenden Antrag an das Parlament, das je nach Kanton Kantonsrat, Grosser Rat oder Landrat genannt wird. Im Zuge der öffentlich-rechtlichen Anerkennung durch das Parlament des Kantons wird eine bisher privatrechtlich organisierte Religionsgemeinschaft mit dem Anerkennungsbeschluss zur öffentlich-rechtlichen Körperschaft mit eigener Rechtspersönlichkeit.[764] Die kantonalen Körperschaften (Landeskirchen), die in vielen Kantonen weiter untergliedert werden in lokale Körperschaften (Kirchgemeinden), sind somit öffentlich-rechtliche Körperschaften mit eigener Rechtspersönlichkeit. Im Kanton Luzern kann sich eine Religionsgemeinschaft auch nur als kantonale Körperschaft organisieren.

4.3 Hoheitliches Besteuerungsrecht

Eine kantonale öffentlich-rechtlich anerkannte Religionsgemeinschaft wird steuerlich begünstigt. Als juristische Person des öffentlichen Rechts ist die Religionsgemeinschaft von der Steuerpflicht befreit. Sie erhält das Besteuerungsrecht über ihre Mitglieder, die zur öffentlich-rechtlichen Körperschaft gehören.[765] Dieses hoheitliche Besteuerungsrecht wird als wichtigstes Privileg verstanden. Gleichzeitig wird das Besteuerungsrecht auch als «Fessel» bezeichnet, von der sich die Mitglieder «nur mit Austritt befreien können»[766]. Es sei in diesem Zusammenhang erwähnt, dass die Kirchen im Kanton Basel-Stadt mehrheitlich wegen dieses Besteuerungsrechts in den letzten Jahren mehr als die Hälfte ihrer Mitglieder verloren haben.

Die nur anerkannten Religionsgemeinschaften bleiben im Unterschied zu den öffentlich-rechtlich anerkannten Religionsgemeinschaften im Privatrecht (z. B. als privatrechtliche Vereine im Sinne der Art. 60 ff. ZGB) und erhalten nicht das Besteuerungsrecht über ihre Mitglieder. Jedoch sollte diese zusätzliche Möglichkeit der Kleinen Anerkennung von Religionsgemeinschaften in allen Kantonen

---

764 Gegen diesen Parlamentsbeschluss kann der Souverän das Referendum ergreifen.

765 Ausnahme Kanton Basel-Landschaft: Das Kirchengesetz verleiht den öffentlich-rechtlich anerkannten Religionsgemeinschaften den Status einer Körperschaft des öffentlichen Rechts, ohne ihnen zugleich das Besteuerungsrecht über ihre Mitglieder einzuräumen. Der Landrat kann das Recht erteilen, die eigenen Mitglieder zu besteuern.

766 MESSERLI, *Staat* 319–342, 338.

eingeführt werden. Sie ist geradezu ein vorzüglich geeignetes Instrument der Integration der neuen Religionsgemeinschaften. Für neu in der Schweiz agierende Religionsgemeinschaften ist dies der erste Schritt. Ob sie auch den zweiten Schritt zu einer öffentlich-rechtlichen Körperschaft machen wollen, hängt von den Mitgliedern ab, die bereit sind, Religionssteuern zusätzlich zu bezahlen. Im Kanton Luzern wollten der Kanton und die griechisch-orthodoxe Kirche eine öffentlich-rechtliche Körperschaft für die griechisch-orthodoxe Kirche begründen. Die Mitglieder hingegen waren nicht bereit, zusätzlich eine Religionssteuer zu zahlen. Deshalb wurde auf die Möglichkeit verzichtet. Ähnlich waren im Kanton Wallis die römisch-katholischen Gläubigen nicht bereit, eine zusätzliche Kirchensteuer zu bezahlen. Deshalb wurde auf diese Besteuerungsmöglichkeit in der Volksabstimmung verzichtet, obwohl die Regierung und der Bischof für die Einführung einer solchen Kirchensteuer plädierten.[767]

4.4 Ablehnung des Gesuchs

Häufig ist im Gesetz nicht geregelt, was geschieht, wenn die Voraussetzungen für eine öffentlich-rechtliche Anerkennung nicht erfüllt sind. Eine Religionsgemeinschaft hat keinen Rechtsanspruch auf öffentlich-rechtliche Anerkennung. Sie kann im Fall der Ablehnung, analog zu den Einbürgerungsentscheiden, eine Begründung des Ablehnungsentscheides verlangen.[768] Es ist umstritten, ob es sich bei der Ablehnung einer öffentlich-rechtlichen Anerkennung um einen rein politischen Entscheid handelt[769] oder um einen «anfechtbaren Verwaltungsakt, der als Verfügung zu qualifizieren ist und deshalb mit einer Begründung versehen werden muss»[770]. Stellt sich die Anerkennungsverweigerung aber als diskriminierend oder willkürlich heraus, wird der negative Anerkennungsentscheid aufgehoben. Es müsste erneut auf das Anerkennungsgesuch eingegangen werden. Hat eine Religionsgemeinschaft den öffentlich-rechtlichen Status erlangt, dann wird sie zu einer Körperschaft des kantonalen öffentlichen Rechts.

---

767 THELER, *Verhältnis* 228–235, 229.

768 BGE *129 I 217, 230 f.*; *129 I 232, 236* und *131 I 18 ff.*, jeweils mit Bezug auf Art. 29 Abs. 2 BV.

769 So der Bericht des Regierungsrates des Kantons Basel-Landschaft an den Landrat betreffend Teile Revision des Gesetzes vom 3. April 1950 über die Organisation der reformierten, der römisch-katholischen und der christkatholischen Landeskirche des Kantons Basel-Landschaft und Erlass eines Kirchendekretes vom 26. April 1988, Geschäfts-Nr. 88/130 zur Revision des Kirchengesetzes (Vorlage 51).

770 HAFNER FELIX, *Religionsverfassungsrecht* 43–98, 66.

4.5 Aberkennung der öffentlich-rechtlichen Körperschaft und Aufsichtsrecht

Für die Aberkennung der öffentlich-rechtlichen Anerkennung ist dieselbe Instanz zuständig, die die Anerkennung ausgesprochen hat, meistens ist es das Parlament. Damit der Regierungsrat einen solchen Aberkennungsantrag im Parlament stellen kann, muss er ein Aufsichtsrecht über die kantonal anerkannten Religionsgemeinschaften besitzen, um feststellen zu können, dass eine Religionsgemeinschaft die Voraussetzungen nicht mehr erfüllt. Beispielsweise gehört zu den Anerkennungsvoraussetzungen als öffentlich-rechtliche Körperschaft die Aufforderung, die Rechtsordnung, insbesondere die Glaubens- und Gewissensfreiheit Andersgläubiger und der Mitglieder der eigenen Religionsgemeinschaft, zu respektieren. In vielen Kantonen kommt dem Regierungsrat ein Oberaufsichtsrecht über die Vermögensverwaltung der öffentlich-rechtlichen Körperschaften der Religionsgemeinschaften zu.

5. Offene Fragen

Die verschiedenen Religions- und Weltanschauungsgemeinschaften stellen den religiös-weltanschaulich neutralen Rechtsstaat vor eine grosse Herausforderung, selbst in einem Land wie Österreich, wo das erste islamische Anerkennungsgesetz über 100 Jahre alt ist. «Neben sicherheitsrechtlichen und integrationspolitischen Aspekten spielt für den Umgang mit islamischen, neofundamentalistischen und islamistischen Organisationen auch deren religionsrechtliche Qualifikation eine bedeutende Rolle. Der religiös-weltanschaulich neutrale Staat weiss allerdings zwischen den verschiedenen Erscheinungsformen des Islams oftmals nicht hinreichend zu unterscheiden bzw. nur unzureichend mit diesen umzugehen.»[771] Zudem ist der Islam eine Religion mit einer geringen Organisationsdichte, und es fehlt ihm ein System der Mitgliedschaft. «So ist etwa der sunnitische Islam eine ‹Religion ohne Kirche›»[772] und ohne Lehramt. Selbstinstitutionalisierungsprozesse islamischer Gemeinschaften sind deshalb eine Voraussetzung, um überhaupt in einem Religionsrecht, das sich im Verhältnis von «Kirche und Staat» (Art. 72 Abs. 1 BV) entwickelt hat, integrieren zu können. Weder in der Schweiz noch in

---

771 GARTNER, *Status* 1.

772 Ebd.

Deutschland gibt es einen umfassenden Vertretungskörper der Muslime. «Stattdessen bietet sich ein Bild einer Vielzahl miteinander konkurrenzierender Vereine, die oftmals nach nationalen, ethnischen, sprachlichen, politischen oder organisatorischen Kriterien getrennt, verschiedene muslimische Bevölkerungsgruppen und die von ihnen frequentierten Moscheen zu vertreten versuchen.»[773] Problematisch ist, dass mehrere muslimische Verbände gleichzeitig den Anspruch erheben, die Muslime zu vertreten, «während andererseits der Grossteil der muslimischen Bevölkerung sich keiner dieser Organisationen angeschlossen hat»[774]. Die verschiedenen Moschee-Vereine und Kulturvereine werden aus ihrer Rolle einer Interessenvertretung muslimischer Minoritäten in die Rolle einer Religionsgemeinschaft hineinwachsen müssen. Wenn ihr Bestreben um Anerkennung als Körperschaft öffentlichen Rechts erfolgreich sein soll, werden sie auch «ein zweifelsfreies Bekenntnis zu Integration, Demokratie, Rechtsstaatlichkeit, Säkularität und Menschenrechten abgeben [müssen], das nicht nur von der herrschenden Funktionärsschicht, sondern auch von einem Grossteil der Basis getragen wird»[775]. Barbara Gartner ist der Auffassung: «Die Allgemeine Erklärung der Menschenrechte von 1948 vor der UN Generalversammlung und alle in den westlichen Verfassungen verankerten Gewährleistungen [...] haben einen säkularen, naturrechtlichen Ansatz, der von muslimischer Seite oftmals als menschliche Selbstanmassung verworfen wird.»[776] Dies war allerdings bei den christlichen Kirchen im 20. Jahrhundert nicht anders. Die Autonomie der Menschenrechte wurde als Angriff auf die Theonomie gewertet. Evangelischerseits und katholischerseits wurden teilweise die Menschenrechte mit dem Argument abgelehnt, dass die Kirche die Verwirklichung des göttlichen Heilsplanes zu fördern habe und deshalb keine subjektiven Rechte der Individuen anerkennen könne. Eine solche Verwechslung der *relatio coram Deo* und *coram hominibus* muss aufgedeckt werden. Denn «Grundrechte in der Kirche sind immer Rechte coram hominibus»[777]. Auch die islamischen Gemeinschaften werden die Grundrechte des modernen Rechtsstaates, die Freiheitsrechte, rechtsphilosophisch und theologisch durchdringen müssen. Deshalb trägt das Luzerner Gutachten für die Anerkennung weiterer Religionsgemeinschaften den Titel «Freiheit und Religion»[778], um die Bedeutung der

---

773 A. a. O. 41.

774 A. a. O 43.

775 A. a. O. 44.

776 A. a. O. 50 f.

777 HUBER, *Grundrechte* 518–544, 532. Vgl. auch LORETAN, *Freiheitsrechte* 131–154.

778 LORETAN/WEBER/MORAWA, *Freiheit.*

Menschenrechte bzw. der Freiheitsrechte beim Prozess der Anerkennung weiterer Religionsgemeinschaften klar zu unterstreichen. Dazu gehört z. B. «die Frage der Gleichberechtigung der Geschlechter, auf die die Islamische Charta keine eindeutige Antwort gibt»[779]. Das Thema der religiösen und kulturellen Pluralisierung der westlichen Gesellschaften hat sich seit den späten Neunzigerjahren des 20. Jahrhunderts in den öffentlichen Debatten des Westens stark etabliert.

[779] GARTNER, *Status* 51.

II. Religionen und Geschlechtergerechtigkeit

Die Menschenrechte sind in den verschiedenen Religionen theologisch und pragmatisch zu begründen. Wahrheitsansprüche der Religionsgemeinschaften sind nicht gegen die Freiheitsrechte der Frauen durchzusetzen. Auch hier zeigt sich die These des Buches: Wahrheitsansprüche sind im Kontext der Freiheitsrechte zu formulieren.

Gewalt gegen Frauen ist kein modernes Phänomen. In patriarchalen Gesellschaften gilt im Familienbereich häufig nicht die Stärke des Rechts, sondern das Recht des Stärkeren. Deshalb hat Monika von Tagaste (332–387), die Mutter des Augustinus, ein Verhalten empfohlen, um in der weit verbreiteten häuslichen Gewalt in der Ehe buchstäblich überleben zu können. «Es gab viele Frauen, die sanftmütigere Männer hatten und doch die Spuren von Schlägen, selbst in der Entstellung ihres Gesichtes, aufwiesen. [...] Meine Mutter [...] fügte, scheinbar scherzend, die ernste Ermahnung bei: Von dem Augenblicke an, da man ihnen die sog. Ehepakten vorgelesen habe, hätten sie dafür achten müssen, dass sie durch diese Instrumente in Dienerinnen [des Ehemannes] verwandelt worden seien; daher dürften sie, ihrer [Rechts-]Stellung eingedenk, sich nicht gegen ihre Männer erheben.»[780] Diese unterwürfige Haltung ist nicht spirituell begründet, sondern in der Rechtsstellung der römischen Ehefrau.

In Gesellschaften ohne Frauenrechte und ohne Häuser für geschlagene Frauen ist dieses Ducken vor der Gewalt der Ehemänner bis heute überlebensnotwendig. Dies zeigt, wie wichtig es ist, dass Frauenrechte in den Verfassungen verankert werden und dass die «Gewalt in Paarbeziehungen»[781] kein Tabuthema sein darf. «Gewalt in Paarbeziehungen wird hier definiert als körperliche, sexuelle oder psychische Gewalt in Ehe und Partnerschaft, bei heterosexuellen oder homosexuellen Paaren, bei gemeinsamem und getrenntem Wohnsitz und auch bei Paaren in der Phase der Trennung oder danach. Zu Partnerschaftsgewalt gibt es keine gesamtschweizerische Statistik. Surveys lassen vermuten, dass 10 bis 20 Prozent der Frauen im Laufe ihres Erwachsenenlebens körperliche und/oder sexuelle Gewalt [...] erleben. [...] Als Risikofaktor erweist sich eine ungleiche Machtverteilung in der Paarbeziehung»[782], wie sie schon Augustinus aufgrund der Gespräche mit seiner Mutter Monika beschrieben hat. Die Risikofaktoren bei

---

780 AURELIUS AUGUSTINUS, *Confessiones* IX,9, zit. in: AUGUSTINUS, *Bekenntnisse* 394 f.

781 EGGER, *Gewalt*.

782 A. a. O. I.

Gewalt in Paarbeziehungen sind gemäss dem Schlussbericht «Gewalt in Paarbeziehungen» vielfältig. Religion ist nur ein Faktor. «Um mögliche Zusammenhänge zwischen Religion und Gewalt in Paarbeziehungen aufzuzeigen, werden Indikatoren wie Religionszugehörigkeit oder der Stellenwert der Religion im täglichen Leben untersucht. [...] Alles in allem zeigt sich, dass Frauen mit muslimischem, jüdischem oder anderem Religionshintergrund häufiger in Gewaltsituationen leben als solche, die katholisch oder protestantisch erzogen worden sind. Die tiefsten Gewaltraten finden sich bei Frauen, die konfessionslos aufgewachsen sind. Demgegenüber finden sich in der internationalen Forschung verschiedene Befunde, welche die These stützen, dass Religionszugehörigkeit im Sinne der sozialen Kontrolle ein Schutz vor Gewalt darstellen kann. [...] US-amerikanische Studien weisen bei der Bevölkerung ohne Religionszugehörigkeit die höchsten Gewaltraten aus.»[783] Die länderspezifische sozialwissenschaftliche Forschung unterstreicht, dass individuelle Rechte von hoher Bedeutung sind. Ein Individuum kann sich so gegen ein Kollektiv (Familie, Religionsgemeinschaft, Arbeitgeber etc.) wehren mittels Freiheitsrechten.

A) Müssen Verletzungen von Frauenrechten durch Religionen toleriert werden?

1. Die rechtsstaatlich geschützte Menschenwürde jedes Individuums

Das Individuum[784] wird entdeckt am Ende des europäischen Mittelalters, in Humanismus, Reformation und bei den spanischen Klassikern des Naturrechts. Es bricht aus den gemeinschaftlichen Bindungen der Stadtrepubliken aus. Die Aufklärung brachte den Individualismus in Zusammenhang mit dem Universalismus. Der Mensch wird nicht mehr durch äussere Merkmale (Lebensform, Religionszugehörigkeit, Geschlecht, Rasse etc.) definiert. Jedem Menschen kommt ein Wert

---

783 A. a. O. 35 f.

784 Vgl. KELEK, *Freiheit*.

als einzelnes Individuum aufgrund der ihm eigenen Würde zu.[785] Die individuelle Menschenwürde kann nur dann konsequent gedacht werden, wenn sie universell gilt. Aus diesem Grund sind die Menschenrechte nicht nur eine Frage der Ethik, sondern eine Frage der Menschenwürde und ihrer Umsetzung in Rechtsnormen.

«Wenn Menschenwürde als religiöse Kategorie gilt, wird sie partikularisiert und verliert ihre universale Eigenschaft. Genau dies geschieht, wenn eine Religion, eine Nation, eine Kultur oder eine Ethnie sich anmasst, die Menschenrechte besser verstanden zu haben als andere Religionen, Nationen, Kulturen oder Ethnien, und wenn sie sich daranmacht, die so verstandenen Menschenrechte den anderen aufzuzwingen.»[786] Wird aber «die Würde nicht mehr dem einzelnen Menschen zugeschrieben, sondern einer Gruppe von Menschen als Kollektiv, dann geraten die Menschenrechte in Gefahr, weil der Universalismus der Menschenwürde verloren geht. Dies geschieht zum Beispiel, […] wenn die Würde statt dem einzelnen Menschen einer Religion zugeschrieben wird oder nur jenen Menschen, welche dieser Religion angehören.»[787] Partikulare Zughörigkeit basiert auf Ungleichheit, universale Zugehörigkeit basiert auf Gleichheit. «Die *res publica* [der Staat oder die öffentliche Sache] wird somit zur Garantin der Freiheit des Individuums.»[788] Die Freiheitsrechte können aber miteinander in Konflikt geraten. Daher braucht es eine geklärte Güterabwägung, wie der folgende Abschnitt darlegt.

2. Zwei Grundrechte im Konflikt: Religionsfreiheit versus Gleichberechtigung der Geschlechter[789]

Im Rahmen der Eidgenössischen Kommission gegen Rassismus hat mir eine Muslima eine neue Sichtweise eröffnet. Sie war der Ansicht, dass in der Schweiz die Gleichstellung der Geschlechter nicht garantiert wird. Ich verwies sie auf den Verfassungsartikel zur Rechtsgleichheit (Art. 8 BV). Sie blieb bei ihrer These mit der Begründung, die Religionsfreiheit (Art. 15 BV) werde dem Diskriminierungsverbot (Art. 8 Abs. 2 BV) vorgezogen und schränke damit andere Grundrechte

---

785 SEELMANN, *Recht* 101–120.

786 HALLER, *Politik* 189. Das unterschiedliche Menschenrechtsverständnis behindert die gemeinsame Menschenrechtsarbeit der USA und Europas, so Gret Haller, die Ombudsfrau für Menschenrechte des Staates Bosnien und Herzegowina in Sarajewo (1996–2000), gewählt durch die OSZE.

787 A. a. O. 65 f.

788 Vgl. a. a. O. 70–72.

789 Vgl. KOKOTT/MAGER, *Religionsfreiheit*. ELSAS/FRANKE/STANDHARTINGER, *Geschlechtergerechtigkeit*.

sehr stark ein. Ich riet ihr, aus ihrer Religionsgemeinschaft auszutreten, wenn sie diese vor allem als diskriminierend erlebe. Ich folgte damit dem Rat, den die meisten Grundrechtskommentare geben. Die Muslima antwortete mir: «Wenn ich aus meiner Religions- und Kulturgemeinschaft austreten würde, käme mir dies vor, wie wenn ich hier alle meine Kleider auszöge und versuchte, nackt weiterzuleben.» Mir wurde in diesem Gespräch klar, dass die meisten Grundrechtskommentare die eigentliche Problematik der Diskriminierung in den Religionsgemeinschaften nicht personengerecht thematisieren, da sie immer von der De-iure-Möglichkeit des Religionsaustritts ausgehen und übersehen, dass de facto ein Austritt für viele nicht möglich ist. Menschen sind nicht bereit, das Heimatland gegen das Exil zu tauschen, ausser in extremer Not. Die bisherige Diskussion grenzt deshalb an Zynismus, den Menschen nur den Austritt, das Exil, anzuraten, ohne zu prüfen, wie die Freiheitsrechte in den Religionsgemeinschaften von staatlicher Seite gestärkt werden könnten.

Frauen wie die Zürcher Politologin und Privatdozentin Dr. phil. Elham Manea sprechen Menschenrechtsverletzungen auch in ihrer eigenen Religion offen an, zum Beispiel in ihrem Buch «Ich will nicht mehr schweigen. Der Islam, der Westen und die Menschenrechte» (Freiburg i. Br. 2009). Für die katholische Kirche thematisierte dies die Basler Professorin Denise Buser.[790] Die Gleichstellung der Frau ist in den Jahrzehnten nach 1945 zum festen Bestandteil des universellen, europäischen und nationalen Rechts geworden.[791] Verschiedene Religionsgemeinschaften stellen sich aber in Widerspruch zum Gleichstellungsrecht. Kann der Staat auf seinem Territorium im Namen der kollektiven Religionsfreiheit gleichstellungsfreie Räume für die Religionsgemeinschaften zulassen? Werden nationale und internationale Gerichte diese Haltung in Zukunft teilen?

Falls Frauen ihre eigene Religionsgemeinschaft als diskriminierend erleben, müssen sie die rechtliche Möglichkeit haben, diese zu verlassen. Sie müssen aber auch die Möglichkeit erhalten, ihre eigene Religionstradition neu zu interpretieren. Für letzteren Weg hat sich Frau Elham Manea[792] entschieden. Der Rechtsstaat gibt den Frauen auch ein Druckmittel, Religionen verändern zu können, indem er ihnen das Austrittsrecht garantiert. Ohne Austrittsrecht sind Religionsgemeinschaften soziale Gefängnisse, denen zu entrinnen nicht möglich ist. Dies widerspricht der säkularen Auffassung von Religionsfreiheit. Die Grundrechte der kollektiven Religionsfreiheit und der Gleichstellung der Geschlechter können in

790 Vgl. BUSER, *Diskriminierung*.

791 Vgl. AHLERS, *Gleichstellung* 7–49.

792 MANEA, *Ich will nicht mehr schweigen* 75–187.

einen unauflösbaren Konflikt geraten.[793] Wie diese anstehenden Konflikte gelöst werden, darauf kann man gespannt sein! So können beispielsweise Genitalverstümmelungen nicht euphemistisch mit dem Begriff «weibliche Beschneidung» umschrieben werden.[794] Genitalverstümmelung ist nicht Teil einer Religionslehre. Sie wird aber in Gegenden, in denen Frauen kaum Freiheitsrechte einklagen können, eher geduldet.[795] Davon klar zu unterscheiden ist die Beschneidung der Knaben jüdischer oder muslimischer Herkunft[796].

3. Kollektive Religionsfreiheit führt zu Rechtspluralismus

Wohin eine starke kollektive Religionsfreiheit führen kann, zeigen folgende Fälle: Eine deutsche Richterin lehnte die beschleunigte Scheidung einer deutschen Frau marokkanischen Ursprungs von ihrem gewalttätigen marokkanischen Ehemann ab mit der Begründung, der Frau sollte bewusst sein, «dass ihr Ehemann, der in einem von der islamischen Tradition beeinflussten Land aufwuchs, das ‹Recht› ausüben würde, ‹körperliche Bestrafung anzuwenden›, die seine Religion ihm zugesteht. Mit anderen Worten, wenn ihre Religion der Islam ist, dann ist es ganz in Ordnung, wenn ihr Ehemann sie schlägt.»[797] Eine ähnliche Auffassung vertraten auch in der Schweiz St. Galler Behörden, die damit eine Verlängerung der Aufenthaltsbewilligung ablehnten. Die Frau hatte nach kurzer Ehe sich von ihrem niederlassungsberechtigten muslimischen Mann getrennt. «Sie hatte geltend gemacht, in der Ehe wie ein ‹Hausmädchen› oder eine ‹Sklavin› gehalten worden zu sein. Ihr wurde entgegengehalten, dass die erlittenen Beeinträchtigungen dem sozial Üblichen in einer islamisch traditionell geführten Ehe entsprechen.»[798] Das Bundesgericht hat ihre Beschwerde gutgeheissen und die Sache zur Beurtei-

---

793 WYTTENBACH, *Kooperation* 377–413, 387–390.

794 Timothy Garton Ash ist der Meinung: «Wir müssen Hirsi Ali sehr dankbar sein, dass sie unsere Aufmerksamkeit auf diesen Horror lenkt, auf die dunkle Seite eines vermeintlichen toleranten ‹Multikulturalismus›.» GARTON ASH, *Islam* 30–54, 45.

795 MANEA, *Ich will nicht mehr schweigen* 31 f.: Sie referiert die Erzählung der Tortur bei der Beschneidung ihrer Mutter, als diese acht Jahre alt war.

796 GÜNTNER, *Stückchen* 41; SCHLOEMANN, *Debatte*. Medizinische Gründe für eine Beschneidung: http://webpaper.nzz.ch/2012/07/08/gesellschaft/JKRGO/kulturkampf-bis-aufs-messer (23.07.2012); HÄFLIGER, *Support* 11; WEHRLI, *Sinn* 22.

797 MANEA, *Ich will nicht mehr schweigen* 19.

798 JOP, *Recht* 10 (vgl. BGE *138 II 229* und Urteil (des Bundesgerichts) 2C_821/2011 vom 22. Juni 2012).

lung an das St. Galler Verwaltungsgericht zurückgewiesen. Laut Bundesgericht ist vertieft abzuklären, «ob das Scheitern der Ehe darauf zurückzuführen sei, dass die Betroffene gegen ihren Willen dauernd in ein von ihr abgelehntes patriarchalisches Rollenverständnis als ‹Sklavin› gezwungen wurde»[799]. Legitimiert die kollektive Religionsfreiheit, dass eine religiöse Frau von ihrem Mann geschlagen werden kann? Gibt es dann keine universellen Menschenrechte, die auch für Frauen gelten? Oder eröffnet die kollektive Religionsfreiheit doch gleichstellungsfreie Räume? Das Bundesgericht hat die Argumentation der St. Galler Behörden nicht akzeptiert. Es hat in diesem Fall also einen Rechtspluralismus abgelehnt, da er die Menschenrechte verletzen würde.

Mittels der kollektiven Religionsfreiheit könnte man den Rechtspluralismus systematisch fördern. Bei der feierlichen Eröffnung der grössten Moschee in der deutschsprachigen Schweiz in Emmenbrücke wurde ich von einem Imam eingeladen, als Religionsverfassungsrechtler ein Eröffnungswort zu sprechen. Schon nach den ersten Begegnungen forderten Vertreter des schweizerischen Islams, dass auch in der Schweiz im Namen der kollektiven Religionsfreiheit religiöse Sondergerichte für das religiöse Familienrecht eingerichtet werden sollten. Was würde dieser Rechtspluralismus bedeuten?

Der Rechtspluralismus[800] erlaubt es den Religionsgemeinschaften, das staatliche Recht in weiten Teilen zu ersetzen, was z. B. im Mischeherecht und im Erbrecht zu erheblichen Ungerechtigkeiten führen kann. Noch deutlicher wird dies in der praktischen Abschaffung der individuellen Religionsfreiheit, die auf das Forum internum reduziert wird.[801] Wie Aspekte dieses kommunitaristischen Systems auch in der liberalen Schweiz umgesetzt werden könnten, wurde an der Universität Zürich diskutiert.[802]

---

799 Ebd.

800 Der Rechtspluralismus z. B. in Syrien kennt eine jahrhundertealte Toleranz der ‹minderen› Religionsgemeinschaften neben der Staatsreligion, dem Islam. Dieses Toleranzmodell gegenüber den abrahamitischen Schriftreligionen (christliche Konfessionen und jüdische Gemeinden) entwickelte rechtliche Institutionen wie das Milletsystem im Ottomanischen Reich und die Waqf für Muslime und Nichtmuslime. Hier war das Selbstbestimmungsrecht auch für die nichtmuslimischen Religionsgemeinschaften besser verwirklicht als im Römischen Reich, wo nur eine einzige religiöse Wahrheit den Ton angeben sollte als einheitsstiftendes Element des Reiches.

801 Vgl. Stüssi, *Models* 337–380.

802 Vgl. z. B. Religiös-kulturelle Varianz des Familien- und Erbrechts? Tagung für Juristinnen und Juristen, für Vertreterinnen und Vertreter von Behörden und Religionsgemeinschaften und für interessierte Privatpersonen, veranstaltet von: University of Zurich, Center for Islamic and Middle Eastern Legal Studies; Schweizer Institut für Rechtsvergleichung und Institut für Religionsrecht der Universität Freiburg, 21. Mai 2011.

Es waren vor allem Frauen, die sich gegen eine solche Diskriminierung im Namen des Multikulturalismus aufgelehnt haben, Dissidentinnen des Islams wie Ayaan Hirsi Ali, Taslima Nasrin, Irshad Manji, Necla Kelek und Seyran Ates. «Ihre leidenschaftliche Verteidigung eines selbstbestimmten Lebens [als Frauen], der Freiheit des Individuums gegenüber einem religiösen, domestizierenden Kollektiv verlangt [...] Unterstützung. [...] Denn von wem soll eine Selbstreflexion und Reformation des Islam angestossen werden, wenn nicht von diesen mutigen»[803] Dissidentinnen? Gilt dies auch für andere Religionsgemeinschaften?

Elham Manea widerspricht jeder Form von Kulturrelativismus, die Menschenrechte bzw. Grundrechte von Musliminnen einschränkt. Als Beispiel nennt sie den religionsrechtlichen Wunsch der ehemaligen Generalstaatsanwältin Marion Boyd, für kanadische Muslime freiwillige Scharia-Gerichte zu schaffen aufgrund der Arbitration Act (Schlichtungsgesetz). Es benötigte den Aufschrei des kanadischen Rates für muslimische Frauen, um dies zu verhindern. In einer Zeit, «in der Frauenrechtlerinnen in den arabischen Ländern Kampagnen starten, um die [religiösen] Familiengesetze zu ändern, [...] beschloss die kanadische Regierung aus freien Stücken, eine religiös fundierte Rechtsprechung zuzulassen.»[804] Der internationale Protest zwang die kanadische Regierung, ihren die Menschenrechte relativierenden Vorschlag zurückzuziehen.

4. Gesellschaftlicher Pluralismus

Mit dem First Amendment von 1797,[805] das die Staatsreligion verbot, begann in den USA eine neue Epoche des Religionsverfassungsrechts. Die Religionsfreiheit des Individuums, wie sie Moses Mendelssohn gefordert hatte, fand Eingang in eine Verfassung. Religiöse Bürgerinnen und Bürger in einer liberalen Demokratie müssen seither die säkularen Prinzipien eines Rechtsstaates akzeptieren, also auch jene Grundsätze, die eine Trennung von Religion und Staat bzw. die Religionsfreiheit vorschreiben. Sie sollten diese Grundsätze aus ihrem Glaubensverständnis bzw. aus ihrer religiösen Ethik begründen und verantworten können.

---

803 ACKERMANN, *Lob* 140–146, 145.

804 MANEA, *Ich will nicht mehr schweigen* 35.

805 «Congress shall make no law respecting an establishment of religion, nor prohibiting the free exercise thereof.» STÜSSI, *Models* 92.

Die Philosophie der Aufklärung entwickelte Konzepte der Toleranz und der Religionsfreiheit gegen den «religionsbewirkten bürgerlichen Unfrieden» der Religionskriege.[806] Sie entwarf Vorstellungen einer multireligiösen Gesellschaft mit gleichen bürgerlichen Rechten für Angehörige einer Minderheitsreligion.[807] Der Aufklärer Mendelssohn betonte «die Freiheit des Gewissens»[808]. In westlichen Gesellschaften, die auf der Grundidee grösstmöglicher Selbstbestimmung des Einzelnen entstehen, ist eine Vielfalt von religiösen Meinungen die Konsequenz der Freiheit. Aus Sicht des liberalen Staates verdienen, so John Rawls, nur jene Religionsgemeinschaften das Prädikat «vernünftig», die aus eigener Einsicht auf eine gewaltsame Durchsetzung ihrer Glaubenswahrheiten und auf den militanten Gewissenszwang gegen die eigenen Mitglieder verzichten.[809] Ohne diesen Reflexionsschub entfalten Religionsgemeinschaften in modernen Gesellschaften ein destruktives Potenzial. Diese terminologische Unterscheidung zwischen einem «vernünftigen» und einem «unvernünftigen» Pluralismus ist auch auf die Frage des Kirchenaustritts anzuwenden. «Eine Rechtsprechung und Gesetzgebung, die das Recht des [...] Individuums, beispielsweise der Muslimin, zum Austritt nicht schützt, ist für unsere schweizerische Ordnung, den ordre public, aber auch im Rahmen der Idee [...] des ‹vernünftigen Pluralismus›, nicht mehr akzeptabel.»[810]

Bleibt man in der Terminologie Rawls', ist ferner die Frage des Zusammenhalts der multireligiösen Schweizer Gesellschaft zu stellen, die jahrhundertelang nach dem «cuius regio, eius religio»-Prinzip[811] beantwortet wurde: «Wie kann eine gerechte und stabile Gesellschaft von freien und gleichen Bürgern dauerhaft bestehen, wenn diese durch ihre vernünftigen religiösen, philosophischen und moralischen Lehren einschneidend voneinander getrennt sind? [...] Die Frage sollte [...] schärfer so gestellt werden: Wie können auch diejenigen, die eine auf einer religiösen Autorität, wie zum Beispiel der Kirche oder der Bibel [und dem Koran], beruhende religiöse Lehre bejahen, eine

---

806 LÜBBE, *Politik* 40.

807 MENDELSSOHN, *Jerusalem* (1783), (2005).

808 A. a. O. 33.

809 RAWLS, *Liberalismus* (1998) 132–141.

810 KOHLER, *Pluralismus* 69–88 und *Diskussion* 89–100, 99.

811 Dem Augsburger Religionsfrieden von 1555, der diese Formel geprägt hat, «lag ein politischer Begriff von Friede, Einheit und Freiheit zugrunde, der insoweit (d. h. in entscheidenden Punkten) die überkommene religiöse Bestimmtheit des Reichsrechts abstreifte. Sie führte auf den Weg in die Moderne der säkularen, aus der kirchlichen Bindung emanzipierten Staatsgewalt und Rechtsordnung.» HECKEL, *Religionsfriede* 13–34, 14.

vernünftige politische Konzeption haben, die eine gerechte demokratische Ordnung stützt?»[812]

Damit Musliminnen, Protestanten, Katholikinnen, nicht religiöse Menschen und religiöse Fundamentalisten in einer pluralistischen Gesellschaft friedlich zusammenleben können, sind sie herausgefordert. Gläubige verschiedener Religionen und Atheisten in einer pluralistischen Gesellschaft müssen «sich auf die Prämissen des Verfassungsstaates einlassen, die sich aus einer profanen [säkularen] Moral begründen»[813]. Der Ökumenische Rat der Kirchen erklärt: Die Religionsfreiheit «ist von anderen grundlegenden Freiheitsrechten der Menschen nicht zu trennen. Keine Religionsgemeinschaft darf für sich Religionsfreiheit beanspruchen, ohne selbst die Glaubensüberzeugungen und die grundlegenden Menschenrechte der anderen zu respektieren und zu wahren.»[814] Dass religiöse und weltanschauliche Konflikte die inzwischen pluralistisch gewordenen Gesellschaften nicht zerreissen, ist auf das Grundrecht Religionsfreiheit zurückzuführen. Es bietet den Religionsgemeinschaften innerhalb des Rechtsstaates einen institutionellen Rahmen für die Lösung ihrer eigenen Konflikte.

5. Konflikte in der Religionsgemeinschaft

Aus dem bisher Gesagten stellt sich die Frage: Wie können Konflikte eines Mitglieds mit seiner Religionsgemeinschaft gelöst werden? Vor dem Rechtsstaat stellt das Vertreten häretischer Lehren keine Rechtsverletzung dar. Diejenigen, die die Autorität einer Religion nicht länger anerkennen, können aus der Religionsgemeinschaft austreten, ohne in Konflikt mit der Staatsgewalt zu geraten. Die individuelle Religionsfreiheit wird hier als Schutz des Individuums gegenüber der Religionsgemeinschaft verstanden. Mit dem Austrittsrecht wird das Individuum geschützt in seiner individuellen Wahrheitssuche vor der Macht der Religionsgemeinschaft.

---

812 RAWLS, *Liberalism* 35.

813 HABERMAS, *Glauben* 14.
Die staatliche Religionsfreiheit bleibt ein Stachel im Bewusstsein der Religionsgemeinschaften: Der Überzeugung des Anderen, auch der religiös oder atheistisch begründeten, ist dieselbe Würde zuzumessen wie der eigenen. Es gilt, sich eines Urteils über die theologischen Prämissen des Anderen zu enthalten und auf einer strikten Grenzziehung zwischen Glauben und Wissen zu bestehen.

814 KRÜGER/MÜLLER-RÖMHELD, *Bericht* 80.

«Korporative Religionsfreiheit *oder* Gleichstellung der Geschlechter» scheint die Alternative einiger staatlicher Gerichte zu sein. Wer «Religionsfreiheit *und* die Gleichstellung der Geschlechter» zusammendenkt, muss in die private Sphäre[815] der Religionsgemeinschaften intervenieren, wenn die Gleichstellung auch im Bereich der Religionen umgesetzt werden soll. Die staatliche Zurückhaltung gegenüber Diskriminierung in Religionsgemeinschaften wird faktisch als Parteinahme des Staates für die Diskriminierer gedeutet. Sind Religionsgemeinschaften gleichstellungsfreie Zonen? Das kollektive Selbstbestimmungsrecht im Rahmen der Religionsfreiheit ist nicht das geeignete Mittel, um das Nicht-Inkulturieren einer Religionsgemeinschaft in die Menschenrechtskultur zu legitimieren. Der religiös neutrale Staat kann Religionsgemeinschaften nicht vor den menschenrechtlichen Forderungen seiner eigenen Mitglieder (z. B. Gleichstellung der Geschlechter) schützen.

Im Rahmen der Menschenrechtsargumentation werden die Frauenrechte auch in den Religionsgemeinschaften zum Thema. Ungerechtigkeit und Machtmissbrauch sind dabei geschichtlich geprägte Begriffe. Frauen verstanden ihre gesellschaftliche und religiöse Unterordnung u. a. auch als religiös bestimmt. Dann erkannten sie, dass die ihnen aufgenötigte rechtliche Ungleichheit den Charakter willkürlichen Machtmissbrauchs trug, den hinzunehmen sie nicht länger bereit waren. Strukturelle gesellschaftliche Ungerechtigkeit wird aus der Gruppenzugehörigkeit als solcher hergeleitet. Dies ist mit dem Gedanken einer allen Menschen gleichen Würde, verbunden mit gleichen Freiheitsrechten, schlechterdings nicht mehr vereinbar. Grundrechte sind in einer Rechtsordnung einklagbare Menschenrechte.[816] Die Gleichstellung der Geschlechter stellt demnach eine besondere Herausforderung für die Religionen im Gespräch mit dem freiheitlichen Rechtsstaat dar. Insbesondere die Rechtsstellung der Frau in den jeweiligen Religionsgemeinschaften müsste in einzelnen Forschungsprojekten erst noch genauer untersucht werden.

Die Bedeutung eines Grundrechtes wie der rechtlichen Gleichstellung der Geschlechter in der Religionsgemeinschaft kommt aber dann nicht angemessen zum Ausdruck, «wenn lediglich die im staatlichen Bereich vorgefundenen Grundrechte in den kirchlichen [bzw. religiösen] Bereich übertragen werden»[817]. Es braucht zur

---

815 Vgl. HABERMANN, *Gesellschaft* 21. Gemäss diesem Autor sollte man sich für die Gleichstellung ODER die Religionsfreiheit entscheiden. Die oben besprochene Güterabwägung zwischen zwei Grundrechten innerhalb einer Religionsgemeinschaft wird nicht erwogen.

816 Solche Grundrechte wurden z. B. in einem Grundgesetz (Lex Ecclesiae Fundamentalis) der Kirche nach dem Konzil im ganzen Pontifikat Pauls VI. vorbereitet, dann aber im Pontifikat Johannes Pauls II. nicht promulgiert.

817 Aus evangelischer Sicht: HUBER, *Grundrechte* 518–544, 533.

Übertragung in den religiösen Bereich vielmehr noch eine «schöpferische Transformation»[818]. Für den ehemaligen Ratsvorsitzenden der Evangelischen Kirche in Deutschland, Wolfgang Huber, setzt ein glaubwürdiges Eintreten der Kirchen für die Menschenrechte in der Gesellschaft «eine Klärung der Frage voraus, ob und in welchem Umfang und welcher Transformation derartige Rechte auch innerhalb der Kirche selbst Gültigkeit beanspruchen können»[819]. Auch Papst Paul VI. hat unmissverständlich festgestellt, dass der Einsatz der Kirche für die Menschenrechte eine dauernde Selbstprüfung und Reinigung ihres eigenen Lebens, ihrer eigenen Gesetze, Institutionen und Handlungsweisen verlange.[820]

Selbst religiöse Autoritäten sind sich bewusst, dass der menschenrechtliche Einsatz der Kirchen nach aussen ein Überprüfen der eigenen Rechtsregeln nach innen nach sich ziehen muss. In den ökumenischen Gesprächen der christlichen Kirchen müsste die Frage der Gleichstellung der Geschlechter neu diskutiert werden; in den Theologien der Religionen müsste diese Thematik gleicher Freiheitsrechte der Geschlechter ebenfalls ein Forschungsthema werden.[821]

B) Impulse des staatlichen Gleichstellungsrechts für die katholische Kirche

1. Das Reich Gottes ist Gerechtigkeit und Friede[822]

Die sich wandelnde Stellung der Frau in der Gesellschaft führt dazu, dass Gleichstellungsfragen nicht nur auf der Ebene des politischen Entscheidungspro-

---

818 Aus katholischer Sicht: LUF, *Grundlagen* (1983) 24–32, 32.

819 HUBER, *Grundrechte* 518–544, 528.

820 PAUL VI., *Botschaft* 624.

821 Dazu fand ein internationales Expertengespräch vom 23.–25. Oktober 2013 im Liudgerhaus Münster statt zum Thema: Massstab Menschenrechte. Anspruch und Umsetzung in der katholischen Kirche, veranstaltet vom Exzellenzcluster «Religion und Politik in den Zeiten der Vormoderne und der Moderne» an der Westfälischen Wilhelms-Universität Münster. Die Vorträge dieser Fachtagung wurden publiziert in: HEIMBACH-STEINS, *Jahrbuch*.

822 Frei nach Röm 14,17.

zesses, sondern auch in anderen Gesellschaftsbereichen wie Familie, Arbeitswelt und Wirtschaft, Bildung, Wissenschaft[823] und Kultur thematisiert werden. Der Grundsatz der Gleichberechtigung und Nichtdiskriminierung aufgrund des Geschlechts ist in das universale, europäische und nationale Recht eingegangen. Davon gehen bis heute Impulse aus für den Wandel der Stellung der Frau in der Gesellschaft.

Die Gleichberechtigung der Frau wurde erstmals in der Enzyklika «Pacem in terris» von Johannes XXIII. lehramtlich thematisiert. Das Zweite Vatikanische Konzil vertiefte diese Frage und die menschenrechtliche Argumentationsweise. Beides wurde nur partiell in das neue Gesetzbuch (CIC/1983) der römisch-katholischen Kirche aufgenommen. Daraus entsteht ein Spannungsverhältnis des Gleichstellungsrechts zwischen Staat und Kirche. Es stellt sich die staatskirchenrechtlich interessante Frage, ob die Kirche mit Billigung des Staates für sich einen gleichstellungsfreien Raum beanspruchen kann. Staatskirchenrechtlich ist zu fragen: Welche Rolle spielt der Staat für die Gleichstellungsfrage der Geschlechter in den Religionsgemeinschaften? Indem er kollektive Rechte oder subjektive Rechte der internen Kritiker der Religionsgemeinschaften im Konfliktfall mehr schützt, bezieht er Stellung. Nimmt der Staat durch die Gewährung von kollektiven Rechten Partei für die Funktionäre der Religionsgemeinschaften gegen die subjektiven Rechte der Mitglieder einer Religionsgemeinschaft? Oder stellen die staatlichen Gerichte das Gleichstellungsrecht und damit die subjektiven Rechte über die kollektiven Rechte der Religionsgemeinschaft?

Mit der Frage, ob Grundrechte in den Kirchen denkbar sind, wird ein fundamentales Problem der Kirchenrechtswissenschaft in Erinnerung gerufen.[824] Es ist das Spannungsverhältnis zwischen den sozialethischen Ansprüchen der Kirche als Glaubensgemeinschaft einerseits und den subjektiven Rechten des einzelnen Kirchenmitgliedes andererseits. Lassen sich überhaupt theologisch ausgewiesene Glaubenswahrheiten mit subjektiven, am neuzeitlichen Autonomiebegriff orientierten Freiheitsrechten in einer Kirchenordnung verbinden? Soll ein Ausgleich zwischen Glaubenswahrheit und Freiheit gesucht werden?

Oder soll – wie neuerdings wieder vorgeschlagen – die katholische Kirche bewusst die Anforderungen der modernen Gerechtigkeitsdiskussion bezüglich der Freiheitsrechte und entsprechend auch die subjektbetonte Philosophie von

---

823 «An der Universität Zürich schliessen [...] mehr Frauen als Männer ihr Studium mit dem Lizenziat ab. Bei den Promotionen bewegen sich die Frauen nahe an der 50-Prozent-Marke.» VÖGELI, *Ende* 89.

824 Vgl. Teil 1 I. A) und Teil 1 I. B) in diesem Buch.

Immanuel Kant geringschätzen[825], um so den «garstig breiten Graben zwischen allgemeinen Vernunftwahrheiten und konkreten Geschichtswahrheiten»[826] zu überbrücken? Barbara Hallensleben betont: «Die Welt in ihrer Vergänglichkeit will nicht Erlösung, sondern Gerechtigkeit.»[827] Hallensleben konstruiert einen Gegensatz zwischen dem «Reich Gottes und seiner Gerechtigkeit» (Mt 6,33) und der Erlösungsvorstellung. Auch Benedikt XVI. hält in seinen trinitätstheologischen Überlegungen im Rahmen eines Interviews fest: «Es geht nicht um eine [...] Gerechtigkeit, [...] sondern [...] um die wirklich innere Überwindung des Bösen, die nur im Leiden der Liebe letztlich geschehen kann.»[828] Wenn Gottes Liebe als vorbildlich für den Menschen gedacht wird, dann könnten Theologen Frauenrechte und andere Gerechtigkeitsvorstellungen leicht beiseiteschieben und die Überwindung der bösen Ungerechtigkeitsverhältnisse nur im liebenden Leiden der Opfer sehen, was gerade Monika von Tagaste, die Mutter des Augustinus, nicht getan hat.[829] In der Kirche geht es für den Kirchenrechtler Reinhold Schwarz daher «nicht um den Schutz von ausschliesslichen Persönlichkeitsrechten, sondern einzig um die Erlangung der allen gemeinsamen salus animarum. [...] Deshalb ist bei einem Versagen kirchlicher Verwaltungsorgane nicht der Klageweg zu beschreiten, sondern unter stillem Erdulden menschlicher Unzulänglichkeiten der Kreuzweg, da das Kreuztragen in der Nachfolge Christi selbst noch einmal der Verwirklichung der salus animarum dient.»[830] Die Ablehnung dieser das Recht und die «Rule of Law» auflösenden Haltung von Reinhold Schwarz wurde oben ausführlich begründet.[831]

Das Leiden des Gekreuzigten hat aber nicht das letzte Wort. Er wurde auferweckt vom Vater und damit rehabilitiert. Das Menschenrechtsdenken lässt gerade Opfer von Gewaltverbrechen in Kirche und Welt eine Ahnung von Gerechtigkeit erfahren. Erlösung und Gerechtigkeit sind daher nicht zu trennen. «Erst recht beunruhigt uns die Irreversibilität vergangenen Leidens – jenes Un-

---

825 Vgl. HALLENSLEBEN, *Priestersein* 4–9, 5.

826 Ebd.

827 HALLENSLEBEN, *Barmherzigkeit* 167.

828 BENEDIKT XVI., *Fragen* 168–172, 170: «Der Vater hält das Kreuz und den Gekreuzigten, beugt sich liebevoll zu ihm herunter und ist gleichsam auf der anderen Seite mit am Kreuz. Was Barmherzigkeit Gottes ist, Mitleiden Gottes mit den Menschen, ist da gross und rein empfunden worden. Es geht nicht um eine grausame Gerechtigkeit, [...] sondern [...] um die wirklich innere Überwindung des Bösen, die nur im Leiden der Liebe letztlich geschehen kann.»

829 Wie oben ausführlicher behandelt: Vgl. Teil 2 II. A) in diesem Buch.

830 SCHWARZ, *Geist* 223–240, 239.

831 Vgl. Teil 1 I. A) 4.6 in diesem Buch.

recht an den unschuldig Misshandelten, Entwürdigten und Ermordeten, das über jedes Mass menschenmöglicher Wiedergutmachung hinausgeht. Die verlorene Hoffnung auf Resurrektion hinterlässt eine spürbare Leere.»[832] Diese negative Theologie Habermas' zeigt, dass die Menschen angesichts der Grösse des erlittenen Unrechts, z. B. im Holocaust, erlösende Gerechtigkeit nicht selber schaffen können.

Die Menschenrechte sind gleichsam wie Sakramente der Gerechtigkeit, die auf eine viel grössere Gerechtigkeit erst verweisen. Gerechtigkeit und Erlösung in Gott gehören deshalb zusammen: «Selig, die hungern und dürsten nach der Gerechtigkeit; denn sie werden satt werden.» (Mt 5,6) Denn: «Euch aber muss es zuerst um sein Reich und seine Gerechtigkeit gehen» (Mt 6,33), erinnerte Johannes XXIII. die Konzilsbrüder in seiner Eröffnungsrede zum Zweiten Vatikanischen Konzil.[833] Norbert Brieskorn stellt allerdings zu Recht fest, dass «der Streit darüber, ob Menschenrechte überhaupt in der Kirche einen Platz haben, bis heute noch nicht ausgestanden ist»[834]. Es gibt in allen Kirchen und Religionen genügend Theologien, die die Frage der Menschenrechte in den Kirchen und Religionsgemeinschaften beiseitezuschieben wissen.

2. Die Entwicklung der Gleichstellung von Frau und Mann im staatlichen Recht

In einem juristischen Teil[835] soll ein kleiner Einblick in einige Gleichstellungsnormen des universellen und europäischen Rechts sowie des nationalen Rechts gegeben werden. Bei den nationalen Regelungen wird die Darstellung auf die Schweizer Bundesebene beschränkt.

2.1 Gleichstellungsnormen auf universeller Ebene

- Die Charta der Vereinten Nationen (1945)
- Die Allgemeine Erklärung der Menschenrechte (1948)

---

832 HABERMAS, *Glauben* 7–31, 24 f.

833 JOHANNES XXIII., *Ansprache* 116–150, 130.

834 BRIESKORN, *Menschenrechte* 3–14, 12.

835 Vgl. AHLERS, *Gleichstellung* 7–49.

- Die UN-Menschenrechtspakte[836]
  a) Der Internationale Pakt über bürgerliche und politische Rechte (IPBPR, 1966)[837]
  b) Der Internationale Pakt über wirtschaftliche, soziale und kulturelle Rechte (1966).

Art. 26 des IPBPR verlangt z. B., dass Vertragsstaaten «diskriminierende Praktiken zwischen Privaten im quasi-öffentlichen Bereich von Arbeitsverhältnissen, Schulen, Verkehrsmitteln […] verbieten.»[838] Bei der Anwendung dieser Horizontalwirkung auch auf die Kirchen bleibt den Staaten aber ein grosser Spielraum, den sie auch zugunsten der Diskriminierten nutzen könnten.

- Übereinkommen zur Beseitigung jeder Form von Diskriminierung der Frau (1979)[839]. «Das Besondere an diesem hauptsächlich von Frauen verfassten Übereinkommen ist einerseits, dass es nicht nur die rechtliche Gleichstellung von Frauen und Männern und damit die diskriminierungsfreie Ausübung der Menschenrechte sicherstellen will, sondern darüber hinaus die faktische Gleichberechtigung von Frauen anstrebt.»[840] In diesem Übereinkommen bezeichnet der Ausdruck Diskriminierung der Frau jede mit dem Geschlecht begründete Unterscheidung, Ausschliessung oder Beschränkung, die bewirkt, dass die Frau in der Ausübung der Menschenrechte und Grundfreiheiten beeinträchtigt wird.

Da Frauendiskriminierung vor allem aus kulturell, sozial und religiös geprägten Rollenklischees und tradierten Rollenverteilungen resultiert, werden die Vertragsstaaten verpflichtet, Massnahmen zu ergreifen, um die entsprechenden Vorurteile sowie Praktiken zu beseitigen, die zur Überlegenheit eines Geschlechts beitragen. In der juristischen Literatur «findet sich die Interpretation, dass die Vertragsstaaten […] auch gegen Praktiken religiöser Institutionen vorzugehen hätten, die zwar nach aussen die Gleichheit der Geschlechter anerkennen, in ihrem Innenbereich Frauen aber von höheren Ämtern und Einflussmöglichkeiten ausschliessen würden»[841].

---

836 Beide treten 1976 in Kraft.

837 Die Schweiz tritt 1992 bei.

838 AHLERS, *Gleichstellung* 14 f.

839 In der Schweiz tritt es 1997 in Kraft.

840 AHLERS, *Gleichstellung* 16.

841 A. a. O. 18.

2.2 Gleichstellungsnormen auf europäischer Ebene

Gemäss Art. 14 der Europäischen Menschenrechtskonvention (1949)[842] ist eine Massnahme diskriminierend, wenn sie zwischen Personen oder Personengruppen differenziert, die in einer vergleichbaren Situation sind. Das 12. Zusatzprotokoll, das zur Verstärkung von Art. 14 dient, wird ein selbstständig anfechtbares Diskriminierungsverbot gewährleisten.[843]

Aus dem Recht der Europäischen Union sei aus den vielen einschlägigen Rechtsnormen nur auf einige wenige Normen des Gemeinschaftsrechts hingewiesen:

a) Im Vertrag zur Gründung einer Europäischen Union, dem sogenannten Maastrichter Vertrag (EUV 1992), gehört «die Förderung der Gleichstellung von Frauen und Männern ausdrücklich zu den Aufgaben der Gemeinschaft»[844].
b) Der Vertrag von Amsterdam (1997) macht die Gleichstellung von Frauen und Männern «zu einer Querschnittsaufgabe der Gemeinschaft»[845].
c) Der Vertrag zur Gründung der Europäischen Gemeinschaft (EGV) enthält fünf Bestimmungen zur Gleichstellung von Frauen und Männern.[846]
d) Die Charta der Grundrechte der Europäischen Union enthält sowohl ein Gleichheitsgebot (Art. 20) als auch ein Diskriminierungsverbot (Art. 21).
e) Die Gleichbehandlungsrichtlinien konkretisieren den Grundsatz des gleichen Entgelts und dehnen die Gleichbehandlung von Frauen und Männern auf weitere Bereiche aus. Zusätzlich werden Belästigungen des Geschlechts definiert und verboten.[847] Zu den wesentlichen Neuerungen gehört die Zulässigkeit von positiven Frauenförderungsmassnahmen, z. B. Quotenregelungen, die damit wieder neu ins Gespräch kommen.[848]

2.3 Gleichstellungsnormen auf nationaler Ebene

Der Verfassungsartikel zur Gleichstellung von Frauen und Männern wurde in der Schweiz erst 1981 in einer eidgenössischen Volksabstimmung angenommen

---

842 Die Ratifikationsurkunde der Schweiz wird 1974 hinterlegt.

843 Dieses Zusatzprotokoll ist im Jahr 2000 verabschiedet worden und am 1. April 2005 in Kraft getreten. Die Schweiz hat es bisher weder ratifiziert noch unterschrieben.

844 AHLERS, *Gleichstellung* 27.

845 A. a. O. 25.

846 A. a. O. 27.

847 A. a. O. 31.

848 A. a. O. 32.

(Art. 4 BV). In der nachgeführten Bundesverfassung von 1999 wurde dieser Artikel leicht modifiziert. Das Rechtsgleichheitsgebot wurde auf alle in der Schweiz lebenden Menschen ausgedehnt (Art. 8 Abs. 1). Der Gesetzgebungsauftrag (Art. 8 Abs. 3 Satz 2) wurde konkretisiert. Der Gesetzgeber ist verpflichtet, die rechtliche und tatsächliche Gleichstellung der Geschlechter herzustellen. Es ist also ein Ziel dieses Artikels, den tradierten geschlechtsspezifischen Rollenmustern entgegenzuwirken. Bei Militär und Zivilschutz differenziert die Bundesverfassung selbst nach dem Geschlecht (Art. 59 Abs. 2 und Art. 61 Abs. 3). Gemäss der schweizerischen Rechtslehre erstrecken sich die Grundrechte auch auf die horizontalen Rechtsbeziehungen zwischen Privaten. Unklarheit besteht, wie und inwieweit dies im Einzelnen zu geschehen hat.[849] Das Bundesgesetz über die Gleichstellung von Frau und Mann geht aus vom Gesetzgebungsauftrag der rechtlichen und tatsächlichen Gleichstellung. Es hat die Förderung der tatsächlichen Gleichstellung im Erwerbsleben zum Ziel.

2.4 Fazit

Seit 1945 lässt sich eine kontinuierliche Rechtsentwicklung der Gleichstellung von Frau und Mann auf universeller, europäischer und nationaler Ebene ablesen. Dies gilt sowohl für den Inhalt der Normen als auch für die Durchsetzungsinstrumente. Die fortschreitende Rechtsentwicklung zugunsten der Frauenrechte kann auf allen drei untersuchten Ebenen nachgewiesen werden. Alle Regelungen sind erst nach heftigen Kontroversen und meistens unter grossem Einsatz von den jeweils beteiligten Frauen zustande gekommen. Dabei gingen vom internationalen und europäischen Gleichstellungsrecht starke Impulse aus auf die Entwicklung der nationalen Regelungen, vor allem vom Europäischen Gemeinschaftsrecht bzw. vom Europäischen Gerichtshof. In der feministischen Rechtsliteratur wird kritisiert, dass Frauen in den Überwachungsausschüssen der Menschenrechtsverträge und beim Europäischen Gerichtshof für Menschenrechte stark untervertreten sind. Damit fehle den Frauen bis heute die Definitionsmacht bezüglich der Menschenrechte.

1. Die Menschenrechte der ersten Generation, also die klassischen bürgerlichen und politischen Freiheitsrechte, konzentrieren sich im Wesentlichen auf das Verhältnis zwischen Staat und Individuum. Der Staat soll sich gemäss diesem Konzept möglichst jeder Einmischung in die Freiheitsrechte der Bürgerinnen

[849] A. a. O. 42.

und Bürger enthalten. Das Ziel der Menschenrechte ist es, die Privatsphäre vor staatlichen Eingriffen zu schützen.

2. Die Menschenrechte der zweiten Generation, also die sozialen und wirtschaftlichen Rechte, gestehen dem Staat eine aktivere Rolle zu. Die Staaten hatten aber einen sehr grossen Spielraum bei der Umsetzung dieser Menschenrechte. Da Frauen gemäss der traditionellen Rollenverteilung schwergewichtig im privaten, vom Staat weniger normierten Raum tätig sind, kommen sie deutlich weniger in den Genuss dieser Menschenrechte. Die Trennung in öffentlich und privat, d. h. die Unterscheidung von Bereichen, in denen der Staat eingreifen kann, wird als äusserst fraglich kritisiert. In der Rechtsliteratur wird bemängelt, dass sich die gesamtgesellschaftlichen Geschlechterrollen nur langsam verändert haben.
3. In den bisherigen Abkommen, Pakten und Übereinkommen der kodifizierten Menschenrechte ist eine starke Basis für die Durchsetzung lang anstehender Gleichstellungspostulate geschaffen worden. Die ungenügende Durchsetzung wird aber in der Rechtsliteratur weiterhin kritisiert. Die Schweiz wird aufgefordert, alle Menschenrechtsverträge und insbesondere das Übereinkommen zur Beseitigung jeder Form von Diskriminierung der Frau umzusetzen, ihren Vorbehalt zu Art. 26[850] des Internationalen Paktes über bürgerliche und politische Rechte IPBPR zurückzuziehen und das Protokoll Nr. 12 der EMRK, das ein Diskriminierungsverbot der Frau enthält, zu ratifizieren. Schliesslich soll die Schweiz einen verbindlichen Strategieplan zur Integration der Geschlechterfrage in allen Politikbereichen ausarbeiten. Damit wird das sogenannte Gender Mainstreaming angesprochen. Gender Mainstreaming bedeutet die Reorganisation, Verbesserung, Entwicklung und Evaluation von Entscheidungsprozessen in allen Politikbereichen und Arbeitsbereichen einer Organisation mit dem Ziel, die Perspektive des Geschlechterverhältnisses in allen Entscheidungsprozesse einzubeziehen und alle Entscheidungsprozesse

[850] Der Text des Art. 26 lautet: Alle Menschen sind vor dem Gesetz gleich und haben ohne Diskriminierung Anspruch auf gleichen Schutz durch das Gesetz. In dieser Hinsicht hat das Gesetz jede Diskriminierung zu verbieten und allen Menschen gegen jede Diskriminierung, wie insbesondere wegen der Rasse, der Hautfarbe, des Geschlechts, der Sprache, der Religion, der politischen oder sonstigen Anschauung, der nationalen oder sozialen Herkunft, des Vermögens, der Geburt oder des sonstigen Status, gleichen und wirksamen Schutz zu gewährleisten.
Der Vorbehalt zu Artikel 26 lautet: Die Gleichheit aller Menschen vor dem Gesetz und ihr Anspruch ohne Diskriminierung auf gleichen Schutz durch das Gesetz werden nur in Verbindung mit anderen in diesem Pakt enthaltenen Rechten gewährleistet.
https://www.admin.ch/opc/de/classified-compilation/19660262/index.html (29.06.2017).

für die Gleichstellung der Geschlechter nutzbar zu machen. Auf der Vierten Weltfrauenkonferenz in Peking (1995) kam das Gender Mainstreaming zum Durchbruch. Seither ist es für die Arbeit der Vereinten Nationen verpflichtend und fand so Eingang in das Recht der Europäischen Gemeinschaft und der einzelnen europäischen Länder. Diese neuen Formen der Rechtsumsetzung und Rechtsdurchsetzung sollen der Gleichstellung der Frauen und Männer nicht nur im Recht, sondern in der faktischen Realität zum Durchbruch verhelfen.

3. Die Entwicklung der Gleichstellung von Frau und Mann im kirchlichen Recht

In einem kirchenrechtlichen Teil wird gezeigt, wie die römisch-katholische Kirche die Gleichstellungsanliegen von Frau und Mann sowohl partiell mitgetragen hat als auch teilweise ablehnt.

3.1 Kirchliche Bemühungen um Gleichstellung

Die Enzyklika «Casti connubii» von Pius XI.[851] prangert 1930 einige Verwegene an, die anstelle des Gehorsams der Frau gegenüber ihrem Mann der Frau völlig gleiche Rechte zubilligen wollen. Der CIC/1917 versteht die Frau als Jungfrau oder als Ehefrau und Mutter, die dem Mann untergeordnet ist, oder als eine Gefahrenquelle für den Priester, um den Zölibat zu brechen.

Wie anders tönt hier das Glaubensbekenntnis von Johannes XXIII., der es als Aufgabe des Priesters erachtet, «dem Menschen als solchem zu dienen, nicht bloss den Katholiken, […] in erster Linie und überall die Rechte der menschlichen Person und nicht nur diejenigen der katholischen Kirche zu verteidigen»[852]. Johannes XXIII. hatte als erster Papst die sich wandelnde Stellung der Frau positiv gewürdigt. Etwas mehr als 30 Jahre nach «Casti connubii» trat er in der

[851] Die von Pius XI. am 31. Dezember 1930 veröffentlichte Enzyklika «Casti connubii» trägt den Untertitel: «Über die christliche Ehe im Hinblick auf die gegenwärtigen Lebensbedingungen und Bedürfnisse von Familie und Gesellschaft und auf die diesbezüglich bestehenden Irrtümer und Missbräuche».

[852] Deutsch zitiert nach: KAUFMANN/KLEIN, *Johannes XXIII.* 24.

Enzyklika «Pacem in terris» Nr. 15 für die gleichen Rechte für Frau und Mann in der Ehe ein. Das Zweite Vatikanische Konzil greift diese menschenrechtliche Argumentationsweise des Papstes auf: «Es gibt also in Christus und in der Kirche keine Ungleichheit aufgrund der Rasse und Volkszughörigkeit, sozialer Stellung oder Geschlecht; denn es gilt nicht mehr Jude und Grieche, nicht Sklave und Freier, nicht Mann und Frau; denn alle seid ihr einer in Christus Jesus.» (LG 32)[853] Das Konzil kennt neben dieser Aufforderung zur Gleichstellung auch ein Verbot der Diskriminierung, das der Formulierung entsprechend als göttliches Recht zu verstehen ist. «Jede Form einer Diskriminierung in den gesellschaftlichen und kulturellen Grundrechten der Person, sei es wegen des Geschlechts oder der Rasse, [...] der Sprache oder der Religion, muss überwunden werden und beseitigt werden, *da sie dem Plan Gottes widerspricht* [A. L.]. Es ist eine beklagenswerte Tatsache, dass jene Grundrechte der Person noch immer nicht überall unverletzlich gelten; wenn man etwa der Frau das Recht der freien Wahl des Gatten und des Lebensstandes oder die gleiche Stufe der Bildungsmöglichkeit und Kultur, wie sie dem Mann zuerkannt wird, verweigert.» (GS 29) Die Kirche versteht sich hier sogar als Anwältin der Menschenrechte, die sich wundert, dass die Frauenrechte noch immer nicht überall unverletzlich gelten. Diese Ungeduld lässt etwas den neuen Geist erahnen, der mit der Einberufung des Konzils durch die Kirche geweht hat. Menschenrechtlich vertrat man damals mehrheitlich die Position, dass die private Sphäre vor staatlichen Eingriffen geschützt ist, gemäss der ersten Generation der Menschenrechte. Liest man diese Konzilstexte aber mit der zweiten und dritten Generation der Menschenrechte[854], so wird der Nachholbedarf in der Kirche deutlich.

Die Konzils- und Nachkonzilsgeschichte aus Frauensicht zu schreiben, wäre ein eigenes Forschungsdesiderat. Diese wurde u. a. von der Schweizer Staatskirchenrechtlerin und Menschenrechtlerin Gertrud Heinzelmann (1914–1999) angestossen.[855] Sie erhob Anklage gegen das Männerkonzil und widerlegte mit Thomas von Aquin die bisherigen theologischen Argumente für die Nichtzulassung der Frauen zum geweihten Amt in der Kirche.[856] Sie blieb mit ihrem Einsatz

853 Die Argumentationsweise des Konzils orientierte sich implizit an der «Allgemeinen Erklärung der Menschenrechte» (1948).

854 Vgl. zu der ersten, zweiten und dritten Generation der Menschenrechte Teil 2 II. B) 2.4 in diesem Buch.

855 «‹Die getrennten Schwestern› – so wurden die Frauen lächelnd genannt, als während der zweiten Session des II. Vatikanischen Konzils ihre Abwesenheit als ein peinlicher Mangel empfunden wurde. Man dachte dabei an den Ausdruck ‹die getrennten Brüder›, welcher im Hinblick auf die nichtkatholischen Christen geprägt worden war.» HEINZELMANN, *Schwestern* 5.

für das Frauenpriestertum nicht allein. So sprach sich damals P. Jean Daniélou, der spätere Kardinal, für das Diakonat der Frau aus und verlangte gründliche Studien über ihre Zulassung zum Priestertum.[857] Auf der Bischofssynode von 1971 setzten sich verschiedene Bischöfe, vor allem aus Kanada und aus den USA, für eine Verbesserung der Stellung der Frau ein. Kardinal Flahiff plädierte für die Zulassung von Frauen zur Priesterweihe und empfahl im Namen der Kanadischen Bischofskonferenz eine Kommission einzurichten, die diese Frage eingehend untersuchen sollte.[858] Paul VI. setzte eine Studienkommission über die Stellung der Frau in Gesellschaft und Kirche ein, die sich nicht mit der Frage des Frauenpriestertums beschäftigen sollte. Damit wurde die Päpstliche Bibelkommission neben der Internationalen Theologenkommission beauftragt. 12 von 17 Mitgliedern der Päpstlichen Bibelkommission vertraten die Meinung, «die Kirche könne Frauen zur Priesterweihe zulassen, ohne dass sie gegen den Willen Jesu Christi verstossen würde»[859]. Auch das holländische Pastoralkonzil[860] und die Schweizer Synoden[861] wollten die Frage der Priesterweihe der Frau weiter studieren. Entscheidend war der Einsatz der St. Joan's Alliance für Frauenrechte am Rande des Konzils, die die Frauenfrage bei Männern wie Hans Küng erst bewusst machten.[862]

Ein erster Schritt der Öffnung der Ämter für Frauen, bei dem allerdings die menschenrechtliche Argumentationsweise fehlte, ist die Zulassung von Laien und damit auch Frauen zu kirchlichen Ämtern (LG 33, AA 24). Sie bewirkt, dass Frauen im CIC/1983 (c. 228) neu eine Vielzahl von kirchlichen Ämtern offensteht (z. B. Professorin, Pastoralassistentin, Kanzlerin, Ökonomin etc.). Schliesslich wurde eine Reihe von Diskriminierungen im kirchlichen Recht gestrichen. Beispiele sind die rechtliche Gleichstellung der Ehepartner (c. 1135) und die annähernd rechtliche Gleichstellung im Ordensrecht (c. 606).

3.2 Gegenläufige Tendenzen

In einem zweiten Schritt gilt es nun die gegenläufigen Tendenzen herauszuarbeiten. Das auffälligste Beispiel ist der Ausschluss der Frauen von den Weiheämtern

---

857 Vgl. HEINZELMANN, *Diskriminierung* 186.

858 AHLERS, *Gleichstellung* 71.

859 HÜNERMANN, *Dokumente* 83–96, 84.

860 AHLERS, *Gleichstellung* 75, Anm. 34.

861 A. a. O. 86.

862 A. a. O. 65, Anm. 35.

aufgrund des Geschlechts (c. 1024 CIC/1983). Die Kongregation für die Glaubenslehre hat in ihrer Erklärung «Zur Frage der Zulassung der Frauen zum Priesteramt» («Inter insigniores», 1976) die neuen Argumente gegen das Frauenpriestertum vorgetragen. Der spätere Kardinal Kurt Koch schrieb dazu: «Wären die Argumente, die die Glaubenskongregation gegen das Frauenpriestertum vorbringt, wirklich die einzigen, dann müsste es eigentlich unmittelbar vor der Türe, auch vor der vatikanischen Tür stehen.»[863] Diese Argumente für das Priestertum der Frau wurden in der katholischen Kirche so lange sehr breit und ausführlich diskutiert, bis das Lehramt die theologische Sachfrage in eine verschärfte Gehorsamsfrage umwandelte, «die nach anderen Kriterien und mit anderen Zuständigkeiten zu traktieren ist – ein nicht untypisches Verfahren in den Modernisierungskrisen der Kirche»[864]. Das Apostolische Schreiben «Ordinatio sacerdotalis» (1994) von Johannes Paul II. wiederholt die Argumente, steigert aber den Verbindlichkeitsgrad der Lehre von der nur Männern vorbehaltenen Priesterweihe. Nachdem auch die Antwort auf den Zweifel bezüglich der im Apostolischen Schreiben «Ordinatio sacerdotalis» enthaltenen Lehre (1995) der Glaubenskongregation die theologische Diskussion über die Verbindlichkeit der Lehre nicht beendete, entschied der Gesetzgeber Johannes Paul II., die Lehre von «Ordinatio sacerdotalis» mit kanonistischen Mitteln des Lehrrechts und des Strafrechts durchzusetzen. Das Motuproprio «Ad tuendam fidem» (1998) fügt dem CIC/1983 erstmals zwei Rechtsnormen bei: c. 750 § 2; c. 1371 n. 1. In c. 750 § 2 wird erstmalig im CIC/1983 der sekundäre Gegenstandsbereich des kirchlichen Lehramtes geregelt.[865] Gemäss c. 1371 n. 1 macht sich strafbar, wer eine Lehre im Sinne von c. 750 § 2 hartnäckig zurückweist und auch nach Verwarnung nicht widerruft. Aus dem lehrmässigen Kommentar der Glaubenskongregation zur Schlussformel der «Professio fidei» geht hervor, dass die in «Ordinatio sacerdotalis» vorgetragene Lehre über die nur Männern vorbehaltene Priesterweihe eindeutig in den Sekundärbereich des unfehlbaren Lehramtes und damit unter c. 750 § 2 fällt. Diese Lehre ist damit auch durch die Strafandrohung von c. 1371 n. 1 verschärft. Mit den Ergänzungen der Canones 750 und 1371 CIC/1983 «ist die Einhaltung der Lehren aus dem Sekundärbereich und damit auch die Lehre vom Ausschluss der Frauen von der Priesterweihe zu einer

---

863 KOCH KURT, *Zwischenrufe* 54.

864 GROSS, *Einleitung* 7–10, 7 f.

865 Zum Sekundärbereich des kirchlichen Lehramtes gehören diejenigen endgültig vorgelegten Lehren, die zwar nicht direkt oder unmittelbar geoffenbart sind, die aber doch in mittelbarem Zusammenhang mit der Offenbarung stehen.

strafrechtlich sanktionierten Rechtspflicht für alle Gläubigen geworden. Lediglich eine private Meinungsäusserung und ein unsachgemässer Gebrauch der in c. 218 CIC normierten Forschungsfreiheit stellen noch keine Verletzung dieser Rechtspflicht dar.»[866]

Das Schreiben der Glaubenskongregation «Mulieris dignitatem» (2004) «über die Zusammenarbeit von Männern und Frauen in der Kirche und in der Welt» bringt keinerlei neue Lehraussagen, zeichnet aber ein Frauenbild, das den Ausschluss der Frauen von der Weihe untermauert. Die Frau wird wieder nur als Mutter und in ihrer Bedeutung für die Familie gesehen und kaum als Person mit gleichen Rechten.[867] Sie erscheint nicht als Subjekt gesellschaftlichen und kirchlichen Handelns.[868] Die kirchlich verbindlichen Texte zur Gleichheit der Geschlechter (Gen 1,27; Gal 3,28; «Pacem in terris»; LG 32; GS 29; c. 208 CIC/1983) werden vom Schreiben nicht erwähnt. Das darin enthaltene Frauenbild steht in einem engen Zusammenhang mit dem geschlechtsspezifischen Weihevorbehalt.[869]

Die Konzilseröffnungsrede Johannes' XXIII. kann aus heutiger Sicht wie ein Kommentar zu der Verschärfung des kirchlichen Strafrechts mangels überzeugender Argumente gelesen werden: «Wir sehen ja, wie im Wechsel der Epochen einander entgegengesetzte Meinungen der Menschen aufeinander folgen und wie Irrtümer kaum entstanden, wie der Morgennebel vor der Sonne vergehen. Die Kirche war immer im Widerspruch zu solchen Irrtümern; manchmal hat sie diese auch mit grösster Strenge verurteilt. Heutzutage zieht es die Braut Christi vor, eher das Heilmittel der Barmherzigkeit zu gebrauchen als das der Strenge. Sie ist davon überzeugt, dass es dem jetzt Geforderten besser entspricht, wenn sie die Triftigkeit ihrer Lehre nachweist, als wenn sie eine Verurteilung ausspricht. [...] Zunehmend sind die Menschen vom überragenden Wert der Würde der menschlichen Person überzeugt.»[870] Papst Franziskus führt das Thema der Barmherzigkeit in dem Nachsynodalen Schreiben «Amoris laetitia» weiter. Er hält fest, dass «zwei Arten von Logik [...] die gesamte Geschichte der Kirche durchziehen: ausgrenzen und wiedereingliedern» (Nr. 296), wobei er für die zweite Form steht: Die Logik der Integration ist für ihn der Schlüssel der pastoralen Begleitung (vgl. Nr. 299).

---

866 AHLERS, *Gleichstellung* 126.

867 A. a. O. 127.

868 A. a. O. 131.

869 A. a. O. 131 f. Vgl. LADSTAETTER, *Frage* 64 f.: «Italien ist ein Entwicklungsland in Sachen Gleichberechtigung: Nur drei Prozent der Top-Jobs sind von Frauen besetzt.» (64) Hängt das mit einer spezifischen Vorbildsituation der Kirche zusammen?

870 JOHANNES XXIII., *Ansprache* 116–150, 137–139.

3.3 Gleichberechtigte Ehepartner in «Amoris laetitia»

Franziskus vertritt das Prinzip, dass die Wirklichkeit wichtiger ist als die Idee.[871] Darum wird einer unrealistischen theologischen Idealisierung der Ehe in dem Nachsynodalen Schreiben «Amoris laetitia»[872] widersprochen. (Nr. 122) Das Bemühen der Partner um Gleichstellung in der Ehe (c. 1135 CIC/1983; «Pacem in terris» Nr. 15) gilt es über ein ständiges Lernen, Wachsen und Reifen weiterzuentwickeln. «Die identische Würde von Mann und Frau ist uns ein Grund zur Freude darüber, dass alte Formen von Diskriminierung überwunden werden und sich in den Familien eine Praxis der Wechselseitigkeit entwickelt.» («Amoris laetitia» Nr. 54) Franziskus würdigt «den Feminismus [...] Denn die Grösse der Frau schliesst alle Rechte ein, die aus ihrer unveräussserlichen Menschenwürde [...] hervorgehen.» (Nr. 173)[873] Daraus zieht er die Konsequenz: «In einigen Fällen verlangt die Geltendmachung der eigenen Würde und des Wohls der Kinder, dass den übertriebenen Ansprüchen des anderen, einer grossen Ungerechtigkeit, der Gewalt oder einem chronisch gewordenen Mangel an Achtung eine unverrückbare Grenze gesetzt wird.» (Nr. 241) Franziskus spricht die häusliche Gewalt an, «die manchmal gegen Frauen verübt wird, die Misshandlung in der Familie und verschiedene Formen der Sklaverei, die nicht etwa ein Beweis der männlichen Kraft sind, sondern ein feiger Verlust an Würde» (Nr. 54).

Dann erinnert Franziskus an die mildernden Umstände, die das kanonische Recht entfaltet haben und die auch die staatliche Rechtsentwicklung beeinflusst haben. «Die Kirche ist im Besitz einer soliden Reflexion über die mildernden [...] Umstände. Daher ist es nicht mehr möglich zu behaupten, dass alle, die in irgendeiner sogenannten ‹irregulären› Situation leben, sich in einem Zustand der Todsünde befinden und die heiligmachende Gnade verloren haben. Die Einschränkungen haben nicht nur mit einer eventuellen Unkenntnis der Norm zu tun. Ein Mensch kann, obwohl er die Norm genau kennt, grosse Schwierigkeiten

---

871 Vgl. FRANZISKUS, *«Evangelii gaudium»* Nr. 231–233.

872 In diesem Kapitel beziehen sich die Angaben von Nummern (Nr.) auf dieses Nachsynodale Schreiben «Amoris laetitia».

873 Die menschlichen Erfahrungen des Scheiterns in Partnerschaft und Familie darf die Kirche nicht meiden. «Ich glaube ehrlich, dass Jesus Christus eine Kirche möchte, die achtsam ist gegenüber dem Guten, das der Heilige Geist inmitten der Schwachheit und Hinfälligkeit verbreitet: eine Mutter, die klar ihre objektive Lehre zum Ausdruck bringt und zugleich ‹nicht auf das mögliche Gute [verzichtet], auch wenn [sie] Gefahr läuft, sich mit dem Schlamm der Strasse zu beschmutzen›.» (Nr. 308) Dabei gilt es, die «Collage aus vielen unterschiedlichen Wirklichkeiten voller Freuden, Dramen und Träume» (Nr. 57) wahrzunehmen.

haben ‹im Verstehen der Werte, um die es in der sittlichen Norm geht›, oder er kann sich in einer konkreten Lage befinden, die ihm nicht erlaubt, anders zu handeln und andere Entscheidungen zu treffen, ohne eine neue Schuld auf sich zu laden.» (Nr. 301)

Es geht nicht darum, das Ideal der unauflöslichen Ehe preiszugeben. Der Bischof von Rom warnt jedoch davor, Gesetze wie Felsblöcke auf das Leben von Menschen zu werfen (vgl. Nr. 305). Er erachtet es als «kleinlich, nur bei der Erwägung stehen zu bleiben, ob das Handeln einer Person einem Gesetz oder einer allgemeinen Norm entspricht oder nicht» (Nr. 304). So ist auch die Würde jeder Person, auch der Homosexuellen, zu achten. «Darum möchten wir vor allem bekräftigen, dass jeder Mensch, unabhängig von seiner sexuellen Orientierung, in seiner Würde geachtet und mit Respekt aufgenommen werden soll und sorgsam zu vermeiden ist, ihn ‹in irgendeiner Weise ungerecht zurückzusetzen› oder ihm gar mit Aggression und Gewalt zu begegnen.» (Nr. 250)

Selbstkritisch formuliert der Bischof von Rom: Die Kirche tut sich «schwer, dem Gewissen der Gläubigen Raum zu geben, die oftmals inmitten ihrer Begrenzungen, so gut es ihnen möglich ist, dem Evangelium entsprechen und ihr persönliches Unterscheidungsvermögen angesichts von Situationen entwickeln, in denen alle Schemata auseinanderbrechen. Wir sind berufen, die Gewissen zu bilden, nicht aber dazu, den Anspruch zu erheben, sie zu ersetzen.» (Nr. 37) Der Einzelne ist zu respektieren, der im Gewissen allein mit Gott ist. Das begründet auch, weshalb das Dokument keine neuen Regeln für alle Fälle entwickelt: «Wenn man die zahllosen Unterschiede der konkreten Situationen […] berücksichtigt, kann man verstehen, dass man von der Synode oder von diesem Schreiben keine neue, auf alle Fälle anzuwendende generelle gesetzliche Regelung kanonischer Art erwarten durfte. Es ist nur möglich, eine neue Ermutigung auszudrücken zu einer verantwortungsvollen persönlichen und pastoralen Unterscheidung der je spezifischen Fälle» (Nr. 300).

Deshalb ist nicht eine positivistische Anwendung des Kirchenrechts gefragt, sondern die *Notwendigkeit zu unterscheiden* wird im Titel des 8. Kapitels von «Amoris laetitia» hervorgehoben. Die Unterscheidung ist ein Schlüsselbegriff der Spiritualität, nicht nur der ignatianischen Spiritualität. Bisher wandte man diesen Begriff der Unterscheidung im Bereich der Spiritualität an ohne rechtliche Konsequenzen. Man unterschied die Lebenssituationen, um dann doch alle Menschen unter dasselbe Gesetz zu stellen. Neu besteht der Papst darauf, dass Konsequenzen zu ziehen sind (vgl. Nr. 300). Damit ändert Franziskus die Umgangsweise mit Menschen in einer «sogenannten ‹irregulären› Situation», wie Franziskus sie nennt. «Mit diesem Nachsynodalen Schreiben wird eine Veränderung der bestehenden offiziellen Disziplin vorgenommen, wie sie im Apostolischen Schreiben Familiaris consortio Nr. 84[874] sowie im Schreiben der Kongregation für die Glaubenslehre an die Bischöfe der katholischen Kirche über den Kommunionempfang von wiederverheirateten geschiedenen Gläubigen[875] unter Ausschluss jeglicher Ausnahmen vorgeschrieben und eingeschärft wurde.»[876]

Franziskus spricht in dem Nachsynodalen Schreiben «Amoris laetitia» tabuisierte Themen an wie Leidenschaft und Erotik. Er eröffnet neue Freiräume für Menschen in sogenannten irregulären Situationen, die in einem Konflikt zu der kirchlichen Doktrin oder Disziplin stehen. Dem Machtwort «Roma locuta, causa finita» (Rom hat gesprochen, der Fall ist erledigt) setzt Franziskus eine neue Praxis entgegen. Er will, dass nicht alle Streitfragen durch das römische Lehramt entschieden werden. Damit stärkt Papst Franziskus zum wiederholten Male die Dezentralisierung in der Kirche. Der Papst aus Südamerika anerkennt die unterschiedlichen sozialen Bedingungen, unter denen die mehr als 1.2 Milliarden Katholiken weltweit leben. Er achtet die Gewissenskompetenz der Gläubigen und insistiert auf der kirchlichen Aufgabe der Gewissensbildung. Wenn eine Lebenssituation nicht den kirchlichen Normen entspricht, ist sorgfältig zu unterscheiden, ob der Grad der persönlichen Verantwortung der Betroffenen und damit die Schwere der Sünde nicht gemindert sein kann (vgl. Nr. 300). Denn die Würde des Menschen verlangt, «dass er in bewusster und freier Wahl handle, d. h. personal, von innen her bewegt und geführt und nicht unter blindem innerem Drang oder unter blossem äusserem Zwang» (GS 17). Damit werden Freiheitsräume vorausgesetzt, um sich für «die Wahl des Guten» (ebd.) zu entscheiden bzw. die Wahrheit zu suchen. Solche individuellen Freiheitsräume ermöglichen die Freiheitsrechte. Freiheitsrechte sind aber im Unterschied zur einem theologischen oder philosophischen Plädoyer für Freiheitsräume in der Verfassung einer Institution gesichert. Freiheitsrechte sind nicht allein auf den Goodwill der Institutionsvertreter angewiesen. Freiheitsrechte sind einklagbar.

---

874 «Die Kirche bekräftigt jedoch ihre auf die Heilige Schrift gestützte Praxis, wiederverheiratete Geschiedene nicht zum eucharistischen Mal zuzulassen. […] Die Wiederversöhnung im Sakrament der Busse, das den Weg zum Sakrament der Eucharistie öffnet, kann nur denen gewährt werden, welche die Verletzung des Zeichens des Bundes mit Christus und der Treue zu ihm bereut und die aufrichtige Bereitschaft zu einem Leben haben, das nicht mehr im Widerspruch zur Unauflöslichkeit der Ehe steht.» JOHANNES PAUL II., *Leben* Nr. 84.

875 KONGREGATION FÜR DIE GLAUBENSLEHRE, *Schreiben*.

876 FABER, *Begleiten*.

4. Das Spannungsverhältnis zwischen staatlichem und kirchlichem Recht

Im interdisziplinären Teil dieses Kapitels stelle ich zwei Problemkreise dar. Einerseits ist der Staat und andererseits die Kirche nach Konfliktfeldern zu befragen, die sich aus der geschlechterbedingten Nichtzulassung zu den geweihten und damit höheren Ämtern ergeben können.

4.1 Herausforderungen für staatliche Gerichte

Für staatliche Gerichte könnte sich die Frage stellen: Welches der beiden vom Staat garantierten Grundrechte geht vor: die *Religionsfreiheit* (mit dem Selbstbestimmungsrecht) oder die Gleichstellung der Geschlechter (mit dem *Diskriminierungsverbot*)?[877]

Die Verbindlichkeiten des nationalen, europäischen und universellen Gleichstellungsrechts für die römisch-katholische Kirche im Hinblick auf die fehlende Frauenordination werden diskutiert. Es fragt sich staatskirchenrechtlich, ob das in der Schweiz geltende staatliche Gleichstellungsrecht nicht auch für die Kirche verbindlich ist. Wie verbindlich sind für den Staat der verfassungsrechtliche Grundsatz der Gleichberechtigung der Geschlechter und der Grundsatz der Nichtdiskriminierung aufgrund des Geschlechts? Diese Frage wird von staatlichen Gerichten in den Rechtsstaaten, in der Schweiz, in Brüssel (Europäischer Gerichtshof) und in Strassburg (Europäischer Gerichtshof für Menschenrechte) noch zu entscheiden sein. Eine Klage wurde bisher nicht eingereicht. Allerdings halten Konrad Sahlfeld und einzelne Anwälte eine solche Klage für wünschenswert. «Denn trotz der Strassburger Rechtsprechung, die relativ klar erscheint, ist mit keinem Wort gesagt, dass etwa ein Gleichstellungsgesetz und, viel wichtiger, die verfassungsrechtlich geschützte Gleichstellung von Mann und Frau, automatisch auf eine öffentlich-rechtlich verfasste Kirche keine Anwendung finden sollte. Eine gerichtliche Klärung dieser Frage erschiene wünschenswert.»[878]

Der Gleichstellungsausschuss des Europarates hat sich ebenfalls «ausführlich mit dem Verhältnis von Religionsgemeinschaften und der Gleichstellung bzw. der Diskriminierung von Frauen in Europa befasst. […] In einem Bericht von 2005

---

[877] Vgl. BUSER, *Diskriminierung*.

[878] SAHLFELD, *Aspekte* 187 f.

hält der Ausschuss fest, dass Glaubensgemeinschaften das Recht auf Gleichstellung und Würde der Frau nicht mit staatlicher Hilfe untergraben dürfen. ‹All women living in Council of Europe member states have the right to equality and dignity in all areas of life. Freedom of religion must not be accepted as a pretext for justifying violations of women's rights. […] It is the duty of the member states of the Council of Europe to protect women against violations of their rights in the name of religion and to promote and fully implement gender equality.› Grossen in Europa verbreiteten Glaubensgemeinschaften wie der katholischen Kirche, den orthodoxen und manchen evangelikalen Kirchen, dem orthodoxen Judentum oder manchen islamischen Gruppierungen sei gemeinsam, so der Bericht weiter, dass sie diskriminierende Rollenstereotype aufrechterhielten […] und die weiblichen Glaubensangehörigen in ihrer patriarchalischen Organisationsstruktur teilweise massiv benachteiligten.»[879]

Wolfgang Rüfner sieht durchaus die Möglichkeit der katholischen Priesterin kraft europäischen Rechts. Dies würde er für ein abstruses und realitätsfernes Beispiel der mittelbaren Auswirkung des Europarechts auf das kirchliche Leben halten, aber keineswegs für undenkbar.[880] Es darf aber auch nicht übersehen werden, dass die katholische Kirche Frauen in kirchliche Ämter mit Entscheidungsfunktionen berufen kann, wenn sie will.[881] Selbst Papst Franziskus fordert, dass Frauen in Leitungspositionen der Kirche Eingang finden.[882] Noch deutlicher verlangte Johannes Paul II., dass es «daher dringend einiger konkreter Schritte [bedürfe …], dass den Frauen Räume zur Mitwirkung in verschiedenen Bereichen und auf allen Ebenen eröffnet werden, auch in den Prozessen der Entscheidungsfindung, vor allem dort, wo es sie selbst angeht.»[883] Gerade auf dem Gebiet der theologischen, kulturellen und spirituellen Reflexi-

---

879 WYTTENBACH, *Kooperation* 377–413, 388 f. «Hinzu kommt die Beachtung weiterer rechtsstaatlich-demokratischer Grundsätze bei der Einräumung von Privilegien öffentlich-rechtlicher Natur, die ebenfalls dem Schutz der einzelnen Gläubigen dienen, z. B. der Aufbau der Körperschaft, das Wahlverfahren oder die Grundsätze der Besteuerung.» (390) Vgl. COUNCIL OF EUROPE, *Parliamentary Assembly Resolution 1464*, 4.10.2005, § 5 f. Vgl. auch die kritischen Bemerkungen zur Religion und Menschenrechten von Frauen in: NATIONS UNIES, *Étude*, § 112 mit weiteren Hinweisen.

880 RÜFNER, *Überlegungen* 485–498, 488.

881 Vgl. LORETAN, *Laien* 281–338.

882 «Denn ‹das weibliche Talent ist unentbehrlich […]; aus diesem Grund muss die Gegenwart der Frauen auch im Bereich der Arbeit garantiert werden› und an den verschiedenen Stellen, wo die wichtigen Entscheidungen getroffen werden, in der Kirche ebenso wie in den sozialen Strukturen.» FRANZISKUS, *«Evangelii gaudium»* Nr. 103.

883 JOHANNES PAUL II., *«Vita consecrata»* Nr. 58.

on erwartete Johannes Paul II. von den Frauen überraschend neue Zugänge zum Glauben in all seinen Ausdrucksformen. Er führte weiter aus: «Sicher muss man viele Forderungen, die die Stellung der Frau in verschiedenen gesellschaftlichen und kirchlichen Bereichen betreffen, als berechtigt anerkennen. In gleicher Weise gilt es hervorzuheben, dass das neue Bewusstsein der Frau auch den Männern hilft, ihre Denkmuster, ihr Selbstverständnis und ihre Art und Weise zu überprüfen, wie sie sich in der Geschichte etablieren und diese auslegen, wie sie ihr soziales, politisches, wirtschaftliches, religiöses und kirchliches Leben gestalten.»[884]

Der Islam in europäischen Staaten verstärkt die Fragestellung: Soll Religionsfreiheit praktisch in allen Bereichen gelten, die eine Religionsgemeinschaft als religiös erachtet? Damit würde in grossen Teilen der Gesellschaft das universale, europäische und nationale Gleichstellungsrecht der Geschlechter für Frauen muslimischen Glaubens ausser Kraft gesetzt. Die Debatte um das Verhältnis zwischen Religionsfreiheit und Gleichstellung der Mitglieder hat eben erst begonnen. Die Betonung der Freiheitsrechte bei der Anerkennungsfrage der Islamischen Gemeinschaften[885] zeigt schon heute, welche Herausforderungen auf die bisher anerkannten Kirchen zukommen. Denn die öffentlich-rechtliche Anerkennung kann nicht zwischen christlichen und muslimischen Religionsgemeinschaften unterscheiden. Zudem wird der rein institutionsgeprägte Blick auf das Verhältnis von Staat und Religionsgemeinschaft[886] zunehmend ergänzt durch den grundrechtlichen Blick auf die einzelnen Gläubigen[887], wie rechtsphilosophisch im Kapitel über Moses Mendelssohn angekündigt.

4.2 Herausforderungen für die Kirche

Vor dem Hintergrund des universellen, europäischen und nationalen Gleichstellungsrechts ergeben sich für die Kirche aus dem geschlechterbedingten Ausschluss der Frauen von der Weihe und damit von den höheren Leitungsämtern neue Fragen: Kann die Kirche in der Gesellschaft glaubwürdig für die Menschenrechte eintreten und die Rechte der Frauen in den eigenen Reihen aus theologischen Gründen so stark beschränken? Paul VI. jedenfalls schreibt: «Aus Erfahrung weiss

884 A. a. O. Nr. 57.

885 Vgl. LORETAN/WEBER/MORAWA, *Freiheit.*

886 LISTL, *Kirche.*

887 Vgl. HEINIG/WALTER, *Staatskirchenrecht.*

die Kirche, dass der Dienst an der Durchsetzung der Menschenrechte in der Welt sie zu dauernder Gewissensforschung verpflichtet und zu ununterbrochener Reinigung ihres eigenen Lebens, ihrer Gesetzgebung, ihrer Institutionen und ihrer Handlungsweisen.»[888] Denn eine Trennung zwischen innerkirchlichem Gemeinschaftsethos und profan-gesellschaftlichem Gemeinschaftsethos ist für viele theologische Autoren (Hilpert, Halter, Heimbach-Steins, Luf etc.) nicht begründbar,[889] wie der Kirchenrechtler Bartolomé de Las Casas schon im 16. Jahrhundert unmissverständlich klarmachte.[890]

Bricht durch die «legitimierte» Diskriminierung der Frauen ein gespaltenes Verhältnis der katholischen Kirche zur Moderne und zum demokratischen Rechtsstaat auf?[891] Vor allem so offensichtliche Diskrepanzen zwischen kirchenrechtlichen Normen einerseits und Standards der Gerechtigkeitskriterien moderner Rechtsstaatlichkeit andererseits tragen nicht zur Glaubwürdigkeit der Kirche in der Öffentlichkeit bei. Darüber geht vergessen, dass einst die Kirche den Staat Rechtsstandards bzw. «the Rule of Law»[892] lehrte. Es wird «die tief greifende Prägung moderner Staatlichkeit durch das lateinische Christentum, genauer: durch die Kanonistik»[893] übersehen. Max Weber hat vom kanonischen Recht als einem «Führer auf dem Wege zur Rationalität»[894] für die europäische Rechtsentwicklung gesprochen.

Der säkulare Staat spricht «der Religion nicht das Wahrheitspotenzial *ab* – er spricht es nur keiner bestimmten Religion *zu*. Er selbst betreibt auf dem Feld letzter Wahrheiten konsequente Abrüstungspolitik. […] Der säkulare Staat der Moderne versteht sich nicht als Wahrheits- oder Tugendstaat, sondern als Freiheits- und Friedensordnung. Recht dient ‹dem politischen Frieden, der weltlichen Freiheit aller und der Koexistenz der gegensätzlichen Religio-

888 PAUL VI., *Botschaft* 624.

889 AHLERS, *Gleichstellung* 165 f.

890 Vgl. HUSER, *Vernunft.*

891 Religionsgemeinschaften und Staaten sind aber in pluralistischen Gesellschaften aufeinander gegenseitig angewiesen. Bundesrat Moritz Leuenberger hat dies vor der Europäischen Gesellschaft für katholische Theologie wie folgt umschrieben: «Der Staat lebt also von Voraussetzungen, die er allein nicht garantieren kann, ohne dabei das Fundament der Freiheit in Frage zu stellen. […] Für die Religionen gilt die gleiche Beschränktheit wie für den Staat, denn auch sie können ihre Religionsfreiheit allein nicht garantieren.» (LEUENBERGER, *Wiederkehr* 164–174, 171) Noch weniger können sie den religiösen Frieden unter den Religionsgemeinschaften garantieren. Vgl. dazu auch Abschnitt Teil 1 II. B) 4.2.1 mit Anm. 664 in diesem Buch.

892 Vgl. Teil 1 I. A) 4.1 in diesem Buch.

893 DREIER, *Säkularisierung* 44.

894 WEBER MAX, *Wirtschaft*, 481.

nen und der Ausklammerung der religiösen Wahrheitsfrage›.»[895] Heute sollte nicht nur der Islam sich mit den Anforderungen der modernen pluralistischen Gesellschaft und des Rechtsstaats auseinandersetzen.[896] Die Freiheitsrechte, konkret hier die Rechtsgleichheit der Personen und das Diskriminierungsverbot, spielen eine zentrale Rolle für die Rechtsstaatlichkeit bzw. die «Rule of Law».

5. Ausblick

Tradierte Rollenmuster werden infrage gestellt, und versteckte Diskriminierungen werden öffentlich angeklagt. Eine unumkehrbare Entwicklung ist in Gang gesetzt, die das gesellschaftliche Wertebewusstsein und das Rechtsempfinden prägt.[897] Die Kirche hat im Zweiten Vatikanischen Konzil die Rolle der Anklägerin gegen Diskriminierungen u. a. in Bezug auf das Geschlecht übernommen (GS 29). Die lehramtlich begründete Gleichheit der Geschlechter fand Eingang in das nachkonziliare Gesetzbuch.[898] Gemäss Konzil und Gesetzbuch (CIC/1983) wurden Frauen zu kirchlichen Ämtern (LG 33; AA 24; c. 228 CIC/1983) zugelassen (z. B. Theologieprofessorin, Pastoralassistentin und weitere «Beauftragte Laien im kirchlichen Dienst»[899], Kanzlerin, Richterin etc.). Trotz dieser nicht zu unterschätzenden Entwicklung in Lehre und im kirchlichen Recht ist die volle Gleichstellung von Frauen und Männern in der Kirche nicht verwirklicht. Frauen sind aufgrund ihres Geschlechts von der Weihe

895 DREIER, *Säkularisierung* 34 f.

896 «Aus ihrer Binnenperspektive [ist] das Verhältnis der religiösen Gemeinde (a) zum liberalen Staat, (b) zu den anderen Religionsgemeinschaften und (c) zur säkularisierten Gesellschaft im Ganzen neu [zu] bestimmen.» HABERMAS, *Intoleranz* 43–56, 46.

897 Die noch nicht befriedigende Umsetzung des Gleichstellungsrechts und der nach wie vor bestehenden Mängel bei der Verwirklichung der tatsächlichen Gleichstellung sollte dabei nicht übersehen werden. Seit 1945 entwickelte sich die Gleichstellung der Geschlechter als ein integraler Bestandteil des universellen, europäischen und nationalen Rechts und der Staatengemeinschaft.

898 Es gibt unter den Gläubigen «eine wahre Gleichheit in der ihnen gemeinsamen Würde und Tätigkeit zum Aufbau des Leibes Christi» (c. 208 CIC/1983). Denn es gibt in Christus und der Kirche keine Ungleichheit aufgrund des Geschlechts (LG 32).

899 Die Schweizer Bischöfe verstehen darunter in «Beauftragte Laien im kirchlichen Dienst» II. Teil Nr. 3 (Dokumente der Schweizer Bischöfe; 12 [12.1.2005]) die Bezeichnungen: «Bezugspersonen, Pfarrbeauftragte, Gemeindeleiter/innen» (in Anlehnung an c. 517 § 2 CIC/1983).

ausgeschlossen (c. 1024 CIC/1983). Damit ist der Zugang zu den wichtigen Leitungsämtern verunmöglicht.[900]

Der Ausschluss der Frauen von den geweihten Ämtern ist im kirchlichen Recht keine Diskriminierung, da in der heute geltenden Fassung des positiven Rechts keine Grundrechte mehr gewährt werden.[901] Frauen stehen, so die Kirchenrechtlerin Sabine Demel, «im Spagat von Gleichwertigkeit und Nichtzulassung zur Weihe»[902]. Im staatlichen Recht ist der Ausschluss der Frauen von vielen wichtigen Leitungsämtern der Kirche eine Diskriminierung aufgrund des Geschlechts,[903] die aber aufgrund der Güterabwägung mit der kollektiven Religionsfreiheit bisher geduldet wird. Der Kirchenrechtler Norbert Lüdecke hält daher fest: «Dass sich die Forderung nach voller Gleichberechtigung der Frau auf die Gruppe von Multiplikatoren konzentriert, während sich viele Frauen in der Gemeinde vor Ort anerkannt fühlen, verringert das Problem nicht. Denn diese Zustimmung ist möglicherweise nur vorläufig, weil die Qualität der rechtlichen Ungleichheit als grundsätzliche strukturelle Konsequenz der authentischen Lehre zur Geschlechteranthropologie (noch) nicht bewusst ist.»[904] Wird die Frage der Gleichstellung der Geschlechter dadurch gelöst, dass junge Frauen sich von der Kirche verabschieden? Ist damit nach dem Verlust der Arbeiter nun die innere oder äussere Emigration jener Frauen angesagt, die es als unmoralisch erachten, in einer Organisation mitzuwirken, die Frauen diskriminiert?

Grundrechte gelten aber nicht nur zwischen Staat und Individuum, sondern auch *gegenüber Privaten* (wie der Kirche). Staatliche Gerichte werden ihre Güterabwägung

---

900 Seit dem Konzil haben deshalb namhafte Kardinäle, Theologen, Staatskirchenrechtlerinnen, Kommissionen, Synoden gefordert, die Frage der Priesterweihe und der Diakonenweihe der Frau theologisch zu vertiefen. 1976 («Inter insigniores») wurde die Frage der Priesterweihe der Frau lehramtlich negativ entschieden. 1994 («Ordinatio sacerdotalis») wird der Verbindlichkeitsgrad der Lehre (DEFINITIVE TENENDAM) von der nur Männern vorbehaltenen Priesterweihe gesteigert. 1998 («Ad tuendam fidem» und Lehrmässiger Kommentar der Glaubenskongregation) wird festgehalten, dass die in «Ordinatio sacerdotalis» vorgetragene Lehre vom Ausschluss der Frauen von der Priesterweihe zu einer strafrechtlich sanktionierten Rechtspflicht für alle Gläubigen geworden ist.

901 Es stellt sich die Frage, ob der Grundrechtskatalog des kirchlichen Grundgesetzes (LEF) u. a. wegen der Frauenfrage gestrichen wurde, nachdem im ganzen Pontifikat Pauls VI. daran festgehalten wurde.

902 DEMEL, *Einführung* 132–139.

903 Gemessen am Massstab des Gleichstellungsrechts stellt der allein mit dem Geschlecht begründete Ausschluss der Frauen von der Weihe und damit von den meisten wichtigen Leitungsfunktionen eine eindeutige Diskriminierung dar.

904 LÜDECKE, *Bemerkungen* 66–90, 89.

zwischen Geschlechtergleichstellung und Religionsfreiheit neu begründen müssen. Kann es einen gleichstellungsfreien Raum in den Religionsgemeinschaften geben? Oder anders ausgedrückt: Warum «geniesst etwa die katholische Kirche das Recht, Frauen vom Priesteramt auszuschliessen, obwohl die Gleichberechtigung von Mann und Frau Verfassungsrang hat und in anderen Sektoren der Gesellschaft durchgesetzt wird»[905]? Werden die nationalen und internationalen Gerichte diese Haltung in Zukunft teilen? Die gesellschaftliche Öffentlichkeit lehnt diese legitimierte Diskriminierung in den Religionen schon heute mehrheitlich ab. Auch die kirchliche Öffentlichkeit in der Deutschschweiz und in der Romandie verlangt die Gleichstellung.[906] Sind staatliche Behörden aufgrund der ihnen obliegenden Verpflichtung, die tatsächliche Gleichstellung der Geschlechter zu fördern (asymmetrischer Diskriminierungsbegriff), berechtigt oder eventuell gar verpflichtet, staatliche Leistungen an die römisch-katholische Kirche von einer bestimmten Form der Gleichstellung von Geschlechtern abhängig zu machen?

Die Freiheitsgeschichte der Moderne wird in der Konzilserklärung über die Religionsfreiheit «Dignitatis humanae» prinzipiell bejaht.[907] Den langsamen Prozess der katholischen Staatslehre von einem ahistorisch konzipierten «Gottesrecht» hin zur Anerkennung und Würdigung eines von der Person her gedachten «Menschenrechts» hat Rudolf Uertz skizziert.[908] Das Recht wird nicht mehr länger mit der göttlichen Wahrheit begründet (mittelalterliche Rechtsbegründung), sondern mit dem Recht der Person (neuzeitliche Rechtsbegründung). Dieser Prozess wurde aber nicht nur in der katholischen Staatslehre, sondern auch in der Kirchenrechtswissenschaft eingeleitet, wie oben ausführlich aufgezeigt.[909]

«Die Kirche ist beides: geheimnisvoller Leib Christi und menschliche Organisation (ungetrennt und unvermischt)[910], und deshalb gelten in gewisser Weise auch die Prinzipien der Soziallehre der Kirche für ihren eigenen Bereich, so

---

905 HABERMAS, *Gleichbehandlung* 367–394, 383 f. Die Diskriminierung der Frau wird bisher toleriert wegen des Selbstbestimmungsrechts der Religionsgemeinschaften aufgrund der korporativen Religionsfreiheit, die bisher höher gewichtet wird als die Gleichstellung. Daher geht man von einer staatlich bisher «legitimierten» Diskriminierung der Frau in den Religionsgemeinschaften aus.

906 Von den befragten Katholiken in der Deutschschweiz und der Romandie finden 80 Prozent, auch Frauen sollen die Priesterweihe empfangen dürfen. Vgl. Repräsentative Befragung zum Papstbesuch Mai 2004 in der Schweiz. gfs-zürich, Markt- und Sozialforschung Peter Spichiger-Carlsson.

907 Vgl. MAIER HANS, *Menschenrechte.*

908 Vgl. UERTZ, *Gottesrecht.*

909 Vgl. Teil 1 I. A) 2. in diesem Buch.

910 Vgl. LG 8.

die Prinzipien der Solidarität, der Subsidiarität und der Personalität.»[911] Mit der «Würde der menschlichen Person»[912] begründet die Konzilserklärung über die Religionsfreiheit ein Grundrecht der Person. In Gesellschaften, in denen Diskriminierungen der Person aufgrund der Lebensform und des Geschlechts (GS 29) verboten sind, werden die Argumente der Kirche für ausschliesslich männliche, zölibatäre Leitungspersonen schwer verständlich,[913] was sich auch in entsprechenden Zahlen für die Priesteramtskandidaten zeigt.

Der einst sehr fruchtbare Dialog zwischen kirchlicher und staatlicher Rechtswissenschaft wird methodologisch durch eine rein fideistische Sicht der Kirchenrechtswissenschaft infrage gestellt,[914] um so dem Modernitätskonflikt ausweichen zu können, vor dem die römisch-katholische Kirche und ihre Theologie stehen. Die Modernitätskompatibilität wird bewusst geleugnet.

Eine ganz andere Perspektive wird in diesem Buch aufgezeigt. Der rationale Dialog zwischen den Rechtswissenschaften (*iura*) der Kirche und des Staates soll weiterentwickelt werden.[915] Die Tradition des Dialogs zwischen den Rechtswissenschaften der Legisten und Kanonisten wird seit der Gründung der Universitäten im Mittelalter entfaltet. Dieser Dialog führte zu einer «tiefgreifenden Prägung moderner Staatlichkeit durch das lateinische Christentum, genauer durch die Kanonistik»[916], wie historisch ausführlich belegt wird.[917] In den theologischen Lehren des Hochmittelalters findet sich «der nahezu komplett bestückte Baukasten eines allgemeinen Teils der Strafrechtslehre, der um die Vorstellung der handlungs- und zurechnungsfähigen Person kreist»[918], an den auch Papst Franziskus in seinem Nachsynodalen Schreiben «Amoris laetitita» (Nr. 301) erinnert. Mit einem Wort, die Fruchtbarkeit des Dialogs steht ausser Zweifel: «Die überragende Rolle des Christentums als wesentlicher Faktor bei der Ausprägung der modernen Rechtsordnung steht insgesamt ausser Streit.»[919] Es ist offensichtlich, wie viel

---

911 MARX, *Leitungsaufgabe* 39–47, 44.

912 Vgl. LORETAN, *Würde.*

913 Art. 8 Abs. 2 BV: «Niemand darf diskriminiert werden, namentlich nicht wegen […] des Geschlechts [… oder] der Lebensform.»

914 CORECCO, *Theologie.* Methodologische Ansätze 105.

915 Vgl. ausführlich Teil 1 I. A) in diesem Buch.

916 DREIER, *Säkularisierung* 44. Zu Beginn des zweiten Jahrtausends entstanden sowohl eine effektive hierarchische Ämterordnung als auch die Idee einer umfassenden Rechtsetzungskompetenz durch das Papsttum. Dadurch ist eine Rechtskirche entstanden, die sich «konkret zunächst einmal als hierarchisch organisierter Herrschaftsverband verwirklichte». REINHARD, *Geschichte* 260.

917 Vgl. PRODI, *Geschichte.*

918 GUTMANN, *Imprägnierung* 295–314, 297.

919 DREIER, *Säkularisierung* 48.

das staatliche Recht vom kirchlichen Recht gelernt hat, wie viele evangelische Rechtshistoriker betonen.

Mit diesem Buch will der Autor den Dialog zwischen der heutigen Rechtswissenschaft und der heutigen Kanonistik fortsetzen. Durch den interdisziplinären Dialog entstehen neue Denkmodelle zur Lösung der anstehenden Fragen. Es ist unumkehrbar, dass auch das kirchliche Recht mit den Menschenrechtsstandards des Staates den Dialog weiterentwickeln wird. Dieser menschenrechtliche Dialog begann mit Jacques Maritain[920] und führte zur Enzyklika «Pacem in terris» von Johannes XXIII. und zum menschenrechtlich argumentierenden Konzil (LG 32; GS 29; NA 5). Das Recht der Person wurde vom Konzil an Stelle des Rechts der Wahrheit gesetzt.[921] Das Verfassungsprojekt der Kirche (Lex Ecclesiae Fundamentalis) im Pontifikat des Kirchenrechtlers Paul VI. hatte diesen Ansatz kirchenrechtlich weiterentwickelt. So hält das Lehramt fest: «Deshalb sind gewisse Geisteshaltungen, die einst auch unter Christen wegen eines unzulänglichen Verständnisses für die legitime Autonomie der Wissenschaften vorkamen, zu bedauern. Durch die dadurch entfachten Streitigkeiten […] schufen sie in der Mentalität vieler die Überzeugung von einem Widerspruch zwischen Glauben und Wissenschaft.» (GS 36) Wenn es also keinen Widerspruch zwischen Glaube und Rechtswissenschaften gibt, dann sind die theologischen Wahrheitsansprüche der Kirche im Kontext der Freiheitsrechte der modernen Rechtswissenschaft*en* zu denken. Die Grösse Gottes konkurrenziert nicht die Würde des Menschen, im Gegenteil. «Die Ehre Gottes ist der lebendige Mensch», wie Irenäus von Lyon (130–202 n. Chr.) formuliert: «Gloria Dei – vivens homo».[922]

---

920 «Gilt für viele Interpreten der Pacelli-Papst, der am Ausgang des Zweiten Weltkriegs erstmals in der langen Reihe der römischen Oberhirten anerkennende Worte für Demokratie und Menschenrechte fand, bereits als vorsichtiger Modernisierer, so zeigt Uertz, dass Pius in seinen Argumentationsformen weiterhin den klassischen Naturrechtsvorstellungen folgte. Erst mit der Rezeption des christlichen Personalismus, namentlich der Werke von Jacques Maritain und den Vertretern der Nouvelle Théologie, die von Pius 1950 noch deutlich zur Ordnung gerufen worden waren, unter seinem Nachfolger Johannes XXIII. konnte die Generallinie der Neuscholastik Anfang der 1960er-Jahre und im Verlauf des Konzils durchbrochen werden.» GROSSE KRACHT KLAUS, *Rezension* zu: UERTZ, *Gottesrecht.*

921 «Für die vorkonziliare kirchliche Doktrin gilt das Urteil Böckenfördes. ‹Subjekt des Rechts war nach dieser Theorie nicht der Mensch, sondern die Wahrheit und damit ein abstrakter Begriff. Der Mensch war zum Objekt dieses Wahrheitsbegriffs erniedrigt.›» BÖHNKE, *Recht* 503–526, 508.

922 Vgl. IRENÄUS VON LYON, *Adversus haereses* IV, 20,1–7 (Des heiligen Irenäus fünf Bücher gegen die Häresien. Aus dem Griechischen übersetzt von Ernst Klebba, Buch 4–5 [Bibliothek der Kirchenväter, 1. Reihe, Band 4], München 1912).

C) Literaturverzeichnis

ACKERMANN ULRIKE, *Lob der Dissidenz*, in: CHERVEL THIERRY/SEELIGER ANJA (Hg.), *Islam in Europa.* Eine internationale Debatte, Frankfurt a. M. 2007, 140–146.

AHLERS STELLA, *Gleichstellung der Frau in Staat und Kirche – ein problematisches Spannungsverhältnis* (ReligionsRecht im Dialog 2), Münster 2006.

ALBRECHT MICHAEL, *Einleitung*, in: MOSES MENDELSSOHN, *Jerusalem oder über religiöse Macht und Judentum.* Mit dem Vorwort zu Manasse ben Israels «Rettung der Juden» und dem Entwurf zu «Jerusalem» sowie einer Einleitung, Anmerkungen und Register, hg. von MICHAEL ALBRECHT, Hamburg 2005, VII–XLII.

ALIOTH MARTIN, *Irische Variante der Sklaverei.* Die fehlende Entschuldigung gegenüber den «Magdalenerinnen» wirft Wellen, in: NZZ vom 7. Februar 2013, 7.

ALTHAUS RÜDIGER, *c. 916 CIC/1983*, in: LÜDICKE KLAUS (Hg.), *Münsterischer Kommentar zum Codex Iuris Canonici*, unter besonderer Berücksichtigung der Rechtslage in Deutschland, Österreich und der Schweiz, unter Mitarbeit von Rudolf Henseler u. a., Essen 1985, Stand Juli 2004.

AMHERD MORITZ/CARLEN LOUIS, *Das neue Kirchenrecht.* Seine Einführung in der Schweiz, Zürich 1984.

AN-NA'IM ABDULLAHI A., *Human Rights in the Arab World.* A Regional Perspective, in: Human Rights Quarterly 23 (2001) 701–732.

AN-NA'IM ABDULLAHI A., *Islam and Human Rights.* Beyond the Universality Debate, in: AN-NA'IM ABDULLAHI A./HENKIN LOUIS (Hg.), *Proceedings of the Annual Meeting of the American Society of International Law*, Vol. 94 (April 5–8, 2000) 95–103, online unter: www.cie.ugent.be/CIE/an-naim1.htm (14.01.2016).

AN-NA'IM ABDULLAHI A., *What is an American Muslim?* Embracing Faith and Citizenship, Oxford 2014.

AN-NA'IM ABDULLAHI A./HENKIN LOUIS (Hg.), *Proceedings of the Annual Meeting of the American Society of International Law*, Vol. 94 (April 5–8, 2000).

ARD, Fernsehsendung *«Im Netz der Salafisten»*, 16. Juli 2012.

ARENDT HANNAH, *Elemente und Ursprünge totaler Herrschaft*, Frankfurt a. M. 1958.

ARENS EDMUND (Hg.), *Anerkennung der Andern.* Eine theologische Grunddimension interkultureller Kommunikation (QD 156), Freiburg i. Br. 1995.

ARENS EDMUND, *Kommunikative Handlungen.* Die paradigmatische Bedeutung der Gleichnisse Jesu für eine Handlungstheorie, Düsseldorf 1982.

ASCHERI MARIO u. a. (Hg.), *«Ins Wasser geworfen und Ozeane durchquert»*, Festschrift für Knut Wolfgang Nörr, Wien 2003.

AUBERT JEAN-FRANÇOIS u. a. (Hg.), *Kommentar zur Bundesverfassung der Schweizerischen Eidgenossenschaft vom 29. Mai 1874*, Basel 1987–1996, Stand Juni 1991.

AUER ALFONS, *Einleitung und Kommentar zu GS*, in: *LThK*², Ergänzungsband Teil III, Freiburg i. Br. 1968, 377–397.

AUGUSTINUS AURELIUS, *De civitate dei*, in: HORN CHRISTOPH/SCARANO NICO (Hg.), *Philosophie der Gerechtigkeit*. Texte von der Antike bis zur Gegenwart, Frankfurt a. M. 2002, 106–112.

AUGUSTINUS AURELIUS, *Die Bekenntnisse des heiligen Augustinus*. Buch I–X. Ins Deutsche übersetzt und mit einer Einleitung versehen von Georg von Hertling, 29. und 30. Auflage, Freiburg i. Br. 1936.

AUGUSTINUS AURELIUS, *Die Verwirklichung des Gottesstaates als Ziel der Geschichte*, in: HOERSTER NORBERT, *Klassische Texte der Staatsphilosophie*, München ¹¹2001, 67–76.

AYMANS WINFRIED, *Die wissenschaftliche Methode der Kanonistik*, in: DERS./EGLER ANNA/LISTL JOSEPH (Hg.), *Fides et ius*, Festschrift für Georg May zum 65. Geburtstag, Regensburg 1991, 59–74.

AYMANS WINFRIED/EGLER ANNA/LISTL JOSEPH (Hg.), *Fides et ius*, Festschrift für Georg May zum 65. Geburtstag, Regensburg 1991.

BAUMGARTNER BEAT, *Verfahren wegen tausendfachen Kindsmissbrauchs*. In Grossbritannien sind die Verbrechen von Rotherham noch lange nicht bewältigt, in: NZZ vom 27. Februar 2016, 5.

BAUSENHART GUIDO, *Das Amt in der Kirche*. Eine notwendende Neubestimmung, Freiburg i. Br. 1999.

BENEDIKT XVI., *Fragen an Benedikt XVI. über die Rechtfertigung durch den Glauben*. Jacques Servais SJ im Gespräch mit Benedikt XVI., in: SKZ 184 (2016) 168–172.

BENEDIKT XVI., *Licht der Welt*. Ein Gespräch mit Peter Seewald, Freiburg i. Br. 2010.

BENJAMIN WALTER, *Über den Begriff der Geschichte*, in: TIEDEMANN ROLF/SCHWEPPENHÄUSER HERMANN (Hg.), *Walter Benjamin, Gesammelte Schriften I/2*, unter Mitwirkung von Theodor W. Adorno und Gershom Scholem, Frankfurt a. M. 1974, 691–704.

BERGHAHN CORD-FRIEDRICH, *Moses Mendelssohns «Jerusalem»*. Ein Beitrag zur Geschichte der Menschenrechte und der pluralistischen Gesellschaft in der deutschen Aufklärung (Studien zur deutschen Literatur 21), Tübingen 2001.

BERKMANN BURKHARD JOSEF, *Nichtchristen im Recht der katholischen Kirche* (ReligionsRecht im Dialog 23), Münster 2017.

BERLIN ISAIAH, *Freiheit. Vier Versuche*, Frankfurt a. M. 1995.

BERLIN ISAIAH, *Zwei Freiheitsbegriffe*, in: DERS., *Freiheit. Vier Versuche*, Frankfurt a. M. 1995, 197–256.

BERMAN HAROLD JOSEPH, *Recht und Revolution.* Die Bildung der westlichen Rechtstradition, übersetzt von Hermann Vetter, Frankfurt a. M. ²1991 u. ö. Originalausgabe: *Law and Revolution.* The Formation of the Western Legal Tradition, Harvard 1983.

BEYER JEAN, *De iuribus humanis fundamentalibus in statuto iuridico christifidelium assumendis*, in: Periodica de re morali canonica liturgica 58 (1969) 29–58.

BGE *118 Ia 46* (*infoSekta*), online unter: www.bger.ch/index/juridiction/jurisdiction-inherit-template/jurisdiction-recht/jurisdiction-recht-leitentscheide1954.htm (26.08.2016).

BGE *129 I 217, 230 f.; 129 I 232, 236*, online unter: www.bger.ch/index/juridiction/jurisdiction-inherit-template/jurisdiction-recht/jurisdiction-recht-leitentscheide1954.htm (28.10.2016).

BGE *131 I 18 ff.*, online unter: www.bger.ch/index/juridiction/jurisdiction-inherit-template/jurisdiction-recht/jurisdiction-recht-leitentscheide1954.htm (26.08.2016).

BGE *134 I 75*, online unter: www.bger.ch/index/juridiction/jurisdiction-inherit-template/jurisdiction-recht/jurisdiction-recht-leitentscheide1954.htm (26.08.2016).

BGE *138 II 229*, online unter: www.bger.ch/index/juridiction/jurisdiction-inherit-template/jurisdiction-recht/jurisdiction-recht-leitentscheide1954.htm (28.10.2016)

BIAGGINI GIOVANNI/ACHERMANN ALEX/MATHIS STEPHAN u. a. (Hg.), *Staats- und Verwaltungsrecht des Kantons Basel-Landschaft V* (Recht und Politik im Kanton Basel-Landschaft 30), Liestal 2012.

BIELEFELDT HEINER, *Freedom of Religion or Belief.* Thematic Reports of the UN Special Rapporteur 2010–2013, Bonn 2014.

BIERI PETER, *Das Handwerk der Freiheit.* Über die Entdeckung des eigenen Willens, München 2001.

BLANKENAGEL ALEXANDER/PERNICE INGOLF/SCHULZE-FIELITZ HELMUTH (Hg.), *Verfassung im Diskurs der Welt.* Liber Amicorum für Peter Häberle zum siebzigsten Geburtstag, Tübingen 2004.

BLOCH ERNST, *Das Prinzip Hoffnung*, Kapitel 43–55 (Gesamtausgabe 5), Frankfurt a. M. 1977.

BLOCH RENÉ, *Wenn Angst keine gute Ratgeberin ist.* Martha Nussbaums Plädoyer für Toleranz in Religionsfragen, in: NZZ vom 28. August 2012, 43.

BLOCH TAMARA, *Die Stellungnahmen der römisch-katholischen Amtskirche zur Frage der Menschenrechte seit 1215.* Eine historische Untersuchung unter besonderer Berücksichtigung der Gewährleistungen im CIC/1983 (Schriften zum Staatskirchenrecht 41), Frankfurt a. M. 2008.

BÖCKENFÖRDE ERNST-WOLFGANG, *Der deutsche Katholizismus im Jahre 1933* (Schriften zu Staat – Gesellschaft – Kirche 1), Freiburg i. Br. 1957.

BÖCKENFÖRDE ERNST-WOLFGANG, *Die Religionsfreiheit im Spannungsfeld zwischen Kirche und Staat*, in: DERS., *Religionsfreiheit.* Die Kirche in der modernen Welt (Schriften zu Staat – Gesellschaft – Kirche 3), Freiburg i. Br. 1990, 33–58.

BÖCKENFÖRDE ERNST-WOLFGANG, *Geschichte der Rechts- und Staatsphilosophie.* Antike und Mittelalter, Tübingen 2002.

BÖCKENFÖRDE ERNST-WOLFGANG, *Recht, Staat, Freiheit.* Studien zur Rechtsphilosophie, Staatstheorie und Verfassungsgeschichte, Frankfurt a. M. 2006.

BÖCKENFÖRDE ERNST-WOLFGANG, *Religionsfreiheit als Aufgabe der Christen*, in: DERS., *Religionsfreiheit.* Die Kirche in der modernen Welt (Schriften zu Staat – Gesellschaft – Kirche 3), Freiburg i. Br. 1990, 15–31.

BÖCKENFÖRDE ERNST-WOLFGANG, *Religionsfreiheit.* Die Kirche in der modernen Welt (Schriften zu Staat – Gesellschaft – Kirche 3), Freiburg i. Br. 1990.

BÖCKENFÖRDE ERNST-WOLFGANG, *Staat, Gesellschaft und Freiheit*, Frankfurt a. M. 1996.

BÖCKENFÖRDE ERNST-WOLFGANG, *Zum Verhältnis von Kirche und Moderner Welt.* Aufriss eines Problems, in: DERS., *Religionsfreiheit.* Die Kirche in der Modernen Welt (Schriften zu Staat – Gesellschaft – Kirche 3), Freiburg i. Br. 1990, 73–102.

BÖCKENFÖRDE WERNER, *Menschenrechte in der Kirche?* Unveröffentlichter Vortrag am Fachbereich Katholische Theologie der Westfälischen Wilhelms-Universität Münster vom 03.05.1982.

BOGNER DANIEL, *Die Instituierung der Religion im Recht.* Beobachtungen zum rechtlichen Umgang mit dem Religionsbegriff an Beispielfällen, in: BOGNER DANIEL/HEIMBACH-STEINS MARIANNE (Hg.), *Freiheit – Gleichheit – Religion.* Orientierungen moderner Religionspolitik, Würzburg 2012, 27–50.

BOGNER DANIEL, *Was meint und wofür hilft «Gradualität?»* Eine Begriffserklärung zur Familiensynode 2015, in: StZ 233 (2015) 446–454.

BOGNER DANIEL, *Wer definiert den Schutzbereich der Religionsfreiheit?* Zur Rolle der Religionsgemeinschaften bei der Auslegung des Rechts, in: BOGNER DANIEL/HEIMBACH-STEINS MARIANNE (Hg.), *Freiheit – Gleichheit – Religion.* Orientierungen moderner Religionspolitik (Religion und Politik 4), Würzburg 2012, 251–261.

BOGNER DANIEL/HEIMBACH-STEINS MARIANNE (Hg.), *Freiheit – Gleichheit – Religion.* Orientierungen moderner Religionspolitik (Religion und Politik 4), Würzburg 2012.

BÖHNKE MICHAEL, *Recht der Wahrheit – Recht der Freiheit.* Überlegungen zur dogmatischen Begründung des personalen Rechts auf Glaubensfreiheit, in: DERS./BONGARDT MICHAEL/ESSEN GEORG u. a. (Hg.), *Freiheit Gottes und der Menschen*, Festschrift für Thomas Pröpper, Regensburg 2006, 503–526.

BÖHNKE MICHAEL/BONGARDT MICHAEL/ESSEN GEORG u. a. (Hg.), *Freiheit Gottes und der Menschen*, Festschrift für Thomas Pröpper, Regensburg 2006.

BÖHNKE MICHAEL/SCHÜLLER THOMAS (Hg.), *Gemeindeleitung durch Laien?* Internationale Erfahrungen und Erkenntnisse, Regensburg 2011.

BOLLIGER MONIKA, *Fünfsterne-Haft für Jihadisten.* Gewaltbereite religiöse Extremisten bedrohen Saudiarabien, doch das Verhältnis ist ambivalent, in: NZZ vom 23. April 2016, 3.

BOPP JÖRG, *Die Erklärung über die Religionsfreiheit vom II. Vatikanischen Konzil*, in: Zeitschrift für evangelische Ethik. Kommentare, Dokumente, Gütersloh 11 (1967) 193–217.

BOUGAREL XAVIER, *Die Zukunft der Toleranz.* Gibt es eine neue Islamisierung auf dem Balkan?, in: NZZ vom 3. März 2016, 37.

BRENNER MICHAEL u. a. (Hg.), *Der Staat des Grundgesetzes – Kontinuität und Wandel.* Festschrift für Peter Badura zum siebzigsten Geburtstag, Tübingen 2004.

BRIESKORN NORBERT, *Menschenrechte und Kirche*, in: StZ 217 (1999) 3–14.

BROSI URS, *Recht, Strukturen, Freiräume*, überarbeitet und mit einem Beitrag zum deutschen Staatskirchenrecht ergänzt von Irina Kreusch (Studiengang Theologie IX Kirchenrecht), Zürich ^{2}2013.

BUCHMAYR FRIEDRICH, *Der Priester in Almas Salon.* Johannes Hollnsteiners Weg von der Elite des Ständestaates zum NS-Bibliothekar, Weitra 2003.

BÜCHNER GEORG, *Dantons Tod.* Ein Drama, Stuttgart 2002.

BUCHSTEINER JOCHEN, *Fund von 800 Säuglingsleichen.* Das Massengrab der Ordensschwestern, in: FAZ vom 5. Juni 2014.

BUSER DENISE, *Die unheilige Diskriminierung.* Eine juristische Auslegeordnung für die Interessenabwägung zwischen Geschlechtergleichstellung und Religionsfreiheit beim Zugang zu religiösen Leitungsämtern (ReligionsRecht im Dialog 16), Zürich 2014.

BUSER DENISE/LORETAN ADRIAN (Hg.), *Gleichstellung der Geschlechter und die Kirchen.* Ein Beitrag zur menschenrechtlichen und ökumenischen Diskussion (Freiburger Veröffentlichungen zum Religionsrecht 3), Freiburg i. Ü. 1999.

CARLEN LOUIS (Hg.), *Räte in der Kirche zwischen Recht und Alltag.* Vorträge an einer Tagung an der Universität Freiburg (Schweiz), mit Beiträgen von Moritz Amherd u. a. (Freiburger Veröffentlichungen aus dem Gebiete von Kirche und Staat 24), Freiburg i. Ü. 1987.

CASAS BARTOLOMÉ DE LAS, *Einige Rechtsprinzipien zur Behandlung der westindischen Frage (Principia quaedam)*, eingeleitet und mit Anmerkungen versehen von Norbert Brieskorn, aus dem Lateinischen übersetzt von Henrik Wels, in: DELGADO MARIANO (Hg.), *Sozialethische und staatsrechtliche Schriften*. Bartolomé de Las Casas (Werkauswahl. Sozialethische und staatsrechtliche Schriften 3/1), Paderborn 1996, 33–58.

CASANOVA JOSÉ, *Religion und Öffentlichkeit*. Ein Ost-/Westvergleich, in: Transit. Europäische Revue 8 (1994) 21–41.

CASTILLO LARA, ROSALIO JOSÉ, *Some General Reflections on the Rights and Duties of the Christian Faithful*, in: Studia canonica 20 (1986) 7–32.

CAVELTI URS JOSEF, *System und Funktion der staatskirchenrechtlichen Organe in der Schweiz*, in: CARLEN LOUIS (Hg.), *Räte in der Kirche zwischen Recht und Alltag*. Vorträge an einer Tagung an der Universität Freiburg (Schweiz), mit Beiträgen von Moritz Amherd u. a. (Freiburger Veröffentlichungen aus dem Gebiete von Kirche und Staat 24), Freiburg i. Ü. 1987, 31–43.

CAVULDAK AHMET, *Gemeinwohl und Seelenheil*. Die Legitimität der Trennung von Religion und Politik in der Demokratie (Edition Politik 22), Bielefeld 2015.

CHERVEL THIERRY, *Vorwort*, in: CHERVEL THIERRY/SEELIGER ANJA (Hg.), *Islam in Europa*. Eine internationale Debatte, Frankfurt a. M. 2007, 7–21.

CHERVEL THIERRY/SEELIGER ANJA (Hg.), *Islam in Europa*. Eine internationale Debatte, Frankfurt a. M. 2007.

CIVILTÀ CATTOLICA 1948, Bd. II, (3. April 1948).

COLLINS MARIE L., *Das Schweigen brechen: Die Opfer*, in: Concilium 40 (2004) 251–258.

COMMISSION TO INQUIRE INTO CHILD ABUSE, *Report*, Vols. I–V, Government Publications, Dublin 2009 (Ryan), online unter: www.dcya.gov.ie/documents/publications/implementation_plan_from_ryan_commission_report.pdf (16.08.2016).

COMMISSION OF INVESTIGATION, *Report into the Catholic Archdiocese of Dublin*, July 2009, Government Publications, Dublin 2009 (Murphy), online unter: www.justice.ie/en/JELR/Pages/PB09000504 (16.08.2016).

COMMISSION OF INVESTIGATION, *Report into the Catholic Diocese of Cloyne*, Government Publications, Dublin 2010 (Cloyne), online unter: Link 1: Titulatur, Unterschriften, Inhalt, Benennung von Klerikern: www.justice.ie/en/JELR/Cloyne_Rpt_Intro.pdf/Files/Cloyne_Rpt_Intro.pdf (16.08.2016); Link 2: vollständiger Bericht im englischen Volltext: www.justice.ie/en/JELR/Cloyne_Rpt.pdf/Files/Cloyne_Rpt.pdf (16.08.2016).

CORECCO EUGENIO, *Theologie des Kirchenrechts*, in: LISTL JOSEPH/MÜLLER HUBERT/SCHMITZ HERIBERT (Hg.), *Handbuch für Katholisches Kirchenrecht*, Regensburg 1983, 12–24.

CORECCO EUGENIO/HERZOG NIKOLAUS/SCOLA ANGELO (Hg.), *Die Grundrechte der Christen in Kirche und Gesellschaft.* Akten des IV. Internationalen Kongresses für Kirchenrecht, Fribourg 6.–11.X.1980, Freiburg i. Ü. 1981.

CORECCO EUGENIO, *«Ordinatio Rationis» ou «Ordinatio Fidei»?* Réflexions en vue d'une définition de la loi canonique, in: DERS., *Théologie et droit canon.* Écrits pour une nouvelle théorie générale du droit canon, éd. par Friedrich Fechter et Bruno Wildhaber, sous la direction de Patrick Le Gal (Studia Friburgensia Nouvelle Série 68 Sectio canonica 5), Freiburg i. Ü. 1990, 95–114.

CORECCO EUGENIO, *Theologie des Kirchenrechts.* Methodologische Ansätze, aus dem Italienischen übersetzt von Heinz Maritz (Canonistica 4), Trier 1980.

CORECCO EUGENIO, *Théologie et droit canon.* Écrits pour une nouvelle théorie générale du droit canon, éd. par Friedrich Fechter et Bruno Wildhaber, sous la direction de Patrick Le Gal (Studia Friburgensia Nouvelle Série 68 Sectio canonica 5), Freiburg i. Ü. 1990.

COUNCIL OF EUROPE, *Parliamentary Assembly Resolution 1464*, 4.10.2005, online unter: www.assembly.coe.int/nw/xml/XRef/Xref-XML2HTML-en.asp?fileid=17372&lang=en (04.08.2016).

DAMSCHEN GREGOR/VIGO ALEJANDRO G., *Vorwort*, in: dies. (Hg.), *Dialog und Verstehen.* Klassische und moderne Perspektiven (The Dialogue, Das Gespräch, il Dialogo, Supplementa Bd. 1), Berlin 2015, 7.

DAMSCHEN GREGOR/VIGO ALEJANDRO G. (Hg.), *Dialog und Verstehen.* Klassische und moderne Perspektiven (The Dialogue, Das Gespräch, il Dialogo, Supplementa Bd. 1), Berlin 2015.

DELGADO MARIANO (Hg.), *Sozialethische und staatsrechtliche Schriften.* Bartolomé de Las Casas (Werkauswahl. Sozialethische und staatsrechtliche Schriften 3/1), Paderborn 1996.

DEMANDT ALEXANDER, *Die Idee der Gerechtigkeit bei Platon und Aristoteles*, in: MÜNKLER HERFRIED/LLANQUE MARCUS (Hg.), *Konzeptionen der Gerechtigkeit.* Kulturvergleich – Ideengeschichte – Moderne Debatte, Baden-Baden 1999, 57–68.

DEMEL SABINE, *Einführung in das Recht der katholischen Kirche.* Grundlagen – Quellen – Beispiele (Einführung Theologie), Darmstadt 2014.

DEMEL SABINE, *Nicht ausserhalb der Kirche.* Zur anhaltenden Diskussion um den Verein Donum Vitae zum Schutz des ungeborenen Lebens, in: HerKorr 66 (2012) 82–86.

Der kleine Stowasser. *Lateinisch deutsches Schulwörterbuch*, Zürich 1971.

DIÖZESE ROTTENBURG-STUTTGART, *Prävention in der Diözese Rottenburg-Stuttgart.* Literatur und Internet-Links. Sexueller Missbrauch und Prävention, online unter: www.drs.de/fileadmin/drs/documents/rat_und_hilfe/praevention_kinder-_und_jugendschutz/20160308_praevention_sexueller_missbrauch_literaturliste.pdf (22.08.2016).

DOPAMU ADE P., *Religion in a secular state: problems and possibilities within the Nigerian context,* in: The Indo-British Review (1994) 1, 177–189.

DREIER HORST (Hg.), *Grundgesetz.* Kommentar, Band I, Artikel 1–19, Tübingen ²2004.

DREIER HORST, *Säkularisierung und Sakralität.* Zum Selbstverständnis des modernen Verfassungsstaates, mit Kommentaren von Christian Hillgruber und Uwe Volkmann (Fundamenta juris publici 2; [Gesprächskreis «Grundlagen des öffentlichen Rechts» der Deutschen Staatsrechtslehrer]), Tübingen 2013.

DREIER HORST/HILGENDORF ERIC (Hg.), *Kulturelle Identität als Grund und Grenze des Rechts.* Akten der IVR-Tagung vom 28.–30. September 2006 in Würzburg (ARSP Beiheft 113), Stuttgart 2008.

3SAT, *Fernsehbeitrag «Sag mir, wo die Mädchen sind»*, 6. Mai 2016, Kreuz und quer Fernsehbeitrag.

DREYFUS HUBERT/RABINOW PAUL, MICHEL FOUCAULT. *Jenseits von Strukturalismus und Hermeneutik*, Weinheim 1994.

DUFOUR ALFRED, *Les «Magni Hispani» dans l'oeuvre de Grotius*, in: GRUNERT FRANK/SEELMANN KURT (Hg.), *Die Ordnung der Praxis.* Neue Studien zur spanischen Spätscholastik (Frühe Neuzeit 68), Tübingen 2001, 351–380.

DUNN JAMES D. G., *Fundamentalisms.* Threats and Ideologies in the Modern World. London/New York 2016.

DUNN JAMES D. G., *The Roots of Christian Fundamentalism in American Protestantism*, in: DERS., *Fundamentalisms.* Threats and Ideologies in the Modern World. London/New York 2016, 9–26.

DÜWELL MARCUS/BRAARVIG JENS/BOWNSWORD ROGER u. a. (Hg.), *The Cambridge Handbook of Human Dignity.* Interdisciplinary Perspectives, Cambridge 2014.

EGGER THERES, *Gewalt in Paarbeziehungen.* Ursachen und in der Schweiz getroffene Massnahmen. Schlussbericht im Auftrag der Fachstelle gegen Gewalt des Eidgenössischen Büros für die Gleichstellung von Frau und Mann (EBG). Theres Egger: Büro für arbeits- und sozialpolitische Studien BASS, Bern; Marianne Schär Moser: Forschung und Beratung, Bern, Bern 2008.

EHRENZELLER BERNHARD u. a. (Hg.), *Religionsfreiheit im Verfassungsstaat.* Zweites Kolloquium der «Peter Häberle-Stiftung» an der Universität St. Gallen, Zürich 2011.

EISENRING CHRISTOPH, *Die Ethik des Gewinns.* Wie weit geht die «gesellschaftliche Verantwortung» von Unternehmen?, in: NZZ vom 5. März 2016, 31.

ELSAS CHRISTOPH/FRANKE EDITH/STANDHARTINGER ANGELA (Hg.), *Geschlechtergerechtigkeit: Herausforderung der Religionen.* VII. Internationales Rudolf-Otto-Symposion Marburg, Berlin 2014.

ERDŐ PÉTER, *Theologie des kanonischen Rechts.* Ein systematisch-historischer Versuch, herausgegeben und mit einer Einleitung versehen von LIBERO GEROSA (Kirchenrechtliche Bibliothek 1), Münster 1999.

ERIMTAN CAN, *President Erdogan and Islam: Piety and Ottomanitas*, online unter: www.rt.com/op-edge/208447-turkey-erdogan-religion-islam/ (18.04.2016).

FABER EVA-MARIA, *Begleiten, unterscheiden und vor allem eingliedern.* Ein erster Blick auf das Nachsynodale Schreiben «Amoris laetitia», online unter: www.feinschwarz.net/begleiten-unterscheiden-und-vor-allem-eingliedern-ein-erster-blick-auf-das-nachsynodale-schreiben-amoris-laetitia/#more-4103 (11.04.2016).

FEINER SHMUEL, MOSES MENDELSSOHN. *Ein jüdischer Denker in der Zeit der Aufklärung*, Göttingen 2009. Aus dem Hebräischen übersetzt von Inge Yassur von der Originalausgabe: Shmuel Feiner, Moses Mendelssohn, Jerusalem 2005.

FINK URBAN, *Ja zu Körperschaften auf verbindlicher Grundlage*, in: SKZ 182 (2014) 401 f.

FINK URBAN/ZIHLMANN RENÉ (Hg.), *Kirche, Kultur, Kommunikation, Peter Henrici zum 70. Geburtstag*, Zürich 1998.

FOUCAULT MICHEL, *Omnes et singulatim.* Zu einer Kritik der politischen Vernunft, in: VOGL JOSEPH (Hg.), *Gemeinschaften. Positionen zu einer Philosophie des Politischen*, Frankfurt a. M. 1994, 65–93.

FOUCAULT MICHEL, *Warum ich Macht untersuche: Die Frage des Subjekts*, in: DREYFUS HUBERT/RABINOW PAUL, MICHEL FOUCAULT. *Jenseits von Strukturalismus und Hermeneutik*, Weinheim 1994, 243–250.

FRIEDERICH UELI, *Kirchen und Glaubensgemeinschaften im pluralistischen Staat.* Zur Bedeutung der Religionsfreiheit im schweizerischen Staatskirchenrecht (Abhandlungen zum schweizerischen Recht. Neue Folge H. 546), Bern 1993.

GAERTNER JOACHIM/GODEL ERIKA (Hg.), *Religionsfreiheit und Frieden.* Vom Augsburger Religionsfrieden zum europäischen Verfassungsvertrag (Schriften zum Staatskirchenrecht 33), Frankfurt a. M. 2007.

GAITANIDES CHARLOTTE u. a. (Hg.), *Europa und seine Verfassung*, Festschrift für Manfred Zuleeg zum siebzigsten Geburtstag, Baden-Baden 2005.

GARTNER BARBARA, *Der religionsrechtliche Status islamischer und islamistischer Gemeinschaften* (Forschungen aus Staat und Recht 165), Wien 2011.

GARTON ASH TIMOTHY, *Der Islam in Europa*, in: CHERVEL THIERRY/SEELIGER ANJA (Hg.), *Islam in Europa.* Eine internationale Debatte, Frankfurt a. M. 2007, 30–54.

GEISEL SIEGLINDE, *Eine Frage von Ehrgeiz und Ehre.* Welche Rollenbilder pflegen muslimische Männer mitten in Berlin? Ein Besuch in Neukölln, in: NZZ vom 1. März 2016, 39.

GEROSA LIBERO (ed.), *Chiesa Cattolica e Stato in Svizzera*, Atti del Convegno della Conferenza dei Vescovi Svizzeri, Lugano, 3–4 novembre 2008, Lugano 2009.

GEROSA LIBERO, *Staatskirchenrechtliche Körperschaften im Dienst an der Sendung der Katholischen Kirche in der Schweiz* (Kirchenrechtliche Bibliothek 16), Berlin 2014.

GEROSA LIBERO/MÜLLER LUDGER (Hg.), *Katholische Kirche und Staat in der Schweiz* (Kirchenrechtliche Bibliothek 14), Münster 2010.

GEROSA LIBERO/PAHUD DE MORTANGES RENÉ (éds.), *Eglise catholique et Etat en Suisse* (Freiburger Veröffentlichungen zum Religionsrecht 25), Zürich 2010.

GHANEA NAZILA (Hg.), *Religion and Human Rights (Critical Concepts in Religious Studies)*, Vol. I: Why Protect Freedom of Religion or Belief and Models for Protection of Freedom of Religion or Belief?, London 2010.

GOERTZ STEPHAN, *Streitfall Diskriminierung.* Die Kirche und die neue Politik der Menschenrechte, in: HerKorr 67 (2013) 78–83.

GOODE HELENE/MCGEE HANNA/O'BOYLE CIARAN, *Time to Listen – Confronting Child Sexual Abuse by Cergy in Ireland*, Dublin 2003.

GOSEPATH STEFAN/LOHMANN GEORG (Hg.), *Philosophie der Menschenrechte*, Frankfurt a. M. 1999/[4]2007/[5]2010.

GRAULICH MARKUS, *Unterwegs zu einer Theologie des Kirchenrechts: die Grundlegung des Rechts bei Gottlieb Söhngen (1892–1971) und die Konzepte der neueren Kirchenrechtswissenschaft* (Kirchen- und Staatskirchenrecht 6), Paderborn 2006.

GRAULICH MARKUS, *Die Menschenrechte als Gegenstand kirchlicher Verkündigung* – ein Kommentar zu can. 747 § 2 CIC, in: MEEGEN SVEN VAN/GRAULICH MARKUS (Hg.), *Menschen – Rechte.* Theologische Perspektiven zum 60. Geburtstag der Proklamation der Allgemeinen Erklärung der Menschenrechte (Bibel und Ethik 2), Berlin 2008, 46–68.

GROSS WALTER, *Einleitung*, in: DERS. (Hg.), *Frauenordination.* Stand der Diskussion in der Katholischen Kirche, München 1996, 7–10.

GROSS WALTER (Hg.), *Frauenordination.* Stand der Diskussion in der Katholischen Kirche, München 1996.

GROSSE KRACHT HERMANN-JOSEF, *Kirche in ziviler Gesellschaft.* Studien zur Konfliktgeschichte von katholischer Kirche und demokratischer Öffentlichkeit, Paderborn/Münster 1997.

GROSSE KRACHT KLAUS, *Rezension* zu: UERTZ RUDOLF, *Vom Gottesrecht zum Menschenrecht.* Das katholische Staatsdenken in Deutschland von der Französischen Revolution bis zum II. Vatikanischen Konzil (1789–1965), Paderborn 2005, in: H-Soz-Kult, Kommunikation und Fachinformation für die Geschichtswissenschaften 14.10.2005, online unter: www.hsozkult.de/publicationreview/id/rezbuecher-6589 (22.08.2016).

GROTE RAINER/MARAUHN THILO (Hg.), *Religionsfreiheit zwischen individueller Selbstbestimmung, Minderheitenschutz und Staatskirchenrecht – Völker- und verfassungsrechtliche Perspektiven* (Beiträge zum ausländischen öffentlichen Recht und Völkerrecht 146), Berlin 2001.

GROTEFELD STEFAN, *Politische Integration und rechtliche Anerkennung von Religionsgemeinschaften.* Überlegungen aus sozialethischer Sicht, in: SJKR 4 (1999) 107–143.

GROTEFELD STEFAN, *Religiöse Überzeugungen und politische Deliberation.* Der politische Liberalismus als Herausforderung für die theologische Ethik, in: Bulletin ET 14 (2003) 58–69.

GRUNERT FRANK/SEELMANN KURT (Hg.), *Die Ordnung der Praxis.* Neue Studien zur spanischen Spätscholastik (Frühe Neuzeit 68), Tübingen 2001.

GUT WALTER, *Eine Sternstunde der Menschheit.* Rückblick auf die Entstehung der Allgemeinen Erklärung der Menschenrechte, in: StZ 216 (1998) 675–682.

GUTMANN THOMAS, *Christliche Imprägnierung des Strafgesetzbuchs?*, in: DREIER HORST/HILGENDORF ERIC (Hg.), *Kulturelle Identität als Grund und Grenze des Rechts.* Akten der IVR-Tagung vom 28.–30. September 2006 in Würzburg (ARSP Beiheft 113), Stuttgart 2008, 295–314.

GÜNTNER JOACHIM, *Mehr als nur ein Stückchen Haut.* Das Verbot der religiös motivierten Beschneidung von Kindern durch Kölns Landgericht hat eine Debatte ausgelöst, in: NZZ vom 13. Juli 2012, 41.

GÜTHOFF ELMAR/HAERING STEPHAN (Hg.), *Jus quia iustum.* Festschrift für Helmuth Pree zum 65. Geburtstag (Kanonistische Studien und Texte 65), Berlin 2015.

HABERMANN GERD, *Inklusive Gesellschaft und liberale Gegenaufklärung.* Gleichstellungskonzepte, die den Begriff der Diskriminierung vom öffentlichen in den privaten Bereich übertragen, sind hochproblematisch. Denn jede persönliche Handlung ist eine Entscheidung bzw. Auswahl beruhend auf persönlichen Präferenzen, in: NZZ vom 5. Dezember 2014, 21.

HABERMAS JÜRGEN, *Anerkennungskämpfe im demokratischen Rechtsstaat*, in: TAYLOR CHARLES, *Multikulturalismus und die Politik der Anerkennung*, mit Kommentaren von AMY GUTMANN (Hg.), STEVEN C. ROCKEFELLER, MICHAEL WALZER, SUSAN WOLF, mit einem Beitrag von JÜRGEN HABERMAS, aus dem Amerikanischen von Reinhard Kaiser, Frankfurt a. M. 1993, 147–196.

HABERMAS JÜRGEN, *Der gespaltene Westen*, Frankfurt a. M. 2004.

HABERMAS JÜRGEN, *Die Einbeziehung des Anderen.* Studien zur politischen Theorie, Frankfurt a. M. 1999.

HABERMAS JÜRGEN, *Die Grenzen zwischen Glauben und Wissen.* Zur Wirkungsgeschichte und aktuellen Bedeutung von Kants Religionsphilosophie, in: ders., Zwischen Naturalismus und Religion. Philosophische Aufsätze, Frankfurt a. M. 2005, 216–257.

HABERMAS JÜRGEN, *Glauben und Wissen.* Friedenspreis des Deutschen Buchhandels 2001, Frankfurt a. M. 2001.

HABERMAS JÜRGEN, *Grossherzige Remigranten.* Über jüdische Philosophie in der frühen Bundesrepublik. Eine persönliche Erinnerung, in: NZZ vom 2. Juli 2011, 61–63.

HABERMAS JÜRGEN, *Intoleranz und Diskriminierung,* in: MATTIOLI ARAM/RIES MARKUS/RUDOLPH ENNO (Hg.), *Intoleranz im Zeitalter der Revolutionen, Europa 1770–1848 (Kultur – Philosophie – Geschichte 1),* Zürich 2004, 43–56.

HABERMAS JÜRGEN, *Kulturelle Gleichbehandlung – und die Grenzen des postmodernen Liberalismus,* in: Deutsche Zeitschrift für Philosophie 51 (2003) 367–394.

HABERMAS JÜRGEN, *Öffentlicher Raum und politische Öffentlichkeit.* Lebensgeschichtliche Wurzeln von zwei Gedankenmotiven, in: DERS., *Zwischen Naturalismus und Religion.* Philosophische Aufsätze, Frankfurt a. M. 2005, 15–26.

HABERMAS JÜRGEN, *Religiöse Toleranz als Schrittmacher kultureller Rechte,* in: DERS. *Zwischen Naturalismus und Religion,* Philosophische Aufsätze, Frankfurt a. M. 2005, 258–278.

HABERMAS JÜRGEN, *Vorpolitische Grundlagen des demokratischen Rechtsstaates?* in: DERS., *Zwischen Naturalismus und Religion.* Philosophische Aufsätze, Frankfurt a. M. 2005, 106–118.

HABERMAS JÜRGEN, *Zeit der Übergänge.* Kleine Politische Schriften IX, Frankfurt a. M. 2001.

HABERMAS JÜRGEN, *Zwischen Naturalismus und Religion.* Philosophische Aufsätze, Frankfurt a. M. 2005.

HABERMAS JÜRGEN/RATZINGER JOSEPH, *Dialektik der Säkularisierung.* Über Vernunft und Religion, Freiburg i. Br. 2005.

HABISCH ANDRÉ, *Autorität und moderne Kultur.* Ekklesiologie und Staatstheorie zwischen Carl Schmitt und James M. Buchanan, Paderborn 1994.

HAEFELIN ULRICH, *Kommentar* zu Art. 49 und 50 BV, in: JEAN-FRANÇOIS AUBERT u. a. (Hg.), *Kommentar zur Bundesverfassung der Schweizerischen Eidgenossenschaft vom 29. Mai 1874,* Basel 1987–1996 (Stand Juni 1991) 5 f.

HAERING STEPHAN/HIRNSPERGER JOHANN/KATZINGER GERLINDE u. a. (Hg.), *In mandatis meditari.* Festschrift für Hans Paarhammer zum 65. Geburtstag (Kanonistische Studien und Texte 58), Berlin 2012.

HAERING STEPHAN/REES WILHELM/SCHMITZ HERIBERT (Hg.), *Handbuch des katholischen Kirchenrechts,* Regensburg [3]2015.

HÄFLIGER MARKUS, *Breiter Support für Knabenbeschneidung.* Das eidgenössische Parlament und Strafrechtsexperten stützen die religiöse Praxis von Juden und Muslimen, in: NZZ vom 21. Juli 2012, 11.

HAFNER FELIX, *Das basellandschaftliche Religionsverfassungsrecht: Geschichte, Stand und Perspektiven*, in: BIAGGINI GIOVANNI/ACHERMANN ALEX/MATHIS STEPHAN u. a. (Hg.), *Staats- und Verwaltungsrecht des Kantons Basel-Landschaft V* (Recht und Politik im Kanton Basel-Landschaft 30), Liestal 2012, 43–98.

HAFNER FELIX, *Kirche und Demokratie.* Betrachtungen aus juristischer Sicht, in: SJKR 2 (1997) 37–90.

HAFNER FELIX, *Religionsfreiheit im Kontext der Menschenrechte*, in: LORETAN ADRIAN (Hg.), *Religionsfreiheit im Kontext der Grundrechte* (Religionsrechtliche Studien 2), Zürich 2011, 121–161.

HAFNER FELIX/BUSER DENISE, *Frauenordination via Gleichstellungsgesetz?* Die Anwendbarkeit des Gleichstellungsgesetzes auf die Dienstverhältnisse in der römisch-katholischen Kirche, in: AJP 10 (1996), 1207–1214.

HAFNER FELIX/LORETAN ADRIAN/SPENLÉ CHRISTOPH, *Naturrecht und Menschenrecht.* Der Beitrag der Spanischen Spätscholastik zur Entwicklung der Menschenrechte, in: GRUNERT FRANK/SEELMANN KURT (Hg.), *Die Ordnung der Praxis.* Neue Studien zur spanischen Spätscholastik (Frühe Neuzeit 68), Tübingen 2001, 123–153.

HAFNER PIUS, *Staat und Kirche im Kanton Luzern.* Historische und rechtliche Grundlagen (Freiburger Veröffentlichungen aus dem Gebiete von Kirche und Staat 33), Freiburg i. Ü. 1991.

HALLAY-WITTE MARY/JANSSEN BETTINA (Hg.), *Schweigebruch.* Vom sexuellen Missbrauch zur institutionellen Prävention, Freiburg i. Br. 2015.

HALLENSLEBEN BARBARA, *Barmherzigkeit und Hoffnung umarmen sich …*, Ein Kommentar zum nachfolgenden Interview von Benedikt XVI., in: SKZ 184 (2016) 167.

HALLENSLEBEN BARBARA, *Priestersein – unmöglich!*, in: SKZ 173 (2005) 4–9.

HALLENSLEBEN BARBARA, *Selbstauslegung des Islam im Schweizer Kontext*, in: SKZ 182 (2014) 190–196.

HALLER GRET, *Politik der Götter.* Europa und der neue Fundamentalismus, Berlin 2005.

HANGARTNER YVO, *Entscheidungsbesprechungen*, in: AJP 21 (2012) 1636–1643.

HANGARTNER YVO, *Rechtlicher Grundrahmen der Kooperation von Staat und Religionsgemeinschaft*, in: PAHUD DE MORTANGES RENÉ/TANNER ERWIN (Hg.), *Kooperation zwischen Staat und Religionsgemeinschaften nach schweizerischem Recht.* Coopération entre Etat et communautées religieuses selon le droit suisse

(Freiburger Veröffentlichungen zum Religionsrecht 15), Zürich/Basel/Genf 2005, 91–112.

HANGARTNER YVO, *Staatskirchenrechtliche Grundsatzfragen.* Bemerkungen aus Anlass von Leitentscheiden des Kantonsgerichts Basel-Landschaft und des Bundesgerichts, in: AJP 8 (2008) 983–994.

HECKEL MARTIN, *Der Augsburger Religionsfriede.* Sein Sinnwandel vom provisorischen Notstands-Instrument zum sakrosankten Reichsfundamentalgesetz religiöser Freiheit und Gleichheit, in: GAERTNER JOACHIM/GODEL ERICA (Hg.), *Religionsfreiheit und Frieden.* Vom Augsburger Religionsfrieden zum europäischen Verfassungsvertrag (Schriften zum Staatskirchenrecht 33), Frankfurt a. M. 2007, 13–34.

HEGEL GEORG WILHELM FRIEDRICH, *Die Vernunft in der Geschichte*, hg. von JOHANNES HOFFMEISTER (*Sämtliche Werke/Georg Wilhelm Friedrich Hegel*: 18a; PhB 171a), Hamburg [5]1955.

HEGEL GEORG WILHELM FRIEDRICH, *Grundlinien der Philosophie des Rechts*, hg. von Johannes Hoffmeister (PhB 124a), Hamburg [4]1955.

HEIMBACH-STEINS MARIANNE, *Grenzverläufe gesellschaftlicher Gerechtigkeit.* Zugehörigkeit – Beteiligung – Befähigung (Gesellschaft, Ethik, Religion. Neue Folge 5), Paderborn 2016.

HEIMBACH-STEINS MARIANNE, *Human Rights – Whose Benefit?* Critical Reflections on the Androcentric Structure of Human Rights and its Consequences on the Social Participation of Women, in: SITTER-LIVER BEAT (Hg.): *Universality: From Theory to Practice.* An intercultural and interdisciplinary debate about facts, possibilities, lies and myths. 25th Colloquium (2007) of the Swiss Academy of Humanities and Social Sciences (Kolloquium der Schweizerischen Akademie der Geistes- und Sozialwissenschaften: 25), Freiburg i. Ü. 2009, 229–257.

HEIMBACH-STEINS MARIANNE, *Religionsfreiheit.* Ein Menschenrecht unter Druck, Paderborn 2012.

HEIMBACH-STEINS MARIANNE (Hg.), *Jahrbuch für christliche Sozialwissenschaften 55: Menschenrechte in der katholischen Kirche*, begr. von JOSEPH HÖFFNER, unter Mitwirkung der Arbeitsgemeinschaft Christlicher Sozialethik, Münster 2014.

HEIMERL HANS/PREE HELMUTH, *Kirchenrecht.* Allgemeine Normen und Eherecht (Springers Kurzlehrbücher der Rechtswissenschaft), Wien 1983.

HEINE HEINRICH, *Sämtliche Schriften in 12 Bänden*, hg. von KLAUS BRIEGLEB, München/Wien 1976.

HEINIG HANS MICHAEL/WALTER CHRISTIAN (Hg.), *Staatskirchenrecht oder Religionsverfassungsrecht?* Ein begriffspolitischer Grundsatzstreit, Tübingen 2007.

HEINTEL ERICH, *Gesetz und Gewissen.* Zur Fundierung und Rangordnung der Menschenrechte im Sinnraum der Freiheit, in: SCHWARTLÄNDER JOHANNES (Hg.), *Modernes Freiheitsethos und christlicher Glaube.* Ein Beitrag zur juristischen, philosophischen und theologischen Bestimmung der Menschenrechte (Entwicklung und Frieden. Wissenschaftliche Reihe 24), Mainz 1981, 165–187.

HEINZELMANN GERTRUD, *Die geheiligte Diskriminierung*, Bonstetten 1986.

HEINZELMANN GERTRUD, *Die getrennten Schwestern.* Frauen nach dem Konzil, Zürich 1967.

HEIZER MARTHA/HURKA HANS PETER (Hg.), *Mitbestimmung und Menschenrechte.* Plädoyer für eine demokratische Kirchenverfassung, Kevelaer 2011.

HELMHOLZ RICHARD H., *Human rights in the canon law*, in: WITTE JOHN/ALEXANDER FRANK S. (Hg.), *Christianity and Human Rights.* An Introduction, Cambridge 2010, 99–112.

HERMANN RUDOLF, *Dänemark verschärft den Ton gegen Hassprediger.* Extremistischen Imamen drohen der Entzug der Staatsbürgerschaft und eine Abschiebung, in: NZZ vom 26. März 2016, 6.

HERRIOT PETER, *Exploring the Fundamentalist Mindset: The Social Psychologist's Viewpoint*, in: DUNN JAMES D. G., *Fundamentalisms.* Threats and Ideologies in the Modern World. London/New York 2016, 27–44.

HESSE SABINE, *Spotlight: (k)ein historischer Film über das Wissenwollen*, online unter: www.feinschwarz.net/spotlight-kein-historischer-film-ueber-das-wissenwollen/ (21.03.2016).

HILBERATH BERND JOCHEN, *Der Personbegriff der Trinitätstheologie in Rückfrage von Karl Rahner zu Tertullians «Adversus Praxean»* (Innsbrucker theologische Studien 17), Innsbruck/Wien 1986.

HILMES OLIVER, *Witwe im Wahn.* Das Leben der Alma Mahler-Werfel, München 2004.

HILTI MARTIN, *Die Gewissensfreiheit in der Schweiz*, Zürich 2008.

HOBBES THOMAS, *Leviathan, oder Stoff, Form und Gewalt eines kirchlichen und bürgerlichen Staates*, Frankfurt a. M. 1984.

HOERSTER NORBERT, *Klassische Texte der Staatsphilosophie*, München [11]2001.

HÖFFE OTFRIED, *Glaube und Vernunft im säkularen Staat.* Europas kosmopoltische Eigenart und Religion, in: NZZ vom 16. Juli 2011, 61.

HÖFFE OTFRIED (I–III), DEMMER KLAUS (IV 1–2), HOLLERBACH ALEXANDER (IV 3,V), Stichwort: *Naturrecht und Kirchenrecht*, in: *Staatslexikon III.* Freiburg i. Br. [7]1987, 1296–1319.

HOFMANN HASSO, *Repräsentation.* Studien zur Wort- und Begriffsgeschichte von der Antike bis ins 19. Jahrhundert (Schriften zur Verfassungsgeschichte 22), Berlin [4]2003.

HOFMANN HASSO, *Zu Entstehung, Entwicklung und Krise des Verfassungsbegriffs*, in: BLANKENAGEL ALEXANDER/PERNICE INGOLF/SCHULZE-FIELITZ HELMUTH (Hg.), *Verfassung im Diskurs der Welt.* Liber Amicorum für Peter Häberle zum siebzigsten Geburtstag, Tübingen 2004, 157–171.

HOLLERBACH ALEXANDER, *Göttliches und Menschliches in der Ordnung der Kirche*, in: DERS./MAIHOFER WERNER/WÜRTENBERGER THOMAS (Hg.), *Mensch und Recht.* Festschrift für Erik Wolf zum 70. Geburtstag, Frankfurt a. M. 1972, 212–235.

HOLLERBACH ALEXANDER/MAIHOFER WERNER/WÜRTENBERGER THOMAS (Hg.), *Mensch und Recht.* Festschrift für Erik Wolf zum 70. Geburtstag, Frankfurt a. M. 1972.

HONNETH AXEL, *Das Recht der Freiheit.* Grundriss einer demokratischen Sittlichkeit, Berlin 2013.

HONNETH AXEL, *Die Idee des Sozialismus.* Versuch einer Aktualisierung, Berlin 2015.

HOPING HELMUT, *Der Ausschluss von kirchlichen Weiheämtern aufgrund des Geschlechts.* Ein Modernitätskonflikt, in: BUSER DENISE/LORETAN ADRIAN (Hg.), *Gleichstellung der Geschlechter und die Kirchen.* Ein Beitrag zur menschenrechtlichen und ökumenischen Diskussion (Freiburger Veröffentlichungen zum Religionsrecht 3), Freiburg i. Ü. 1999, 38–51.

HOPING HELMUT/MÜNK HANS J. (Hg.), *Dienst im Namen Jesu Christi.* Impulse für Pastoral, Katechese und Liturgie (Theologische Berichte 24), Freiburg i. Ü. 2001.

HORN CHRISTOPH/SCARANO NICO (Hg.), *Philosophie der Gerechtigkeit.* Texte von der Antike bis zur Gegenwart, Frankfurt a. M. 2002.

HUBER WOLFGANG, *Menschenrechte – Christenrechte*, in: LANDESKIRCHENVORSTAND IM AUFTRAG DER SYNODE DER EVANGELISCH-REFORMIERTEN KIRCHE IN NORDWESTDEUTSCHLAND (Hg.), *Recht nach Gottes Wort.* Menschenrechte und Grundrechte in Gesellschaft und Kirche, Neukirchen-Vluyn 1989, 82–99.

HUBER WOLFGANG, *Gerechtigkeit und Recht.* Grundlinien christlicher Rechtsethik, Gütersloh 1996.

HUBER WOLFGANG, *Grundrechte in der Kirche*, in: RAU GERHARD/REUTER HANS-RICHARD/SCHLAICH KLAUS (Hg.), *Das Recht der Kirche*, Bd. 1: Zur Theorie des Kirchenrechts (Forschungen und Berichte der Evangelischen Studiengemeinschaft 49), Gütersloh 1997, 518–544.

HUFEN FRIEDHELM, *Fundamentalismus als Herausforderung des Verfassungsrechts und der Rechtsphilosophie*, in: Staatswissenschaft und Staatspraxis 3 (1992) 455–485.

HÜNERMANN PETER, *Dienst im Namen Jesu Christi.* Glaube und Ideologie im theologischen Streit um das Amt in der Kirche, in: HOPING HELMUT/MÜNK

HANS J. (Hg.), *Dienst im Namen Jesu Christi.* Impulse für Pastoral, Katechese und Liturgie (Theologische Berichte 24), Freiburg i. Ü. 2001, 15–38.

HÜNERMANN PETER, *Eucharistie – Gemeinde – Amt.* Dogmatische Reflexionen zur gegenwärtigen Problemlage, in: SOLIDARITÄTSGRUPPE KATHOLISCHER PRIESTER DER DIÖZESE SPEYER (Hg.), *Das Recht der Gemeinde auf Eucharistie.* Die bedrohte Einheit von Wort und Sakrament, Trier 1978, 30–46.

HÜNERMANN PETER, *Lehramtliche Dokumente zur Frauenordination.* Analyse und Gewichtung, in: GROSS WALTER (Hg.), *Frauenordination.* Stand der Diskussion in der Katholischen Kirche, München 1996, 83–96.

HÜNERMANN PETER, *Volk Gottes – katholische Kirche m – Gemeinde: Dreiheit und Einheit in der Ekklesiologie des Zweiten Vatikanischen Konzils*, in: Theologische Quartalschrift 175 (1995) 32–45.

HURLEX DENIS, Erzbischof von Durban (Südafrika) in der Konzilsaula, vgl. KNA-Sonderdienst Nr. 51 vom 26.09.1964, 2.

HUSAIN ED, I*slamic Fundamentalism*, in: DUNN JAMES D. G., *Fundamentalisms, Threats and Ideologies in the modern World*, London/New York 2016, 69–76.

HUSER PATRICK, *Vernunft und Herrschaft.* Die kanonischen Rechtsquellen als Grundlage natur- und völkerrechtlicher Argumentation im zweiten Prinzip des Traktates «Principia quaedam» des Bartolomé de Las Casas (Religions-Recht im Dialog 11), Münster 2011.

IPSEN JÖRN u. a. (Hg.), *Verfassungsrecht im Wandel.* Wiedervereinigung Deutschlands, Deutschland in der europäischen Union, Verfassungsstaat und Föderalismus: Zum 180-jährigen Bestehen der Carl Heymanns Verlag AG, Köln 1995.

ISLAMISCHE GLAUBENSGEMEINSCHAFT ÖSTERREICH (IGGIÖ), *Die Grazer Erklärung der europäischen «Imamenkonferenz» vom Juni 2003.* Standortbestimmung des Islam in Europa, online unter: www.derislam.at/?c=content&cssid=Imamekonferenzen%20&navid=440&par=40 (30.05.2017).

JÄGGI CHRISTIAN J., *Doppelte Normativitäten zwischen staatlichen und religiösen Geltungsansprüchen.* Am Beispiel der katholischen Kirche, der muslimischen Gemeinschaften und der Bahá'í-Gemeinde in der Schweiz (Interreligiöse Begegnungen 12), Berlin/Münster 2016.

JELLINEK GEORG, *Die Erklärung der Menschen- und Bürgerrechte.* Ein Beitrag zur modernen Verfassungsgeschichte, unter Verwertung des handschriftlichen Nachlasses durchgesehen und ergänzt von Walter Jellinek, München [3]1919.

JENNY KURT/ACHERMANN ALEX/MATHIS STEFAN u. a. (Hg.), *Staats- und Verwaltungsrecht des Kantons Basel-Landschaft* (Recht und Politik im Kanton Basel-Landschaft 15), Liestal 1998.

JETZKOWITZ JENS, *Recht und Religion in der modernen Gesellschaft.* Soziologische Theorie und Analyse am Beispiel der Rechtsprechung des Bundesverfassungsgerichts in Sachen «Religion» zwischen den Jahren 1983 und 1997 (Marburger Beiträge zur Sozialwissenschaftlichen Forschung 1), Münster 2000.

JOAS HANS, *Die Sakralität der Person.* Eine neue Genealogie der Menschenrechte, Berlin 2011.

JOERDEN JAN C./HILGENDORF ERIC/THIELE FELIX (Hg.), *Menschenwürde und Medizin.* Ein interdisziplinäres Handbuch, Berlin 2013.

JOP, *Recht auf Aufenthalt trotz Trennung.* Häusliche psychische Gewalt begründet einen Härtefall, in: NZZ vom 13. Juli 2012, 10.

KALB HERBERT, *Studium zur Summa Stephans von Tournai* (Forschungen zur Rechts- und Kulturgeschichte 12), Innsbruck 1983.

KALB HERBERT, *Überlegungen zur Kanonistik als Rechtswissenschaft – einige Aspekte*, in: Österreichisches Archiv für Kirchenrecht, 41 (1992) 1–28.

KALDE FRANZ, *Art.* Desuetudo, in: *Lexikon für Kirchen- und Staatskirchenrecht*, Bd. 1 (2000) 407 f.

KÄLIN WALTER, *Einführung*, in: DERS./MÜLLER LARS/WYTTENBACH JUDITH (Hg.), *Bild der Menschenrechte*, Baden 2004, 14–37.

KÄLIN WALTER, *Grundrechte im Kulturkonflikt.* Freiheit und Gleichheit in der Einwanderungsgesellschaft, Zürich 2000.

KÄLIN WALTER, *Grundrechte in der Einwanderungsgesellschaft.* Integration zwischen Assimilation und Multikulturalismus, in: WICKER HANS-RUDOLF/FIBBI ROSITA/HAUG WERNER (Hg.), *Migration und die Schweiz.* Ergebnisse des Nationalen Forschungsprogramms «Migration und interkulturelle Beziehungen» (Sozialer Zusammenhalt und kultureller Pluralismus), Zürich 2003, 139–160.

KÄLIN WALTER/MÜLLER LARS/WYTTENBACH JUDITH (Hg.), *Bild der Menschenrechte*, Baden 2004.

KANT IMMANUEL, *Beantwortung der Frage: Was ist Aufklärung?* (1784), in: DERS., *Schriften von 1783–1788*, hg. von Arthur Buchenau und Ernst Cassirer (Immanuel Kants Werke 4), Berlin 1922, 167–176.

KANT IMMANUEL, *Gesammelte Schriften.* Akademie-Ausgabe, Bd. 10, Berlin/Leipzig ^{2}1922.

KANT IMMANUEL, *Grundlegung zur Metaphysik der Sitten*, in: DERS., *Werke in zehn Bänden*, hg. von Wilhelm Weischedel, Bd. VI, Darmstadt 1981.

KANT IMMANUEL, *Metaphysik der Sitten.* Allgemeine Einteilung der Rechte, in: DERS., *Werke in zehn Bänden*, hg. von Wilhelm Weischedel, Bd. VII, Darmstadt 1981.

KANT IMMANUEL, *Schriften von 1783–1788*, hg. von Arthur Buchenau und Ernst Cassirer (Immanuel Kants Werke 4), Berlin 1922.

KANTOROWICZ ERNST H., *Die zwei Körper des Königs*. Eine Studie zur politischen Theologie des Mittelalters, aus dem Amerikanischen übersetzt von Walter Theimer, München 1990 (The King's Two Bodies. A Study in Mediaeval Political Theology, Princeton, N. J. 1957).

KASPER WALTER, *Autonomie und Theonomie*. Zur Ortsbestimmung des Christentums in der modernen Welt, in: WEBER HELMUT/MIETH DIETMAR (Hg.), *Anspruch der Wirklichkeit und christlicher Glaube*. Probleme und Wege theologischer Ethik heute, Festschrift für Alfons Auer zum 65. Geburtstag, Düsseldorf 1980, 17–41.

KASPER WALTER, *Christliche Freiheit und neuzeitliche Autonomie*, in: SALZBURGER HOCHSCHULWOCHEN (Hg.), *Menschenwürdige Gesellschaft*, Graz/Wien/Köln 1977, 73–110.

KASPER WALTER, *Das priesterlicher Dienstamt*. Bemerkungen zu der Vorlage für die Bischofssynode 1971, in: *Diakonia 2* (1971) 222–232.

KASPER WALTER, *Gerechtigkeit und Barmherzigkeit*. Überlegungen zu einer Applikationstheorie kirchenrechtlicher Normen, in: PUZA RICHARD/WEISS ANDREAS (Hg.), *Iustitia in caritate*. Festgabe für Ernst Rössler zum 25jährigen Dienstjubiläum als Offizial der Diözese Rottenburg-Stuttgart (Adnotationes in ius canonicum 3), Frankfurt a. M. 1997, 59–75.

KASPER WALTER, *Theologische Bestimmung der Menschenrechte im neuzeitlichen Bewusstsein von Freiheit und Geschichte*, in: SCHWARTLÄNDER JOHANNES (Hg.), *Modernes Freiheitsethos und christlicher Glaube*. Ein Beitrag zur juristischen, philosophischen und theologischen Bestimmung der Menschenrechte (Entwicklung und Frieden. Wissenschaftliche Reihe 24), München/Mainz 1981, 285–302.

KASPER WALTER, *Wahrheit und Freiheit*. Die «Erklärung über die Religionsfreiheit» des II. Vatikanischen Konzils, vorgetragen am 28. November 1987 (Sitzungsberichte der Heidelberger Akademie der Wissenschaften. Philosophisch-historische Klasse, Jahrgang 1988, Bericht 4), Heidelberg 1988.

KAUFMANN LUDWIG/KLEIN NIKOLAUS, *Johannes XXIII*. Prophetie im Vermächtnis, Freiburg i. Ü./Brig 1990.

KELEK NECLA, *Die Stereotype des Mr. Buruna*, in: CHERVEL THIERRY/SEELIGER ANJA (Hg.), *Islam in Europa*. Eine internationale Debatte, Frankfurt a. M. 2007, 110–116.

KELEK NECLA, *Über die Freiheit im Islam* (Vontobel-Schriftenreihe 1920), Zürich 2010, gratis erhältlich bei schriftenreihe@vontobel.ch.

KIESSLING KLAUS (Hg.), *Sexueller Missbrauch*. Fakten, Folgen, Fragen, Ostfildern 2011.

KING MARTIN LUTHER JR., *«Letter from Birmingham Jail»*, Absatz 16, vom 16. April 1963, online unter: http://kingpapers.org (04.10.2016).

KIRCHSCHLÄGER PETER G., *Menschenrechte und Religionen. Nichtstaatliche Akteure und ihr Verhältnis zu den Menschenrechten*, (Gesellschaft – Ethik – Religion 7), Paderborn 2016.

KIRCHSCHLÄGER PETER G., *Wie können Menschenrechte begründet werden?* Ein für religiöse und säkulare Menschenrechtskonzeptionen anschlussfähiger Ansatz (ReligionsRecht im Dialog 15), Münster 2013.

KISTNER PETER, *Das göttliche Recht und die Kirchenverfassung.* Der Freiraum für eine Reform (Tübinger kirchenrechtliche Studien 9), Münster 2009.

KISTNER PETER, *Das Recht der Freiheit und das Recht der Autorität* (Tübinger kirchenrechtliche Studien 16), Berlin 2015.

KOCH KURT, *Ekklesiologische und staatskirchenrechtliche Fragestellungen im Bistum Basel*, in: GEROSA LIBERO/MÜLLER LUDGER (Hg.), *Katholische Kirche und Staat in der Schweiz* (Kirchenrechtliche Bibliothek 14), Münster 2010, 291–320.

KOCH KURT, *Kirche an der Schwelle zum dritten Jahrtausend*, in: SKZ 167 (1999) 722–725.

KOCH KURT, *Kirche im Übergang zum dritten Jahrtausend.* Wegweisungen für die Kirche der Zukunft, Freiburg i. Ü. 2000.

KOCH KURT, *Kirche in kritisch-loyaler Partnerschaft*, in: LORETAN ADRIAN (Hg.), *Kirche – Staat im Umbruch.* Neuere Entwicklungen im Verhältnis von Kirchen und anderen Religionsgemeinschaften zum Staat, Zürich 1995, 108–129.

KOCH KURT, *Zwischenrufe.* Plädoyer für ein unzeitgemässes Christentum, Freiburg i. Br. 1987.

KOCH WALTER, *Die klerikalen Standesprivilegien nach Kirchen- und Staatskirchenrecht unter besonderer Berücksichtigung der Verhältnisse in der Schweiz*, Freiburg i. Ü. 1949.

KÖCK HERIBERT FRANZ, *Die Grundrechte im Spannungsfeld von Kirche und Staat – «Unterbelichtete» Aspekte des Problems*, in: HAERING STEPHAN/HIRNSPERGER JOHANN/KATZINGER GERLINDE u. a. (Hg.), *In mandatis meditari.* Festschrift für Hans Paarhammer zum 65. Geburtstag (Kanonistische Studien und Texte 58), Berlin 2012, 1035–1054.

KÖCK HERIBERT FRANZ, *Die völkerrechtliche Stellung des Heiligen Stuhls, dargestellt an seinen Beziehungen zu Staaten und internationalen Organisationen*, Berlin 1975.

KÖCK HERIBERT FRANZ, *Menschenrechte in der Kirche*, in: HEIZER MARTHA/HURKA HANS PETER (Hg.), *Mitbestimmung und Menschenrechte.* Plädoyer für eine demokratische Kirchenverfassung, Kevelaer 2011, 79–99.

KÖHLER JOACHIM/VAN MELIS DAMIAN (Hg.), *Siegerin in Trümmern.* Die Rolle der katholischen Kirche in der deutschen Nachkriegsgesellschaft (Konfession und Gesellschaft 15), Stuttgart 1998.

KOHLER GEORG, *Kein Ende der Utopie?* Axel Honneth versucht «die Idee des Sozialismus» neu zu buchstabieren, in: NZZ vom 2. Februar 2016, 41.

KOHLER GEORG, *Vernünftiger Pluralismus – Der liberale Staat als Hüter der Religionsfreiheit*, in: EHRENZELLER BERNHARD u. a. (Hg.), *Religionsfreiheit im Verfassungsstaat*. Zweites Kolloquium der «Peter Häberle-Stiftung» an der Universität St. Gallen, Zürich 2011, 69–88 und Diskussion 89–100.

KOKOTT JULIANE/MAGER UTE (Hg.), *Religionsfreiheit und Gleichberechtigung der Geschlechter*. Spannungen und ungelöste Konflikte, Tübingen 2014.

KÖLBENER STEFAN, *Das kantonale Anerkennungsrecht in der Schweiz*, in: PAHUD DE MORTANGES RENÉ (Hg.), *Staatliche Anerkennung von Religionsgemeinschaften: Zukunfts- oder Auslaufmodell?* (Freiburger Veröffentlichungen zum Religionsrecht 31), Zürich 2015, 287–369.

KÖNEMANN JUDITH/LORETAN ADRIAN (Hg.), *Religiöse Vielfalt und der Religionsfrieden*. Herausforderung für die christlichen Kirchen (Beiträge zur Pastoralsoziologie 11), Zürich 2009.

KOPP BARBARA, *Die Unbeirrbare*. Wie Gertrud Heinzelmann den Papst und die Schweiz das Fürchten lehrte, Zürich 2003.

KOS, *Der Bau von Minaretten bleibt untersagt*. Muslimische Kläger scheitern in Strassburg. Vereinbarkeit des Minarettverbots mit Menschenrechtscharta nach wie vor ungeklärt, in: NZZ vom 9. Juli 2011, 13.

KOSCH DANIEL, *Risiken des Dualismus für die katholische Kirche in der Schweiz*, in: PAHUD DE MORTANGES RENÉ (Hg.), *Staatliche Anerkennung von Religionsgemeinschaften: Zukunfts- oder Auslaufmodell?* (Freiburger Veröffentlichungen zum Religionsrecht 31), Zürich 2015, 85–139.

KOSCH DANIEL, *Staatliches Gericht schützt diözesane Richtlinien zum Partiellen Kirchenaustritt*, in: SKZ 179 (2011) 455 f. und 461 f.

KRAUS DIETER, *Editorial*, in: SJKR 1 (1996) 9–13.

KRAUS DIETER, *Rezension* zu: KÄLIN WALTER, *Grundrechte im Kulturkonflikt*. Freiheit und Gleichheit in der Einwanderungsgesellschaft, Zürich 2000, in: SJKR 7 (2002) 207–209.

KRAUS DIETER, *Rezension* zu: WINZELER CHRISTOPH, *Einführung in das Religionsverfassungsrecht der Schweiz*, Zürich ²2009 (Freiburger Veröffentlichungen zum Religionsrecht 16), in: SJKR 11 (2006) 181–184.

KRAUS DIETER, *Schweizerisches und europäisches Religionsrecht im Dialog*, in: SJKR 7 (2002) 11–38.

KRÄMER PETER, *Das Recht auf den Schutz der Intimsphäre*. Kirchenrechtliche Anmerkungen zu c. 220 CIC, in: Trierer Theologische Zeitschrift 121 (2012) 286–302.

KRÄMER PETER, *Wie ist es um die Streitkultur in der Kirche bestellt?* Zur Wahrnehmung grundlegender Pflichten und Rechte in der kirchlichen Communio, in: Trierer Theologische Zeitschrift 2013, 124–145.

KREMB JÜRGEN, *Angst vor einem asiatischen Kalifat.* In Südostasien rüsten sich mehrere Staaten gegen den islamischen Terror, in: NZZ vom 30. März 2016, 5.

KREUSCH IRINA, *Staatskirchenrecht der Bundesrepublik Deutschland*, in: BROSI URS, *Recht, Strukturen, Freiräume*, überarbeitet und mit einem Beitrag zum deutschen Staatskirchenrecht ergänzt von Irina Kreusch (Studiengang Theologie IX Kirchenrecht), Zürich [2]2013, 219–250.

KRINGS HERMANN, *Der Preis der Freiheit*, München 1980.

KRINGS HERMANN, *Staat und Freiheit*, in: DERS., *System und Freiheit.* Gesammelte Aufsätze (Praktische Philosophie 12) Freiburg i. Br. 1980, 185–208.

KRINGS HERMANN, *System und Freiheit.* Gesammelte Aufsätze (Praktische Philosophie 12), Freiburg i. Br. 1980.

KRÜGER HANFRIED/MÜLLER-RÖMHELD WALTER (Hg.), *Bericht aus Nairobi 1975.* Ergebnisse, Erlebnisse, Ereignisse. Offizieller Bericht aus der Fünften Vollversammlung des Ökumenischen Rates der Kirchen, 23.11–10.12.1975 in Nairobi/Kenia, Frankfurt a. M. 1976.

KÜHLER ANNE, *Das Grundrecht der Gewissensfreiheit.* Ein Beitrag zum Verständnis von Art. 15 der Bundesverfassung unter Berücksichtigung der Praxis des Schweizerischen Bundesgerichts, der EMRK-Organe, des UNO-Menschenrechtsausschusses und im Rechtsvergleich (Abhandlungen zum schweizerischen Recht. Neue Folge 782), Bern 2012.

KUHN KARL-CHRISTOPH, *Grundsatzfragen kanonischer Rechtsprechung in beispielhaften Anwendungsbezügen.* Ein Beitrag zur fundamental- und moraltheologischen Vermittlungshermeneutik der Kirchenordnung, Rathausen-Tübingen 2016 (Selbstverlag erhältlich unter Ilang3@web.de oder karl-christoph.kuhn@uni-tuebingen.de).

KUHN KARL-CHRISTOPH, *Kirchenordnung als rechtstheologisches Begründungsmodell.* Konturen eines neuen Begriffs und Modells katholischer Rechtstheologie unter besonderer Berücksichtigung von Peter J. M. Huizing (Kontexte 7), Frankfurt a. M. 1990.

KURER PETER, *Der Jurist im digitalen Holozän.* Bricht das Wissensmonopol der Anwälte dank technischem Fortschritt langsam, aber sicher weg?, in: NZZ vom 19. April 2016, 36.

KUSCHEL KARL-JOSEF, *Gottes grausamer Spass?* Heinrich Heines Leben mit der Katastrophe, Düsseldorf 2002.

KUSCHEL KARL-JOSEF, *Martin Buber – seine Herausforderung an das Christentum*, Gütersloh 2015.

KUTTNER STEPHAN, *The Father of the Science of Canon Law*, in: The Jurist 1 (1943) 2–19.

KYMLICKA WILL, *Multicultural Citizenship (Oxford political theory)*, Oxford 1995.

LADSTAETTER DORIS, *Eine Frage der Familie*, in: Facts. Das Schweizer Nachrichtenmagazin 20/2005, 17. März 2005, 64 f.

LANDAU PETER, *Gratian (von Bologna)*, in: TRE 14, 124–130.

LANDAU PETER, *Law and Revolution by Harold J. Berman*, review by Peter Landau, in: The University of Chicago Law Review 51 (1984) 937–943.

LANDAU PETER, *Der Einfluss des kanonischen Rechts auf die europäische Rechtskultur*, in: SCHULZE REINER (Hg.), *Europäische Rechts- und Verfassungsgeschichte*. Ergebnisse und Perspektiven der Forschung (Schriften zur europäischen Rechts- und Verfassungsgeschichte 3), Berlin 1991, 39–57.

LANDAU PETER, *Europäische Rechtsgeschichte und kanonisches Recht im Mittelalter*. Ausgewählte Aufsätze aus den Jahren 1967 bis 2006 mit Addenda des Autors und Register versehen, Badenweiler 2013.

LANDAU PETER, *Pacta sunt servanda*. Zu den kanonistischen Grundlagen der Privatautonomie, in: ASCHERI MARIO u. a. (Hg.), *«Ins Wasser geworfen und Ozeane durchquert»*. Festschrift für Knut Wolfgang Nörr, Wien 2003, 457–474.

LANDESKIRCHENVORSTAND IM AUFTRAG DER SYNODE DER EVANGELISCH-REFORMIERTEN KIRCHE IN NORDWESTDEUTSCHLAND (Hg.), *Recht nach Gottes Wort*. Menschenrechte und Grundrechte in Gesellschaft und Kirche, Neukirchen-Vluyn 1989.

LANGER MARIE-ASTRID, *Kommentar*. Amerika, wach auf!, in: NZZ vom 3. März 2016, 3.

LARENZ KARL, *Methodenlehre der Rechtswissenschaft*, Berlin 1969.

LEEB RUDOLF, *Konstantin und Christus*. Die Verchristlichung der imperialen Repräsentation unter Konstantin dem Grossen als Spiegel seiner Kirchenpolitik und seines Selbstverständnisses als christlicher Kaiser (Arbeiten zur Kirchengeschichte 58), Berlin 1992.

LEISCHING PETER, *Neuzeitliche Strukturen der Beziehungen zwischen Staat und Kirche in Europa*, in: PUZA RICHARD/KUSTERMANN ABRAHAM PETER (Hg.), *Staatliches Religionsrecht im Europäischen Vergleich* (Freiburger Veröffentlichungen aus dem Gebiete von Kirche und Staat 40), Freiburg i. Ü. 1993, 19–31.

LEUENBERGER MORITZ, *Die Wiederkehr des Religiösen in die Politik*, in: Bulletin ET 15 (2004) Heft 2, 164–174.

LEVINAS EMMANUEL, *Préface*, in: MENDELSSOHN MOSES, *Jérusalem ou Pouvoir religieux et ju-daïsme*. Texte traduit de l'Allemand, présenté et annoté par Dominique Bourel, Paris 2007, 7–21.

LIEBMANN MAXIMILIAN (Hg.), *Demokratie und Kirche.* Erfahrungen aus der Geschichte, Graz 1997.

LISTL JOSEPH, *Kirche und Staat in der neueren katholischen Kirchenrechtswissenschaft* (Staatskirchenrechtliche Abhandlungen 7), Berlin 1978.

LISTL JOSEPH/MÜLLER HUBERT/SCHMITZ HERIBERT (Hg.), *Handbuch für Katholisches Kirchenrecht*, Regensburg 1983.

LISTL JOSEPH/SCHMITZ HERIBERT (Hg.), *Handbuch des katholischen Kirchenrechts*, Regensburg [2]1999.

LOCKE JOHN, *A Letter Concerning Toleration* (1689), in: GHANEA NAZILA (Hg.), *Religion and Human Rights* (Critical Concepts in Religious Studies), Vol. I: Why Protect Freedom of Religion or Belief and Models for Protection of Freedom of Religion or Belief?, London 2010, 4–39.

LONGO PIETRO, *Costituzioni e costituzionalismi dopo la «Primavera Araba».* Il caso della Tunisia», in: Diritto e Religioni, Anno VIII – n. 2–2013 luglio–dicembre, Pellegrini Editori, Cosenza, 269–295.

LORETAN ADRIAN, *Ausserordentliche Gemeindeleitung in Pfarreien ohne Pfarrer*, in: Österreichisches Archiv für Recht & Religion 59 (2012/2) 315–326.

LORETAN ADRIAN, *Der Jesuitenartikel in den Schweizer Bundesverfassungen von 1848 und 1874 – Ein rechtshistorischer Beitrag*, in: GÜTHOFF ELMAR/HAERING STEPHAN (Hg.), I*us quia iustum.* Festschrift für Helmuth Pree zum 65. Geburtstag (Kanonistische Studien und Texte 65), Berlin 2015, 1137–1150.

LORETAN ADRIAN, *Die Freiheitsrechte in der katholischen Kirche.* Aporien und Desiderate, in: HEIMBACH-STEINS MARIANNE (Hg.), *Jahrbuch für christliche Sozialwissenschaften 55*: Menschenrechte in der katholischen Kirche, begr. von Joseph Höffner, unter Mitwirkung der Arbeitsgemeinschaft Christlicher Sozialethik, Münster 2014, 131–154.

LORETAN ADRIAN (Hg.), *Die Würde der menschlichen Person.* Zur Konzilserklärung über die Religionsfreiheit «Dignitatis humanae» (ReligionsRecht im Dialog 21), Wien/Zürich 2017.

LORETAN ADRIAN, *Die Zukunft der Gemeinden.* Perspektiven aus c. 517 § 2, in: BÖHNKE MICHAEL/SCHÜLLER THOMAS (Hg.), *Gemeindeleitung durch Laien?* Internationale Erfahrungen und Erkenntnisse, Regensburg 2011, 125–151.

LORETAN ADRIAN, *Juristische Personen im CIC 1983*, in: FINK URBAN/ZIHLMANN RENÉ (Hg.), *Kirche, Kultur, Kommunikation*, Peter Henrici zum 70. Geburtstag, Zürich 1998, 581–594.

LORETAN ADRIAN (Hg.), *Kirche – Staat im Umbruch.* Neuere Entwicklungen im Verhältnis von Kirchen und anderen Religionsgemeinschaften zum Staat, Zürich 1995.

LORETAN ADRIAN, *Kirche und Staat in der Schweiz im Horizont einer globalisierten Gesellschaft*, in: PAARHAMMER HANS/KATZINGER GERLINDE (Hg.), *Kirche und Staat im Horizont einer globalisierten Welt* (Wissenschaft und Religion. Veröffentlichungen des Internationalen Forschungszentrums für Grundfragen der Wissenschaften Salzburg 21), Frankfurt a. M. 2009, 189–211.

LORETAN ADRIAN, *Kirche und Staat in der Schweiz*, in: HAERING STEPHAN/REES WILHELM/SCHMITZ HERIBERT (Hg.), *Handbuch des katholischen Kirchenrechts*, Regensburg [3]2015, 1888–1913.

LORETAN ADRIAN, *Laien im pastoralen Dienst.* Ein Amt in der kirchlichen Gesetzgebung: Pastoralassistent/-assistentin, Pastoralreferent/-referentin (Praktische Theologie im Dialog 9/2), Freiburg i. Ü. [2]1997.

LORETAN ADRIAN, *Menschenrechte in der Kirche – ein Schutz vor Machtmissbrauch*, in: HAERING STEPHAN/HIRNSPERGER JOHANN/KATZINGER GERLINDE u. a. (Hg.), *In mandatis meditari.* Festschrift für Hans Paarhammer zum 65. Geburtstag, Berlin 2012 (Kanonistische Studien und Texte 58), 263–283.

LORETAN ADRIAN, *Religionen im Kontext der Menschenrechte* (Religionsrechtliche Studien 1), Zürich 2010.

LORETAN ADRIAN (Hg.), *Religionsfreiheit im Kontext der Grundrechte* (Religionsrechtliche Studien 2), Zürich 2011.

LORETAN ADRIAN, *Religionsgemeinschaften*, in: RICHLI PAUL/WICKI FRANZ (Hg.), *Kommentar der Kantonsverfassung Luzern*, Bern 2010, 665–676.

LORETAN ADRIAN, *Schützen Menschenrechte in den Kirchen vor Machtmissbrauch?* Eine rechtsphilosophische und theologische Anfrage an Staat und Kirchen, in: NOTH ISABELLE/AFFOLTER UELI (Hg.), *Schaut hin!* Missbrauchsprävention in Seelsorge, Beratung und Kirchen, Zürich 2015, 77–88.

LORETAN ADRIAN, *Theologia in Universitate*, in: DERS. (Hg.), *Theologische Fakultäten an europäischen Universitäten.* Rechtliche Situation und theologische Perspektiven (Theologie Ost–West 1), Münster 2004, 7–14.

LORETAN ADRIAN (Hg.), *Theologische Fakultäten an europäischen Universitäten.* Rechtliche Situation und theologische Perspektiven (Theologie Ost–West 1), Münster 2004.

LORETAN ADRIAN, *Zwei Seiten einer Medaille?* Zum Verhältnis von positiver und negativer Religionsfreiheit, in: Österreichisches Archiv für Recht & Religion 60 (2013/1) 3–22.

LORETAN ADRIAN/BERNET-STRAHM TONI (Hg.), D*as Kreuz der Kirche mit der Demokratie.* Zum Verhältnis von katholischer Kirche und Rechtsstaat, Zürich 2006.

LORETAN ADRIAN/MÄDER UELI/RIEDENER SEPP u. a. (Hg.), *Kirchliche Gassenarbeit Luzern.* Eine 30-jährige Zusammenarbeit von Kirchen und staatlichen

Institutionen zugunsten von suchtbetroffenen Personen (ReligionsRecht im Dialog 22), Münster 2016.

LORETAN ADRIAN/WEBER QUIRIN/MORAWA ALEXANDER H. E., *Freiheit und Religion*. Die Anerkennung weiterer Religionsgemeinschaften in der Schweiz (ReligionsRecht im Dialog 17), Münster 2014.

LÜBBE HERMANN, *Politik nach der Aufklärung*. Philosophische Aufsätze, München 2001.

LÜBBE HERMANN, *Religion nach der Aufklärung*, Graz ^{2}1990.

LÜBBE HERMANN, *Säkularisierung*. Geschichte eines ideenpolitischen Begriffs, mit einem neuen Nachwort, Bamberg ^{3}2003.

LÜDECKE NORBERT, *Die Grundnormen des katholischen Lehrrechts in den päpstlichen Gesetzbüchern und neueren Äusserungen in päpstlicher* (Forschungen zur Kirchenrechtswissenschaft 28), Würzburg 1997.

LÜDECKE NORBERT, *Kanonistische Bemerkungen zur rechtlichen Grundstellung der Frau im CIC 1983*, in: WEIGAND RUDOLF (Hg.), *Kirchliches Recht als Freiheitsordnung*. Gedenkschrift für Hubert Müller (Forschungen zur Kirchenrechtswissenschaft 27), Würzburg 1997, 66–90.

LÜDECKE NORBERT/BIER GEORG, *Das römisch-katholische Kirchenrecht*. Eine Einführung, Stuttgart 2012.

LÜDICKE KLAUS (Hg.), *Münsterischer Kommentar zum Codex Iuris Canonici, unter besonderer Berücksichtigung der Rechtslage in Deutschland, Österreich und der Schweiz*, unter Mitarbeit von Rudolf Henseler u. a., Essen 1985.

LÜDICKE KLAUS/PAARHAMMER HANS/BINDER DIETER A. (Hg.), *Neue Positionen des Kirchenrechts*, Graz 1994.

LUF GERHARD, *Grundrechte im CIC/1983*, in: Österreichisches Archiv für Kirchenrecht 35 (1985) 107–157.

LUF GERHARD, *Rechtsphilosophische Grundlagen des Kirchenrechts*, in: LISTL JOSEPH/MÜLLER HUBERT/SCHMITZ HERIBERT (Hg.), *Handbuch für Katholisches Kirchenrecht*, Regensburg 1983, 24–32.

LUF GERHARD, *Rechtsphilosophische Grundlagen des Kirchenrechts*, in: LISTL JOSEPH/SCHMITZ HERIBERT (Hg.), *Handbuch des katholischen Kirchenrechts*, Regensburg ^{2}1999, 33–48.

LUF GERHARD, *Rechtsphilosophische Grundlagen des Kirchenrechts*, in: HAERING STEPHAN/REES WILHELM/SCHMITZ HERIBERT (Hg.), *Handbuch des katholischen Kirchenrechts*, Regensburg ^{3}2015, 42–56.

LUTERBACHER-MAINERI CLAUDIUS, *Katholische Kirche in Schweizer Kantonen: Dualismus als Chance*, in: PAHUD DE MORTANGES RENÉ (Hg.), *Staatliche Anerkennung von Religionsgemeinschaften: Zukunfts- oder Auslaufmodell?* (Freiburger Veröffentlichungen zum Religionsrecht 31), Zürich 2015, 71–83.

MACCULLOCH DIARMAID, *Introduction.* The Importance of Studying the Phenomenon of Fundamentalism, in: DUNN JAMES D. G., *Fundamentalisms.* Threats and Ideologies in the Modern World, London/New York 2016, 1–3.

MACLURE JOCELYN/TAYLOR CHARLES, *Laizität und Gewissensfreiheit*, aus dem Französischen von Eva Buddenberg und Robin Celikates, Berlin 2011 (Titel der Originalausgabe: Laïcité et liberté de conscience, Montréal 2010).

MCCORD ADAMS MARILYN, *Wahrheit und Toleranz.* Zum 300. Todestag von John Locke (1632 bis 1704), in: Orientierung 69 (2005) 47 f. (Aus dem Englischen übersetzt von Adrian Loretan).

MAGNA CARTA, online unter: https://de.wikipedia.org/wiki/Magna_Carta (21.04.2016).

MAIER EVA MARIA, *Communio versus Gerechtigkeit?*, in: Österreichisches Archiv für Recht & Religion 52 (2005) 63–87.

MAIER EVA MARIA, *Kirchenrecht als christliche Freiheitsordnung*, in: Österreichisches Archiv für Kirchenrecht 35 (1985) 282–311.

MAIER HANS, *Gemeinwohl und Seelenheil.* Ahmet Cavuldak beleuchtet das vielgestaltige Verhältnis von Politik und Religion in der westlichen Demokratie, in: NZZ vom 23. April 2016, 51.

MAIER HANS, *Revolution und Kirche.* Studien zur Frühgeschichte der christlichen Demokratie. 1789–1850. Freiburg i. Br. 1959 (Freiburger Studien zur Politik und Soziologie), [5]1988, engl. Ausgabe 1969.

MAIER HANS, *Wie universal sind die Menschenrechte?* (Herder-Spektrum: 4557) Freiburg i. Br. 1997.

MANASSEH BEN ISRAEL, *«Rettung der Juden»*, aus dem Englischen übersetzt. Nebst einer Vorrede von Moses Mendelssohn, als ein Anhang zu des Hrn. Kriegsraths Dohm Abhandlung: Über die bürgerliche Verbesserung der Juden. Mit Königl. Preussischer allergnädigster Freyheit. Berlin und Stattin bey Friedrich Nicolai 1782, Neudruck Hamburg 2005.

MANEA ELHAM, *Ich will nicht mehr schweigen.* Der Islam, der Westen und die Menschenrechte, Freiburg i. Br. 2009.

MARITAIN JACQUES, *The Rights of Man and Natural Law*, New York 1943.

MARITAIN JACQUES, *Introduction*, in: UNESCO (Hg.), *Human Rights. Comments and Interpretations.* A Symposium ed. by UNESCO, New York 1949, 9–17.

MARX REINHARD KARDINAL, *Die Leitungsaufgabe des Bischofs*, in: MÜLLER LUDGER/REES WILHELM (Hg.), *Geist – Kirche – Recht.* Festschrift für Libero Gerosa zur Vollendung des 65. Lebensjahres (Kanonistische Studien und Texte 62), Berlin 2014, 39–47.

MATTIOLI ARAM/RIES MARKUS/RUDOLPH ENNO (Hg.), *Intoleranz im Zeitalter der Revolutionen, Europa 1770–1848* (Kultur – Philosophie – Geschichte 1), Zürich 2004.

MAYER ANN ELIZABETH, *The Islamic world and the alternative declarations of human rights*, in: DÜWELL MARCUS/BRAARVIG JENS/BROWNSWORD ROGER/MIETH DIETMAR (Hg.), *The Cambridge Handbook of Human Dignity*. Interdisciplinary Perspectives, Cambridge 2014, 401–413.

MEEGEN SVEN VAN/GRAULICH MARKUS (Hg.), *Menschen – Rechte*. Theologische Perspektiven zum 60. Geburtstag der Proklamation der Allgemeinen Erklärung der Menschenrechte (Bibel und Ethik 2), Berlin 2008.

MENDELSSOHN MOSES, *Jerusalem oder über religiöse Macht und Judenthum*, Berlin 1783, Digitalisat online unter: www.deutschestextarchiv.de/book/view/mendelssohn_jerusalem_1783?p=12 (30.08.2016).

MENDELSSOHN MOSES, *Jerusalem oder über religiöse Macht und Judentum*. Mit dem Vorwort zu Manasse ben Israels «Rettung der Juden» und dem Entwurf zu «Jerusalem» sowie einer Einleitung, Anmerkungen und Register, hg. von Michael Albrecht, Hamburg 2005.

MENDELSSOHN MOSES, *Jérusalem ou Pouvoir religieux et judaïsme*. Texte traduit de l'Allemand, présenté et annoté par Dominique Bourel, Paris 2007.

MENDELSSOHN MOSES, *Vorrede*, in: Manasseh Ben Israel, *«Rettung der Juden»*, aus dem Englischen übersetzt. Nebst einer Vorrede von Moses Mendelssohn, als ein Anhang zu des Hrn. Kriegsraths Dohm Abhandlung: Über die bürgerliche Verbesserung der Juden. Mit Königl. Preussischer allergnädigster Freyheit. Berlin und Stattin bey Friedrich Nicolai 1782, Neudruck Hamburg 2005, 1–27.

MENSCHENRECHTSKOMMISSION DES SCHWEIZERISCHEN EVANGELISCHEN KIRCHENBUNDES, SCHWEIZERISCHE NATIONALKOMMISSION JUSTITIA ET PAX (Hg.), *Menschenrechte*. Der Auftrag der Christen für ihre Verwirklichung, ein Werkbuch für Kirche und Unterricht, Bern 1986.

MERTES KLAUS, *Spalten, lernen, glauben*. Geistliche Reflexionen nach einem Jahr Missbrauchsskandal, in: KIESSLING KLAUS (Hg.), *Sexueller Missbrauch. Fakten, Folgen, Fragen*, Ostfildern 2011, 144–155.

MERTES KLAUS, *Verlorenes Vertrauen*. Katholisch sein in der Krise, Freiburg i. Br. 2013.

MESSERLI RUDOLF, *Staat und Kirche*, in: JENNY KURT/ACHERMANN ALEX/MATHIS STEFAN u. a. (Hg.), *Staats- und Verwaltungsrecht des Kantons Basel-Landschaft* (Recht und Politik im Kanton Basel-Landschaft 15), Liestal 1998, 321–342.

Metz Johann Baptist, *Kirchliche Autorität im Anspruch der Freiheitsgeschichte*, in: DERS./MOLTMANN JÜRGEN/OELMÜLLER WILLI, *Kirche im Prozess der Aufklärung*. Aspekte einer neuen «politischen Theologie» (Gesellschaft und Theologie. Systematische Beiträge 1), München 1970, 53–90.

METZ JOHANN BAPTIST, *Wer steht für die unschuldigen Opfer ein?* Ein Gespräch mit Johann Baptist Metz, in: Orientierung 72 (2008) 148–150.

METZ JOHANN BAPTIST/MOLTMANN JÜRGEN/OELMÜLLER WILLI, *Kirche im Prozess der Aufklärung*. Aspekte einer neuen «politischen Theologie» (Gesellschaft und Theologie. Systematische Beiträge 1), München 1970.

METZGER-BREITENFELLNER RENATA, *«Es gibt keine Aufklärung an den Opfern vorbei»*, in: Wendekreis 6/2014, 36–37.

MIETH DIETMAR, *Human dignity in late-medieval spiritual and political conflicts*, in: DÜWELL MARCUS/BRAARVIG JENS/BOWNSWORD ROGER u. a. (Hg.), *The Cambridge Handbook of Human Dignity*. Interdisciplinary Perspectives, Cambridge 2014, 74–84.

MIETH DIETMAR, *Menschenwürde im Christentum aus katholischer Sicht*, in: JOERDEN JAN C./HILGENDORF ERIC/THIELE FELIX (Hg.), *Menschenwürde und Medizin*. Ein interdisziplinäres Handbuch, Berlin 2013, 349–368.

MITTERER FRANZISKA, *Franziskanische Brüderlichkeit*, in: SKZ 183 (2015) 334–337.

MÖLLERS CHRISTOPH, *Religiöse Freiheit als Gefahr?* Erster Beratungsgegenstand. 2. Bericht, in: VEREINIGUNG DER DEUTSCHEN STAATSRECHTSLEHRER (Hg.), *Erosion von Verfassungsvoraussetzungen*. Berichte und Diskussionen auf der Tagung der Vereinigung der Deutschen Staatsrechtslehrer in Erlangen vom 1.–4. Oktober 2008 (Veröffentlichungen der Vereinigung der Deutschen Staatsrechtler 68), Berlin 2009, 47–93.

MÜLLER GERHARD LUDWIG (Hg.), *Der Empfänger des Weihesakraments*. Quellen zur Lehre und Praxis der Kirche, nur Männern das Weihesakrament zu spenden, Würzburg 1999.

MÜLLER HUBERT, *Diskussion*, in: CORECCO EUGENIO/HERZOG NIKOLAUS/SCOLA ANGELO (Hg.), *Die Grundrechte des Christen in Kirche und Gesellschaft*. Akten des IV. Internationalen Kongresses für Kirchenrecht, Fribourg 6.–11.X.1980, Freiburg i. Ü. 1981, 97–101.

MÜLLER HUBERT, *Verwirklichung der Katholizität in der Ortskirche*, in: WEIGAND RUDOLF (Hg.) *Kirchliches Recht als Freiheitsordnung*. Gedenkschrift für Hubert Müller (Forschungen zur Kirchenrechtswissenschaft 27), Würzburg 1997, 14–38.

MÜLLER JÖRG PAUL, *Die demokratische Verfassung*. Zwischen Verständigung und Revolte, Zürich 2002.

MÜLLER JÖRG PAUL, *Die demokratische Verfassung.* Von der Selbstbestimmung der Menschen in den notwendigen Ordnungen des Zusammenlebens (Die neue Polis), Zürich ²2009.

MÜLLER LUDGER/REES WILHELM (Hg.), *Geist – Kirche – Recht.* Festschrift für Libero Gerosa zur Vollendung des 65. Lebensjahres (Kanonistische Studien und Texte 62), Berlin 2014.

MÜNKLER HERFRIED/LLANQUE MARCUS (Hg.), *Konzeptionen der Gerechtigkeit.* Kulturvergleich – Ideengeschichte – Moderne Debatte, Baden-Baden 1999.

NASS MATTHIAS, *Das globale Kalifat*, Eine Kolumne, in: Die Zeit vom 18. November 2015, online unter: http://www.zeit.de/politik/ausland/2015-1/islamischer-staat-anschlaege-syrien-paris-irak-global (14.03.2016.)

NATIONS UNIES, *Rapporteur spécial, conformément à la résolution 2001/42 de la Commission des droits de l'homme*, Étude sur la liberté de religion ou de conviction et la condition de la femme au regard de la religion des traditions, UN Doc.E/CN.4/2002/73/Add. 2, 05.04.2002.

NAY GIUSEP, *Die Kirche und die Menschenrechte*, in: Bulletin der Europäischen Gesellschaft für katholische Theologie 15 (2004) H. 2, 289–291.

NELL-BREUNING OSWALD VON, *Selbstkritik der Kirche.* Zum Dokument der Bischofssynode «De iustitia in mundo», in: Theologie und Philosophie 47 (1972) 508–527.

NOTH ISABELLE/AFFOLTER UELI (Hg.), *Schaut hin!* Missbrauchsprävention in Seelsorge, Beratung und Kirchen, Zürich 2015.

NOTI ODILO, *Religion und Gewalt.* Eine theologisch interessierte Erinnerung an Immanuel Kant, Luzern 2002.

NUSSBAUM MARTHA C., *The New Religious Intolerance.* Overcoming the Politics of Fear in an Anxious Age, Cambridge (Mass.)/London 2012.

NUSSBAUMER LUKAS, *CVP und SVP stoppen Islam-Debatte*, in: NLZ vom 1. Juli 2014, 21.

OKIN SUSAN MOLLER, *Justice, Gender and the Family*, New York 1989.

OTTAVIANI ALFREDO, *Institutiones juris publici ecclesiastici*, vol. II: Ecclesia et status, Rom ⁴1960.

PAARHAMMER HANS/KATZINGER GERLINDE (Hg.), *Kirche und Staat im Horizont einer globalisierten Welt* (Wissenschaft und Religion. Veröffentlichungen des Internationalen Forschungszentrums für Grundfragen der Wissenschaften Salzburg 21), Frankfurt a. M. 2009.

PAB, *Staatstrauer in Pakistan*, in: NZZ vom 29. März 2016, 1 und 3.

PAHUD DE MORTANGES RENÉ/TANNER ERWIN (Hg.), *Kooperation zwischen Staat und Religionsgemeinschaften nach schweizerischem Recht.* Coopération entre Etat et communautées religieuses selon le droit suisse (Freiburger Veröffentlichungen zum Religionsrecht 15), Zürich/Basel/Genf 2005.

PAHUD DE MORTANGES RENÉ (Hg.), *Religiöse Neutralität.* Ein Rechtsprinzip in der multireligiösen Gesellschaft (Freiburger Veröffentlichungen zum Religionsrecht 21), Zürich 2008.

PAHUD DE MORTANGES RENÉ (Hg.), *Staatliche Anerkennung von Religionsgemeinschaften: Zukunfts- oder Auslaufmodell?* (Freiburger Veröffentlichungen zum Religionsrecht 31), Zürich 2015.

PAHUD DE MORTANGES RENÉ, *Zwischen religiöser Pluralisierung und Säkularisierung.* Aktuelle Entwicklungen bei der staatlichen Anerkennung von Religionsgemeinschaften, in: DERS. (Hg.), *Staatliche Anerkennung von Religionsgemeinschaften: Zukunfts- oder Auslaufmodell?* (Freiburger Veröffentlichungen zum Religionsrecht 31), Zürich 2015, 11–24.

PARHISI PARINAS, *Frauen in der iranischen Verfassungsordnung* (Verfassung und Recht in Übersee, Beiheft 24), Frankfurt a. M. 2010.

PERCY MARTYN, *Rules, Recipes, Rubrics: A Theological Anatomy of Contemporary Christian Fundamentalism*, in: DUNN JAMES D. G., *Fundamentalisms.* Threats and Ideologies in the Modern World, London/New York 2016, 47–68.

PESCH OTTO HERMANN, *Das Zweite Vatikanische Konzil (1962 bis 1965).* Vorgeschichte, Verlauf, Ergebnisse, Nachgeschichte, Würzburg 1993.

PEUKERT HELMUT, *Wissenschaftstheorie, Handlungstheorie, Fundamentale Theologie.* Analysen zu Ansatz und Status theologischer Theoriebildung, Düsseldorf 1976.

PFEIFER REGULA, *Heimlichtuerei und Coming out: die Liebe einer Frau zu einem Priester*, in: SKZ 183 (2015) 387 f.

PIRSON DIETRICH, *Wechselwirkungen zwischen staatlicher und kirchlicher Verfassung*, in: BRENNER MICHAEL u. a. (Hg.), *Der Staat des Grundgesetzes – Kontinuität und Wandel.* Festschrift für Peter Badura zum siebzigsten Geburtstag, Tübingen 2004, 763–779.

POTOTSCHNIG FRANZ, *Überlegungen zur Neubewertung der Kanonistik im Kontext der europäischen Rechtsgeschichte durch die neueste Forschung*, in: Österreichisches Archiv für Kirchenrecht 41 (1992) 29–40.

POTZ RICHARD, *Papst Paul VI. und das Recht*, in: Österreichisches Archiv für Kirchenrecht, 29 (1978) 199–216.

PREE HELMUTH, *Bemerkungen zum Normenbegriff des CIC 1983*, in: Österreichisches Archiv für Kirchenrecht 35 (1985) 25–61.

PREE HELMUTH, *Der Rechtscharakter des kanonischen Rechts und seine Bedeutung für die Kirche*, in: Folia canonica 7 (2004) 49–70.

PREE HELMUTH, *Die Ehe als Bezugswirklichkeit.* Bemerkungen zur Individual und Sozialdimension des kanonischen Eherechts, in: Österreichisches Archiv für Kirchenrecht 33 (1982) 339–396.

PREE HELMUTH, *«Unio Irregularis».* Der Sakramentenempfang von Geschiedenen, geschiedenen Wiederverheirateten, ehelos Zusammenlebenden und nur zivil verehelichten Katholiken nach kanonischem Recht, in: LÜDICKE KLAUS/PAARHAMMER HANS/BINDER DIETER A. (Hg.), *Neue Positionen des Kirchenrechts*, Graz 1994, 119–152.

PREE HELMUTH, *Zum Stellenwert und zum Verbindlichkeitsanspruch des Rechts in Staat und Kirche*, in: Österreichisches Archiv für Kirchenrecht 39 (1990) 1–23.

PRODI PAOLO, *Eine Geschichte der Gerechtigkeit.* Vom Recht Gottes zum modernen Rechtsstaat, aus dem Italienischen von Annette Seemann, München 2003.

PRODI PAOLO, Utrumque ius in utroque foro, in: DERS., *Eine Geschichte der Gerechtigkeit.* Vom Recht Gottes zum modernen Rechtsstaat, aus dem Italienischen von Annette Seemann, München 2003, 82–114.

PRÖPPER THOMAS, *Evangelium und freie Vernunft.* Konturen einer theologischen Hermeneutik, Freiburg i. Br. 2001.

PROVOST JAMES/WALF KNUT, *Vorwort*, in: Concilium 24 (1988) 170 f.

PUZA RICHARD/KUSTERMANN ABRAHAM PETER (Hg.), *Staatliches Religionsrecht im Europäischen Vergleich* (Freiburger Veröffentlichungen aus dem Gebiete von Kirche und Staat: 40), Freiburg i. Ü. 1993.

PUZA RICHARD/WEISS ANDREAS (Hg.), *Iustitia in caritate.* Festgabe für Ernst Rössler zum 25jährigen Dienstjubiläum als Offizial der Diözese Rottenburg-Stuttgart (Adnotationes in ius canonicum 3), Frankfurt a. M. 1997.

PUZICHA MICHAELA, *Kommentar zur Benediktsregel*, mit einer Einführung von Christian Schütz, im Auftrag der Salzburger Äbtekonferenz, St. Ottilien 2002.

RADIO DRS 2 (HEUTE: SRF 2 KULTUR), *Sendung «Kontext»*, 24. Mai 2010.

RAHNER KARL, *Pastorale Dienste und Gemeindeleitung*, in: DERS., *Schriften zur Theologie*, Band XIV: In Sorge um die Kirche, Zürich 1980, 132–147.

RAHNER KARL, *Schriften zur Theologie*, Band XIV: In Sorge um die Kirche, Zürich 1980.

RATZINGER JOSEPH KARDINAL, *Freiheit und Wahrheit*, in: Internationale katholische Zeitschrift Communio (IKaZ) 24 (1995) 527–542.

RATZINGER JOSEPH KARDINAL, *Was die Welt zusammenhält.* Vorpolitische moralische Grundlagen eines freiheitlichen Staates, in: RATZINGER JOSEPH KARDINAL, *Werte in Zeiten des Umbruchs.* Die Herausforderungen der Zukunft bestehen, Freiburg i. Br. 2005, 28–40.

RATZINGER JOSEPH KARDINAL, *Werte in Zeiten des Umbruchs.* Die Herausforderungen der Zukunft bestehen, Freiburg i. Br. 2005.

RAU GERHARD/REUTER HANS-RICHARD/SCHLAICH KLAUS (Hg.), *Das Recht der Kirche*, Bd. 1: Zur Theorie des Kirchenrechts (Forschungen und Berichte der Evangelischen Studiengemeinschaft 49), Gütersloh 1997.

RAWLS JOHN, *Politischer Liberalismus*, Frankfurt a. M. 1998.

RAWLS JOHN, P*olitical Liberalism*, New York 1993, dt. Politischer Liberalismus, Frankfurt a. M. 2003.

RAWLS JOHN, *Politischer Liberalismus*, Frankfurt 2003 (Titel der Originalausgabe: Political Liberalism, New York 1993).

RAWLS JOHN, *Eine Theorie der Gerechtigkeit*, aus dem Amerikanischen von Hermann Vetter, Frankfurt a. M. 1975, (Engl. Original: Oxford 1971).

REES WILHELM, *Zwischen Bewahrung und Erneuerung.* Zu Entdeckungen und (Weiter)Entwicklungen im Recht der römisch-katholischen Kirche, in: GÜTHOFF ELMAR/HAERING STEPHAN (Hg.), *Ius quia iustum.* Festschrift für Helmuth Pree zum 65. Geburtstag (Kanonistische Studien und Texte 65), Berlin 2015, 81–111.

REINHARD WOLFGANG, *Geschichte der Staatsgewalt.* Eine vergleichende Verfassungsgeschichte Europas von den Anfängen bis zur Gegenwart, München 1999.

REIS SCHWEIZER STEFAN, *Papst nimmt Bischöfe in die Verantwortung.* Neues Gericht soll Vertuschung von Missbrauch ahnden – später Schritt in der Aufarbeitung, in: NZZ vom 12. Juni 2015, 4.

RENGGLI ARNO, *Ein Frühling mit Schattenseiten*, in: NLZ vom 11. Januar 2013, 8.

RICHLI PAUL/WICKI FRANZ (Hg.), *Kommentar der Kantonsverfassung Luzern*, Bern 2010.

RIEDEL-SPANGENBERGER ILONA, *Art. Gewohnheitsrecht*, in: Lexikon für Kirchen- und Staatskirchenrecht 2, 142–144.

RIEDEL-SPANGENBERGER ILONA, *Grundbegriffe des Kirchenrechts*, Paderborn 1992.

RIEGER RAFAEL M., *De graviora delictis Congregationi pro Doctrina Fidei reservatis.* Anmerkungen aus der Praxis zu den schwerwiegenden Straftaten bei der Feier der Sakramente gegen die Sitte, deren Behandlung der Glaubenskongregation vorbehalten ist, in: Österreichisches Archiv für Recht & Religion 59 (2012) 327–345.

RIES MARKUS/BECK VALENTIN (Hg.), *Hinter Mauern.* Fürsorge und Gewalt in kirchlich geführten Erziehungsanstalten im Kanton Luzern, Zürich 2013.

RICHTER AEMILIUS/FRIEDBERG EMIL (Hg.), *Corpus Iuris Canonici.* 2 Bände, Graz 1879 (Photomechanischer Nachdruck, 1955–1995).

ROBBERS GERHARD, *Vom Augsburger Religionsfrieden [1555] zum Europäischen Verfassungsvertrag*, in: GAERTNER JOACHIM/GODEL ERIKA (Hg.), *Religionsfreiheit und Frieden.* Vom Augsburger Religionsfrieden zum europäischen Verfassungsvertrag (Schriften zum Staatskirchenrecht 33), Frankfurt a. M. 2007, 81–86.

ROBERTSON QC GEOFFREY, *The Case of the Pope.* Vatican Accountability for Human Rights Abuse, London u. a. 2010.

ROCKEFELLER STEVEN, *Kommentar*, in: TAYLOR CHARLES, *Multikulturalismus und die Politik der Anerkennung*, mit Kommentaren von AMY GUTMANN (Hg.), Steven C. Rockefeller, Michael Walzer, Susan Wolf, mit einem Beitrag von Jürgen Habermas, aus dem Amerikanischen von Reinhard Kaiser, Frankfurt a. M. 1993, 95–108.

ROSENSTOCK-HUESSY EUGEN, *Die europäischen Revolutionen und der Charakter der Nationen*, Stuttgart/Köln 1951 (erstmals 1931).

ROSSETTI MSGR. STEPHEN, *Aus Fehlern lernen*, Vortrag auf dem Kongress «Unterwegs zu Heilung und Erneuerung» vom 07.02.2012 an der Päpstlichen Universität Gregoriana, zitiert nach Mertes Klaus, Verlorenes Vertrauen. Katholisch sein in der Krise, Freiburg i. Br. 2013, 57 f.

RUFFATO LUIZ, *Die Geburt der Freiheit aus der Gewalt.* Die Brasilianer sind ein fröhliches Volk, doch sie leben im Bann von Ungleichheit und Unterdrückung, in: NZZ vom 5. Oktober 2013, 61.

RÜFNER WOLFGANG, *Staatskirchenrechtliche Überlegungen zu Status und Finanzierung der Kirchen im vereinten Europa.* Zum deutschen Staatskirchenrecht im vereinten Europa, in: IPSEN JÖRN u. a. (Hg.), *Verfassungsrecht im Wandel.* Wiedervereinigung Deutschlands, Deutschland in der europäischen Union, Verfassungsstaat und Föderalismus: Zum 180-jährigen Bestehen der Carl Heymanns Verlag AG, Köln 1995, 485–498.

RÜTHERS BERND, *Die unbegrenzte Auslegung.* Zum Wandel der Privatrechtsordnung im Nationalsozialismus, Tübingen [7]2012.

RÜTHERS BERND/FISCHER CHRISTIAN/BIRK AXEL, *Rechtstheorie mit Juristischer Methodenlehre (Grundrisse des Rechts)*, München [6]2011.

SACKSOFSKY UTE, *Die Gleichberechtigung von Mann und Frau – besser aufgehoben beim Europäischen Gerichtshof oder beim Bundesverfassungsgericht*, in: GAITANIDES CHARLOTTE u. a. (Hg.), *Europa und seine Verfassung.* Festschrift für Manfred Zuleeg zum siebzigsten Geburtstag, Baden-Baden 2005, 323–340.

SAHLFELD KONRAD, *Aspekte der Religionsfreiheit im Lichte der Rechtsprechung der EMRK-Organe, des UNO-Menschenrechtsausschusses und nationaler Gerichte* (Luzerner Beiträge zur Rechtswissenschaft 3), Zürich 2004.

SALADIN PETER, *Vorwort*, in: MENSCHENRECHTSKOMMISSION DES SCHWEIZERISCHEN EVANGELISCHEN KIRCHENBUNDES, SCHWEIZERISCHE NATIONALKOMMISSION JUSTITIA ET PAX (Hg.), *Menschenrechte.* Der Auftrag der Christen für ihre Verwirklichung, ein Werkbuch für Kirche und Unterricht, Bern 1986, 7.

SALZBURGER HOCHSCHULWOCHEN (Hg.), *Menschenwürdige Gesellschaft*, Graz/Wien/Köln 1977.

SATTLER KARL-OTTO, *Burka-Verbot in Frankreich rechtens.* Menschrechtsgerichtshof billigt Gesetzgebung, in: NZZ vom 2. Juli 2014, 1.

SCATTOLA MERIO, *Naturrecht als Rechtstheorie: Die Systematisierung der «res scolastica» in der Naturrechtslehre von Domingo de Soto*, in: GRUNERT FRANK/SEELMANN KURT (Hg.), *Die Ordnung der Praxis.* Neue Studien zur spanischen Spätscholastik (Frühe Neuzeit 68), Tübingen 2001, 21–47.

SCHEFER MARKUS, *Religionsfreiheit aus gemeineuropäischer Sicht*, in: EHRENZELLER BERNHARD u. a. (Hg.), *Religionsfreiheit im Verfassungsstaat.* Zweites Kolloquium der «Peter Häberle Stiftung» an der Universität St. Gallen, Zürich 2011, 105–119.

SCHERRER GEORGES, *Der Staat kann nicht alle kirchlichen Urteile mittragen*, in: SKZ 173 (2005) 117–118.

SCHLOEMANN JOHAN, *Debatte um Beschneidung.* Wo das Recht an seine Grenzen stösst, Süddeutsche Zeitung vom 17. Juli 2012.

SCHMID HANS BERNHARD, *Philosophen durchleuchten den Menschen auf seine Würde*, in: NZZ vom 29. August 2002, 51.

SCHMIDINGER HEINRICH, *Der Mensch ist Person.* Ein christliches Prinzip in theologischer und philosophischer Sicht, der Mensch als Person, Innsbruck 1994.

SCHMIDINGER HEINRICH, *Von der Substanz zur Person*, in: Theologisch praktische Quartal-schrift 142 (1994) 383–394.

SCHNEPF ROBERT, *Francisco Suárez über die Veränderbarkeit von Gesetzen durch Interpretation*, in: GRUNERT FRANK/SEELMANN KURT (Hg.), *Die Ordnung der Praxis.* Neue Studien zur spanischen Spätscholastik (Frühe Neuzeit 68), Tübingen 2001, 75–108.

SCHOCKENHOFF EBERHARD, *Einleitung*, in: MEEGEN SVEN VAN/GRAULICH MARKUS (Hg.), *Menschen – Rechte.* Theologische Perspektiven zum 60. Geburtstag der Proklamation der Allgemeinen Erklärung der Menschenrechte (Bibel und Ethik 2), Berlin 2008, 3–7.

SCHOENHERR RICHARD, *Heilige Macht, heilige Autorität und heiliger Zölibat: Die Vereinigten Staaten*, in: Concilium 8 (1972) 625–633.

SCHREGENBERGER KATRIN, *«Die Schule sollte nicht immer nachgeben.»* Die Muslimin Saïda Keller-Messahli ist Verfechterin eines Kopftuchverbots, in: NZZ vom 30. Juni 2014, 44.

SCHREGENBERGER KATRIN, *Zwischen zwei Welten.* Muslimische Kinder und Jugendliche bewegen sich in einem Spannungsfeld zwischen Schule und Familie, in: NZZ vom 30. Juni 2014, 44.

SCHULZE REINER (Hg.), *Europäische Rechts- und Verfassungsgeschichte.* Ergebnisse und Perspektiven der Forschung (Schriften zur Europäischen Rechts- und Verfassungsgeschichte 3), Berlin 1991.

SCHULZE REINER, *Vom Ius commune bis zum Gemeinschaftsrecht*, in: DERS. (Hg.), *Europäische Rechts- und Verfassungsgeschichte.* Ergebnisse und Perspektiven der Forschung (Schriften zur Europäischen Rechts- und Verfassungsgeschichte 3), Berlin 1991, 3–36.

SCHWARTLÄNDER JOHANNES, *Freiheit der Religion.* Christentum und Islam unter dem Anspruch der Menschenrechte (Forum Weltkirche 2), Mainz 1993.

SCHWARTLÄNDER JOHANNES (Hg.), *Modernes Freiheitsethos und christlicher Glaube.* Ein Beitrag zur juristischen, philosophischen und theologischen Bestimmung der Menschenrechte (Entwicklung und Frieden. Wissenschaftliche Reihe 24), München/Mainz 1981.

SCHWARZ REINHOLD, *Vom Geist des Kirchenrechts*, in: Österreichisches Archiv für Kirchenrecht 31 (1980) 223–240.

SDA, *Huonder krebst zurück.* Umstrittene Aussagen des Churer Bischofs zur Homosexualität, in: NZZ vom 4. August 2015, 11.

SDA, *Isis ruft Kalifat aus*, in: NZZ vom 30. Juni 2014, 2.

SEELMANN KURT, *Theologie und Jurisprudenz an der Schwelle zur Moderne.* Die Geburt des neuzeitlichen Naturrechts in der iberischen Spätscholastik (Würzburger Vorträge zur Rechtsphilosophie, Rechtstheorie und Rechtssoziologie H. 20), Baden-Baden 1997.

SEELMANN KURT, *Thomas von Aquin am Schnittpunkt von Recht und Theologie* (Luzerner Hochschulreden 11), Luzern 2000.

SEELMANN KURT, *Recht auf Achtung und Schutz der Menschenwürde – leere Floskel oder Grundlage der Rechtsordnung?*, in: LORETAN ADRIAN (Hg.), *Religionsfreiheit im Kontext der Grundrechte* (Religionsrechtliche Studien 2), Zürich 2011, 101–120.

SEELMANN KURT/DEMKO DANIELA, *Was ist Recht?* in: DIES., *Rechtsphilosophie*, (Grundrisse des Rechts), München [6]2014, 5–14.

SEELMANN KURT/DEMKO DANIELA, *Rechtsphilosophie* (Grundrisse des Rechts), München [6]2014.

SEN AMARTYA, *Die Idee der Gerechtigkeit*, aus dem Englischen übersetzt von Christa Krüger, München 2010, (The Idea of Justice, London 2009).

SITTER-LIVER BEAT (Hg.), *Universality: From Theory to Practice.* An intercultural and interdisciplinary debate about facts, possibilities, lies and myths. 25th Colloquium (2007) of the Swiss Academy of Humanities and Social Sciences (Kolloquium der Schweizerischen Akademie der Geistes- und Sozialwissenschaften 25), Freiburg i. Ü. 2009.

SOBANSKI REMIGIUSZ, *Bemerkungen zur epistemologischen Problematik des Begriffes des Kirchenrechts*, in: Archiv für katholisches Kirchenrecht 157 (1988) 430–441.

SOBANSKI REMIGIUSZ, *Geist und Funktion des Kirchenrechts*, in: Archiv für katholisches Kirchenrecht 151 (1982) 369–394.

SOHM RUDOLPH, *Das altkatholische Kirchenrecht und das Dekret Gratians*, Darmstadt 1967, Sonderdruck aus der Festschrift der Leipziger Juristenfakultät für Dr. Adolf Wach zum 16. November 1915, München/Leipzig 1918.

SÖHNGEN GOTTLIEB, *Grundfragen einer Rechtstheologie*, München 1962.

SOLIDARITÄTSGRUPPE KATHOLISCHER PRIESTER DER DIÖZESE SPEYER (Hg.), *Das Recht der Gemeinde auf Eucharistie*. Die bedrohte Einheit von Wort und Sakrament, Trier 1978.

SOLOMON NORMAN, *The Dialogue Experience: Reflections on a Decade of Engagement*, in: *Internationale Kirchliche Zeitschrift*, Bern. Interreligious Oecumenical Studies (BIOS). From Encounter to Commitment: Interreligious Experience and Theological Engagement, ANGELA BERLIS AND DOUGLAS PRATT (Hg.), Bern 2015, 59–77.

SPALINGER ANDREA, *Ein Kirchengipfel im Sinne Putins*. Erstmals in der Geschichte trifft ein Papst den russisch-orthodoxen Patriarchen, in: NZZ vom 12. Februar 2016, 7.

SRF, *Fernsehsendung «UNO macht Front gegen sexuellen Missbrauch durch Blauhelme»*, online unter: www.srf.ch/news/international/uno-macht-front-gegen-sexuellen-missbrauch-durch-blauhelme (12.03.2016).

STAUFFER BEAT, *Kräftemessen oder Kollusion?* Das undurchsichtige Verhältnis zwischen gemässigten und radikalen Islamisten in Tunesien, in: NZZ vom 19. Juli 2012, 41.

STEFFENSKY FULBERT, *Der erwünschte Tod*, online unter: www.feinschwarz.net/der-erwuenschte-tod/ (17.08.2016).

STEIN TINE, *Die Trennung von Herrschaft und Heil: Zwei Reiche*, in: DIES., *Himmlische Quellen und irdisches Recht*. Religiöse Voraussetzungen des freiheitlichen Verfassungsstaates, Frankfurt a. M. 2007, 197–222.

STEIN TINE, *Himmlische Quellen und irdisches Recht*. Religiöse Voraussetzungen des freiheitlichen Verfassungsstaates, Frankfurt a. M. 2007.

STEINKAMP HERMANN, *Die sanfte Macht der Hirten*. Die Bedeutung Michel Foucaults für die praktische Theologie, Mainz 1999.

STEINVORTH DANIEL, *Mit Wellness und Scharia*. Resozialisierung von Jihadisten in Saudiarabien, in: NZZ vom 23. April 2016, 13.

STOFFEL OSKAR, *Das Recht der Laien in der Kirche nach dem neuen Codex*, in: AMHERD MORITZ/CARLEN LOUIS, *Das neue Kirchenrecht*. Seine Einführung in der Schweiz, Zürich 1984, 60–84.

Strafrechtstheorie, in: GRUNERT FRANK/SEELMANN KURT (Hg.), D*ie Ordnung der Praxis*. Neue Studien zur spanischen Spätscholastik (Frühe Neuzeit 68), Tübingen 2001, 299–347.

STUDER BASIL, *La riflessione teologica nella Chiesa imperiale sec. IV e V* (Sussidi patristici 4), Roma 1989.

STÜSSI MARCEL, *Models of Religious Freedom.* Switzerland, the United Sates, and Syria by Analytical, Methodological, and Eclectic Representation (Religions-Recht im Dialog 12), Münster 2012.

SUÁREZ FRANCISCO, *De legibus ac Deo legislatore*, in: Theologiae Francisci Suárez compendium in duas partes divisum, Pars I Tom V, Lib 1–10, Venetiis 1733.

SWIDLER LEONARD, *Das II. Vaticanum von unten – demokratisch verfasster Katholizismus*, in: HEIZER MARTHA/HURKA HANS PETER (Hg.), *Mitbestimmung und Menschenrechte.* Plädoyer für eine demokratische Kirchenverfassung, Kevelaer 2011, 175–199.

TAPPENBECK CHRISTIAN/PAHUD DE MORTANGES RENÉ, *Religionsfreiheit und religiöse Neutralität*, in: PAHUD DE MORTANGES RENÉ (Hg.), *Religiöse Neutralität.* Ein Rechtsprinzip in der multireligiösen Gesellschaft (Freiburger Veröffentlichungen zum Religionsrecht 21), Zürich 2008, 105–136.

TAYLOR CHARLES, *Die Politik der Anerkennung*, in: TAYLOR CHARLES, *Multikulturalismus und die Politik der Anerkennung*, mit Kommentaren von Amy Gutmann (Hg.), Steven C. Rockefeller, Michael Walzer, Susan Wolf, mit einem Beitrag von Jürgen Habermas, aus dem Amerikanischen von Reinhard Kaiser, Frankfurt a. M. 1993, 13–78.

TAYLOR CHARLES, *Multikulturalismus und die Politik der Anerkennung*, mit Kommentaren von Amy Gutmann (Hg.), Steven C. Rockefeller, Michael Walzer, Susan Wolf, mit einem Beitrag von Jürgen Habermas, aus dem Amerikanischen von Reinhard Kaiser, Frankfurt a. M. 1993.

THELER JOHANNES, *Zum Verhältnis von Kirchen und Staat im Kanton Wallis: eine besondere Art der Kirchenfinanzierung*, in: LORETAN ADRIAN (Hg.), *Kirche – Staat im Umbruch.* Neuere Entwicklungen im Verhältnis von Kirchen und anderen Religionsgemeinschaften zum Staat, Zürich 1995, 228–235.

THOMAS VON AQUIN, S. *Thomae Aquinatis Opera Omnia, ut sunt in indice thomistico additis 61 scriptis ex aliis medii aevi auctoribus, curante* R. Busa SJ, Stuttgart 1980; online unter: www.corpusthomisticum.org/snp4001.html.

THORPE FRANCIS NEWTON (Hg.), *The Federal and State Constitutions.* Colonial charters, and other organic laws of the States, Territories, and Colonies now or heretofore forming The United States of America, Vol. VII: Virginia–Wyoming–Index, Washington 1909.

TIEDEMANN ROLF/SCHWEPPENHÄUSER HERMANN (Hg.), *Gesammelte Schriften I/2*, unter Mitwirkung von Theodor W. Adorno und Gershom Scholem, Frankfurt a. M. 1974.

TORFS RIK, *Klerikaler Kindesmissbrauch und das Zusammenwirken von staatlichem und kirchlichem Recht*, in: Concilium 40 (2004) 344–354.

TROELTSCH ERNST, *Die Bedeutung des Protestantismus für die Entstehung der modernen Welt*, München 1911.

TSCHAN WERNER, *Grenzverletzungen in kirchlichen Institutionen – Intervention und Prävention,* in: NOTH ISABELLE/AFFOLTER UELI (Hg.), *Schaut hin!* Missbrauchsprävention in Seelsorge, Beratung und Kirchen, Zürich 2015, 19–28.

TÜCK JAN-HEINER (Hg.), *Risse im Fundament?* Die Pfarrerinitiative und der Streit um die Kirchenreform (Theologie kontrovers), Freiburg i. Br. [2]2012.

TUGENDHAT ERNST, *Der Begriff der Willensfreiheit*, in: ders., Philosophische Aufsätze, Frankfurt a. M. 1992, 334–351.

TUGENDHAT ERNST, *Die Kontroverse um die Menschenrechte*, in: Analyse und Kritik 15 (1993: 2) 101–110; auch in: GOSEPATH STEFAN/LOHMANN GEORG (Hg.), *Philosophie der Menschenrechte*, Frankfurt a. M. 1999/[4]2007/[5]2010, 48–61; auch online unter: http://www.analyse-und-kritik.net/1993-2/AK_Tugendhat_1993.pdf.

TUGENDHAT ERNST, *Philosophische Aufsätze*, Frankfurt a. M. 1992.

UERTZ RUDOLF, *Vom Gottesrecht zum Menschenrecht.* Das katholische Staatsdenken in Deutschland von der Französischen Revolution bis zum II. Vatikanischen Konzil (1789–1965) (Politik- und kommunikationswissenschaftliche Veröffentlichungen der Görres-Gesellschaft 25), Paderborn 2005.

ULONSKA HERBERT/RAINER MICHAEL J. (Hg.), *Sexualisierte Gewalt im Schutz von Kirchenmauern.* Anstösse zur differenzierten (Selbst-) Wahrnehmung (Theologie. Forschung und Wissenschaft 6), Münster 2003.

UNESCO (Hg.), *Human Rights.* Comments and Interpretations. A Symposium ed. by UNESCO, New York 1949.

UNIVERSITÄT FREIBURG, RECHTSWISSENSCHAFTLICHE FAKULTÄT, INSTITUT FÜR RELIGIONSRECHT, *Dienstleistungen*, online unter: http://www.unifr.ch/ius/religionsrecht_de/dienstleistungen (03.05.2016).

URTEIL (DES BUNDESGERICHTS) 2C_406/2011 VOM 9. JULI 2012, online unter: www.bger.ch/index/juridiction/jurisdiction-inherit-template/jurisdiction-recht/jurisdiction-recht-urteile2000.htm (28.10.2016).

URTEIL (DES BUNDESGERICHTS) 2C_821/2011 VOM 22. JUNI 2012, online unter: www.bger.ch/index/juridiction/jurisdiction-inherit-template/jurisdiction-recht/jurisdiction-recht-urteile2000.htm (28.10.2016).

URTEIL DES VERWALTUNGSGERICHTS LUZERN VOM 11. APRIL 2011 *zum modifizierten bzw. partiellen Kirchenaustritt*, in: SJKR 16 (2011) 141–157.

VALDÉS ERNESTO GARZÓN, *Die Wörter des Gesetzes und ihre Auslegung.* Einige Thesen von Francisco Suárez, in: GRUNERT FRANK/SEELMANN KURT (Hg.), *Die*

Ordnung der Praxis. Neue Studien zur spanischen Spätscholastik (Frühe Neuzeit 68), Tübingen 2001, 109–122.

VEREINIGUNG DER DEUTSCHEN STAATSRECHTSLEHRER (Hg.), *Erosion von Verfassungsvoraussetzungen*. Berichte und Diskussionen auf der Tagung der Vereinigung der Deutschen Staatsrechtslehrer in Erlangen vom 1.–4. Oktober 2008 (Veröffentlichungen der Vereinigung der Deutschen Staatsrechtler 68), Berlin 2009.

VERGAUWEN GUIDO, *Centre Islam et société*. Pourquoi Fribourg?, in: Universitas: le magazin de l'Université de Fribourg Suisse = das Magazin der Universität Freiburg i. Ü., Juni 2014, Nr. 4, 4 f.

VÖGELI DOROTHEE, *Das Ende des traditionellen Familienmodells?* Partnerschaftliche Formen sind gefragt, in: NZZ vom 12. Januar 2005, 89.

VOGL JOSEPH (Hg.), *Gemeinschaften*. Positionen zu einer Philosophie des Politischen, Frankfurt a. M. 1994.

VÖLKERRECHTLICHE BEZIEHUNGEN DES HL. STUHLS ZU DEN INTERNATIONALEN ORGANISATIONEN, in: *Köck Heribert Franz, Die völkerrechtliche Stellung des Heiligen Stuhls*, dargestellt an seinen Beziehungen zu Staaten und internationalen Organisationen, Berlin 1975, 479–772.

WAGNER ELMAR, *Kommentar: Die FIFA ist noch nicht aus dem Schneider*, in: NZZ vom 27. September 2016, 3.

WALZER MICHAEL, *On Toleration*, New Haven/London 1997.

WALZER MICHAEL, *Über Toleranz*. Von der Zivilisierung der Differenz, aus dem Amerikanischen von Christiana Goldmann, mit einem Nachwort von Otto Kallscheuer, Hamburg 1998.

WEBER HELMUT/MIETH DIETMAR (Hg.), *Anspruch der Wirklichkeit und christlicher Glaube*. Probleme und Wege theologischer Ethik heute, Festschrift für Alfons Auer zum 65. Geburtstag, Düsseldorf 1980.

WEBER HERMANN, *Die individuelle und kollektive Religionsfreiheit im europäischen Recht einschliesslich ihres Rechtsschutzes*, in: ZevKR 47 (2002) 265–302.

WEBER MAX, *Die protestantische Ethik und der Geist des Kapitalismus*, Tübingen 1934.

WEBER MAX, *Wirtschaft und Gesellschaft*. Grundriss der verstehenden Soziologie, ^{5}1972 u. ö.

WEHRLI CHRISTOPH, *Ohne Sinn für Religion*. Die Fragestellung der Beschneidung von Knaben ist unnötig und unsensibel, in: NZZ vom 21. Juli 2012, 22.

WEIGAND RUDOLF (Hg.), *Kirchliches Recht als Freiheitsordnung*. Gedenkschrift für Hubert Müller (Forschungen zur Kirchenrechtswissenschaft 27), Würzburg 1997.

WESEL UWE, *Die Revolution von 1075 – Zu Harold J. Bermans bahnbrechender Studie*, in: Die Zeit vom 30. August 1991, 1–3, online unter: www.zeit.de/1991/36/die-revolution-von-1075 (01.09.2016).

WICKER HANS-RUDOLF/FIBBI ROSITA/HAUG WERNER (Hg.), *Migration und die Schweiz*. Ergebnisse des Nationalen Forschungsprogramms «Migration und interkulturelle Beziehungen» (Sozialer Zusammenhalt und kultureller Pluralismus), Zürich 2003.

WIJLENS MYRIAM, *Bischöfe und Ordensobere und ihre Aufgabe hinsichtlich sexuellen Missbrauchs in der Kirche*, in: ULONSKA HERBERT/RAINER MICHAEL J. (Hg.), *Sexualisierte Gewalt im Schutz von Kirchenmauern*. Anstösse zur differenzierten (Selbst-) Wahrnehmung (Theologie. Forschung und Wissenschaft 6), Münster 2003, 163–187.

WINKLER HEINRICH AUGUST, *Der lange Weg nach Westen*. Deutsche Geschichte vom Ende des Alten Reiches bis zum Untergang der Weimarer Republik, München [4]2002.

WINZELER CHRISTOPH, *Die neuere Anerkennungspraxis im Religionsverfassungsrecht des Kantons Basel-Stadt*, in: PAHUD DE MORTANGES RENÉ (Hg.), *Staatliche Anerkennung von Religionsgemeinschaften: Zukunfts- oder Auslaufmodell?* (Freiburger Veröffentlichungen zum Religionsrecht 31), Zürich 2015, 25–37.

WINZELER CHRISTOPH, *Einführung in das Religionsverfassungsrecht der Schweiz* (Freiburger Veröffentlichungen zum Religionsrecht 16), Zürich [2]2009.

WITTE JOHN, *Introduction*, in: WITTE JOHN/ALEXANDER FRANK S. (Hg.), *Christianity and Human Rights*. An Introduction, Cambridge 2010, 8–43.

WYTTENBACH JUDITH, *Kooperation von Staat und Religionsgemeinschaften in der Schweiz im Kontext der Grundrechte*, in: LORETAN ADRIAN (Hg.), *Religionsfreiheit im Kontext der Grundrechte* (Religionsrechtliche Studien 2), Zürich 2011, 377–413.

Kirchliche Dokumente und andere Rechtsquellen

AA – *Zweites Vatikanisches Konzil (1965): Dekret über das Laienapostolat Apostolicam actuositatem*, in: AAS 58 (1966) 837–864, lat.-dt. in: LThK[2] Ergänzungsband Teil II, 585–701.

BENEDIKT XVI., *Chrisam-Messe.* Predigt von Papst Benedikt XVI. vom 5. April 2012, online unter: w2.vatican.va/content/benedict-xvi/de/homilies/2012/documents/hf_ben-xvi_hom_20120405_messa-crismale.html (11.08.2015).

BENEDIKT XVI., *Hirtenbrief von Papst Benedikt XVI. an die Katholiken Irlands vom 23. März 2010*, deutsche Übersetzung gemäss der SBK, online unter: www.bischoefe.ch/dokumente/botschaften/hirtenbrief-des-heiligen-vaters-papst-benedikt-xvi (28.07.2016).

CODEX IURIS CANONICI, *Pii X Pontificis Maximi iussu digestus, Benedicti Papae XV auctoritate promulgatus, praefatione, fontium annotatione et indice analytico-alphabetico ab Petro card.* Gasparri auctus, Romae 1918.

CODEX IURIS CANONICI – CODEX DES KANONISCHEN RECHTES, lateinisch-deutsche Ausgabe mit Sachverzeichnis, hg. im Auftag der DBK, BBK, ÖBK, SBK sowie der Bischöfe von Bozen-Brixen, von Luxemburg, von Lüttich, von Metz und von Strassburg, Kevelaer 1983, 6. Auflage 2009, unveränderter Nachdruck der 5., neugestalteten und verbesserten Auflage 2001.

DH – *Zweites Vatikanisches Konzil (1965): Erklärung Dignitatis humanae*, in: AAS 58 (1966) 929–946, lat.-dt. in: LThK[2] Ergänzungsband II, 712–747.

Erklärung der Kongregation für die Glaubenslehre zur Frage der Zulassung der Frauen zum Priesteramt «Inter insigniores» vom 15. Oktober 1976, in: AAS 69 (1977) 98–116, dt. in: VApS 3 (1976) 3–21 und VApS 117 (1994) 9–29.

FRANZISKUS, *Nachsynodales Apostolisches Schreiben «Amoris laetitia» des Heiligen Vaters Franziskus an die Bischöfe, an die Priester und Diakone, an die Personen geweihten Lebens, an die christlichen Eheleute und an alle christgläubigen Laien, über die Liebe in der Familie vom 19. März 2016*, online unter: w2.vatican.va/content/francesco/de/apost_exhortations/documents/papa-francesco_esortazione-ap_20160319_amoris-laetitia.html (11.04.2016).

FRANZISKUS, *Apostolisches Schreiben «Evangelii gaudium»*, Über die Verkündigung des Evangeliums in der Welt von heute vom 24. November 2013, dt. in: VApS 194, Bonn 2013.

GS – *Zweites Vatikanisches Konzil (1965): Pastorale Konstitution Gaudium et spes*, in: AAS 58 (1966) 1025–1115, lat.-dt. in: LThK[2] Ergänzungsband III, 280–591.

HOFMANN HANNS HUBERT (Hg.), *Quellen zum Verfassungsorganismus des Heiligen Römischen Reiches Deutscher Nation* (Ausgewählte Quellen zur deutschen Geschichte der Neuzeit 13), Darmstadt 1976 (gekürzt. lat./dt. Text).

IPO (Instrumentum Pacis osnabrugense), in: HOFMANN HANNS HUBERT (Hg.), *Quellen zum Verfassungsorganismus des Heiligen Römischen Reiches Deutscher Nation* (Ausgewählte Quellen zur deutschen Geschichte der Neuzeit 13), Darmstadt 1976 (gekürzt. lat./dt. Text).

JOHANNES XXIII., *Ansprache zur Eröffnung des Zweiten Vatikanischen Konzils (11. Oktober 1962) in italienisch, lateinisch und deutsch*, in: Kaufmann Ludwig/Klein Nikolaus, Johannes XXIII. Prophetie im Vermächtnis, Freiburg i. Ü./Brig 1990, 116–150.

JOHANNES XXIII., *Apostolische Konstitution «Veterum sapientia» vom 22. Februar 1962*, in: AAS 54 (1962) 129–135.

JOHANNES PAUL II., *Adhortatio Apostolica Post-Synodalis «Christifideles laici»*. De vocatione et missione Laicorum in Ecclesia et in mundo vom 30. Dezember 1988, in: AAS 81 (1989) 393–521.

JOHANNES PAUL II., *Ansprache an das Gericht der Romana Rota 1979*, in: Apollinaris 52 (1979) 30–39; Titel: Allocutio Ad Praelatos Auditores ceterosque Officiales S. Romanae Rotae (die 17 februarii 1979); auch in: Monitor ecclesiasticus 104 (1979) 5–14; Titel: Allocutio summi Pontificis ad Praelatos Auditores aliosque Administros sacrae Romanae Rotae (die 17–II–79); auch in: AAS 71 (1979) 422–427; Titel: Ad Decanum Sacrae Romanae Rotae ad eiusdemque Tribunalis Praelatos Auditores, ineunte anno iudiciali; auch online unter: w2.vatican.va/content/john-paul-ii/it/speeches/1979/february/documents/hf_jp-ii_spe_19790217_roman-rota.html (14.06.2016). Titel: Discorso di Giovanni Paolo II, agli officiali e avvocati del tribunale della Rota Romana, 17 febbraio 1979.

JOHANNES PAUL II., *Apostolisches Schreiben über die nur Männern vorbehaltene Priesterweihe «Ordinatio sacerdotalis» vom 22. Mai 1994*, in: AAS 86 (1994) 545–548, dt. in: VApS 117, Bonn 1994, 3–7.

JOHANNES PAUL II., *Apostolisches Schreiben «Ad tuendam fidem» vom 28. Mai 1998*, in: AAS 90 (1998) 457–461, dt. in: MÜLLER GERHARD LUDWIG (Hg.), *Der Empfänger des Weihesakraments*. Quellen zur Lehre und Praxis der Kirche, nur Männern das Weihesakrament zu spenden, Würzburg (1999) 209–213.

JOHANNES PAUL II., *Dem Leben in Liebe dienen*. Apostolisches Schreiben «Über die Aufgaben der christlichen Familie in der Welt von heute» Papst Johannes Pauls II., mit einem Kommentar von Franz Böckle, Freiburg i. Br. 1982.

JOHANNES PAUL II., *Adhortatio Apostolica «Familiaris consortio»*. De Familiae Christianae muneribus in mundo huius temporis vom 22. November 1981, in:

AAS 74 (1982) 81–191, dt.: Apostolisches Schreiben «Familiaris consortio» von Papst Johannes Paul II. an die Bischöfe, die Priester und die Gläubigen der ganzen Kirche über die Aufgaben der christlichen Familie in der Welt von heute vom 22. November, in: VApS 33, Bonn 1981.

JOHANNES PAUL II., *Die Grundrechte des Christen in Kirche und Gesellschaft*, in: CORECCO EUGENIO/HERZOG NIKOLAUS/SCOLA ANGELO (Hg.), *Die Grundrechte des Christen in Kirche und Gesellschaft*, Akten des IV. Internationalen Kongresses für Kirchenrecht, Fribourg 6.–11.X.1980, Freiburg i. Ü. 1981, XXXII–XXXIII.

JOHANNES PAUL II., N*achsynodales apostolisches Schreiben «Vita consecrata» an den Episkopat und den Klerus, an die Orden und Kongregationen, an die Gesellschaften des Apostolischen Lebens, an die Säkularinstitute und an alle Gläubigen über das geweihte Leben und seine Sendung in Kirche und Welt vom 26. März 1996*, dt. in: VApS 125, Bonn 1996.

Katechismus der Katholischen Kirche, München 1993.

KAUFMANN LUDWIG/KLEIN NIKOLAUS, *Johannes XXIII*. Prophetie im Vermächtnis, Freiburg i. Ü./Brig 1990.

KONGREGATION FÜR DIE GLAUBENSLEHRE, *Schreiben an die Bischöfe der katholischen Kirche über den Kommunionempfang von wiederverheirateten geschiedenen Gläubigen*, Rom vom 14. September 1994, online unter: www.vatican.va/roman_curia/congregations/cfaith/documents/rc_con_cfaith_doc_14091994_rec-holy-comm-by-divorced_ge.html (17.04.2016).

LG – *Zweites Vatikanisches Konzil (1965): Dogmatische Konstitution Lumen Gentium*, in: AAS 57 (1965) 5–75, lat.-dt. in: LThK[2] Ergänzungsband I, 156–347.

NA – *Zweites Vatikanisches Konzil (1965): Erklärung Nostra aetate*, in: AAS 58 (1966) 740–744, lat.-dt. in: LThK[2] Ergänzungsband II, 488–495.

PÄPSTLICHE KOMMISSION «JUSTITIA ET PAX» (Hg.), *Die Kirche und die Menschenrechte*. Ein Arbeitspapier der Päpstlichen Kommission «Justitia et Pax» (Entwicklung und Frieden. Dokumente, Berichte, Meinungen 5), München/Mainz [2]1977, Titel des englischen Originals: Pontifical Commission «Justitia et Pax», The Church and Human Rights (Working Paper No. 1), Vatican City 1975, ins Deutsche übersetzt von P. Bruno Hipler SJ.

PAUL VI., *«Botschaft über Menschenrechte und Versöhnung» aus Anlass der römischen Bischofssynode von 1974*, dt. in: Die Kirche und die Menschenrechte, HerKorr 28 (1974) 624 f.

PAUL VI., *Wort und Weisung*, Città del Vaticano/Kevelaer 1974.

PONTIFICIA COMMISSIO CODICI IURIS CANONICI RECOGNOSCENDO, *Principia quae codicis iuris canonici recognitionem dirigant*, in: Communicationes 1 (1969) 77–100.

SEKRETARIAT DER DEUTSCHEN BISCHOFSKONFERENZ (Hg.), *Arbeitshilfe 246*, Aufklärung und Vorbeugung, Bonn 2011.
SEKRETARIAT DER DEUTSCHEN BISCHOFSKONFERENZ (Hg.), *Direktorium für den Hirtendienst der Bischöfe*, VApS 173, Bonn 2006.

D) Verzeichnis der Erstveröffentlichungen

Teil 1 II. A) 2.1, 2.2, 2.3, 3.1, Teil 2 II. A) 1., 2., 3., 4., 5.

Müssen Verletzungen von Frauenrechten durch Religionen toleriert werden? Ein menschenrechtlicher Beitrag, in englischer Sprache veröffentlicht: Discrimination against Women in Religions – must it be tolerated?, in: Internationale Kirchliche Zeitschrift – Berner Interreligiöse Ökumenische Studien (IKZ-bios), Bern 2015/Bd. 2, 33–47.

Teil 1 I. A) 4.6, 4.9.2

Schützen Menschenrechte in den Kirchen vor Machtmissbrauch? Eine rechtphilosophische und theologische Anfrage an Staat und Kirchen, in: ISABELLE NOTH/UELI AFFOLTER (Hg.), *Schaut hin! Missbrauchsprävention in Seelsorge, Beratung und Kirchen*, Theologischer Verlag Zürich, Zürich 2015, 77–88. Der Beitrag ist im Zusammenhang mit der Tagung «Schaut hin! Eine Tagung zur Missbrauchsprävention in Seelsorge, Beratung und Kirchen. Eine Kooperationsveranstaltung zwischen der Abt. Seelsorge, Religionspsychologie und Religionspädagogik der Universität Bern und der nationalen ‹verbandsübergreifenden Arbeitsgruppe Prävention› vom 26. Mai 2014» entstanden.

Teil 1 I. B) 2.2.1

Menschenrechte in der Kirche – ein Schutz vor Machtmissbrauch, in: HAERING STEPHAN/HIRNSPERGER JOHANN/KATZINGER GERLINDE u. a. (Hg.), *In mandatis meditari.* Festschrift für Hans Paarhammer zum 65. Geburtstag (Kanonistische Studien und Texte 58), Berlin 2012, 263–283.

Teil 1 I. B)

Die Freiheitsrechte in der katholischen Kirche. Aporien und Desiderate, in: HEIMBACH-STEINS MARIANNE (Hg.), *Jahrbuch für christliche Sozialwissenschaften*, Bd. 55: Menschenrechte in der katholischen Kirche, begr. von Joseph Höffner, unter Mitwirkung der Arbeitsgemeinschaft Christlicher Sozialethik, Münster 2014, 131–154.

Teil 1 II. A)

Pluralismus – eine Herausforderung für den Rechtsstaat und die Religionsgemeinschaften, in: Jusletter 7. Juli 2014.

Teil 1 II. B)

Religion und Recht in der Rechtsphilosophie von Moses Mendelssohn – Moses Mendelssohns «Jerusalem oder über religiöse Macht und Judentum», in: KÜHLER ANNE/HAFNER FELIX/MOHN JÜRGEN (Hg.), *Interdependenzen von Recht und Religion* (Diskurs Religion. Beiträge zur Religionsgeschichte und religiösen Zeitgeschichte 5), Würzburg 2014, 93–111.

Teil 2 I.

Zur öffentlich-rechtlichen Anerkennung weiterer Religionsgemeinschaften, in: PAHUD DE MORTANGES RENÉ (Hg.), *Staatliche Anerkennung von Religionsgemeinschaften: Zukunfts- oder Auslaufmodell?* (Freiburger Veröffentlichungen zum Religionsrecht 31), Zürich 2015, 39–69.

E) Verzeichnis der wichtigsten Abkürzungen

AA Zweites Vatikanisches Konzil, Dekret über das Laienapostolat «Apostolicam actuositatem» (18. November 1965)

A. a. O./a. a. O. am angegebenen Ort

AAS Acta Apostolicae Sedis; Rom seit 1909, Gesetzblatt für gesamtkirchliche Gesetze

Abs. Absatz

AKathKR Archiv für katholisches Kirchenrecht; seit 1856, herausgegeben zunächst in Innsbruck, von 1862 bis 1998 im Verlag Kirchheim + Co GmbH, Mainz, seit 1999 im Verlag Ferdinand Schoeningh, Paderborn

Anm. Anmerkung

Art. Artikel

bes. besonders

Bd. Band

BGE Entscheidungen des Schweizerischen Bundesgerichts, Amtliche Sammlung

BV Bundesverfassung der Schweizerischen Eidgenossenschaft vom 18. April 1999

bzw. beziehungsweise

ca. circa

c./can. Canon; Abschnitt des kanonischen Rechts, der weiter in Paragrafen und/oder Nummern unterteilt wird

cc. Canones; Mehrzahl (lat.) von Canon

CCEO Codex Canonum Ecclesiarum Orientalium; Gesetzbuch der katholischen Ostkirchen, promulgiert am 18. Oktober 1990 mit der Apostolischen Konstitution Sacri Canones von Papst Johannes Paul II. zur Regelung der kirchenrechtlichen Belange der mit Rom unierten 22 Ostkirchen

CD Zweites Vatikanisches Konzil, Dekret über die Hirtenaufgabe der Bischöfe in der Kirche «Christus Dominus» (28. Oktober 1965)

CIC Codex Iuris Canonici von 1983 bzw. 1917; deutsch: Codex des kanonischen Rechts

ders. derselbe

d. h. das heisst

DH Zweites Vatikanisches Konzil, Erklärung über die Religionsfreiheit «Dignitatis humanae» (7. Dezember 1965)

dies. dieselben

dt. deutsch

Ebd./ebd. ebenda

EGMR Europäischer Gerichtshof für Menschenrechte

EGV Vertrag zur Gründung der Europäischen Gemeinschaft

EMRK Europäische Menschenrechtskonvention bzw. Konvention zum Schutze der Menschenrechte und Grundfreiheiten; Katalog von Grundrechten und Menschenrechten (Konvention Nr. 005 des Europarats)

engl. Englisch

etc. et cetera

EuGH Europäischer Gerichtshof

EUV Vertrag von Maastricht oder Vertrag über die Europäische Union; am 7. Februar 1992 im niederländischen Maastricht vom Europäischen Rat unterzeichnet

f. folgende; steht nach einer Seitenzahl, in juristischen Texten nach der Angabe eines Paragrafen zur Bezeichnung der/des unmittelbar Folgenden

FAZ Frankfurter Allgemeine Zeitung

ff. Mehrzahl der Abkürzung «f.», zur Bezeichung mehrerer unmittelbar folgender Seiten oder Paragrafen

GS Zweites Vatikanisches Konzil, Pastorale Konstitution über die Kirche in der Welt von heute «Gaudium et spes» (7. Dezember 1965)

HerKorr Herder Korrespondenz; Freiburg i. Br. seit 1946

Hg. Herausgeber

hg. herausgegeben

hl. heilig

IPBPR Internationaler Pakt über bürgerliche und politische Rechte; UN-Zivilpakt, in der Schweiz auch UNO-Pakt II genannt, ein völkerrechtlicher Vertrag vom 16. Dezember 1966 zur rechtsverbindlichen Garantie der Menschenrechte

IPO Instrumentum Pacis osnabrugense

lat. lateinisch

LEF Lex Ecclesiae Fundamentalis; geplante Grundverfassung der römisch-katholischen Kirche; die Arbeiten an einer Lex Ecclesiae Fundamentalis wurden jedoch nach Anfertigung von sieben Entwürfen ohne Ergebnis eingestellt

LG Zweites Vatikanisches Konzil, Dogmatische Konstitution über die Kirche «Lumen Gentium» (21. November 1964)

LThK	Lexikon für Theologie und Kirche; 10 Bände, 3 Ergänzungs-Bände, 1 Register, begründet von Michael Buchberger, unter dem Protektorat von Michael Buchberger und Eugen Seiterich hg. von Josef Höfer und Karl Rahner, Freiburg i. Br. ²1957–1968
Msgr.	Monsignore; kirchlicher Ehrentitel
n.	Nummer; Aufzählung innerhalb eines Canons
NA	Zweites Vatikanisches Konzil, Erklärung über das Verhältnis zu den nichtchristlichen Religionen «Nostra aetate» (28. Oktober 1965)
NLZ	Neue Luzerner Zeitung
Nr.	Nummer
NZN	Neue Zürcher Nachrichten; Buchverlag, seit Anfang 2005 als Edition NZN beim Theologischen Verlag Zürich (TVZ)
NZZ	Neue Zürcher Zeitung
PO	Zweites Vatikanisches Konzil, Dekret über Dienst und Leben der Priester «Presbyterorum ordinis» (7. Dezember 1965)
Rn.	Randnummer
Sent.	Super IV sententiarum; Thomas von Aquin
S. th.	Summa theologica bzw. Summa theologiae; deutsch: Theologische Summe bzw. Summe der Theologie, Hauptwerk von Thomas von Aquin; Zitierweise: Bsp.: S. th. II–II, q. 10 a. 11 = Summa theologica, zweiter Teil des zweiten Teiles (secunda secundae), Frage (quaestio) 10, Artikel (articulus) 11
SJKR	Schweizerisches Jahrbuch für Kirchenrecht; Bern seit 1996, im Internet unter: www.kirchenrecht.net/ch/sjkr
SKZ	Schweizerische Kirchenzeitung; Luzern seit 1832
StZ	Stimmen der Zeit; Freiburg i. Br. seit 1915
u. a.	und andere; unter anderem
UN	United Nations; deutsch: Vereinte Nationen
UNESCO	United Nations Educational, Scientific and Cultural Organization; deutsch: Organisation der Vereinten Nationen für Erziehung, Wissenschaft und Kultur
UNO	United Nations Organization; deutsch: Organisation der Vereinten Nationen
VApS	Verlautbarungen des Apostolischen Stuhls, Bonn seit 1975, herausgegeben vom Sekretariat der Deutschen Bischofskonferenz
Vat. I	Erstes Vatikanisches Konzil; das 20. ökumenische Konzil der römisch-katholischen Kirche, vom 8. Dezember 1869 bis zum 20. Oktober 1870

Vat. II Zweites Vatikanisches Konzil; das 21. ökumenische Konzil der römisch-katholischen Kirche, vom 11. Oktober 1962 bis zum 8. Dezember 1965

vgl. vergleiche

z. B. zum Beispiel

ZGB Schweizerisches Zivilgesetzbuch; Kodifikation der zentralen Teile des schweizerischen Privatrechts